KB130400

최신

미술교육론

Art Education

이주연
강병직
류지영
안금희
황연주
공저

학지사

머리말

『미술교육론』은 그동안 미술교육 정통 이론서로서 오랫동안 사랑받아 온 『미술교육과 문화』의 뒤를 이어 사회적 변화를 반영하여 새롭게 출발하는 미술교육 전문서이다. 이는 초 · 중등학교 현장의 미술교사와 예비미술교사를 위한 필수 교재이자, 미술교육 · 박물관교육을 전공하는 석 · 박사과정 대학원생을 위한 믿음직한 전공서이면서, 미술교육에 관심을 지닌 독자들도 이해할 수 있도록 구성한 기본서로서의 역할을 충실히 할 것이다. 집필진들은 『미술교육론』의 기획 단계에서 '미술교육의 핵심은 무엇인가?' '미술교육에서 변함없이 논의되어야 하는 내용은 무엇이며, 새롭게 제공해야 할 내용은 무엇인가?'를 고민하며 여러 차례의 논의를 통해 다음과 같은 가장 중점적이면서 기본적인 내용들을 선별하여 제시하였다.

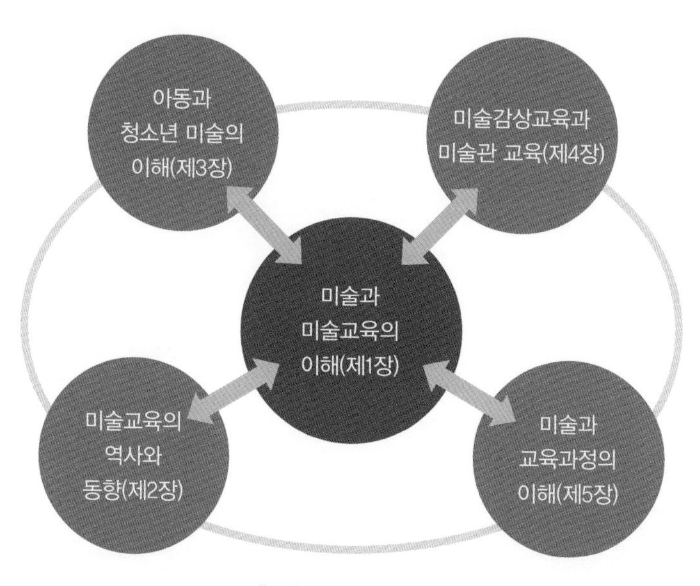

『미술교육론』의 구성

제1장 '미술과 미술교육의 이해'는 미술 및 미술교육의 개념을 집중적으로 이해할 수 있도록 하나의 장으로 독립하여 제시하였다. 제1장은 모든 장을 이해하는 데 기초로써 작용한다. 제2장 '미술교육의 역사와 동향'은 우리나라와 서양의 미술교육 흐름과 더불어 미술교육의 주요 이론과 현재까지의 동향을 광범위하게 담았다. 반드시 학습해야 하는 이론과 동향을 놓치지 않고 빠짐없이 수록하였기 때문에 미술교육의 학문적 맥락을 종합적으로 파악하고자 하는 독자들에게 큰 도움이 될 것이다. 제3장 '아동과 청소년 미술의 이해'는 미술표현과 미술감상의 발달과정, 미술과 심리, 미술영재와 특수아동, 치료적 의미로서의 미술교육을 폭넓게 다루었다. 초·중등을 망라하여 학교미술교육과 관련한 보다 종합적이면서도 구체적인 이해를 도울 것이다. 제4장 '미술감상교육와 미술관 교육'은 주요 이론들과 다양한 사례를 중심으로 구성하였다. 몇몇 제한된 내용과 방법에 치우친 기존의 미술감상교육과 미술관 교육에서 벗어나도록 도와줄 것이다. 제5장 '미술과 교육과정의 이해'는 제1차 미술과 교과과정부터 시작된 우리나라의 국가 교육과정을 설명하였다. 특별히 2022 개정 미술과 교육과정의 고시와 더불어 이의 이해와 적용이 중요한 현 시점에서 교수·학습 적용을 위한 친절한 가이드가 되어 줄 것이다.

끝으로 『미술교육론』이 나오기까지 힘써 주신 학지사 김진환 사장님과 편집부 정은혜 선생님께 깊은 감사를 전한다.

2024년 4월

집필진 대표 이주연

차례

Chapter 01

미술과 미술교육의 이해

단원 개관

제1장에서는 미술과 미술교육을 이해해 보고자 한다. 미술에서 아름다움(美, beauty)의 어원은 고대 그리스의 칼로스(καλοζ)로서 아름답다, 가치 있다, 좋다, 어울리다, 뛰어나다, 고귀하다, 선하고 고귀하다 등을 의미한다. 미는 감각적인 차원, 기술적 완성도, 행위의 고귀함 등을 포함하는 폭넓은 개념으로서 진, 선, 미의 개념을 아우르는 것이다. 미술을 의미하는 아트(art)는 고대 그리스에서 유래되었으며 '법칙과 원리에 따라 이루어지는 숙련된 모든 제작 활동'으로서 보편적 법칙에 대한 이론적 지식과 제작에 필요한 기술의 조화, 나아가 아름다움과 자율성, 독창성을 기반으로 하는 순수예술 개념으로 진행되어 현재 시각 이미지, 미술적 의도와 맥락, 표현 주체로서의 인간 등의 특성에 의해 논의가 이루어지게 되었다. 좁은 의미의 순수미술과 고급미술의 범주에서부터 사진, 비디오, 컴퓨터 등 디지털 테크놀로지의 혁신, 설치, 퍼포먼스, 공공미술, 공간 등 시공간의 확장, 만화와 대중문화의 다양한 시각이미지를 포괄하는 시각문화 영역 등 더욱 확장되고 있는 미술 영역과 마찬가지로 미술교육 역시 다양한 영역과 범주에서 포괄적으로 이루어진다. 복합적이며 다원적 가치를 중시하는 예술의 영역으로부터 선발과 사회화와 일반화를 중심으로 하는 교육의 영역에 이르기까지 시대와 지역, 사회의 사고방식과 태도, 동시대 상황 속에서 형성된 사상과 철학들이 마주치며 여러 형태로 전개되고 있는 것이다. 미술교육에서 우리는 심미적 감성의 문제, 디지털 및 미디어와 관련된 테크놀로지 교육, 미적 예술적 안목과 시각적 사고와 판단력 등을 다루며 미적 감성과 표현의 능력, 창의성과 상상력, 시각적 사고 능력과 시각적 리터러시, 개성과 사회성을 비롯한 다양한 능력을 기르기를 기대한다. 오늘날 인간의 삶과 관련하여 미술교육은 예술의 관점에서 인간에 어떻게 접근할까를 고민하며 그 역할과 방향을 탐색하고 있다.

1. 미술의 이해

미술사학자 곰브리치(Gombrich, E., 1909~2001)는 "미술이라는 것은 사실상 존재하지 않는다. 다만 미술가들이 있을 뿐이다."라고 말한 바 있다(Gombrich, 1995/1997: 15). 그만큼 미술은 한마디로 정의하기 힘들만큼 시대의 변화와 각 사회문화의 흐름 속에서 다양한 의미를 지녀 왔다. 이러한 모호성에도 불구하고 역사 속에서 미술은 인류의 중요한 문화예술적 자산으로서 자리매김해 왔으며 시대적 요구에 부응하는 다양한 가치를 창출하여 왔다. 그러므로 역사의 흐름 속에서 미술의 의미를 고찰하는 것은 시대가 요구하는 미술교육의 역할과 가치를 이해하는 데 중요한 출발이 된다.

1) 아름다움이란 무엇인가

아름다움(美, beauty)이라는 단어는 고대 그리스의 칼로스(καλοζ)에 뿌리를 두고 있으며 칼로스는 아름답다는 뜻 외에도 인정받을 가치가 있다, 좋다, 어울리다, 뛰어나다, 고귀하다, 선하다는 의미를 지닌다(Tatarkiewicz, 1956/1999). 고대 그리스 시대에 미 개념은 감각적인 차원에서뿐만 아니라 기술의 완성도와 행위의 고귀함 등을 포함하는 폭넓은 개념이었던 것이다. 그리스의 미 개념을 이어받은 고대 로마인들은 칼로스를 풀크룸(pulchrum)으로 번역하였는데 이는 어떤 것이 비례(proportion)와 질서(order)를 갖추고 있을 때를 지칭하는 개념이다(Castro, 2021). 지금도 남아 있는 고대 로마 건축물들은 당시 로마인들이 비례와 질서로서의 미 개념에 얼마나 충실하였는지를 보여 준다. 그 후 르네상스 시대에 이르러 풀크룸은 좋다, 선하다라는 뜻을 지닌 벨룸(bellum)이라는 단어로 대체되며, 훗날 영어의 뷰티플(beautiful), 프랑스어의 보(beau), 독일어의 쉔(schön) 등으로 번역된다. 이처럼 고대 그리스와 로마를 통해 형성되기 시작한 미 개념은 르네상스 시대를 지나면서 점차 대상의 비례나 조화 등의 형식적 특질로부터 촉발되는 감각적·정신적 즐거움을 포함하는 개념으로 발전되어 간다.

미의 변천에 있어 중요한 개념이 18세기에 등장한 자연미와 예술미 개념이다. 가령 칸트(Kant, I., 1724~1804)는 『판단력 비판(Kritik der Urteilskraft)』(1790)에서 아름다움의 종류를 '자연미(Schönheit der Natur)'와 '예술미(Schönheit der Kunst)'로 구분하였다(Kant, 1790/1987). 칸트에 의하면 자연미는 자연물에 대한 체험을 통해 느껴지는 아름다움을 말하며, 예술미는 인간의 창조 활동인 예술작품을 통해 느껴지는 아름다움을 의미한다(Graham, 2006). 자연미가 개념적으로 접근하지 않고 목적에 구애됨 없이 무관심적인 자유로움 속에서 판단하는 아름다움이라면 예술미는 이성에 의하여 목적이나 개념과 연결되는 아름다움으로서 천재의 창조력에 의해 만들어진다. 칸트의 미 개념에서 주목할 만한 점은 미적 감정이 도덕적 감정으로 승화하기 위해서는 자연미와 예술미의 조화가 필요하다고 본 점이다. 칸트에게 있어 미와 도덕은 별개의 것이 아니라 서로 도움을 주고받는 관계인 것이다(김석수, 2010).

미의 특성과 관련하여 중요한 또 다른 개념이 숭고이다. '숭고(sublime)' 개념 또한 18세기 근대 미학에서 미의 특성과 관련되어 중요하게 다루어졌다. 가령 버크(Burke, E., 1729~1797)는 『숭고와 미 이념의 기원에 대한 철학적 탐구(A Philosophical Inquiry into the Sublime and Beautiful and Other Additions)』(1757)를 통해 비례와 질서, 조화 등을 통해 구현된 자연이나 예술의 아름다움과 달리 공포나 추함 등의 감정을 통해서 얻게 되는 숭고함을 미적 체험으로 포함하였다. 버크는 거대한 자연이나 현상, 비극 앞에서 느끼는 공포나 두려움은 불쾌이기는 하지만 즐거움을 주기도 한다는 점에서 숭고를 '공포를 수반하는 즐거움의 감정'이라고 정의하였다(정다영, 2020).

버크의 숭고 개념은 칸트를 통해 보다 상세화되고 체계화된다. 가령 칸트는 『판단력 비판』에서 숭고는 대자연이나 신과 같은 초월적인 대상에 있는 것이 아니라 우리의 마음속, 즉 우리의 이성 가운데 있다고 보았다(정다영, 2020). 칸트의 숭고 개념이 중요한 이유는 경외의 감정이 자연을 향해서가 아니라 인간의 내부에 있는 본성을 대상으로 한다는 점이고 숭고함을 느끼는 것 자체 인간 이성의 위대함을 보여 주는 것이라고 보았다는 점이다. 이 점에서 칸트는 감성적 주체로서의 인간이 아름다움과 숭고의 경험을 할 때 인간은 이성적 · 도덕적 주체가 되고 자신을 경험한다고 보았다(김광명, 2004). 그러므로 숭고를 느낀다는 것은 인간 밖에 있는 대상에 대한 감각적 판단이 아니라 이성적 존재로서 자기 자신의 인간 본성을 느낀다는 것을 의미한다. 즉, 숭고란 기존의 미 개념이 비례와 조화를 기반으로 한 쾌의 감정뿐만 아니라 불쾌의 감정을 포함한 이중적 감정을 의미한다.

이러한 숭고 개념은 20세기 후반 포스트모더니즘을 통해 새롭게 주목을 받게 되

는데, 가령 리오타르(Lyotard, J. F., 1924~1998)는 칸트가 제시한 숭고의 무형식성(Formlosigkeit)과 표현 불가능성(Nicht-Darstellbarkeit)이 포스트모더니즘 미술의 모태가 된다고 보았다(정원석, 1997). 무형식성이란 형식이 없거나 형식을 넘어서는 것을 말하며 표현 불가능성이란 자신이 체험하는 대상에 대해 아무리 상상력을 발휘하여도 파악하기 어렵고 표현하기 어렵다는 것을 말한다. 이에 따라 리오타르는 모더니즘 미학에서 추구한 보편적인 기준이나 공통성을 벗어나 숭고의 쾌와 불쾌라는 이중적 특성에 기반하여 작품의 모순적이거나 역설적이며 비규정적인 특성들을 파악하고자 하였다. 이처럼 고통과 기쁨이 혼재된 모순된 감정으로서 숭고는 예술작품에 대한 이질성과 다양성을 이해하는 데 있어 포스트모더니즘의 중요한 개념이 된다(이남미, 2000). 그러므로 숭고란 인간이 장엄한 자연이나 아름다운 예술작품을 마주할 때 체험하는 경외의 감정이나 걷잡을 수 없는 깊은 감동을 의미한다.

2) 미술 개념의 시대적 변천

미술을 의미하는 아트(art)는 라틴어 아르스(ars)에서 유래되었으며 아르스는 고대 그리스의 테크네(τεχνη)를 번역한 것인데, 테크네는 '법칙과 원리에 따라 이루어지는 숙련된 모든 제작활동'을 지칭한다. 테크네에는 오늘날의 미술 영역에 해당하는 조각, 목공, 공예, 회화, 직조뿐만 아니라 의술, 건축술, 요리술, 정치술, 변론술 등이 포함되었다. 즉, 그리스 시대의 테크네란 보편적 법칙에 대한 이론적 지식과 제작에 필요한 기술의 조화를 통해 미에 다다를 수 있는 기술을 의미한다. 가령 신전은 건축에 해당되었지만 일반 주거용 건물은 기술을 통한 미를 추구하는 영역이 아니었기 때문에 테크네의 범주에 속하지 않았으며 신전 건축가는 일반 가옥을 짓지 않았을 뿐 아니라 직급도 달랐다.

그리스의 테크네 개념에는 시와 음악이 포함되지 않았다. 시(포이에마, ποίημα)의 경우 오늘날처럼 문자로 쓰인 문장이 아니라 말을 노래 형식으로 읊는 일종의 시가(詩歌)였기 때문이다. 또한 음악(무지케, μουσική)의 경우 오늘날과는 달리 무용과 분리되지 않았고 언어와 멜로디, 동작이 합쳐진 종합적 형식이라는 점에서 법칙과 원리가 아닌 영감에 의한 것이라고 여겨졌기 때문이다. 이처럼 그리스 시대의 미술 개념인 테크네는 예술의 장르나 감상자의 관점이 아니라 제작 기술의 관점, 특히 노동의 특성에 기초하여 다루는 소재와 제작방법과 기술의 특성에 의해 분류된 개념이었다.

로마 시대에 이르러 테크네는 기술(skill, craft)을 의미하는 아르스(ars)로 번역되었다. 그러나 로마 시대의 아르스는 특성에 따라 정신적 노력이 강조되는 자유적 기술(artes liberales), 신체적 수고가 강조되는 세속적 기술(artes vulgares)로 분화되며 중세 시대의 자유 기술(artes liberales)과 기계적 기술(artes mechanica)의 구분으로 이어진다. 자유 기술이란 육체적 활동이 아닌 정신 작용을 의미하는 것으로, 문법, 수사학, 논리학, 산술, 기하학, 천문학, 음악학(화성이론) 등을 의미하며 당시 대학의 교과목으로 채택되었다. 그에 반해 기계적 기술은 세속의 실용성이 강조되는 기술로서 의복, 농업, 건축, 전쟁, 상업, 요리, 의술, 항해, 오락(연극) 등이 포함된다. 이러한 상황에서 회화와 조각은 자유 기술이나 기계 기술의 어디에도 속하지 못하고 배제되는데 이는 회화와 조각이 중세 시대에 유용성이나 정신성의 측면에서 그 가치가 제대로 인정받지 못했음을 시사한다.

그러나 르네상스 시대에 이르러 미술은 이전의 어떤 시대보다 높은 평가를 받으며 자유 기술에 회화, 조각, 건축이 포함되는 반면, 공예가 미술로부터 분리됨으로써 정신적인 법칙과 원리에 기반한 미술 개념이 형성된다. 가령 알베르티(Alberti, L. B., 1404~1472)가 『회화에 관하여(Della Pittura)』(1435)를 통해 회화에서 선원근법과 기하학 및 구성과 색채 사용의 원리에 대한 이론을 설명하고, 화가인 프란체스카(Francesca, P., 1415~1492)가 『회화의 원근법에 대하여(De Prospectiva Pingendi)』(1482)를 저술하여 회화에서 수학과 기하학 및 원근법의 원리를 제시하였으며, 수학자 파치울리(Pacioli, L., 1447~1517)는 『신성한 비례에 대하여(De Divina Proporione)』(1497)를 통해 황금 비례와 기하학에 기반하여 회화와 건축의 원리를 설명하였다. 이러한 사례들은 르네상스 시대에 미술은 회화와 조각, 건축을 의미하고 미술은 자유 교양 기술이자 미적 기술로 인식되고 있음을 보여 준다. 특히 르네상스 시대 미술 개념에서 중요한 것이 디세뇨(disegno)였다. 디세뇨란 손으로 제작된 단순한 공예를 넘어 지식과 손의 높은 기술을 통해 정신으로 가득한 기술을 의미하는데, 디세뇨 개념의 핵심은 어떤 계획이나 의도를 시각적으로 창조하는 과정으로서 창조자로서의 정신적 측면을 강조한다는 점이다. 이러한 디세뇨 개념과 함께 천재 미술가들에 의해 창조되는 회화, 조각, 건축은 디세뇨의 기술이자 고급 기술(nobili arti)로서 정신적 가치와 법칙을 가진 학문의 위치에 오르게 된다.

18세기 후반을 지나면서 미술 개념은 순수예술이라는 의미를 지니게 된다. 가령 프랑스의 미학자 바퇴(C, Batteux, 1713~1780)는 『순수예술의 원리(Les-Beaux Arts réduits à un même principe)』(1747)을 통해 순수예술(beaux arts) 개념을 제시하고 회화, 조각, 음악, 시, 무용을 포함하였다. 이러한 바퇴의 순수예술 개념은 영국에서 파인 아츠(fine arts), 이탈리아에서는 벨레 아르테스(belle artes), 독일에서는 쇠네 쿤스트(schöne kunst) 등으로 전 유럽으로 확산된다. 특히 19세기에 들어 기존의 시와 웅변이 순수문학(belle-lettres)으로 분류됨에 따라 순수예술은 회화와 조각, 건축을 지칭하는 개념으로 확산되는데, 가령 프랑스의 '왕립미술학교(Académie des Beaux-Arts)'에서는 회화, 조각, 건축만을 가르쳤으며 당시의 미술사에서는 회화, 조각, 건축만을 다루었다. 이처럼 미술은 르네상스와 18세기를 지나면서 정신적 원리에 기반한 미적 기술이자 회화, 조각, 건축을 중심으로 한 순수예술의 의미를 지니게 된다.

한편, 우리나라에서 사용하는 미술(美術)이라는 단어는 1873년 일본에서 만들어진 한자어로서 당시 오스트리아 빈 박람회에서 사용한 '빌덴데 쿤스트(Bildende Kunst)'를 일본에 소개하는 과정에서 '미술(美術)'로 번역한 것이다(佐藤道信, 1998). 이때의 미술은 회화와 조각뿐만 아니라 도자기와 직물 등의 공예를 모두 포함하는 의미로 사용되었다. 그러나 1887년 동경미술학교가 설립되고 회화, 조각, 미술공예의 3개 학과가 개설되는 등의 과정을 통해 일본에서 미술은 점차 회화와 조각을 지칭하는 의미로 좁혀지게 된다.

미술이라는 용어가 우리나라에 등장하게 된 것은 1880년대부터였다. 가령 1884년의 『한성순보(17호)』에 '미술'이라는 단어가 등장한 바 있으며, 유길준은 『서유견문』(1899)을 통해 미국의 보스턴 미술관(Museum of Fine Arts, Boston)을 '정미수술원(精美手術院)'이라는 용어를 사용하여 소개한 바 있다(유길준, 1899/1995: 432). 1903년의 『황성신문』(7월 23일)에는 '미술품(美術品)', 1910년의 『대한매일신보』(2월 23일)에 '미술계(美術界)'가 등장하는 등 1900년대 들어 미술이라는 용어가 국내에 확산되어 간다. 이러한 과정에서 미술은 기존의 서화와 조각뿐 아니라 도자와 금속 등과 더불어 건축과 수공 등을 총칭하는 용어로 사용되었다(김용철, 2005). 그 후 1910년대를 지나면서 점차 미술은 오늘날의 순수미술의 개념으로 이해되기 시작하는데, 가령 1915년 안확은 『학지광(學之光)』에 발표한 '朝鮮의 美術'이라는 글에서 회화와 조각을 순정미술(純正美術)로 구분하고 나머지 도기나 칠기 등은 준미술(準美術)로 명명하였다. 여기서 순정미술은 서양의 순수예술(fine art)를 말하며, 준미술은 응용미술(applied art)에 해당한다. 이상과 같은 과정을 통해 미술은 실용적 · 공업적 기술로서가 아니라 정신적 관점을 중심으로 한 순수미술 개념으로 확산되어 간다(강병직, 2018).

3) 현대에서의 미술 개념

이상에서 살펴본 바와 같이 미술 개념은 18세기 근대 미학이론에 근거하여 아름다움과 자율성, 독창성을 중심으로 형성되어 왔으며 그 기반은 회화와 조각이었다. 1970~1980년대를 지나면서 이러한 근대적 미술 개념은 점차 해체되고 사회 · 문화적 맥락 속에서 새로운 의미로 확장된다(Lankford, 1992). 특히 1970년대 영국의 미술사학 분야에 등장한 신미술사학(New Art History)은 중요한 의미를 지닌다. 당시 유럽에서 부상하고 있던 마르크스주의와 구조주의, 기호학이나 페미니즘 등과 같은 사회과학의 사상을 수용한 신미술사학은 전통적인 미술사학의 중심 가치였던 미와 자율성, 독창성의 한계를 지적하고 이를 해체하기 시작한 것이다(Rees & Borzello, 1988/1998). 기존의 미술사학이 '미술작품'을 천재에 의해 창작된 것이며 작품에 내재된 '형식'과 '영원불변한 가치'를 탐구하는 것이라고 강조하는 것과 달리 신미술사학은 미술작품(art work)을 '대상(object)'으로 지칭하고 미술작품은 '아름다움'을 담는 매체가 아니라 사회 구성원 간의 다양한 가치관과 맥락이 반영된 일종의 시각적 기호라고 보았다. 즉, 미술 생산의 기초는 사회이며, 따라서 미술사는 이러한 사회의 실체를 설명해 내야 한다고 본 것이다(Clark, 1974). 이 점에서 미술품은 창작(creation)이 아닌 이미지의 제작(make)으로 대체되며, 미적 기준(aesthetic category)과 같은 용어 대신 작가와 관객의 열린 해석과 상호작용을 중시하게 된다.

이와 같은 신미술사학의 미술에 대한 관점은 전통 미술 개념 즉, 회화와 조각 중심에서 그동안 배제되었던 사진과 남성 중심에서 배제되었던 여성 미술가의 작품, 고급미술에서 배제되었던 대중 미술을 포함하는 등 기존의 미술인 것과 아닌 것의 뚜렷한 차이를 거부하고 '시각적 대상(visual object)'이라는 개념으로 미술의 범위를 확장하게 된다(Rees & Borzello, 1988/1998). 이에 따라 미술은 대상 속에 내재된 불변의 속성으로서가 아니라 사회적 관계에서 만들어진 일종의 범주로 인식되며, 순수미술(fine art)이 아닌 시각예술(visual art)로서 확장되어 간다. 이상과 같이 시각예술로서의 의미로

확장된 현대적 미술 개념을 고려할 때 미술이라는 가치를 획득하기 위한 최소한의 조건은 다음과 같다.

(1) 시각 이미지(visual image)

이미지(image)란 보통 어떤 것에 대한 시각적 표상을 의미하는 것으로 심상(mental image, imagery)과 다소 차이를 지닌다(Sternberg, 2003/2005). 가령 시를 읽으면서 어떤 장면이 마음속에 떠올려지기도 하며 냄새를 통해 특별한 장면이 떠오를 수 있는 것처럼 심상은 반드시 눈을 통해서만이 아니라도 청각이나 촉각, 후각이나 미각 등을 통해서도 이루어질 수 있다. 그러므로 미술은 다른 감각보다 시각(vision)을 통해 매개되는 표상으로서 시각 이미지를 기반으로 해야 한다. 비록 현대 미술에서 시각 외에도 다른 감각들이 포함되기도 하지만 시각 이미지 자체가 배제된다면 그것을 미술이라고 보기 어려울 것이다.

(2) 미술적 의도와 맥락(artistic intention & context)

과학이나 요리 과정에서 어떤 시각 이미지가 만들어지고 사용된다고 해서 그 이미지를 미술로 보기는 어렵다. 왜냐하면 그 이미지에는 미술적 의도가 있다고 보기 어렵기 때문이다. 미술적 의도가 있다는 것은 시각 이미지를 생성할 때나 혹은 활용할 때 미술이라는 맥락에 참여함을 의미한다. 가령 요셉 보이스(Beuys, J., 1921~1986)는 눈에 보이는 형상만이 아니라 눈에 보이지 않는 행동이나 사고 등도 미술이라고 생각하였는데, 1982년에 진행한 '7,000그루의 참나무(7,000 Oak Trees)' 프로젝트가 단순히 환경보호를 위한 이벤트가 아닌 미술로 평가되는 것은 그가 자신의 퍼포먼스가 사회적 조각이라는 미술의 맥락 안에서 실행되고 이해되기를 의도했기 때문이다. 이 같은 맥락에서 단토(Danto, A.)가 미술작품이 일상적 사물과 다른 점은 예술적 사물, 미술작품이 인식적 성격을 띠기 때문이라고 한 것은 미술이 무엇인가에 대한 정의에서 중요한 것이 미술적 의도임을 시사한다(Danto, 1997). 그러므로 미술이라는 가치 개념을 획득하기 위해서는 시각 이미지이어야 할 뿐만 아니라 시각 이미지를 만들거나 소통함에 있어 미술적 의도가 있어야 하고 미술이라는 맥락에 참여해야 한다.

(3) 표현 주체로서의 인간(human as expressive subject)

코끼리가 그린 그림을 미술로 인정하기가 어렵다고 한다면 그것은 시각 이미지의 존재에도 불구하고 표현 주체로서 인간이 생략되어 있기 때문이다. 특히 인공지능 시대를 살아가는 현대에서 표현 주체의 문제는 더욱 중요한 의미를 지닌다. 미술이 시각 이미지를 넘어 인간의 실존을 담고 표현하는 상징이 되기 위해서는 표현 주체로서의 인간이 전제되어야 하기 때문이다. 인공지능의 알고리즘에 의해 자동 생성된 이미지를 미술로 인정하기에는 한계가 있다. 왜냐하면 앞서 미술은 자연과학에서와 같은 객관적 법칙이나 물리적 속성에 의한 판단이 아니라 미술로서의 의미에 대한 가치 판단의 개념이기 때문이다. 그러므로 미술이 지금까지 인간에게 의미를 지닌 것처럼 앞으로도 인간의 문화이어야 하며, 이 점에서 어떤 시각 이미지가 미술로 평가되기 위해서는 최소한의 인간의 개입이 전제되어야 한다.

4) 미술의 가치

미술은 인류의 삶 자체라 할 수 있을 정도로 인류의 오랜 역사와 함께해 왔으며 다양한 측면에서 인류의 삶과 진보에 기여해 왔다. 인류의 역사 속에서 미술이 수행해 온 가치들은 정신적 측면, 실용적 측면, 역사적 측면, 치유적 측면에서 살펴볼 수 있다.

(1) 정신적 가치

정신이란 육체나 물질에 대립되는 개념으로서 마음이나 이념, 사상, 지성이라고 할 수 있다. 그러므로 정신적 가치란 권력이나 재력, 육체적 만족 등과 같이 물질이나 사물을 통해 얻는 것이 아니라 정신, 즉 마음이나 지성, 사상 등의 측면에서 얻는 것이다. 오랜 역사 속에서 미술은 이미지를 통해 자신과 세계에 대한 미술가의 경험과 생각을 표현해 왔다. 이 점에서 미술은 인간의 정신을 담는 그릇이며 자기와 세계를 이해하고 성찰하며 새롭게 보는 방법을 제시해 왔다. 하이데거(Heidegger, M., 1889~1976)는 이러한 미술의 정신적 측면과 관련하여 미술이란 진리가 되어 가고 일어나는 하나의 방식으로서 세계에 대해 숨겨져 있는 본질을 드러냄으로써 진리를 제시하는 독특한 방식이라고 말한 바 있다(1971). 듀이(Dewey, J., 1859~1952) 역시 미술은 과학의 논리적 방식과는 다른 드러냄(revelation)의 방식으로서 진리(truth)에 다가

서는 것이라고 보았다(1934: 84-89). 이러한 하이데거와 듀이의 관점은 미술이 과학의 논리적 방식과 다른 방식으로 자신과 세계를 성찰하고 새로운 안목을 갖게 하는 정신적 가치를 지니고 있음을 시사한다.

(2) 실용적 가치

미술은 건축이나 공예, 디자인 등과 같이 실용성이 강조되는 측면이 있음과 동시에 미술작품 자체가 광고나 홍보 등과 같이 일상생활에서 활용되기도 한다. 가령 무테지우스(Muthesius, H., 1861~1927)를 중심으로 1907년 뮌헨에서 결성된 '독일공작연맹(Deutscher WerkBund)'은 미술가의 자유와 창의성을 강조하면서도 새로운 현대적 재료와 미술의 대량생산성을 추구하였다(이병종, 2012). 독일공작연맹의 이러한 관점은 이후 바우하우스(Bauhaus) 등으로 이어지면서 디자인과 건축, 공예 등을 중심으로 한 미술은 박물관 밖의 삶의 현실에서 미적인 것과 실용적인 것의 현대적 조화가 지닌 가치를 보여 준다.

(3) 역사적 가치

미술을 통해 우리는 인류의 과거 역사를 이해할 수 있게 된다. 비록 시대를 반영하는 방식이 의식적인가, 무의식적인 것인가에 대한 차이는 있을지언정 시대와 공간에 한정된 물질성을 가진 인간으로서 미술가들은 필연적으로 자신의 시대와 문화, 정신과 삶을 작품에 담을 수밖에 없기 때문이다. 이 점에서 미술은 인간의 현실을 반영한 한 형식이자 사회 집단의 감정과 상상, 사상을 조직하고 방향을 정하도록 하는 시대적 산물이라고 할 수 있다(Friche, 1926/1986). 그러므로 시대를 담고 있는 미술은 역사를 이해하는 창문이 되며, 미술의 역사를 안다는 것은 곧 과거의 시간을 재구성하는 것이자 당대 사람들의 삶에 참여하는 것이라 할 수 있다.

(4) 치유적 가치

미술은 일정한 기술이나 연습에 의한 숙달을 요구하는 분야와 달리 손쉬운 재료와 방법으로 자신의 감정과 생각을 자유롭게 발산함으로써 마음을 정화할 수 있는 특징을 지닌다. 이러한 미술의 치유적 효과를 의미하는 개념이 '카타르시스(Catharsis)'이다. 카타르시스는 아리스토텔레스가 『시학(Poetics)』에서 부정적인 정서의 순화라는 의미로 사용한 개념으로서 미적 경험과 즐거움, 이를 통한 치유적 효과가 있음을 의미한다(Singh, 2018). 이처럼 자기표현성에 기반한 미술은 기쁨을 주고 감정을 정화하며 자신을 통합하는 치유적 가치를 지닌다(Kramer, 2000: 43).

2. 미술교육의 이해

미술교육을 이해하기 위해 여기서는 미술 및 미술교육에 대해 개념, 목적과 의의를 중심으로 살펴본다.

미술교육의 목적과 필요성에는 창의성 계발, 심미적 감성 함양과 정서 순화, 전인적 조화능력 등 여러 가지가 있다. 구체적으로 살펴보면, 사람마다 중요하다고 생각하는 것이 다르다. 예를 들면, 로웬펠드(Lowenfeld, V.)는 미술을 통한 인간교육을 강조하면서 중요한 것은 미술에 의한 창의성이라고 하였고, 듀이(Dewey, J.)는 교육에서 경험의 중요성을 강조하였다. 한편, 아이스너(Eisner, E.)는 미술교육만이 제공하는 특별한 경험을 통해 미적 · 예술적 안목과 능력을 기를 수 있다고 보았다.

이와 같이 미술교육의 개념은 시대와 지역에 따라서 달라지며, 목적과 의의 역시 이념에 의해 변화한다. 특히 오늘날 급속한 변화가 반복되는 현대에서 미술교육 역시 사회의 변화를 반영하여 패러다임의 방향을 계속적으로 모색하며 변화하고 있다. 이 장에서는 미술교육의 목적과 의의에 대해 살펴보고자 한다. 이를 위해 우선 미술의 개념과 의의를 탐색해 보자.

1) 미술이란 무엇인가

우리가 우리 자신을 미술이라는 가치를 통해 발견하고 공유하고자 할 때 미술은 단순한 표현이나 교육을 넘어 인간에게 중요한 능력이다. 미술에 대해 사색한다는 것은 인간이 자신의 사고와 과정, 능력과 행위, 그 결과를 돌아본다는 점에서 그 하나하나가 탁월한 철학적 영위인 것이다. 이를 성찰하는 것은 미술작품이라는 결과물에 대한 재고를 넘어 모든 영역에 걸쳐진 인간의 가능성을 확장해 왔다.

인간은 역사가 시작되었을 때부터 미, 진리, 불멸 같은 개념과 이상에 매료되어 왔

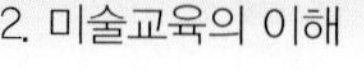

다. 이에 대한 탐구는 삶을 풍요롭게 하고 육신의 한계를 넘어 인간을 자유롭게 하는 것이다. 이러한 이상과 탐구가 없었다면 인간의 삶은 생존 그 자체가 목적인, 그저 살아남는 것만이 전부가 되었을지도 모른다. 삶은 때로는 어려운 것이지만 그래도 우리를 살아가도록 하는 것은 머리 위에 별이 있다는 것을 믿기 때문이다. 인간이 인간으로서 존재하기 위해서는 별이 필요한 것이다.

인간은 과학과 예술을 통해 스스로와 세계를 탐구한다. 과학은 추론과 논리를 비롯한 과학적인 방법을 통해 우주로부터 미생물에 이르기까지 세상을 관찰하며 탐구한다. 합리성을 바탕으로 하는 과학과는 달리 예술은 애매한 것으로서 정의 내리거나 분석, 예측, 조절하는 것이 어려운 영역이다. 그렇지만 누군가는 예술은 인간의 삶과 세계에서 가장 중요한 가치와 연결되어 있다고 본다. 세계는 과학만으로는 돌아가지 않는다. 우리는 과학과 마찬가지로 미술에 둘러싸여 살아간다. 일상의 삶의 공간, 사회와 도시의 공간 안에 살아가는 인간에게 미술은 삶 그 자체와 깊이 관련되어 있다.

미술에는 다양한 의미가 내포되어 있다. 그리고 미술을 창조와 관련된 인간의 다양한 능력, 그리고 창조와 관련된 아이디어(주제와 소재), 표현을 위한 제작 과정과 방법, 이를 위한 매체, 재료는 미술의 개념이나 과정에서 중요한 요소이다. 창의적인 미술의 제작에는 새로운 매체가 필요하며 오늘날과 같은 디지털 시대에는 인공지능과 같은 새로운 미디어에 의해 제작 주체 및 미술의 개념 자체가 변화되고 있다. 미술의 개념은 계속해서 유동적인 것이다.

그럼에도 불구하고 우리는 미술과 미술의 개념을 이해하려고 애쓴다. 과학적 지식은 모른다고 해도 연구자와 같은 전문가 집단에 맡겨 둘 수 있으며, 음악은 굳이 이해하지 않고서도 즐길 수 있다. 난해한 음악에 대해서 우리는 굳이 이해를 요구하지 않는다. 그렇지만 난해한 미술 앞에서는 “작품이 이해가 안 돼.”라고 말하고 설명을 기대한다. 이는 미술에는 어떤 보편적인 원리가 있다는 것, 그리고 이를 이해하는 것이 당연하다는 믿음 때문인지도 모른다. 즉, 미술에는 우리의 이해를 넘어서는 근원적인 그 무엇이 있다고 믿기 때문인 것이다(Fichner-Rathus, 2004/2005).

‘미술’이라는 용어는 한자어로 ‘美術’, 영어와 프랑스어로 ‘art’, 독일어로 ‘Kunst’ 등으로 표기된다. 미술의 사전적 의미는 ‘시각적 · 공간적 미를 표현하는 조형예술’로서, 회화, 조각, 건축, 공예 등의 총칭이지만 회화와 조각의 재현예술에 한정되는 경우도 있다. 이와 같이 '미술'의 정의는 그 폭이 매우 넓다(류지영, 2023).

미술의 동의어로서 보자르(Beaux-Arts[프])나 파인 아트(fine art[영])도 사용되지만, 이 용어들은 본래 예술을 의미하는 언어로서, 언제나 미술을 가리키는 것은 아니다(월간미술 편, 1989). 이처럼 서구에서는 예술과 미술 두 용어를 구별하지 않으며, 아트와 쿤스트를 광의와 협의의 두 의미로 쓴다. 미술이 바로 대표적인 예술이기 때문이다. 미(美)라고 하면 시각적인 미가 우선하고 술(術)이라 하면 수공적인 술이 우선하는 것이며 이를 통합하여 미술은 예술과 동의어이기도 한 것이다.

'미술'이라는 용어의 유래에 대하여 살펴보자. 미술을 의미하는 '아트(art)'는 라틴어 아르스(ars)에서 유래되었으며, 아르스는 그리스어 테크네(techne)를 직역한 것이다. 그리스에서 테크네는 기술, 즉 지적인 제작 능력 일반을 지칭하는 용어로서 다양한 영역의 제작 기술을 의미하였다. 테크네는 오늘날 미술에 해당하는 건축, 회화, 조각을 넘어 사냥, 항해술, 의학, 농경, 수학, 웅변술까지 포함하는 기술을 의미한다. 이 기술은 철학자 플라톤에 의하면 이데아로부터 유래된 것이다. 이데아의 세계, 이데아의 모방인 현실계 역시 모방의 기술이다. 그리스에서 특정 기능과 기술의 의미로 사용되던 테크네라는 용어는 로마 시대에 라틴어 아르스로 번역되었다. 본래는 기술이었지만 장인에게는 자유인에 어울리는 자유가 주어지고 있었던 것을 생각하면 자유기술로 부르는 것이 더 정확할 것이다.

현재 우리가 예술이라고 부르는 기술 가운데 자유기술로 간주되던 것은 시와 음악이며, 그림과 조각 같은 미술은 기계기술로 간주되어 도제제도에 의해 이루어지고 있었다. 아르스는 르네상스에서 레오나르도 다 빈치, 미켈란젤로, 라파엘로 등 예술가들의 존재와 함께 자유학예(liberal arts) 개념으로 바뀌면서 교양인을 위한 교과목을 지칭하게 되었다. 고대에는 일상의 기술로서 기능이 강조되었지만 르네상스 이후에는 이성적이며 지적인 관심 분야를 지칭하는 용어가 된 것이다. 이러한 예술가들의 미의식에 공헌한 것이 1550년 미술사의 아버지로 불린 바사리(Giorgio Vasari)의 '미술가 열전'의 출판이다. 이러한 예술가의 사회적 위치가 공고해진 것은 약 100년 후의 1648년 프랑스의 '왕립 아카데미' 창설에 의해서였다. 그리하여 17세기에 미란 무엇인가, 예술이란 무엇인가를 논하는 미학, 즉 미에 대한 학문이 등장하게 되었다.

한편, 미술을 천재적 개인에 의한 신의 창조와도 같은 독창적인 산물로서, 일상과 동떨어진 아름다움을 지닌 대상으로 보는 미술 개념은 순수미술(fine art)의 개념인데

이는 낭만주의적인 관념에 의한 것이다. 순수미술의 의미는 고대 그리스의 테크네 이후 계속된 미술의 기술적인 유용성(utility)과 기능성(funtion)이 배제된, 음악, 회화, 조각, 시, 무용 등 미적 가치만을 지닌 대상의 제작 기술을 지칭한다. 18세기 말 이후 미술은 순수예술, 혹은 시각예술로도 불리는 회화, 조각, 건축을 지칭하는 것으로 그 의미가 축소되었으며, '아름다움을 시각적 형태로서 기술적으로 생산하는 것'의 의미로 순수미술이라는 용어를 사용하게 되었다(안인기, 2021). 프랑스어 'Beaux-Arts', 영어 'fine arts', 독일어 'schone kunst'는 아름다움을 만드는 기술, 이에 관한 능력을 의미하는 용어이지만 순수미술의 의미에 더 가까운 것이다.

그러나 미술은 고대에서 비롯된 개념인 만드는 기술이나 자유 학예, 순수미술 그 이상의 의미가 있다.

오늘날 미술(art)의 사전적 정의는, ① 경험과 학습에 의해 획득되는 기술, ② 학문의 한 분야, ③ 지식 또는 기술을 필요로 하는 직업, ④ 특히 미적 대상의 제작에서 기술과 창조적 상상력의 의식적 사용 등으로 제시된다(https://www.merriam-webster.com/dictionary/art).

여러 학문의 기초가 만들어졌던 근대에서 미술(art)은 과학(science)과 완전히 구별되는 것은 아니었다. 아트가 사이언스의 동의어로 사용된 사례는 근대부터 현재까지 지속되고 있다. 이를 학문적으로 말하자면 '학'과 '술'로 표현할 수 있다. 오늘날 일반적으로 사용되는 용어인 '학술', 즉 '학'과 '술'은 서로 다르면서도 서로 연결되어 사용되며 깊이 관련된 것으로서, 즉 아트의 의미는 이 '학'과 '술'을 동시에 내포한 것이다(https://www.collinsdictionary.com/ko/dictionary/english-thesaurus/science). 다시 말해, 미술을 지칭하는 영어 단어인 'art'는 실연(實演), 즉 '실제로 해 보임', '행함'을 바탕으로 하는, 실행과 기능에 관련된 것이다. '학'에서는 알기 위해 알며, '술'에서는 만들기 위해 안다. 이러한 의미에서 미술 역시 학술의 한 분야이며, 학술 분야로서 '미술한다'는 것은 실행을 전제로 하는 앎으로서, 과학과 마찬가지로 진리 탐구의 일종이라고 할 수 있을 것이다.

허버트 리드(Read, H. E.) 역시 과학과 예술의 구분에 대해 다루며 이 두 영역이 본질적으로 구분되는 것이 아님을 1943년 발행된『예술을 통한 교육(Education through Art)』에서 주장한 바 있다.

"예술과 교육 양쪽 모두와 관련된 기본적인 정신적 과정인 지각과 상상에 대해 검토해 보려고 한다. …… 결국 필자는 과학과 예술을 구분하지 않는다. 다만 방법상의 차이를 인정할 뿐이다. 그리고 필자는 지난날 양자 간의 대립은 양자의 활동에 대해 제한된 견해를 가졌기 때문에 발생했다고 생각한다. 같은 현안에 대해 예술은 표현하고 과학은 설명한다."(Read, 1943/2007: 30-31)

리드는 예술과 과학에 공통되는 것이 지각과 의식의 문제이며 공통적으로 심미적 감각에 의해 인생과 세계에 대한 더욱 정교한 경험으로 나아가게 된다고 보았다. 리드의 경우 심리학과 교육학을 비롯한 삶의 다양한 범주로의 확장을 기반으로 예술에 의해 인간 교육이 이루어진다고 보았으며, 이는 궁극적으로 '진리의 추구'이다(Read, 1943/2007: 31).

예술에 대해, 과학과 마찬가지로 진리 탐구의 길로 본 20세기 초의 영미 사전에서는, 과학에서는 지식을 위해 탐구하고 미술에서는 제작을 위해 그렇게 한다고 보았다.

"대상이 무엇인지를 아는 것, 알기 위해 아는 것이 사이언스('학')이다. 그리고 대상이 어떻게 만들어졌는지 아는 것, 즉 제작을 위해 아는 것이 아트('술')이다. 진리를 탐구하기 위해, 대상이 어떻게 만들어졌는지, 즉 만물이 성립하는 근원을 알고 그 성립하는 이유를 분명히 아는 것으로서, 가장 적절하고 효율적인 규칙의 체계에 의해 스스로를 규칙이라는 형태로 드러내는 것이 '미술'인 것이다."(카슬레이크, 『웹스터 영어사전』, 1913년도 판, SCIENCE의 동의어; 山本貴光, 2023: 143-144에서 재인용)

과학이라는 '학'의 세계에서 가장 완전한 상태란 고도의 정확한 탐구이다. 이에 비해 완벽한 미술이란 가장 적절하고 효율적인 규칙의 체계이다. 미술은 이론적이며 이성적인 정확한 탐구를 넘어 가장 적절한 규칙을 탐색한다. 이러한 탐구의 결과물이 '미술'로서 나타나게 된다. 진리 탐구의 근원으로서의 '미'라는 '학'에 바탕을 두면서 이를 바탕으로 하여 행함을 전제로 하는 '술', '미'의 '학'으로서의 '술'로서 미술은 항상 스스로를 규칙이라는 형태로 만드는 것이다. '미술한다'는 것은 규칙을 가장 적절하고 새롭게 만들어 낸다는 것이며 그렇게 창조된 규칙을 이해한다는 것, 그리고 그 결과물로서, 가장 완전한 상태를 지향하는 것이다(류지영, 2023).

과거 우리나라에서는 미술에 대해 이러한 '미'나 '학'으로서의 '술'의 관점보다는 아름다움(미)을 표현하는 수단과 방법으로서의 기술이라는 의미가 부각되어 왔다. 미술이라는 단어에 대해 멋진 솜씨에 의해 아름다움을 표현하는 미적 기술이라는 의미로 보고, 미술을 미를 표현하는 수단이나 방법, 테크닉, 기교, 기술 등으로 파악한 것이다.

미술이라는 용어에는 다양한 의미가 있다. 그리스 시대, 인간이 어떤 의도를 가지고 만들어 내는 '제작술'에 관련된 모든 것을 가리키는 것으로부터, 중세 시대의 숙련된 기술이라는 위치, 보기 드문 독창성에 의해 만들어진 시각적인 아름다움과 그 결과물 등 다양한 의미를 포함한다. 만약 미술을 미적 기술로만 본다면 미술에 대해 사실주의적 특성을 바탕으로 하는 테크닉과 기교를 강조한 관점으로 볼 수 있다.

'미술' 용어의 이전에는 서화, 조각, 공예 등의 개별적 명칭이 존재했지만 오늘날처럼 회화, 조각, 디자인, 공예, 건축들을 총괄하는 미술이라는 단어는 찾아볼 수 없다. 신라시대의 채전, 고려시대의 도화원, 조선시대의 도화원은 채칠(彩漆) 및 회사(繪事)와 관련되는 일을 맡아보던 국가 관청이었다. 도화서의 경우 어진 제작, 궁중의 행사, 풍경 등 왕실에서 필요로 하던 그림을 제작하였으며 이 시기의 그림은 서화(書畵)로 불렸다. 글과 그림, 혹은 글씨와 그림을 아울러 이르는 말인 서화는 일제 강점기 초기까지 '미술'이라는 용어와 같은 의미로 쓰였다. 19세기 서구의 순수미술 개념은 일본에서 '미술'이 되었고, 이를 일제 강점기 때 수용하면서 우리나라에서도 '미술'이라는 용어가 사용되기 시작하였으며, '미술'이라는 용어 사용이 본격화된 것은 해방 이후부터이다.

미술을 한자로 표기하면 '美(미)'는 양 양(羊)자 밑에 큰 대(大)자를 써서 만든 글자로서 '큰 양', 여기에서는 '아름답다' '예쁘다' '멋있다'의 의미로 '아름다움'이 시각적인 아름다움뿐만 아니라 미각적인 만족감에서 온 말이라는 점, 양의 형태나 양머리 장식의 관을 쓴 사람(大人)으로서 부족의 의식을 집전하는 '사제'를 가리키는 점 등에서 아름다움은 종교, 선함의 의미가 있다. 예술과 도덕이 본래 같은 범주로서 동양의 전통과 고대 서양의 경우도 아름다움은 착함과 같은 의미로 사용되었다는 점에서 예술과 도덕은 같은 뿌리를 가지고 있다(이성도, 임정기, 김황기, 2013).

테크네라는 용어가 비롯된 고대 서양에서의 '미술'의 의미를 '진' '선' '미' 개념을 통해 살펴보자(류지영, 2023).

인간의 지적 활동에 대해 아리스토텔레스는 '보다(theorein)'와 '행하다(pratein)', 그리고 '만들다(poiein)'로 나누고, 철학 체계 역시 '이론(theoria)'의 학문인 '이론학(theoretike)'과 '실천(praxis)'의 학문인 '실천학(praktike)', 그리고 '제작(poiesis)'의 학문인 '제작학(poietike)'의 세 영역으로 구분하였다(木田元 외, 2011: 2). 여기서 유래된 지적 활동으로 테오리아(theoria)와 프락시스(praxis), 그리고 포이에시스(poiesis)를 다루었다. 테오리아는 이론적 진리 탐구 영역인데, 보는 것으로서 시각적 의미가 아니라 '진리를 본다'라는 관상(觀想)의 의미이다. 프락시스는 '좋은 행동'이라는 의미이다. 포이에시스는 '생산 기술, 예술활동'이라는 의미이다. '좋은 행동'이란 그저 남에게 잘 보이도록 행동한다는 것이 아니라 신의와 성실을 의미한다.

표 1-1 아리스토텔레스의 지식론 구분

지향	진(眞)	선(善)	미(美)
인간의 활동	진리 탐구(theoria)	선의 실천(praxis)	창작 · 제작(poiesis)
지적 탁월성	철학적 지혜(sophia) –직관적 지성(nous) –학문적 인식(episteme)	실천적 지혜(phronesis)	기예 · 기능(techne)

출처: 류지영(2022); 이가희, 양은주(2016); 천경록(2021).

테오리아는 철학적 지혜(소피아, sophia), 프락시스는 실천적 지혜(프로네시스, phronesis), 포이에시스는 기예와 기능인 기술적 지혜(테크네, techne)에 각각 해당하며 모두 사유의 지적 탁월성을 지향한다.

미술은 테오리아 개념 가운데 이성과 학문적 인식을 다루는 '에피스테메'이며 보편적 진리를 탐구하므로 '진리(眞理)'를 가치 지향성에 둔다. 테오리아는 철학적인 지혜의 활동이며 직관적 지성(누스, nous)과 학문적 인식(에피스테메, episteme)으로 구분된다. 직관적 지성은 명상이나 종교 세계를 의미하며 학문적 인식은 인간이 이성으로 이해하는 학문적 지혜로서 에피스테메에 해당한다.

프로네시스는 실천적 지혜이다. 상황에 따라 달라지는 지식이다. 에피스테메가 명시적 지식에 해당하는 데 비해서 프로네시스는 암묵적 지식에 해당한다. 프로네시스의 궁극적 목적과 지향은 선(善), 특히 공공선으로서 '좋은 행동'을 의미한다. 좋은 정치가 국가나 가정을 복되게 한다면 그 자체로 '좋은 행동', 즉 프로네시스인데, 다른

목적을 위한 수단적 활동보다는 활동 자체가 목적이 되는 행동이다.

테크네는 기술적 지(지혜)이다. 기술적 지혜란 기예, 즉 제작과 창작의 능력, 기능이며 상황에 따라 달라지는 지식이다. 프로네시스와 테크네는 활동 분야에 따라 달라진다. 프로네시스는 그 자체로 좋은 행동이지만 테크네는 건축술, 목공술, 조선술처럼 무엇인가 형상화, 제작하는 행동과 관련된다.

테크네의 목표는 '미(美)'이다. '아름다움'이라는 주관적 의미보다는 대상의 모든 부분이 완전하게 배열되고 객관적인 형식적인 미를 의미한다. 이렇게 미술에서 다루는 것은 에피스테메(진), 프로네시스(선), 테크네(미)를 모두 갖춘 진정한 아름다움인 것이다.

이와 관련하여 앞서 웹스터 영어사전에서는 '미술'을 '가장 적절하고 효율적인 규칙의 체계에 의해 스스로를 규칙이라는 형태로 드러내는 것'으로 정의한 바 있다. 미술이란, 규칙적인 체계에 따라 스스로를 규칙으로 드러내는 것이다. 각자 고유한 배열의 규칙과 독특한 법칙에 의해 완전함을 지향하며 표현하는 것이다. 예를 들어, 음악에서는 하모니(조화), 건축이나 조각에서는 대칭성과 비례를 사용하여 완전함을 나타낸다(오병남, 1985). 테크네는 기술적 지식과 미적인 목표(지향성)를 가진다. 여기서 말하는 미는 그리스의 미적 기준에 따르는 것으로서 그리스 조각에서 나타나는 조화와 비례에 의해 설명될 수 있다. 각각의 미술은 완벽함을 가진 독립적인 세계관을 가지며 규칙과 기준을 가지는 완전한 것이다. 미술활동은 조형 능력과 재료의 사용을 통해 이러한 완전함을 표현한다. 그 과정에서 기술은 방법적 지혜로서 작용한다(류지영, 2022; 천경록, 2021).

아리스토텔레스는 테오리아, 포이에시스, 테크네 순으로 중요하다고 보았고, 아우구스투스는 테오리아, 테크네, 포이에시스 순서로 중요하다고 보았다. 이처럼 시대와 사람에 따라 중요도에 대한 관점은 변화한다. 그렇더라도 이는 각각 다른 분야에서의 별개의 지식으로 인식된 결과로서 지혜라는 완전함을 나타낸다.

현대의 관점에서는 철학이든 정치든 배 만들기든 하나의 지식으로만 설명되지 않는다. 여기서 지식의 통합성과 동 근원성에 대해 살펴볼 수 있다. 고대에서는 진 · 선 · 미를 삼위일체로 파악하였고, 근대적인 삼위일체는 진 · 선 · 미가 서로 구분된다고 보았는데, 이는 칸트에 이르러 형성되었다(오병남, 1985). 한편, 고대의 진 · 선 · 미 개념은 동일한 근원성(同根源性)을 가진다. 둔스 스코투스는 '통합적 적합성'이라는 개념을 제시하였다. 이 개념에 따르면, 행위가 적절한 요소를 갖추면 그것이 선이 되는 것처럼, 물체가 적합한 요소를 갖추면 그것은 미가 된다. 이 점에서 미와 선은 유사하다. 즉, 어떤 행위나 물체가 좋은 것으로 평가받으려면 적절한 요소들을 갖추어야 한다는 것이다. 이 적절한 요소가, 앞서 '학'과 '술' 개념에서 드러나는, 완전한 상태를 만드는 특정한 '규칙'을 의미한다.

정도에 차이는 있지만 모든 인간의 활동에는 '진'과 '선'과 '미'라는 세 유형의 지적 영위가 필요하다. 특히 니코마코스 윤리학에서 말하는 '사고의 탁월함'을 이루기 위해서는 세 가지 유형의 지식이 유기적으로 통합되어야 한다. 다시 말해, 작품 제작이나 매체 사용 능력, 미술 하는 능력이 진리를 탐구하는 것으로서 사고의 탁월함을 이루기 위해서는 진 · 선 · 미가 상호작용하며 통합되어야 한다는 것이다.

결국 진 · 선 · 미는 '미술' 그 자체에 내포된 미술을 의미하며, 미라는 행위를 탐구하는 학문으로서 미술의 의의로 볼 수 있다. 진은 진리를, 선은 성실함과 선함을, 미는 고도의 규칙으로서 시각적 아름다움과 예술적인 만족감을 통해 미술의 의의로 이어진다. 미술은 '미'과 관련된 '술'이라는 원리와 행위를 탐구하는 학문으로서, 진 · 선 · 미를 지향한다. 이렇게 '진'과 '선'과 '미'는 미술의 본질에 내재된 의미이며 핵심 원리로서 미술이 겉으로 보이는 것만이 아니라는 것, 미술하는 것이 근본적인 것으로서 중요하다는 것을 드러낸다(류지영, 2023).

오늘날 미술은 일반적으로 공간예술, 시각예술, 조형예술, 물질예술 등으로 불리고 있다. 예술의 분야로서 공간예술이라는 표현은 미술이 공간 속에 존재하는 물질적 예술이라는 의미이다. 시각예술이라는 표현은 미술이 다른 예술에 비해 시각적 성격이 강하다는 뜻으로서, 물질을 매개로 하는 시각적 소통의 예술이라는 의미이며 따라서 미술을 시각 언어라고 표현하기도 한다. 조형예술로서의 미술은 형태를 만든다는 의미로서 재료의 물성의 경험이 강조되고 그 체험은 노작적 즐거움에 의한 것이라는 점에서 다른 예술 영역과 차별된다. 동서양에 따라, 그리고 시대에 따라 차이는 있지만 다른 예술 장르와 공통되는 예술적 속성을 가지면서도, 사람의 손으로 의도에 따라 제작된 것으로서 물성 체험에 의해 표현되는 독특한 미적 특성과 가치를 가지며 전시할 수 있는 것 등을 미술작품의 전통적 개념으로 본다(이성도, 임정기, 김황기, 2013).

그러나 20세기를 지나면서 다양한 미술사조가 등장하면서 새로움을 전제한 다양

한 실험적인 작품이 탄생했고 미술의 개념들은 변화되어 왔다. 오늘날의 미술은 과학기술의 발달과 다양한 예술사조의 등장과 함께 변화를 거듭하고 있다. 영상미술이나 설치미술의 등장과 함께 미술은 공간예술만이 아니라 시간성을 전제로 하는 시간예술의 속성을 가지게 되었다. 물질을 매개로 하지 않는 다양한 개념예술, 나아가 열린 미술 개념이 등장하며 새로운 예술의 시대를 열어 가고 있다(이성도, 2013).

이제 미술은 우리 주변에 있다. 과거에는 기능에 의해 형상을 만드는 기술적 의미가 강조되었으나 오늘날은 아름다운 형상에 한정된 것, 미술관에서만 볼 수 있는 것이 아니라 집, 학교, 거리와 광장 등 일상의 공간에서 만날 수 있다. 일상의 주거 공간을 만들고 집을 꾸미거나 종교 시설, 나아가 거리와 도시를 조성하며 인간의 삶과 가장 가까이 있는 예술인 것이다.

미술이라는 용어는 인간이 타고난 소질, 물질적 재료와 방법을 비롯하여 제작의 과정과 그 과정에서의 노력, 결과로서의 작품 등 다양한 의미를 내포한다. 미술을 소질이라고 본다면 미술은 아름다운 사물과 감동을 주는 것을 만들어 내는 인간의 능력을 의미한다. 이것이 창조의 능력이다. 미술을 과정으로 본다면 회화, 조각, 건축, 사진 등의 작품을 실제로 만드는 행위를 의미한다. 창조적인 작품을 만들기 위해 새로운 재료와 기법이 필요하므로 미술의 개념은 유동적인 것이 된다. 미술을 완성된 작품으로 본다면 회화, 조각, 건축 등의 결과물을 의미한다.

좁은 의미의 순수미술과 고급미술의 범주에서부터 사진, 비디오, 컴퓨터 등 디지털 테크놀로지의 혁신, 설치, 퍼포먼스, 공공미술, 공간 등 시공간의 확장, 만화와 대중문화의 다양한 시각이미지를 포괄하는 시각문화 영역 등 오늘날 미술의 영역은 더욱 확장되고 변화되고 있다.

사람들은 미술이 어떤 특성을 가지고 있는지, 어떤 의미를 가지고 있는지 알고 싶어 한다. 앞서 다룬 바와 같이 난해한 음악에 대해서보다 난해한 미술에 대해 더 이해하고 싶어 하는 것이다. 이렇게 미술을 이해하기 위해서 무엇이 필요한가.[1)]

미술의 이해를 위해서는 미술의 기본 용어의 습득이 우선이다. 영어로 의사소통을 하고 싶다면 영어의 습득이 우선이다. 언어나 컴퓨터공학, 자연과학 등 많은 분야와

1) 미술의 이해에 관련된 내용은 Fichtner-Rathus의 『(새로운) 미술의 이해(Understanding Art)』(2005)를 참조하라.

마찬가지로 미술을 이해하기 위해서는 미술의 기본 용어에 대한 습득이 필수적이다. 미술 언어는 시각적 요소와 구성의 원리, 양식, 형식, 내용 등으로 이루어져 있다. 조형 요소와 조형 원리로 부르는 선, 색채, 형태, 명암, 질감, 동세, 명암, 비례, 균형 등의 시각적 요소들이 구성의 원리에 의해 형식과 내용으로 전환된다. 소묘, 회화, 판화, 사진, 컴퓨터미술, 조각, 건축, 공예, 도예 등 표현매체와 표현방법에 대한 학습도 필요하다.

한편으로 미술의 맥락을 이해하기 위해 미술사에 대한 학습이 필요하다. 역사는 우리에게, 과거를 통해 현재의 우리를 보여 주고 미래를 제시한다. 미술의 역사는 연대기적으로 사건을 나열하는 것이 아니라 어떤 미술작품이 어떠한 맥락에서 만들어져서 이렇게 제시되었는지 보여 준다. 작품이 만들어진 역사적 · 사회적 · 정치적 배경을 통해 그 작품이 어떤 의도와 맥락으로 이루어졌는지 알게 되면 작품과 더욱 의미 있는 대화가 가능해진다. 미술의 역사적 측면을 인식함으로써 예술 창작의 과정이 어떻게 세상의 수많은 사건과 관계 맺으며, 또한 개인적인 특성과도 연결되는지를 알게 되는 신기하고 즐거운 경험이 이루어진다.

미술은 어떤 역할을 하는가. 한편으로 표현매체와 형태, 양식과 주제는 시대에 따라 다르고 매일 진화해 왔지만, 다른 한편에서 미와 진리, 불멸에 대한 추구나 인간의 자기표현에 대한 욕구는 변함없이 이어져 내려오고 있다. 미술은 아름다움을 창조하고 우리의 환경을 향상시키며 진리를 드러내고 영원한 삶을 꿈꾸게 한다. 또한 종교적 신념이나 환상과 상상을 표현한다. 미술은 지성을 자극하고 감성을 폭발시킨다. 혼돈을 표현하기도 하고 경험을 기록하고 기념하기도 한다. 미술은 불의에 항거하고 사회의식을 함양한다. 미술가의 표현 욕구를 충족시킨다. 사회적 · 문화적 맥락을 반영하고 일상의 의미를 고양하며 새로운 질서와 조화를 창조한다(Fichner-Rathus, 2004/2005).

오늘날 미술은 계속해서 새로운 형식과 양식을 재창조하며 미술의 개념과 의미는 끊임없이 재정의되고 있다. 현재의 인공지능과 디지털, 매체와 기술의 급격한 변화에 의해 미술의 정의를 인간이 만든 것으로 한정하기 어려운 시대이다. 그럼에도 불구하고 한편에서 여전히 미술은 시각적 예술이며 인간에 의해 만들어진 것으로 간주되어 미술의 의미는 점점 더 모호해지고 있다(이성도, 2018). 지금까지 살펴본 바와 같이, '미술이란 무엇인가?' '미술은 무엇을 위해 존재하는가?'에 대한 답은 하나가 될 수 없다. 미술은 하나의 정답만을 강요하지 않는다. 미술은 언제나 우리 곁에 있지만 그러한 미술을 우리가 충분히 이해하고 있다고 보기는 어렵다. 따라서 미술에 대한 논의와 미술을 이해하기 위한 노력은 언제나 필요하다.

미술은 문화와 사회, 역사를 상징한다. 미술은 우리의 삶을 풍요롭게 한다. 그리고 미술은 비평적 역할을 통해 성찰하도록 한다. 이러한 미술의 역할과 의의, 언제나 변화와 혁신을 거듭하는 미술의 중요성은 더욱 커져 가고 있다. 이와 같은 미술에 대한 이해를 바탕으로 미술교육의 목적과 의의를 생각해 보자.

2) 미술교육이란 무엇인가

미술교육은 미술의 교육이며 인간의 미의식의 형성에 깊이 관여한다. 미술이 미술과 예술을 동시에 의미하는 것과 마찬가지로, 미술교육은 미술에 한정되는 것은 아니며 넓게는 음악과 체육(무용)을 포함하는 예술교육으로 이해된다.

미술을 문자 그대로 본다면 아름다운 것을 만드는 기술, 그리고 만들어진 것을 말한다. 즉, 미술은 무엇인가를 표현하고자 하는 필요에 의해서 미의 질서나 가치를 찾아서 만들어지는 것이다. 학교교육으로서 미술교육은 보통교육, 일반교육으로 이루어지는데 미술활동을 통하여 인간의 형성을 목적으로 한다. 그 과정은 미술의 교육으로 이루어진다. 그러므로 미술을 하는 경험으로서 미술활동, 모방과 연습 등 표현활동과 제작 경험을 위한 기술과 기능적 측면 또한 미술에서 필요한 창의적인 능력을 기르기 위한 중요한 과정이다.

그 결과 흔히 미술은 아름다운 형상을 만드는 것으로 생각하기 쉽지만 이것은 근대 이후 순수미술 개념에 유사한 것으로서 시대와 지역, 사회에 따라 미술의 개념은 변화되어 왔다. 미술과 마찬가지로 미술교육 역시 시대와 사회에 의해 변모되어 왔다. 이러한 변화는 교육에 대한 사회의 요구에 의해 진행되어 왔다.

미술교육은 자연과 조형의 아름다움을 느낄 수 있는 감성과 미의식을 기르는 교육이다. 본래 미적 교육은 조화로운 인격과 미적 덕성에 이르는 광의의 도덕교육이며, '아름답고 선한 것'이다. 고대 그리스의 피타고라스학파에서는 '선은 내적 가치, 아름다움은 외적 가치'라고도 생각했지만, 소크라테스는 "모든 아름다운 것은 용도에 상응하는 것이고, 목적에 적합한 물건은 좋고 아름다우며 반대로 목적에 적합하지 않은 것은 악하고 추한 것"이라고 하면서 내적 가치와 외적 가치의 통일을 지향하였다. 플라톤 역시 미를 '선과 미를 통합하는 도덕적 완성의 의미'로 생각하였다.

고대 그리스인들은 선과 미를 엄격하게 구분하지 않았으며 이러한 상상의 이상은 미와 선의 합일을 주장한 도덕론, 이성과 감성의 융합으로서의 '아름다운 혼(beauty of the heart)'의 경지에 인간성의 완성을 요구하고 미적 교육을 주창한 쉴러의 미학이론 등을 들 수 있다. 미적 교육은 본래의 인간교육의 도덕적 측면이며 조화적인 인간형성에서 미술교육의 의의를 살펴볼 수 있다. 여기서는 미적 교육을 미술교육, 미를 키우는 교육으로 유연하게 정의하며 조형미와 관련된 예술교육을 미술교육으로 볼 수 있다. 인간교육으로서 지 · 덕 · 체와 함께 미의 측면이 충실히 이루어져야 하는 것이다.

한편, 개인의 능력과 기술을 바탕으로 하는 근대 교육의 관점은 오늘날 사회와 세계 및 자연에 대한 이해와 공존, 새로운 관계를 중시하는 현대 교육에 의해 변화되고 있다. 개인 발달 중심의 사고가 사회적 관계와 공존의 교육관에 의해 확장되고 있는 것이다. 교육은 타고난 인간의 소질과 재능에 대한 격려와 훈련을 통해 인간의 의미 있는 변화를 지향하여 불가능하던 것을 가능하게 한다. 인간은 발전하는 존재라고 보는 낙관주의적이며 낭만주의적인 관점을 통한 진화론적 사고는 근대 이후 사회의 변화를 지지해 왔다.

영역이라는 관점에서 본다면 미술교육은 미술과 교육이라는 두 영역에 걸쳐져 발전해 왔다. 미술은 복합적이며 다원적 가치를 중시하는 예술의 영역에 있으며 한편 교육은 마치 피라미드와 같은 선발과 사회화의 역할을 한다. 미술은 독창성과 개성을, 교육은 사회화, 일반화를 지향한다고도 볼 수 있으며 이들은 일견 모순되어 보이는 두 영역에 걸쳐 있다.

학교교육을 중심으로 본다면 미술교육은 미술과 교육이 새로운 결합을 모색하는 것이며, 미술교육학의 과정에서 세 가지 견해를 볼 수 있다. 미술교육을 '미술'과 '교육'의 결합으로 보는 시각, 내용인 '미술'을 중심으로 생각하는 시각, 미술교육을 '교육'을 중심으로 생각하는 시각 등이다(이규선 외, 2019). 교과교육학으로서 미술교육은 학교를 중심으로 이루어지며 교과교육의 목표를 성취하기 위하여 내용으로서 미술을 어떻게 가르칠 것인가가 더 중요하다는 입장으로 볼 수 있다. 미술이 어떻게 학생의 인격적 · 사회적 성장에 도움이 될 것인가를 강조하는 시각으로 보편성을 중심

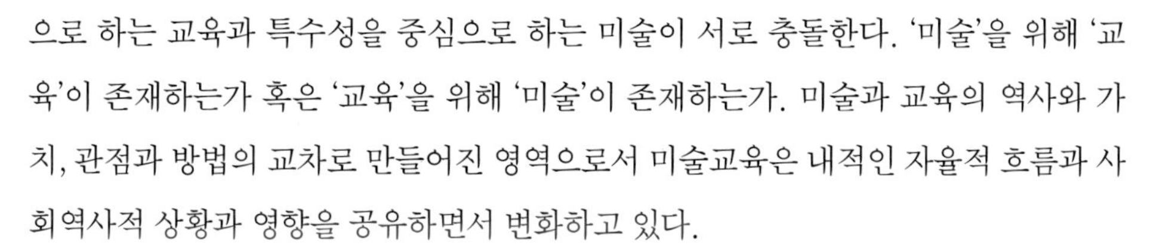

으로 하는 교육과 특수성을 중심으로 하는 미술이 서로 충돌한다. '미술'을 위해 '교육'이 존재하는가 혹은 '교육'을 위해 '미술'이 존재하는가. 미술과 교육의 역사와 가치, 관점과 방법의 교차로 만들어진 영역으로서 미술교육은 내적인 자율적 흐름과 사회역사적 상황과 영향을 공유하면서 변화하고 있다.

모든 사회와 역사의 변화와 마찬가지로 이전 시대의 모든 가치관과 방식, 태도에 대한 평가와 함께 미술과 교육이 각각 수행하던 기존 역할과 기능, 실천에 따른 특정한 흐름이 우위를 이루며 나름대로 불균형, 치우침이나 불완전함을 수정, 개선하려는 시도와 실천이 점진적이고 상호적으로 나타난다. 그러므로 오늘날의 미술교육은 미술과 교육에 대한 고대 이후 다양한 시대와 지역, 사회의 사고방식과 태도, 동시대 상황 속에서 형성된 사상과 철학들이 마주치며 여러 형태로 전개되고 있다(안인기, 2020).

> "미술교육에서 무언가를 표현하는 행위는 지금 여기(here and now)에 있는 자기 자신의 존재를 작품 속에 불어넣는 창조이다. 미술은 창작자로서 자신의 분신과도 같은 작품을 만들어 내는 작업이다. 살아 있는 생명의 표현이며 그 과정에서 자신 속에 내재된 '놀라운 어떤 것'과 만나게 된다. 마치 한 송이의 꽃을 피우듯 조형 활동의 어느 순간 몰입하면서 자신의 감성에 이끌려 내 속의 또 다른 나와의 만남이 이루어지고 내면에서 잠자던 예술혼이 일깨워져 눈을 뜨게 되는 것이다."(김성숙, 이주연, 안금희, 2020)

표현과정에서는 교사도 학생 스스로도 결국엔 어떤 작품으로 완성이 될지 정확히 알 수 없다. 여기에 미술의 신비가 있다. 그리거나 만드는 과정에서 내면에 잠재된 이미지가 이미지를 낳고 이어지며 기쁨과 즐거움의 요소로 전환되며 계속해서 변용되어가기 때문이다(김성숙, 이주연, 안금희, 2020).

미술교육에서 미술을 창조한다는 것은 어떤 것인가. 미학의 관점에서 미술교육에 접근해 보자.

독일의 철학자 쉴러(Johann Christoph Friedrich von Schiller, 1759~1805)는 인간의 삶과 아름다운 것과의 관련성을 미적 교육으로 다룬 바 있다. 인간은 인간이기 이전에 동물적 존재이므로 이성에 따라 행동하기 이전에 본능적으로 행동하는데 이러한 본능의 작용을 '소재 충동'이라고 보았다. 이 본능의 작용(소재 충동)으로부터 얻어지는 삶의 요소들을 어떻게 다루는가, 즉 이성의 작용에 의해 형태를 부여하는데 이를 '형식 충동'이라고 부른다. 이를 삶에서 비유하면, 예를 들어 곤란한 일을 겪는 사람을 보았을 때 모른 척 하고 싶은 것이 본능이지만 양심에 따라 도움을 줄 수도 있다. 어느 쪽을 사람으로서 당연한 행동으로 볼 것인지는 관점에 따라 다르겠지만 윤리적으로는 도움을 주는 것이 자연스럽고 훌륭한 행동으로 여겨진다. 이러한 마음의 작용을 '아름다운 혼'이라고 부른다. 쉴러는 본능에 따라 마음대로 하는 행동을 억제하고 자유롭고 자연스러운 마음에 의한 동기부여를 '유희 충동'이라고 부르면서, 이것이야말로 인간에게 있어야 할 이상적인 것으로 보았다. 이 아름다운 영혼에 의한 마음의 작용은 자연이든 예술이든 아름다운 것, 즉 미적인 것에 의해 길러진다. 이것이 인간의 미적 교육이다(神林恒道 외, 2018).

여기서 말하는 미적 교육은 도덕교육이나 겉보기에 예쁜 것을 교육하는 것과는 완전히 다르다. 숭고하고 질적으로 높으며 영혼을 고양하는 것으로서 아름다운 것에 마음이 움직이고 감동하는 체험은 미적 체험으로서 인간으로서 살아가기 위한 연습이라고도 할 수 있다. 미적 체험은 인간으로서 살아가기 위한 기본적인 것으로서 질적 삶의 기초이다. 미적 체험에 의해 이루어지는 교육이 미적 교육이다. 대상을 아름다운 것으로 받아들이는 마음의 작용을 칸트는 '구상력(상상력)'과 '오성의 자유로운 유희'라고 정의하였다. 구상력이란 외계의 자극을 받아들이는 감성을 의미하며, 오성이란 넓은 의미에서의 이성에 포함된다. 우리는 감성이라는 감각에 의한 정보를 소재로 무엇인가를 시도하여 형식을 부여한다. 아름다운 영혼에 의한 '양심의 소리'인 '실천이성'으로 보고 이에 대비하여 오성에 의한 형식을 '이론이성'이라고 부른다. 그런데 오성의 억제가 제한될 때 인간의 상상력은 엄청나게 확장되며 현실과의 경계도 불확실해진다. 이 상상은 예술 창조의 힌트가 되며 계속하여 상호작용하며 확장될 때 미의 세계가 열린다. 이것을 칸트는 '구상력과 오성의 조화' 혹은 '구상력과 오성의 자유로운 유희'라고 부른다. 무엇을 위해서가 아니라 그 자체가 목적이다. 칸트는 이것을 '목적 없는 합목적성' 또는 '주관적 합목적성'이라고 하였다. 이를 자각하는 것이 미적 감동이며, 이 감동은 보다 깊은 '생명의 감정'을 환기한다(神林恒道 외, 2018). 이와 같이 상상을 바탕으로 하는 구상력과 이성의 조화에 의해 이루어지는 아름다움 내부의 감동과 생명력을 환기하는 것으로서 미적인 것을 칸트는 인간 삶의 핵심이라고 보았다. 이러한 미적 교육에서 미술교육은 그 중심 역할을 하며, 삶의 핵심으로서 인간이 궁극적으로 추구하는 방향이 된다. 그러므로 미술교육은 인간이 삶에서 미적인 것, 바로 삶의 핵심을 발견하고 자신의 발견을 드러내며 타자와 소통하는 것을 추구한다.

미술교육은 교육제도나 철학적 측면에서 인간 형성을 위한 사상의 흐름에서도 핵심이 된다. 철학과 사상의 관점에서 미술교육을 둘러싼 논의는 19세기 이후 유럽과 미국을 중심으로 전개되어 왔다. 영국에서 러스킨(John Ruskin, 1819~1900)은 1857년 드로잉의 교육적 가능성을 『드로잉 요소(Elements of Drawing)』(1857)라는 저작을 통해 드러내었는데(Cook, 1912), 이는 당시의 그림 그리기에 의한 교육적 가능성을 미술교육론의 관점에서 보여 준 것이다.

미국에서는 1895년의 전미교육학회에서 일반교육에서 미술의 역할에 대한 미술교육의 관점이 검토되었다. 하버드 대학교의 교수였던 찰스 노턴(Charles Eliot Norton, 1827~1908)은 하버드 대학교에서 최초로 미술사 강의를 하면서 '미술사의 교육적 가치'로서 기술이 중심이 아니라 교양의 일환으로서 미술교육을 다루었다. 특히 도덕(moral)과 관련하여 예술이 윤리적 매개체로서 예술과 도덕 사이의 밀접한 관련성을 탐구하여 심미적 교육을 바탕으로 하는 미술교육의 중요성을 강조하였다(https://en.wikipedia.org/wiki/Charles_Eliot_Norton).

이와 같이 19세기에 시작된 예술의 교육적 가치와 역할에 대한 연구는 공교육의 발달과 더불어 20세기 교육사상과 함께 더욱 확산되어 오늘에 이르고 있다.

오늘날 미술교육은, 특히 학교교육과 관련된 미술교육학에서는 인간교육으로서의 관점, 인격 형성을 위한 미술교육관(觀)이 널리 받아들여지고 있다. 교육의 관점에서 인간에 어떻게 접근할 수 있을까와 관련된 미술교육으로서, 복잡화된 사회 속에서 인성교육으로서의 미술교육의 필요성이 강조되고 있다.

특히 이러한 인간교육으로서의 미술교육의 관점을 확산시킨 대표적인 교육학자로 미국의 듀이를 들 수 있다. 듀이는 19세기 말에 유럽 및 미국을 중심으로 일어난 아동중심주의의 신교육운동 리더로서 평생에 걸쳐 민주주의 사회에서의 교육방식을 추구하여 예술교육을 명확하게 하기 위해 노력하였다. 1896년에 자신이 창설한 시카고 대학교 실험학교에서 교육과정에서 이루어져야 할 예술교육의 구체화에 힘을 기울였다. 『학교와 사회(The School and Society)』(1899), 『민주주의와 교육(Democracy and Education)』(1916)은 오늘날 교육학계의 필독서이며, 예술론인 『경험으로서의 예술(Art as Experience)』(1934)은 미술교육 개혁운동인 'DBAE(Discipline-Based Art

Education)'의 엘리엇 아이스너(Elliot W. Eisner)를 포함한 많은 교육자에게 영향을 주고 있다. 듀이에게 예술이란 다른 문화적 산물과 마찬가지로, 인간이 자연을 인간 활동의 도구로 전환할 수 있었다는 증거이다. 또한 예술은 환경과 상호작용한 결과로서 몸에 익힌 기술이나 정서나 습관을 보존하는 것이다. 예술은 언어와 마찬가지로 문화 · 문명을 발전시키는 힘이 있다. 교육에서는 예술이 현재 살아 있는 인간과 함께한다는 것, 인간의 지혜와 공감을 기르는 데에 어떻게 도움을 주는가를 명확하게 하는가가 중요하다. 미술의 경험은 살아 있는 존재로서의 인간의 기능인 지각을 통해 생성된다. 지각은 기억과 지식을 기본으로 식별한다. 듀이는 지각을 근본으로 하는 예술인 미술 경험을 통해 살아 있음을 지각하며 되새김으로써 인간의 성장이 이루어진다고 보았다(류지영, 2023; 神林恒道 외, 2018; Dewey, 1934).

인간은 각자에게 보이고 이루어지고 깨닫는 것을 표현한다. 그 과정에서 개인으로서의 개성과 정체성, 문화가 드러난다. 미술은 이것이 다른 사람에게 이미지로 지각되도록 함으로써 다른 사람과 소통을 가능하게 하는 하나의 언어이며, 사람과 사람과의 커뮤니케이션으로서 공동체를 형성하는 역할을 한다. 듀이는 단순히 자신의 이익을 취하거나 타자를 이용하는 것이 아니라 의미와 가치의 공유가 동반되는 인간적인 관계를 이상으로 보고 그것을 예술이 하는 역할이라고 보았다. 인간으로서의 의미는 예술에 의한 커뮤니케이션에 의해 타자와의 내적인 결합을 통해 이루어진다. 인간은 좁은 시야로 편협하게 살아가는 것이 아니라 더 높은 이상을 바라볼 수 있는 잠재력을 가지며 예술에 의해서 이러한 삶이 가능해지는 것이다. 이러한 관점에서 본다면 초 · 중 · 고등학교에서 이루어지는 학교 미술교육은 인간형성을 위한 미술과 교육의 관점에서 이루어져야 한다. 예술가 혹은 직업교육을 위한 전문교육으로서의 미술교육은 사회적 직업훈련이 중심이 되는데, 이와 대조적으로 인간형성, 인간교육의 관점에서 본다면 교양과 정서, 심미성이 강조되어야 한다. 듀이가 의미하는 심미적 교육이란 다음과 같은 것을 포함한다.

- 가치 판단의 기준이 세련되도록 하는 것
- 창조적 상상력을 기르는 것
- 심미안, 즉 마음의 눈으로 미적이며 예술적인 것을 판단하는 힘을 기르는 것

일반적으로 대학입시 과목은 주지교과를 중심으로 하며, 이 경우 인간 형성의 문제는 간과되기 쉽다. 미술교육은 효율성과 능력을 중시하는 외적 · 사회적 성공 중심의 학교와 사회에서 그 효용성이 눈에 띄지 않는, 어쩌면 가장 비효율적인 학문 분야일 것이다. 미술은 문학, 음악을 비롯하여 문화예술을 담당하는 학교교육의 핵심적인 교과로서, 학교에서 이러한 예술적 안목과 심미안을 길러 감성과 창조적 상상력을 통해 인간 형성에 기여하여 개인의 삶을 질적으로 높이며 평생의 삶과 사회 발전에 공헌한다(神林恒道 외, 2018; Dewey, 1934).

미술교육에 대한 접근으로서, 듀이로 대표되는 인간교육 중심의 관점의 한편에서 미술 중심의 통합학문의 관점 역시 가능하다. 오늘날의 미술교육은 학제간 연구나 통합 교육으로도 다루어진다. 미술 및 다양한 분야의 학문들과 더불어 인간을 중심으로 이루어지는 학문이라는 점에서 미술교육은 통합 학문으로서 인간학으로 볼 수 있다. 미술의 확장으로서의 인간학적 관점, 인류학적 관점에서 미술교육에 접근할 수 있는데, 인류학(Anthropology)은 바로 인간학(Anthropology)을 의미하는 것이다.

독일의 미술사학자 한스 벨팅(Hans Belting, 1935~)은 『이미지 인류학(Bild-Anthropologie)』(2001)을 통해 기존의 미술사학 대신 인류학적 관점에 의한 새로운 이미지 연구를 제안하였다(이에 대해서는 류지영, 2018a 참조). 이미지학(Bildwissenschaft)에 대한 연구는 현재 독일어권에서는 다양한 형태로 나타나고 있다. 이미지의 인류학적 관점은 연구 주제의 범위에서 확장되어 현재 프리드리히 쉴러 예나 대학교, 아우크스부르크 대학교, 빌레펠트 대학교, 빈 대학교 등 여러 대학에서 학과명이 이미지학과로 변화되며 중점 연구 주제의 영역으로 확산되고 있다. 이미지를 자연과학에서 분리하려는 움직임, 언어와는 별개의 '대상을 보는 법'에 주목하려는 움직임, 인지과학이나 뇌과학 화상공학 등을 포함하는 문제 제기도 1990년대 이후 제창되고 있다. 이는 영미권을 중심으로 하는 문화연구(cultural studies)나 시각연구(visual studies), 시각문화연구(studies of visual culture)와도, 이미지의 현대문화적 관점에서의 연구라는 점에서 어느 정도 공통성이 인정된다. 벨팅에 의하면, 이미지란, 진정한 의미에서 추구되는 경우에는 인류학적 개념이 된다(류지영, 2018a).

이처럼 이미지를 둘러싼 인간 영위에 관한 종합적인 학문이라는 의미로, 또한 학문과 학문 사이를 이미지를 통해 횡단하는 연구 분야로서 미술교육은 인간의 연구라는 의미로 인류학적 관점과 깊이 관련된다. 유희하는 인간, 놀이하는 인간에 대한 이론으로서 미술교육에서 종종 인용되는 호이징거(Johan Huizinga, 1872~1945), 카이요(Roger Caillois, 1913~1978)의 놀이에 대한 연구, 『놀이와 현실(Playing and Reality)』(1971)이라는 저작에서 이루어진 위니컷(Winnicott, D. W., 1896~1971)의 이행 공간 혹은 이행 대상에 대한 논의는 인류학을 모델로 하여 예술과 인간의 관계를 보여 준다. 그리고 미술 분야에서 이러한 관점을 선구적으로 보여 준 사람이 독일의 미술사가인 바르부르크(Aby Warburg, 1866~1929)이다.

바르부르크는 보티첼리의 '비너스의 탄생'과 '봄' 등의 미술사 연구로 활동했지만, 일반적으로는 런던 대학교 부속 바르부르크 연구소의 이름으로만 알고 있는 사람들이 더 많을 정도로 미술사학자로서 유명하다고 보기는 어려웠다(神林恒道 외, 2018). 그러나 1990년대 이후 서구 미술사와 문화사 학계에서 새롭게 주목받고 있다. 이는 그가 미술사학의 범주를 넘어선 학문을 구상했기 때문이다. 미술사가인 로베르 클라인(Robert Klein)이, "실재하지만 이름 없는 학문"이라고 지칭한 그 학문을 바르부르크 자신은 역사심리학이나 문화과학이라고 불렀다. 바르부르크는 1895년부터 96년에 걸쳐 미국을 여행해 원주민의 거주지에 깊은 관심을 보였고, 강연 〈뱀의 의례〉에서 원주민의 그림이나 의례를 고찰하고 뱀의 도상을 통해 그리스의 고전 문화, 그리스도교 문화를 관련시켰다. 지역과 시대를 넘은 연상과 유추를 학문적으로 근거 짓는 것은 실증주의나 과학성을 중시하는 현대 학문으로는 어려운 일이다. 바르부르크는 자연 현상 등 인간의 능력 밖이라고 생각되는 상황을, 상징을 사용하여 제어하는 인류학적 관점을 과제로 한 것이다. 그리하여 1990년대 이후 미술 연구에서는 독일을 중심으로 하는 '이미지의 인류학'이라고 불리는 동향이 미술사를 중심으로 나타난다. 이는 영국의 신미술사학 연구와 더불어 바르부르크의 문화사적 관심을 계승하여 나타난 것이다. 그 대표적인 연구자로서 데이비드 프리드버그(David Friedberg), 한스 벨팅(Hans Belting), 조르주 디디 위베르만(Georges Didi-Huberman) 등을 들 수 있다. 프리드버그의 저서 『이미지의 힘(The Power of Images: Studies in the History and Theory of Response)』(1989)에서도 알 수 있듯이 이미지를 작동하는 힘으로 인간에 관한 제 학문들이 움직이는데, 그는 바르부르크와 마찬가지로 이미지의 힘에 주목하고 있었다. 이미지에 대한 탐구는 오늘날 미술교육의 교육적 관점에서 중요한 역할을 한다. 미술사에서 이미지의 인류학으로 지칭되는 문화사적 관점의 연구 동향이 나타난 것과 더불어 1990년대 미술교육 연구에서는 시각문화라고 하는 인류의 시각적 표현에 대한 관심이 커졌다. 도상학과 도상해석학에서 다루어지는 것 같이 언어나 문화, 사회의 여러 학문 분야에서 인간에 대한 통합적인 접근이 이루어지게 된 것이다. 데이비드 프리드버그의 저서 제목이 자주 인용되는 것처럼 미술이라는 이미지의 '힘'의 중요성이 강조된 것이다(神林恒道 외, 2018). 이미지를 신화의 해석 같은 언어적 이해에 도움이 되는 보조적인 도구로 간주하는 것이 아니라 중요한 것은 이미지의 힘, 이에 대한 인식이다. 미술교육을 통해 확산되는, 다양한 관점에서의 인간에 대한 이해이다.

오늘날에는 예술이라고 할 수 없는 그림이나 이미지, 영상이 넘쳐흐르고 있으며, 시각적으로 색이나 형태로 식별하거나 판단해야 하는 방대한 세계가 있다. 글자나 숫자를 읽고 쓰는 능력 못지않게 예술을 표현하고 감상하는 능력 또한 현대인의 능력으로서 필요한데, 특히 미술은 미적·예술적 안목과 감각을 기른다.

원래 예술은 감각적인 것으로부터 출발하여 감각을 넘어 인간의 마음에 깊이 영향을 주고, 인간을 기본적으로 움직이는 마음의 작용으로 인간의 본질과 생활방식에까지 영향을 미친다. 따라서 미술교육에서는 미술에 관련된 여러 능력 및 그 발달을 규명하고 각 단계에 따라 가르치고 키우는 계통적인 지도의 내용 사항을 수립할 필요가 있다. 미술의 내용 영역은 다른 영역에서는 다룰 수 없는, 그 영역의 기본적인 내용이 있다. 다른 영역이나 다른 예술 분야와 구별되는 미술교육의 특성을 다음의 관점에서 생각할 수 있다(류지영, 2023).

- **미적 감성**: 미적 감성은 미술하는 것의 의의이다. 미적 체험으로 마음의 움직임을 기르는 내면의 지도에 의해 미적 감성과 태도를 기른다.
- **조형성**: 조형은 미술만의 특징이다. 조형요소와 원리는 미술의 언어이다. 미술을 제작하는 기술, 재료와 용구, 제작 구조 등에 대한 지식과 실천을 통해 색이나 형태 등에 대한 감각, 묘사력과 표현력, 구성력과 구상력을 기른다.
- **시각성**: 시각적 특성으로서 이미지에 대한 탐구는 미술교육의 특성이다. 이미지를 중심으로 인간의 개성, 사회성 등 다양한 관점에서의 인간과 인간의 영위에 대한 이해를 심화하고 종합한다.

이러한 미술과 미술교육에 대한 이해를 바탕으로 미술교육의 목적 및 필요성을 다음과 같이 설명할 수 있다.

3) 미술교육의 목적과 의의

(1) 미적 감성과 표현의 능력을 기른다

우리는 디지털과 미디어의 시대를 살고 있다. 향후 수십 년 이내에 인공지능과 기술문명이 인간을 대체할 것으로 전망되는 시대에 미술은 어떤 의미가 있는가.

다양한 변화에 능동적으로 대처할 수 있는 인간, 그러나 이전보다 더욱 상처입기 쉽고 자신다움을 추구하는 인간, 수많은 정보와 기술 가운데에서 자신에게 적합한 것을 선택하는 인간, 안목을 가지고 자신의 감성을 표현할 수 있는 존재가 인간이다. 미술은 인간을 인간답게 하는 근본으로서의 미적 감성과 표현의 능력을 기른다.

인간은 태어나면서부터 본능적으로 자신을 확인하고 표현하는 존재이다. 태어났을 때에는 자기표현이 자연스러웠으나 교육을 받게 되면서 사회화와 더불어 자기표현은 억제되고 느낌이나 감정은 개인의 내적 경험으로 끝나게 된다.

미술교육에서 표현과 감상의 활동은 보이지 않는 마음을 색이나 형태를 통해 보이는 것으로 변환하는 것이다. 심미적 감성을 지향하는 무형의 마음을 유형의 실재로 표현하는 과정에서 미적 감성과 표현의 능력을 기르게 된다. 이는 모든 인문 분야와 타 예술 분야에서 공통되지만, 미술교육에서의 표현은 다음의 차이점을 가진다.

- 색이나 형태를 통해 조형적으로 표현한다(조형예술).
- 물적 재료로 나타낸다(물질예술, 재료예술).
- 시간성을 포함하는 공간을 존재의 근거로 하는 공간성을 가진다(공간예술, 시간예술).
- 촉각이나 운동감각에 의해서도 길러지는 시각을 중심으로 이루어진다(시각예술).

미술의 이러한 특성들은 실제로는 분리된 것이 아니며 미술교육은 물적 재료 및 공간과 시각의 교육이라고 할 수 있다. 현대에서 디지털이나 테크놀로지 등의 발달에 의해 변화를 거듭하고 있는 미술의 영향을 끊임없이 받으면서도 가장 근원에 존재하는 것이 있다. 색이나 형태 등을 통해 길러지는 미적 감성, 그림 그리고 표현하는 즐거움, 대상을 느끼고 관찰하며 인식하는 눈, 그것을 표현하기 위한 재료를 물질로서 만지고 검토하는 몸의 감각, 깊게 느끼는 마음, 자유롭게 생각하고 남을 흉내 내지 않

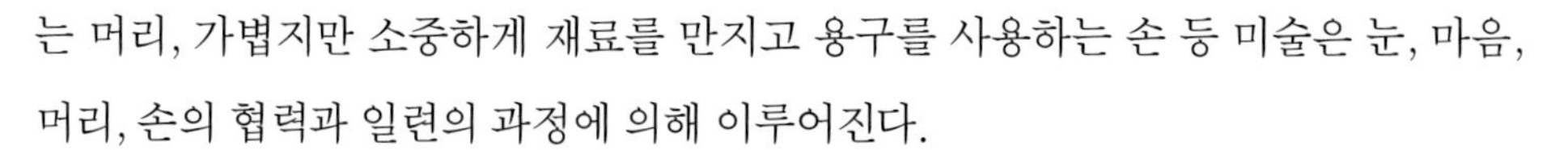
는 머리, 가볍지만 소중하게 재료를 만지고 용구를 사용하는 손 등 미술은 눈, 마음, 머리, 손의 협력과 일련의 과정에 의해 이루어진다.

미적 안목은 대상을 분별하는 미의 눈이다. 보고, 느끼고, 생각하고, 나타내는 과정, 즉 시지각과 감성과 지성과 실천으로서 조형적 활동은 지 · 정 · 의의 복합적인 작용에 의해 이루어진다. 미적 분별과 가치 판단의 축적에 의해 미적 감성이 길러진다. 디지털이나 매체를 사용하는 것과 같은 기술이 중요한 것이 아니다. 미술교육은 미술활동을 통해 사고와 감정과 의지를 통합하여 전인적인 발달을 촉진하는 것으로서 인간의 형성을 위한 인간교육을 위해 빠질 수 없는 것이다.

(2) 창의성과 상상력을 기른다

미술교육은 아이디어나 구상을 통해 이미지의 힘을 기르는, 즉 창조 그 자체로서 창의성을 기르는 특성이 있으며 여기에 교육적 작용이 가능하다. 창의성이란 무엇일까? 창의성은 사고의 능력 혹은 문제해결의 태도나 방식으로서 직관적이고 기발한 것에서 과학적인 것에 이르기까지 다양한 스펙트럼을 가진다. 심리학자 서스톤(Thelma Thurstone, 1897~1993)은 "필연적으로 새롭다는 개념이 포함된 것으로서 비범한 발명이나 천재적 사고만을 의미하는 것이 아니라 개인의 표현, 자기실현 욕구에서 출발하는 상상적 경험"으로 보았다. 매슬로(Abraham H. Maslow, 1908~1970)는 창의성 가운데 개인적인 창의성을 "개인에게 새로운 가치의 경험을 제공하며 창조의 기쁨 주는 자기실현"으로, 사회적인 창의성을 "발명가나 과학자, 예술가 등에서 볼 수 있는 특수재능으로 사회적으로 새로운 가치를 지닌 것"으로 보았으며 개인적 창의성은 사회적 창의성으로 전이될 수 있다고 보았다. 창의성의 개념에 대해 로웬펠드(Victor Lowenfeld, 1903~1960)는 "사고의 융통성과 아이디어의 유연성을 뜻하며 새로운 것을 만들어 내는 능력으로 남과는 다른 사고방식"으로 보았다(정재승, 2003).

미술은 느끼고 생각하는 방식을 새롭게 만들며 표현하는 과정에서 새로운 질서와 체계를 만들어 낸다. 미술교육에서 창조의 경험은 그 자체가 새로운 통찰력과 지식을 제공한다. 허버트 리드는 예술을 감각적 지각에서 형식관계의 통일이나 조화의 인식으로 그치는 것이 아니라 이러한 인식을 쾌적한 형으로 구성하는 미감의 과정을 지나 기존 정서나 감정 상태와 일치하도록 배열하여 표현하는 것으로 보았다. 예술작품은 조형 의지에 의해 지배되는 불변적 요소인 '형식'과, 초현실적 상징을 만들려는 욕구에 의한 가변적 요소인 '표현'을 지니게 된다. 즉, 예술은 지각에 의한 '형식 원리'와 상상에 의한 '창조 원리', 두 측면을 가지는 것이다(Read, 1931/1992). 형식 원리와 창조 원리가 결합된 것이 미술의 전 과정으로서 '미술하기'이다. 이러한 '미술하기'의 과정에서 우리는 구체적으로 표현하여 제작하기 전에 머릿속으로 실마리를 떠올리거나 방향을 찾으며 전체상을 떠올리면서 여러 아이디어를 내고 생각을 펼치며 구상하고 연마한다. 이미지하는 사고과정이 중시되는데, 이러한 이미지는 자유롭고 차례차례로 생각이 떠오르게 된다. 대상을 향유하고 감상하는 과정에서 작가의 마음과 표현방법을 추체험하거나 떠올리는 것 역시 새로운 능력이 필요하다. 새로운 상상력은 예술적인 상상력이며 그 과정에서는 재료 및 물질과의 만남에 의한 상상력, 바슐라르가 말하는 물질적 상상력이 길러진다. 물질적 특성의 탐색을 통하여 관습적이고 피상적인 미술표현에서 벗어나 개성적인 탐색 및 자기 자신과 통합된 학습활동의 능력이 길러지게 되는 것이다(류지영, 2021b). 새로운 상상이 현상과 언어로 나타나 새로운 것이 만들어지는 신기함, 색이나 형태, 재료나 기술에 의한 구체성, 학생 개개인의 독자성과 개성이 놀라운 것을 만들어 낸다. 이것이 미술교육에서의 창조이다.

미술교육에서 창의성은 체계적인 교육, 효율적인 교육에 의해 개발된다. 하늘에서 내려주는 타고난 재능에 의해 나타나는 것으로서 어른이 간섭하면 안 된다는 것은 창의성에 대해 오해하고 있는 것이다. 인간이 타고난 능력에 의해 자유롭게 표현이 가능한 것은 초등학교 저학년 이전의 유아동기와 미술대학 이후 전문가로서 활동할 때로서, 그 사이의 아동・청소년 시기에는 상상력을 자극하고 경험을 풍부하게 하여 미술의 이해와 표현 능력을 체계화하는 미술교육이 필요하다. 새로운 생각과 다양한 관점을 존중하면서, 새로운 방법과 기술의 사용 및 기존 표현방법이나 실기 연습의 균형을 통한 조형능력의 향상 등 미술활동의 모든 것에 창의성과 상상력이 관여한다.

미술교육은 시각을 통해 환경에서 민감하게 대상의 특징을 읽고 이해하는 활동이며, 학생들이 자유롭고 유연하게 개성 있는 표현들을 장려하는 활동이다. 또한 시지각을 통해 대상을 분석하고 그것을 종합적으로 이해하고 느끼는 활동이기도 하다. 특히 아동・청소년기는 무의식적으로 본능적인 행위를 즐기면서 호기심과 흥미를 발산하는 시기이며, 이것을 통해 새로운 도전이나 생각, 기발한 아이디어가 활발한 시기이다. 그러므로 창의성이 중점적으로 이루어지는 시기인 아동・청소년기에 학교에서 미술교육을 하는 것은 창의성과 상상력을 자극하고 격려하여 기를 수 있는 효

율적이며 효과적인 방안이다. 상상력을 통해 아이디어를 넓게 확장하는 것은 창의적인 활동으로서, 이미지를 형태로 나타내고 상상을 유도하여 구체적으로 의미와 가치를 만들어 내는 직접적인 교육이라는 점이 미술교육의 특징이다. 미술교육은 상상적 사고와 창의적 표현이 활발한 유연한 창조적 능력으로서, 이것이 학교교육에서 미술교육이 필요한 중요한 이유이다.

(3) 시각적 사고 능력과 시각적 리터러시를 기른다

아인슈타인(Albert Einstein, 1879~1955)은 수학자 아다마르(Jacques S. Hadamard, 1865~1963)에게 보낸 편지에서 "쓰거나 말하는 언어와 수식은 내가 무엇을 생각할 때 쓸모가 없었던 것처럼 생각한다. 나의 경우, 시각적이고 일부 근육 운동적이다. 보통의 단어와 부호는 그다음 단계이다."라고 썼다. 이미지에 의한 생각 시각적 사고가 창조적인 구상에 얼마나 중요한 역할을 하는가를 이야기하였다. 루돌프 아른하임(Rudolf Arnheim, 1904~2007)은 미술교육은 추리와 상상력이 있는 인간이 되기 위해 없어서는 안 되는 교과로서, 시각적 지각과 사고활동은 같은 인식과정의 양면을 이루고 있으므로, 시각은 지적이라고 주장하였다. 인간에게 생각은 항상 시각적인 것이며, 시각적 사고를 기르기 위해 미술교육이 가장 중요한 교과임을 지적한 것이다(竹內敏雄, 1989).

인간의 언어에는 글자에 의한 언어적 전달이나 과학적 인식 이외에 비언어(nonverbal)인 시각에 의한 색이나 형태를 하여 지시, 식별하고 판단하는 방대한 세계가 있다. 이는 과학 분석적 방법과 반대로 공간적이고 종합적인 판단력과 표현력에 관여하는 것이다. 여기에 시각적 사고와 시각적 리터러시의 역할이 있다. 시각적 사고란, 21세기의 이미지 읽기를 가능하게 하는 시각적 리터러시(Visual Literacy, 이미지 리터러시 혹은 비주얼 리터러시, 시각적 문해력)로서 핵심을 읽어 내는 포스트모더니즘 능력이다. 시각적 리터러시는 과거의 문자 중심의 읽기 · 쓰기 능력[문식력(文識力)]을 넘어서는 시각적인 읽기 · 쓰기 능력[문해력(文解力)]으로서, 무엇을 보는가, 본 것을 어떻게 해석하는가에 관한 능력이다.

현대의 AI와 빅데이터, 4차 산업혁명의 시대에는 시각적인 능력과 예술적인 통합적 능력이 요구되며, 21세기 인재를 기르는 새로운 리터러시 개념이 필요하다. 현대라는 불확실성과 복잡성의 시대, 미디어와의 관계 속에서 주체적인 인간 정신과 능력에 대한 우려가 있는 가운데, 역사성과 다양성이 결핍된 빈곤화되어 가는 현대의 인간이 인간임을 회복하기 위해 필요한 것으로 현대 철학자 베르나르 스티글레르(Bernard Stiegler, 1952~2020)가 지적한 것이 바로 비판적 사고이고, 그에 근거한 비판적 해독능력이 리터러시 능력이다(류지영, 2018b; 이재현, 2016; Stiegler, 1996). 어디에나 존재하는 이미지와 영상은, 현재의 복잡한 정보사회의 커뮤니케이션으로서 다양한 소통 구조와 매체에 의한 확장이 전제된다. 특히 포스트 정보사회에서 디지털매체, 스마트폰의 대중화에 의한 이미지 생산과 소비, 정보 전달의 확장과 중요성을 생각하면, 자신의 힘으로 이미지를 읽어 내는 시각적 리터러시, 이를 통한 시각적 사고력을 기르는 것은 오늘날 더욱 중요하다.

(4) 개성과 사회성을 기른다

미술교육은 개성을 중시하며 예술적 안목을 길러 준다. 미술교육에서 중요한 것은 기존의 것을 가르치는 것이 아니다. 미술교육의 과정에서는 미술을 통한 교육으로서 미술 실기 활동 역시 필요하지만, 중요한 것은 학생들이 각자 느끼는 이미지나 아이디어를 스스로 생각하고 판단하여 구상하면서 표현과 제작을 실천하는 것이다. 이론과 실천, 목표와 방법, 새로운 것과 기존 것의 균형이 이러한 일관된 미술적인 활동에 의해 이루어진다. 미술교육에서는 다른 교과와 달리 학생들의 활동이 교과의 내용으로 중요한 부분이 되므로 하나의 정답을 구하는 것이 아니라 각자가 정답을 만들어 내는 개성적인 결과물을 성과로 기대한다.

미술을 한다는 것은 감각이나 행위를 통해 이미지를 만들며 주제, 재료, 용구, 표현방법 등을 선택하고 판단하는 과정이며 나는 무엇을 어떻게 표현하려고 하는지, 어떤 재료와 방법이 적절한지, 그 결과는 어떻게 될 것인지 예측하여 결정하면서 자신을 찾아가는 경험을 한다. 자신의 작품이란 세상에서 하나뿐인 존재로서 시각적인 소통을 통해 각자의 개성과 장점을 인정하게 된다. 수업에서 각자 다른 개성이 존중되고, 개성과 독자성을 외부로 끌어내는 것에 의해서 사회에 공헌할 수 있다는 것을 체험하고 자각하게 된다. 이와 같이 미술교육은 미적인 감성과 주체적인 미의식을 통해 자신을 이해하며 개성과 정체성에 대한 인식을 기른다. 미술은 인간 심리와 깊은 관련을 가지므로 미술을 통해 심리 분석이 가능하다. 나아가 개인적으로, 그리고 집단적으로, 아트 테라피라는 치유의 역할로서 인격 통합 및 전인적 성장을 지향한다.

한편, 미술은 사회적 특성을 가지며 인간의 사회적 성장을 돕는다. 미술은 인간의 삶을 풍요롭게 하고, 시대와 지역의 문화를 상징하며, 또한 사회 비평의 역할을 한다는 점에서 사회와 관계가 깊다.

우리의 삶은 다양한 미술로 둘러싸여 있다. 생활의 일용품으로부터 풍경에 이루기까지 다양한 사회와 문화의 미술과 미술 문화를 접하고 배우고 심화하며 이와 동시에 자신다움을 찾고 표현한다. 자신의 표현 역시 과거의 미술과 미술 문화의 경험과 이해로부터 영향을 받는다. 자연 환경과 사회, 미술과 문화의 영향, 전통문화와 현대의 급변하는 세계는 새로운 미술과 미술표현에 영향을 주어 학습 내용은 끊임없이 변화하고 있다. 한편, 미술은 협력과 협동을 배우는 시간이기도 하다. 주제, 재료, 용구, 표현방법 등은 자신만의 작업이지만 동시에 학습에서 학생들은 상호 교류와 상호 배움의 경험을 한다. 특히 최근에는 미술의 사회적 역할이 주목을 받고 있다. 여러 사람과 단체의 협력과 교류로부터 사회참여미술에 이르기까지 미술은 사회와 영향을 주고받는다. 다양한 사회적 문제를 드러내고 문제를 제기하며 또한 문제해결을 모색하는 등 사회비판, 사회비평의 역할을 한다는 점에서 미술은 협력의 능력과 공동체 능력을 기르며 사회에 공헌하는 등의 사회적 기능을 가진다.

지금까지 미술교육의 개념과 의의에 대해 다루었다. 미술은 학술의 한 분야로서 진 · 선 · 미의 개념에 의해 이루어지는 미적 교육이며, 미술교육은 '미술하기'를 통해 이루어지는 '미술로 기르기'이다. 미술교육을 통해 우리는 미적 감성과 표현의 능력, 창의성과 상상력, 시각적 사고능력과 시각적 리터러시, 개성과 사회성을 비롯한 다양한 능력을 기르기를 기대한다.

미술교육에서는 인간다움이란 무엇인가와 관련하여, 심미적 감성의 문제, 이와 더불어 현대에서 중요해지고 있는 디지털 및 미디어와 관련된 테크놀로지 교육, 미적 · 예술적 안목과 시각적 사고와 판단력 등을 다룬다. 그러므로 오늘날 미술교육은 인간의 삶과 직접적으로 관련된다. 특히 학교교육과 관련하여 미술교육학에서는 지 · 덕 · 체 · 미를 통합적으로 지향하는 인간교육으로서의 관점, 인격 형성을 위한 미술교육관(觀)이 중요하게 다루어지고 있다. 예술의 관점에서 인간에 어떻게 접근할 수 있을까? 복잡화된 사회 속에서 미술교육의 역할에 대한 인식과 필요성이 강조되고 있다.

미술의 이해

- **미**: 대상의 비례나 조화 등의 형식적 특질로부터 촉발되는 감각적 · 정신적 즐거움의 판단
- **자연미**: 자연물에 대한 체험을 통해 느껴지는 아름다움
- **예술미**: 예술작품을 통해 느껴지는 아름다움
- **숭고**: 장엄한 자연이나 아름다운 예술작품을 마주할 때 체험되는 경외의 감정이나 감동
- **미술**: 미술은 시각적 공간적 미를 표현하는 조형예술로서, 회화, 조각, 건축, 공예, 개념미술, 디지털 아트 등을 총칭한다. 그리스시대의 지적인 제작 기술, 르네상스 시대 자유 교양, 근대 이후 순수미술이나 예술과의 동의어로 사용되는 등 미술의 정의는 시대와 사회에 따라 다르며 그 폭이 매우 넓다.

미술교육의 이해

- **미술교육**: 미술교육은 '미술'과 '교육'이라는 두 영역의 역사와 가치, 관점과 방법의 교차로 만들어진 특수한 영역으로서, 내적인 자율적 흐름과 사회 역사적 상황과 영향을 주고받으며 변화하는 유동적인 것이다.

  미술교육은 문화예술을 담당하는 학교교육의 핵심적인 교과로서, 미적 감성과 표현의 능력, 창의성과 상상력, 시각적 사고 능력과 시각적 리터러시 등 인간의 다양한 능력을 기른다. 예술적 안목과 심미안을 길러 감성과 창조적 상상력, 시각적 사고를 통해 인간 형성에 기여하여 개인의 삶을 질적으로 높이며 평생의 삶과 사회 발전에 공헌한다.

미술의 이해

1. 역사적 과정에서 미와 미술의 개념이 어떻게 변화되어 왔고, 현대 사회에서 미술의 가치는 무엇인지에 대해 이야기해 봅시다.
2. '미술' 개념의 변화에 대해 이야기해 보고 자신의 입장에서 미술을 정의해 봅시다.
3. 미술과 과학의 공통점과 차이점에 대해 이야기해 봅시다.

미술교육의 이해

1. 미술교육의 의미, 목적은 무엇인지 서로 이야기해 보고, 자신의 입장에서 정의해 봅시다.
2. 미술교육이 학교교육에서 필요한 이유를 이야기해 봅시다.

Chapter 02

미술교육의 역사와 동향

단원 개관

제2장에서는 미술교육의 역사와 동향에 대해 다룬다. 먼저 한국 미술교육의 역사는 근대 미술교육 이전의 미술교육, 근대 미술교육의 시작, 일제 강점기의 미술교육, 광복 후 혼란기의 미술교육, 교육과정 시기의 미술교육으로 구분하여 살펴본다. 서양 미술교육의 역사는 계몽주의 사조와 산업혁명에 기반한 19세기까지의 근대 미술교육, 세계대전으로 인한 사회적 혼란기인 20세기 전반의 미술교육 및 전쟁 후 과학기술의 발달과 더불어 급진적인 사회문화적 변화와 발전을 가져온 20세기 후반의 미술교육, 그리고 디지털 시대로의 새로운 패러다임이 펼쳐지고 있는 21세기 동시대 미술교육으로 나누어 살펴본다. 미술교육의 주요 이론 및 동향에서는 쉴러의 미적 교육론, 바우하우스 미술교육, 발도르프 학교의 예술교육, 창의성 중심 미술교육, 리드의 예술을 통한 교육, 레지오 에밀리아와 미술교육, 학문중심 미술교육(DBAE), 다중지능과 아츠 프로펠, 다문화 미술교육, 구성주의 미술교육, 시각문화 미술교육(VCAE), 영상정보화 시대 비주얼 리터러시 교육, 생태주의 미술교육, 사회참여 미술교육, 21세기 새로운 환경에서의 미술교육을 그 등장 배경과 특징 및 시사점을 중심으로 살펴본다.

1. 한국 미술교육의 역사[1)]

한국 미술교육의 변천사를 시대와 정치 · 사회적인 면을 고려하여 그 변화 및 전개 과정을 구분하여 보면, 근대 미술교육 이전의 미술교육, 근대 미술교육의 시작, 일제강점기의 미술교육, 광복 후 혼란기의 미술교육, 교육과정 시기의 미술교육으로 크게 구분할 수 있을 것이다.

1) 근대 미술교육 이전의 미술교육

우리나라에서 미술교육이 학교라는 공교육기관에서 처음으로 시작된 시점을 1895년 갑오개혁이 일어나면서 관립 한성사범학교 설립으로 본다면, 그 이전은 비공식적이거나 미술 전문가를 육성하기 위한 관점에서 실시되었다고 볼 수 있다. 하지만 남아 있는 기록이나 자료가 거의 없어 정확하게 어떤 내용과 방법으로 교육이 이루어졌는지 알 수는 없고 단지 추측할 뿐이다.

삼국시대에는 고구려의 강서대묘 사신도, 무용총의 수렵도 등과 같은 고분벽화와 백제의 서산마애삼존불과 같은 불상 조각, 신라의 천마도와 같은 회화와 금관총의 금관, 금귀걸이 등의 금속공예 등이 남아 있는 것으로 보아 직업공이 배출되었을 가능성이 크지만, 교육방법이나 기술 전수에 대한 자세한 기록은 거의 전해지고 있지 않다. 하지만 신라 말기에 채칠(彩漆)에 관한 일을 맡아 보는 관청으로 651년(진덕여왕 5)에 '채전(彩典)'이 설치되어 회화와 관련된 업무를 맡았다. '채전'은 후대 '도화서'에 해당하는데, 조선시대 도화서의 별칭이 채전이었다는 것은 신라의 채전으로부터 계승, 발전된 것이라는 의미이기도 하다(안휘준, 1980). 여기서 소수의 직업화가 양성을 위한 교육이 이루어졌을 것이라고 추정한다.

통일신라시대(676~935)의 회화는 거의 남아 있지 않지만 1995년 유네스코 세계문화유산으로 지정된 석굴암과 같은 조각, 불국사, 다보탑, 황룡사 종 등의 많은 예술

1) 황연주(2024), 39~64쪽의 내용 일부를 수정 · 보완하였다.

적 가치를 가진 문화재를 만들었다. 이 시기에도 신라시대에 설치한 '채전'이 759년에 '전채서(典彩署)'라는 이름으로 바뀌어 그림을 다루는 관청이 있었다.

고려시대(918~1392)에는 불교회화가 특히 발전하였는데, 실용적 기능의 작품 외에도 여가와 감상을 위한 작품도 제작되었다. 그림 그리는 일을 담당했던 관청으로 도화원(圖畵院)이 있었는데, '화국(畵局)'이라는 별칭으로 사용되기도 하였다. 이것은 통일신라시대의 전채서가 이어져 온 것으로 추정되며, 조선 초기까지 '도화원'이라는 이름으로 그대로 존재하였다.

조선시대(1392~1910)는 유교문화가 지배적으로 작용하여 산수화나 화조화, 사군자 등을 품격 있는 그림으로 간주하는 경향이 많았다. 하지만 조선 후기에는 실학사상의 영향으로 실제 주변에 관심을 가지게 되면서 진경산수화나 풍속화 등이 등장하게 되었다. 조선시대에는 서당과 서원 및 성균관과 같은 교육기관이 있었는데, 이곳에서 모필에 의한 습자나 간단한 사군자 등의 교육이 이루어졌다. 하지만 여기서의 교육은 그림 그 자체를 목적으로 한 교육이 아니라, 성리학의 일환으로 시 · 서 · 화를 통한 사대부의 교양 함양과 인격도야의 수단이었다. 교육방법은 모사나 사생이 주를 이루었고, 단순한 외형 모사보다는 사물의 속성이나 진의를 나타내는 데 의미를 두었다. 작품감상에서도 그림에 내포된 화격이나 그린 이의 인품을 기리는 것에 주안점을 두었다(김성숙, 2020: 72-73).

조선시대에 그림 그리는 일을 관장하기 위하여 설치되었던 관청으로는 조선 초기 1464년(세조 10)까지 고려 때의 명칭 그대로 사용된 '도화원'이 존재하였고, 그 후 도화원의 명칭은 '도화서(圖畵署)'로 개칭되었다. 즉, 조선시대의 도화서는 신라시대의 '채전'에서 비롯되어 통일신라시대의 '진채서', 그리고 고려시대의 '도화원'에서 이어져 온 것이라고 볼 수 있다.

도화서에 소속된 궁중화가이자 직업화가로 활동했던 사람을 화원이라 하였는데, 조선 초기에는 안견, 조선 후기에는 김홍도, 신윤복 등이 대표적이다. 도화서의 화원들은 국가의 제반 그림 업무를 전담하였는데, 왕의 어진을 제작하거나 나라에서 거행하는 중요 행사를 그림으로 남기는 기록화적 역할을 담당하였다. 도화서의 화원이 되기 위해서는 화원 선발시험에 통과해야 되는데, 시험 과목은 대나무, 산수, 인물과 영모, 화초 네 과목 중에서 두 가지를 선택하는 것이었다. 여기서 죽을 1등, 산수를 2등, 인물 및 영모를 3등, 화초를 4등으로 하여 죽을 잘 그린 그림을 첫 번째로 하고 산수

를 그다음으로 쳤다. 이것은 그 당시 시화일치 사상에서 우러나온 문인화 화풍을 더 쳐주었음을 짐작할 수 있는 부분이다. 도화서에 소속된 화원들은 기술직 또는 잡직에 해당하였고 사회적 지위는 비교적 낮았다. 화원은 화학생도를 거쳐야만 될 수 있는데, 보통 10대 후반을 전후한 시기였으며 아무리 늦어도 20세 이전에는 도화서에 입문하여 필력과 묘사력을 연마하는 시간을 가져야 하였다. 화학생도는 기본적으로 학생이지만 도화 업무를 담당한 준화원이었다. 그림 그리는 재능이 뛰어난 소년을 선발하여 도화서에 소속시키고 전문적인 교육을 통해 화원으로 성장시켰던 것이다. 화원 중에 화격이 뛰어난 화원이 교수로서 화학생도의 지도를 맡았다. 이러한 점으로 미루어 보아 도화서에서는 전문적인 화가를 양성하기 위하여 대나무, 산수, 인물과 영모, 그리고 화초 등과 같은 그림을 그리게 하였고, 교수방법은 화격이 뛰어난 화원이 교수가 되어 화학생도를 지도한 것으로 보아 도제식 교육방식을 사용했을 것이라 추측할 수 있다.

2) 근대 미술교육의 시작

한국 근대 미술교육의 변천과정을 알아볼 수 있는 자료는 주로 그 당시 발행된 교과용 도서와 교사용 지도서 및 교육령이 주가 된다. 광복 이전까지는 미술교육에 대한 인지도도 낮았고 관심 자체가 거의 없었기에, 그와 관련된 이론적 연구나 저서가 거의 없기 때문이다. 한국의 근대 미술교육이 어떻게 시작되었는지 살펴보면 다음과 같다.

조선 후기 실학사상의 영향을 이어받은 개화사상가들은 교육을 개화의 한 방법으로 보고 근대적인 신교육 도입을 강조(손인수, 1978: 245)하게 된다. 그들은 진보주의 이념을 지니고 그 당시 조선의 교육, 정치, 경제, 문화 전반에 걸쳐 근대화를 추진하고자 하였다. 신교육의 도입으로 근대학교가 설립하게 되는데, 설립하는 주체에 따라 정부에 의한 관학, 개화파 선구자들에 의한 민립 사학, 그리고 기독교계에 의한 사립학교로 나뉘어졌다(김병구, 1990: 141).

우리나라 근대학교의 기초라 할 수 있는 '동문학(同文學)'이 1883년에, 그리고 '광혜원(濟衆院)'이 1885년에 설립되었다. '동문학'은 통역관의 양성을 목표로 세워진 학교로 '통변학교(通辯學校)'라고도 하며, '광혜원'은 조선 정부가 최초로 설립한 서양식 병

원으로 서구식 의술과 의학전수 활동을 겸하는 교육병원이었다. 이들은 정부가 서양 문화와 제도를 수용함으로써 교육의 틀을 잡아 보려는 의도에서 설립한 특수 목적 학교로 일반인을 대상으로 교육하는 학교는 아니었다.

민간에 의해 설립된 사학으로서 일반인을 대상으로 한 우리나라 최초의 근대학교는 1883년에 세워진 '원산학사(元山學舍)'이다. 1880년 4월 원산이 개항되어 일본인 거류지가 만들어지고, 일본 상인들이 상업활동을 시작하자, 이 지역의 주민들이 새로운 세대에게 신지식을 교육하여 인재를 양성함으로써 외국의 도전에 대응하기로 하고, 서당을 개량하여 운영하다가 1883년에 자발적으로 자금을 모아 설립하였던 것이다(신용하, 1974). 원산학사에서는 주로 산수, 물리(격치), 기기, 농업, 양잠, 광채 등 실용적인 과목과 특수과목으로 문예반은 경의, 무예반은 병서, 그리고 일본어를 비롯한 외국어를 가르친 점으로 미루어 보아 미술교육은 거의 실시되지 않은 것으로 보인다.

이후 서양과의 외교관계가 더욱 빈번해지면서 서양 기독교계 선교사들이 자신들의 선교사업의 기초를 마련하기 위해 서양식 근대학교를 설립하기 시작하였다. 1886년 미국인 선교사 아펜젤러(Appenzeller, H. G., 1858~1902)가 중등교육기관으로 '배재학당(培材學堂)'을, 스크랜튼(Scranton, M. F. B., 1832~1909)이 한국 최초의 사립 여성 교육기관인 '이화학당(梨花學堂)'을 세웠다. 배재학당에서는 건물 지하에 장래 공예실습장으로 사용될 예정인 교실이 설치(오천석, 1979: 58)되었다. 이 교실에서 실제로 어떠한 공예의 교수활동이 행해졌는지는 불확실하나, 모칠과 짚신의 제조와 더불어 인쇄 및 제본과 같은 일이 시작되어 실제 금전적 이익도 증가되었다(M. E. North Report for 1897, 1897: 246; 김향미, 1995에서 재인용)는 보고가 있는 점으로 미루어 보아 미술 관련 교육이 실시되었다고 볼 수 있다. 기독교계 선교사들은 서양 문물과 사상을 비롯하여 서양식 교육제도를 한국에 최초로 소개하였다는 점에서 한국의 근대교육 형성에 미친 영향이 크다고 볼 수 있다.

이와 같이 외국인 선교사들에 의해 학교가 설립되기도 했지만 한국인 자본에 의한 사립학교도 '원산학사' 이후 다량으로 세워지기 시작하였다. 그 예로 1895년 민영환의 흥화학교(興化學校), 1899년 안창호의 정진학교(瀞進學校) 등을 필두로 1905년 엄주익의 양정의숙(養正義塾), 이용익의 보성학교(輔成學校) 등을 들 수 있다. 이러한 사립학교 설립의 기운은 점차 고조되어 1910년 한일합방 직전까지 한국인에 의해 설립된 학교가 3,000개 교에 이르렀다(손인록, 1971: 29-33). 이들 학교는 침체되어 가는 국

운을 교육의 힘으로 만회해 보려는 의도에서 세워진 것이 대부분으로 외국세력에 대한 민족운동의 거점이 되기도 하였다(김향미, 1995).

그 와중에 1894년 7월부터 1896년 2월까지 3차에 걸쳐 추진된 일련의 개혁운동인 갑오개혁은 한국의 근대화를 촉진시키는 획기적인 계기가 되었다. 물론 일본의 한반도 침략 의도가 직접적으로 반영된 일본 주도의 타율적 개혁이었고 보수세력의 반대도 극심했지만, 계급제도 타파, 문벌을 초월한 인재의 등용, 노비 매매 금지, 자유의사에 의한 과부의 재혼, 의복제도의 간소화 등과 같이 불합리한 전근대적 제도들을 타파하고 근대적으로 개혁하고자 한 운동이었다. 특히 교육 분야에서는 1895년 2월에 교육칙서가 내려지고, 이어 4월에 '한성사범학교 관제'를 비롯하여 각종 학교의 관제와 규칙을 제정·공포함으로써 낡은 제도를 청산하고 새 교육제도를 마련하여 시행하게 되었다. 이때에 「소학교령」(1895. 7. 19.)과 교육과정격인 「소학교 교칙대강」(1895. 8. 12.)을 칙령과 학부령으로 각각 공포하였는데, '도화(圖畵)'는 비록 필수교과가 아닌 선택교과였지만 하나의 교과로서 공식적인 일반 학교교육에 의한 미술교육으로 시작하게 되었다. 이에 따라 공식적 학교교육 기관에서 미술교육의 시발점을 1895년 갑오개혁을 중심으로 잡는 것이다.

하지만 일제는 1904년 8월 22일 '제1차 한일협약'에 따라서 한국인의 교육에 직접 관여하기 시작하였다. 1905년에는 '제2차 한일협약'을 체결하고 통감부를 설치하였다. 통감부의 간섭하에 사립학교의 수가 늘어나고 각처에 학교가 설립되었으나, 한국 정부의 주관은 미약하였다. 통감부가 1906년 '소학교'를 '보통학교'로 개칭하고 「보통학교령시행규칙」을 개정·공포함에 따라 교과편제도 달라지게 되었다. 이때 '수공'이 선택 과목이지만 교과교육으로 들어오게 되면서, 도화와 수공이 학교 미술교육으로 다루어지게 되었다.

즉, 개화기(1895~1910)인 이 시기에 교과편제에 들어온 도화와 수공 수업을 살펴보면, 도화는 주로 그림본을 보고 따라 그리는 임화로서 모방에 의한 기능 중심의 교육이었고, 수공은 실용에 중점을 둔 노작교육이었다. 특히 수공은 공예나 조소 관련 교육이라고 생각할 수 있지만, 일제가 '공업과'와 같은 실업교육의 일환으로 취급한 것이다. 즉, 수공 교육의 목적은 실업과 근로 교육의 영역에서 제작 기술을 체득하게 하는 수단이었다고 할 수 있다(박휘락, 1995: 47-48).

이 시기 교과서는 1905년까지 한국 정부에서 발행하고 보급한 것이 따로 없었다가,

1907년과 1908년에 『도화임본(圖畵臨本)』([그림 2-1] 참조)을 발행하게 되는데, 이것이 우리나라 최초의 국정 미술교과서이다. 1907년에는 1, 2권이 발행되었고, 1908년에는 3, 4권이 발행되어 보통학교 도화과 교과서가 완성되었다. 『도화임본』을 편찬한 사람은 일본의 미쓰지 주조(三士忠造)이며, 원화는 한국인 이도영(1884~1934)에 의해 제작되었다. 『도화임본』은 4권으로 발행되었는데, 문부성에서 발행한 '모필화수분'을 참고하여 제작되었다(심영옥, 2007).

『도화임본』은 흑백 교과서로, 모필을 이용하여 당시 한국인의 생활 모습과 생활용품, 자연 풍경을 서양화법을 도입하여 묘사한 그림들로 수록되어 있다. 이 교과서의 특징은 교재 내용과 교수법이 마련되어 있었다는 점이다. 교재 내용은 '자재화(自在畵)'와 '용기화(用器畵)'로 설정하였고, 교수법은 서양화법을 채택하거나 내용에 맞도록 모필화법을 제시하였다. 도화 교수법으로는 '자재화'의 경우 규정된 용구의 보조를 받지 않고 단지 모필이나 연필만으로 그리도록 하였는데, 여기에는 주로 물체를

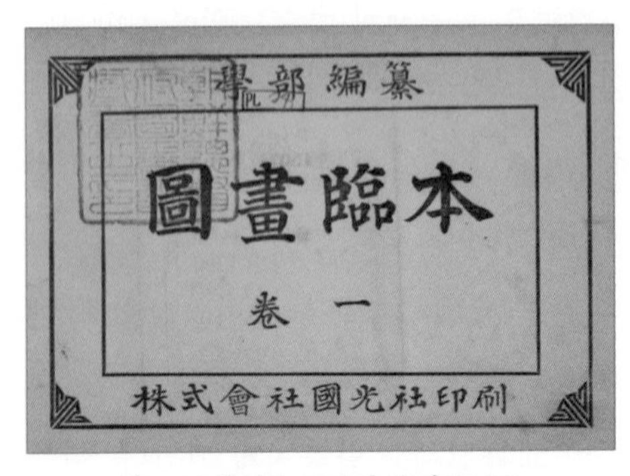

권 1, 도화임본 교과서 표지(1907)

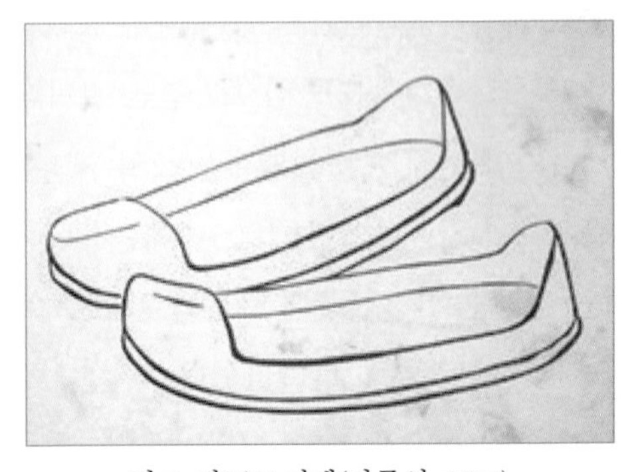
권 2, 제14도 피혜(가죽신, 1907)

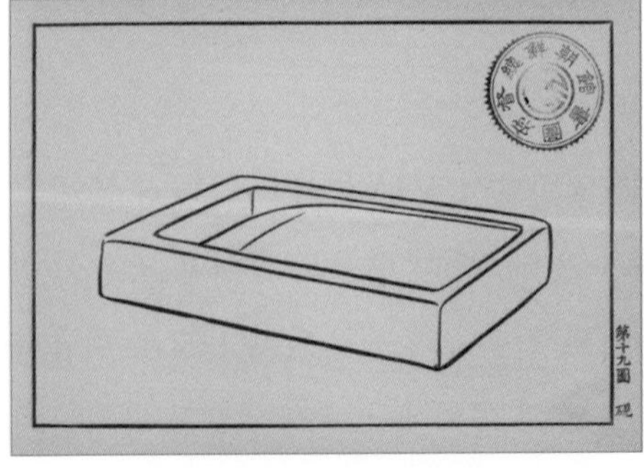

권 1, 제19도 연(벼루, 1907)

권 2, 제11도 무청급고초(순무와 고추, 1907)

[그림 2-1] 도화임본 교과서

그대로 그리는 '사생화'와 임본을 보고 그리는 '임화'가 포함되었다. 그리고 '용기화'의 경우는 모필이나 연필 이외에 여러 가지 자, 컴퍼스를 사용할 수 있었다. 주로 기하화, 즉 평면의 직선, 곡선, 다각형이나 입체의 평면도, 입면도, 전개도, 투시도 등을 그리는 것이었다(심영옥, 2007). 즉, 『도화임본』은 교과서 제목에서 암시하듯이 주로 임본을 참조하여 모필화로 하는 임화 중심의 내용으로 구성되었다.

개화기는 학교교육에 공식적으로 미술교육이 정규 교과목으로 자리매김해 가는 초기 형태의 미술교육이 실시된 시기로 근대 미술교육이 시작된 시기라 할 수 있다.

3) 일제 강점기의 미술교육

1905년 러일전쟁이 일본의 승리로 끝나자 일본의 내정간섭과 압박은 더욱 강해지고 노골화되었다. 급기야 1910년 일본은 강압적으로 불평등조약인 한일합방을 체결하고 대한제국을 식민지화하였다. 이로써 근대식 교육의 토대를 다져 가던 한국의 미술교육은 약 36년간 일본의 지배하에 놓이게 되었다. 1910년부터 1945년까지 일제 강점 기간 미술교육은 한일합방에 따른 식민지 정책을 수행한 조선총독부에서 집행하게 된다. 이 시대의 미술교육의 내용과 방법은 대부분 당시 일본의 정치적 · 사회적 분위기나 일본 미술교육의 동향을 직 · 간접적으로 영향을 받아 변화해 갔다. 이 시기는 「제1차 조선교육령」(1911~1922), 「제2차 조선교육령」(1922~1938), 「제3차 조선교육령」(1938~1943), 그리고 「제4차 조선교육령」(1943~1945) 시기로 나눌 수 있다.

(1) 제1차 조선교육령(1911~1922) 시기

1910년 일본은 조선에 조선총독부를 설치하고, 강압적으로 한일합병조약을 공포함에 따라 '대한'이라는 국호를 '조선'으로 개칭하고, 교육령도 개정하였다. 1911년 8월에 「제1차 조선교육령」을 선포하여 모든 교육제도를 그들이 원하는 대로 바꾸어 나갔다. 「제1차 조선교육령」은 교육방침을 "충량한 제국 신민(臣民)의 육성"과 "시세(時勢)와 민도(民度)에 적합한 교육"(조선총독부관보, 1911. 9. 1.)으로 내세웠지만, 실제는 황민화교육 및 우민화교육을 수행하기 위한 정책이었다.

미술교육은 그 전에 개정된 보통학교령과 맥락을 같이하여 도화와 수공 교과를 중심으로 이루어졌다. 미술교과서도 『도화임본』을 정정한 『(정정)보통학교학도용 도화임본』, 즉『(정정) 도화임본』을 사용하여 이전의『도화임본』과 내용이나 교수방법상의 큰 차이 없이 임본 위주의 내용으로 구성하였고, 표현양식은 서양화풍으로 이루어졌다. 그런데 일제 강점기가 시작되었음에도 불구하고 미술교과서는 일본어를 아직 사용하지 않은 것이 특징이다. 보통학교 도화교육의 주된 내용은 '자재화'와 '기하화'였으며, '자재화'는 임화, 사생화, 고안화로 구성되어 있었다. 하지만 실제 학생들이 실물이나 자연을 직접 관찰하면서 표현하는 서양화풍 사생화교육은 거의 이루어지지 않았고, 비록 사생화교육을 실시하였다 하더라도 표현기법만 서양화풍을 따랐을 뿐 임화 교본의 임본을 모필을 활용하여 충실히 모사하는 기능중심 미술교육이었다. 이때 '임화'란 화본(畵本)을 보고 그리는 것을 의미하며, 그것은 사생을 위한 기초 작업이기도 하였다(심영옥, 2007).

(2) 제2차 조선교육령(1922~1938) 시기

우리 민족의 거족적 투쟁이었던 3 · 1 운동(1919)을 비롯한 독립운동의 영향으로 일본은 '문화정치'라는 회유정책을 새롭게 채택하면서 1922년「제2차 조선교육령」을 공포하였다.「제2차 조선교육령」은 외형적으로는 한국인을 위한 교육내용으로 재정비한 교육령이었으나 실제적으로는 식민정책을 원활히 수행하기 위한 교화 수단이었다.「제2차 조선교육령」개정에서 비로소 도화가 필수과목으로 바뀌고, 새 교과서인『보통학교도화첩』([그림 2-2] 참조)이 조선총독부에 의해 발행되었다. 이 교과서는 처음으로 색연필, 수채물감 등을 사용한 색채로 된 도판이 제시되었다는 데 의의가 있다. 또한 임본의 탈피, 모필과 연필의 탈피, 색채교육의 도입, 사생교육의 중시, 고안화(考案畵)의 정착 등으로 미술교육이 확대되었다는 것이 특징이다.『보통학교도화첩』은 모필과 연필의 재료상의 한계를 뛰어넘어 재료의 다양화를 꾀하고, 임화 위주의 표현방식에서 다양화를 통해 한국 근대 미술교육의 전환을 보여 준 의미 있는 교과서이다.

『보통학교도화첩』이 편찬된 데는 일본에서 사용한『심상소학 신정화첩』의 영향을 들 수 있으며, 사회 · 교육적으로는 자유표현주의 미술사조를 반영한 것이라 볼 수 있다. 제1차 세계대전이 연합군의 승리로 끝나자 일본에서도 자유와 민주주의를 추구하는 운동이 일어나기 시작하면서 도화교육과 수공교육의 혁신을 지향하는 자유표현주의 운동이 일어났다. 1919년 서양화가 야마모토 카나에(山本鼎, 1882~1946)는

'아동화 자유전'을 통해 자유화교육을 제창하면서 종래의 임화적 방법을 배제하고 도화과 교육의 기초로서 '자연의 실상'을 중심으로 하는 새로운 미술 이념을 주창하였다. 자유화교육운동의 영향으로 '신정화첩'의 개정 논의가 시작되었고, 크레용이나 풍경 사생이 유행하였으며, 미술교육으로서 수공이 부각되고 고등소학과에서 '도화과'가 필수과목으로 복귀하게 되었다. 이 당시 일본의 미술교육은 치젝(Franz Čižek, 1865~1946)의 자유표현주의와 독일 바우하우스(Bauhaus)의 영향을 받아 그들의 미술교육에 반영하였으나, 우리나라 미술교육에는 이러한 미술교육 사조를 전혀 반영시키지 않았다. 그러나 자연스럽게 우리나라 미술교육에도 영향을 미치게 되었고, 국가정세에 따라 『보통학교도화첩』을 편찬하게 된 것이다(심영옥, 2007).

「제2차 조선교육령」에 의한 도화교육의 요지는 아동의 창의력 발달보다는 실제 대상을 그대로 정확하게 묘사하는 것을 목적으로 하였다. 이와 같은 내용은 「제1차 조선교육령」 시기와 크게 변화한 것이 없지만, 관찰력과 고안력을 배양하게 하면서 색

보통학교도화첩 3학년 제15도(1926)

보통학교도화첩 4학년 제7도(1926)

보통학교도화첩 5학년 제4도(1926)

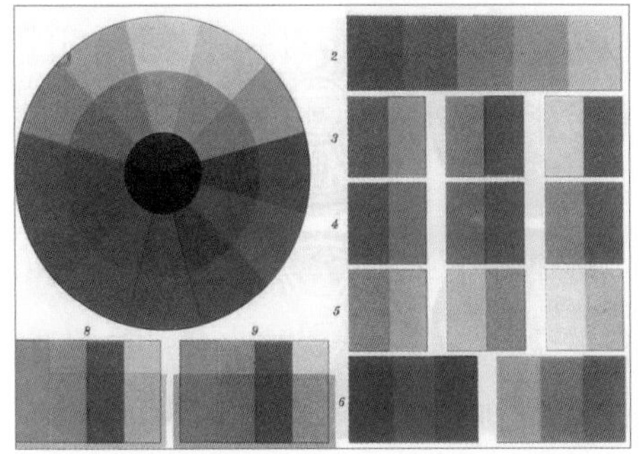

보통학교도화첩 6학년 제1도(1926)

[그림 2-2] 보통학교도화첩 교과서 예시

채의 배합과 조화할 수 있는 능력을 기르게 한 것은 큰 변화였다. 또한 '임화'를 배척하고 일어난 자유화교육의 영향을 받은 '사생화'교육이 보다 활발히 이루어지면서 회화교육의 중요한 위치를 차지하게 된다는 것과 아동생활을 중시한 '상화'교육이 태동되었다는 점은 주된 변화의 경향이라 볼 수 있다(박휘락, 1995: 49).

『보통학교도화첩』과 그에 따른 교사용 지도서의 특징은 체계화된 지도 체제를 정립하고자 한 것인데, 그 내용은 다음과 같다.

첫째, 학년별 발달단계를 고려하고 다양한 재료를 선택하여 사용하게 한 것이다. 1, 2학년은 주로 연필과 색연필을 사용하도록 하고, 5, 6학년은 연필, 모필, 수채물감을 사용하는 것을 원칙으로 하면서 지역의 실정을 고려하여 적당한 재료를 사용할 수 있도록 융통성 있게 재량권을 발휘하도록 하였다.

둘째, 색채 지도를 도입한 것이다. 1921년 이전까지는 주로 붓과 먹, 즉 모필화에 의한 단색으로만 지도하도록 하였으나, 미술교과서 교재에서 색채 지도를 목적으로 설정한 것은『보통학교도화첩』부터라고 할 수 있다. 1학년부터 4학년까지는 묘화활동을 통하여 색의 명칭, 색의 식별, 배색 등을 지도하도록 하였고, 5, 6학년에서는 색상 지도에 대하여 체계적이면서 의도적으로 지도하도록 하였다. 특별히 '색도(色圖)' 단원을 설정하여 지도하도록 한 5, 6학년의 색채 교재 내용을 만들기도 하였다.

셋째, 고안화가 정착된 것이다. '보통학교도화첩'의 교재 영역은 크게 임화, 사생, 기억화 및 고안화로 되어 있다. 그중 임화, 사생, 기억화의 세 가지 영역을 묶어 '자재화'로 하고, 고안화는 도안 영역을 묶어 무늬를 만들거나 여러 가지 자, 컴퍼스를 사용할 수 있도록 하여 '용기화'의 내용으로 하였다. 용기화로서의 고안화에는 모양, 전개도, 공작도, 투영도, 제작도, 설계도 등의 산업적인 교재가 상당한 양을 차지하고 있다(박휘락, 1998: 403; 심영옥, 2007). 이와 같이 용기화로서의 고안화는 디자인교육이 다양하게 전개되기 시작하였다는 의미로 해석할 수 있다.

(3) 제3차 조선교육령(1938~1943) 시기

일제는 만주 침략정책과 태평양 전쟁을 수행하기 위하여 일반정책과 교육정책을 급히 개정하였다. 전시 체제에 부합하는「제3차 조선교육령」을 1938년에 선포하였고, 미술의 용어는 '도화'를 그대로 사용하였다. 교과서는 1학년은『보통학교도화첩』을 수정하여『보통학교도화』를 1937년에 편찬하였고, 이어서 2, 3, 4학년용의『초등

도화』를 1938년에 조선총독부에서 편찬하였다. 그리고 이때는 한국과 일본의 모든 교육제도를 동일하게 실시한다는 '내선일체' 정책을 내세워 일본 문부성에서 편찬한 『심상소학도화』를 5, 6학년(남학생과 여학생용을 구분하여 사용)에서 인가서로 사용하게 하였다(심영옥, 2007). 이 교과서들은 황국신민화 사상과 국가주의 및 군국주의의 색채가 매우 짙은 교과서였다.

1941년「국민학교령」에 따라 '소학교'의 명칭을 '국민학교'로 바꾸었으며, 이때 바꾼 '국민학교' 명칭이 1997년까지 사용되었다. 「제3차 조선교육령」 이후부터 모든 제재는 일본어를 사용하였으며, 이 시기는 일본이 전쟁에 최고조로 혈안이 되었던 시기인 만큼 미술교과서 소재는 이전의 내용에 비해 훨씬 일본적 소재나 전쟁 관련 소재들이 많았다(심영옥, 2007). 「제3차 조선교육령」 시기에 주목할 만한 특징은 다음과 같다.

첫째, 임화교육이 퇴조하고 '자유화교육'의 힘을 입어 '사상화'와 '사생화'교육이 자재화의 중요한 영역으로 자리잡게 되었다. 크레용화가 이때부터 도입되어 유행하기 시작하였다.

둘째, 미술교육의 목적을 개성과 창조력 신장으로 두고 있으나, 이것은 대외적이거나 표면적인 목적에 불과하였다. 실질적으로는 사생화도 임화를 통한 실물 묘사력를 함양하게 함으로써, 대체적으로 학생의 창의적인 사고보다는 사물을 있는 그대로 묘사하는 재현 기술의 습득에 그치는 교육이었다.

셋째, 국가주의와 군국주의적 색채를 띤 교과서이긴 했지만, 교과서에서 다루어진 교재의 영역들은 근대적 미술교육의 체계화 측면에서 의미가 있다. 즉, 교재 영역을 크게 표현교재, 감상교재, 설화(說話)교재로 나누고, 표현교재 속에 사상화, 사생화, 임화, 도안, 용기화를 두었다. 또한 임화보다 사상화와 사생화를 좀 더 중요하게 부각시키기 위해 교재 배치를「1차 · 2차 조선교육령」과 달리 임화 앞에 위치시키고 있다(박휘락, 1995: 51). 설화교재에서는 용구의 재료, 형체, 색채, 기법 등에 관한 기초적인 지식을 다루었다.

넷째, 감상교육이 다루어지기 시작하였다. 하지만 주로 일본 풍경이나 일본의 전통회화를 교과서에 실어 학생들에게 일본화의 우수함을 일깨워 주려는 국수주의적 감상교육이었다(심영옥, 2007).

다섯째, '상화교육' 또는 '사상화교육'이 실시되었다. 사상화교육은 미술에서 표현대상이 임본이나 외계 자연만이 아니고, 아동의 생활 내용 자체가 표현거리가 되어야 한다는 것이다. 이런 표현활동을 통하여 아동 생활을 지도하려 했던 것이 도화교육의 중요한 목적이기도 하였다. 이러한 사상화교육은 이전에 볼 수 없었던 아동 생활을 배경으로 한 제재들로『초등도화』에도 설정되었다. 사상화교육은 광복 후 생활화, 경험표현으로 발전하게 된다. 즉, 미술교육에서 아동의 생활경험을 주제로 한 표현이 이때부터 시작된 것이라 볼 수 있다(박휘락, 1995: 51-52).

(4) 제4차 조선교육령(1943~1945) 시기

1941년 일본은 태평양 전쟁을 일으켜 세계를 향한 침략야욕을 극대화하고 교육체제를 전쟁 수행에 유리하도록 개편하기 위해 '교육에 관한 전시비상조치령'인「제4차 조선교육령」을 1943년에 선포하였다. 이 시기는 전시 체제 상황으로 군국주의적 색채가 짙고, 공작 · 기술 중심의 교육이 우세하였다. 또한 종래에는 교과중심 교육과정으로 도화나 수공, 습자 등 분리형을 취하였으나, 이 시기에는 같은 교과중심의 교육과정 통합형을 취하였다. 그래서 일본에서는 도화와 공작 영역을 한 교과로 통합하여『도화공작교본』을 시범적으로 사용하였고, 도화과와 수공과를 통합하여 '예능과'로 만들었다. 미술교과서는 일본 문부성이 저작권을 가지고 조선총독부가 편찬한『에노홍』과『초등과도화』,『초등공작』([그림 2-3] 참조)이 발행되었고, 일본에서 시범적으로 사용한『도화공작교본』도 사용되었다.

『에노홍』은 1, 2학년 교과서로 도화와 공작 내용을 모두 다루었는데, 특히 전시 중의 교과서이기 때문에 전쟁교재도 많았지만 정밀묘사와 크로키가 처음으로 도입되는 등 다양한 표현교재가 있었던 것이 특징이다(海後宗臣, 1966: 397). 특이한 점은 이전의 도화교과서에 그려진 인물표현이 회화적이었다면,『에노홍』에 그려진 인물은 만화풍으로 표현되었다는 것이다. 전쟁 말기에 발행되었기 때문에 앞 시기 교과서와는 달리 군국주의적인 소재들이 많고, 임본을 제재로 한 것이 없다는 것도 큰 특징이다. 이 교과서에 삽입되어 있는 공작교재는 찰흙으로 동물이나 사람을 만들고 종이로 오려서 붙이는 등 초보적인 수준이었다.

『초등과도화』는 통합된 '예능과'에서 3~6학년까지의 도화교과서로 편찬된 것이다. 과목은 통합하였으나 영역을 분리하여 '초등과공작'과 함께 편찬되었다. 초등과도화는 아동용과 교사용으로 분리되었는데, 교사용 지도서에는 지도 편제, 지도 시수를 비롯하여 사상화, 사생화, 임화, 도안, 용기화, 감상, 그리고 설화 영역과 같은 영역별 지도방법을 자세하게 제시하였다.

『초등공작』은 다양한 내용으로 제재가 설정되어 있으며 제작 방법이나 과정까지 상세히 다루고 있어 학생들이 쉽게 만들 수 있도록 해 두었다. 그러나 학생들의 수준이나 개성, 창의적인 부분을 고려하지 않고 상당히 어려운 내용들도 많았다.

『도화공작교본』은 일선에서 사용하는 '도화'와 '공작' 교과서의 내용을 합본한 것으로 교사용 지도서와 같은 역할을 했던 교재이다. 즉, 임화 · 사생화 · 도안 등의 영역은『도화교재』, 구성 · 설계 · 도법은『도안교재』, 제도 · 구상 · 임모 등은『공작교재』, 그리고 감상은『관식교재』로 연계성 있게 편성하여 만들었다. 교재 내용에 대한 이해의 폭을 확장시키고 지식을 갖춘 다음 그림을 볼 수 있게 한 것이다(심영옥, 2007).

제2차 세계대전에서 일본의 전세가 날로 불리해지며 패전이 가까워 오자 일본은 1945년 5월에「전시교육령」을 공포하였다. 그에 따라 학교조직은 군대조직으로 바뀌어 학교수업은 거의 중지되고 학생들은 근로나 군사훈련 등에 동원되는 상태였기 때

초등과도화 내용 일부, 6학년 여자용(1943)

초등과도화 내용 일부, 6학년 남자용(1944)

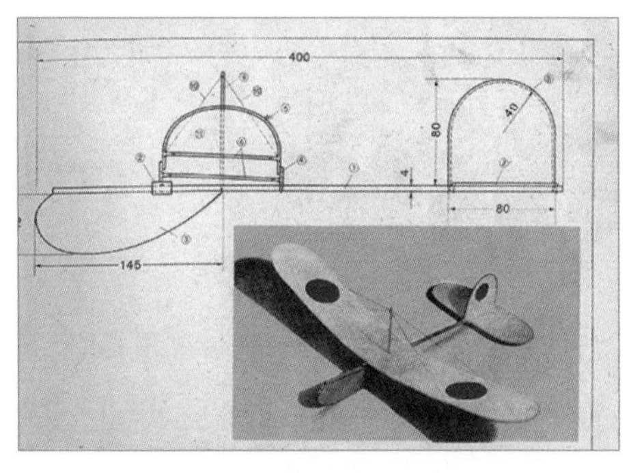

초등공작 내용 일부, 4학년 여자용(1943)

[그림 2-3] 초등과도화와 초등공작 교과서 예시

문에 미술수업은 제대로 시행되지 못하였다.

(5) 일제 강점기의 미술교육 전개

「제1차 조선교육령」에서 「제4차 조선교육령」에 이르기까지 일제 강점기의 미술교육은 전반적으로 아동의 자유로운 자기표현이나 창조성의 육성에 중점을 두기보다는 황국신민화와 군국주의의 일환으로서 임화 위주의 기능주의적 미술교육이었다. 하지만 변화해 가는 일본의 미술교육제도가 일부 수용되기도 하고, 임본 위주에서 탈피하여 사생화나 사상화를 강조하거나 색채교육 도입 및 공작과 디자인 교육의 실시 등으로 근대 미술교육의 발전 양상을 미약하나마 보여 준다. 개화기를 포함한 일제 강점기의 미술교육의 전개를 정리하면 〈표 2-1〉과 같다.

4) 광복 후 혼란기의 미술교육

제2차 세계대전이 연합국 측의 승리로 끝나면서 1945년 8월 15일 한국은 드디어 일제의 식민통치로부터 벗어나 독립을 되찾게 되었다. 하지만 한반도의 38도선을 경계로 남과 북이 두 체제로 분리되어 각기 다른 정권이 수립되었고, 북에는 소련군이 남에는 미군이 점령군으로서 주둔하여 1945년부터 1948년까지 군정을 실시하였다. 광복 후 냉전 체제 상태의 이 기간을 미군정기라 한다. 하지만 북한은 막강한 군사력을 갖추고 통일을 명분으로 내세워 1950년 6월 25일 새벽에 전면적인 남침을 개시하게 되는데 이것이 한국전쟁이다. 이 시기는 사회적 · 정치적 · 경제적으로 매우 혼란한 시기로, 교육은 일제 식민지 교육과는 또 다른 국면을 맞게 된다. 따라서 광복 후 혼란기의 미술교육은 3년간의 미군정기(1945~1948)와 한국전쟁기(1950~1953)로 나눌 수 있다.

(1) 미군정기(1945~1948)

광복 후 미군정 치하에 들어가면서 진보주의 교육사상을 도입하고 새교육운동을 전개하였다. 이에 미술교육도 미국을 통해 들어온 창조주의 미술교육의 영향으로 일제 식민지 시대의 미술교육과는 다른 양상을 띠게 되었다. 군정부 학무당국(문교부의 전신)은 먼저 당면한 교육문제를 해결하기 위하여 '신조선의 조선인을 위한 교육방침'

표 2-1 개화기와 일제 강점기 미술교육의 전개

시기	교과명	교과서명	내용 구성	특징
개화기 (1895~1910)	• 도화 • 수공	•『도화임본』	• 자재화 – 임화, 사생화 • 용기화	• 모필화 위주 • 임화중심 • 기능중심 미술교육 • 도화, 수공 교과는 선택
제1차 조선 교육령 (1911~1922)	• 도화 • 수공	•『(정정)도화임본』	• 자재화 – 임화, 사생화, 고안화 • 기하화	• 모필화 위주 • 임화중심 • 기능중심 미술교육 • 도화, 수공 교과는 선택 • 이전의『도화임본』교과서의 정정본 사용 • 교과서에 일본어를 사용하지 않음
제2차 조선 교육령 (1922~1938)	• 도화 • 수공	•『보통학교도화첩』	• 자재화 – 임화, 사생화, 기억화 • 용기화–고안화	• 임본의 탈피 • 모필, 연필의 탈피 • 최초로 색이 인쇄된 미술교과서로 색채교육 도입 • 사생교육의 중시 • 고안화 정착 • 도화가 필수과목으로 채택 • 체계화된 지도 체제 정립
제3차 조선 교육령 (1938~1943)	• 도화 • 수공	•『보통학교도화』 •『초등도화』 •『심상소학도화』	• 표현교재–사상화, 사생화, 임화, 도안, 용기화 • 감상교재 • 설화교재	• 임화교육 퇴조하고 사상화, 사생화교육 중시 • 크레용화 도입 • 창조력 함양은 표면적인 목적이고 실제는 묘사력 함양 교육 • 국가주의와 군국주의적 색채를 띤 교과서 • 감상교육 실시되나 국수주의적 감상교육 • 생활경험을 주제로 한 사상화교육의 실시 • 근대적 미술교육의 틀을 잡아 줌
제4차 조선 교육령 (1943~1945)	• 예능과 (도화, 수공 통합)	•『에노홍』 •『초등과도화』 •『초등공작』 •『도화공작교본』	• 표현교재–사상화, 사생화, 임화, 도안, 용기화 • 감상교재 • 설화교재	• 군국주의적 색채가 짙고 공작 · 기술 중심의 교육 • 교육과정 통합형 취함(예능과) •『에노홍』에서 정밀묘사와 크로키가 도입되고 임본 제재가 사라짐 • 초등공작에서 제작 방법이나 과정을 자세히 다룸 • 학생의 수준을 고려하지 않은 어려운 제재가 많음

을 상세히 규정하고 그 내용을 각 도에 지시하여 교육재건을 위한 조치들을 시행하였다. 이때 미국의 교육원조 정책으로 미국식 교육이 한국의 교육제도와 교육행정에 영향을 미쳐 6 · 3 · 3 · 4 학제가 도입되었다(미군정기 교육, 덕포진 교육박물관). 이 학제가 지금까지도 이어져 오고 있는 것이다.

또한 미군정 학무국은 1945년 9월에 교과목의 편제와 시간배당표를 초등학교와 중등학교 각각 발표하였는데, 초등학교의 교과는 공민, 국어, 역사, 지리, 산수, 이과, 음악, 체육 등으로 미술은 제외되었으나, 이후에 이를 보완하여 습자, 도화, 공작 등이 추가되었다. 그리고 1946년 9월 교육심의회의 결의에 따라 '미술과'로 바뀌었다(김형숙, 2014: 53; 박휘락, 1998: 235-236). 이 시기부터 우리는 '미술'이라는 용어를 사용하게 된 것이다.

그러나 해방 직후의 혼란기였던 당시 교육의 급선무는 77%를 넘는 한글 문맹자의 퇴치와 교사의 부족 등이었기 때문에 학교에서의 미술교육은 우선 교과 순위에서 제외되는 상황이었다(한국교육연지사, 대한교육연합회, 새한신문사, 1971: 110). 1946년 미군정은 '교수요목'을 제정하여(11. 17.) 학교교육의 정상화를 꾀하고자 하였으나, 내용 중에 미술과에 대한 요목은 없었다. 당시는 일본 교과서의 사용을 금지함에 따라 미술교과서가 없던 시기였으므로, 교사들은 교수 · 학습 자료를 직접 만들거나 복사한 임시 프린트물 등으로 수업을 진행하였다(김성숙, 2020: 75-76; 정태진, 1987: 38). 이 시기는 비록 혼란스러운 시대 상황이었지만 교육개혁의 일환으로 자유와 인간성을 존중하는 민주주의 교육사상과 더불어 서양의 진보주의 교육사상이 수용되면서, 아동중심의 새교육운동들이 도입되던 시기였다. 그런 와중에 1948년 대한민국 정부가 수립되자 이듬해, 즉 1949년 12월 31일에 우리나라 최초의 교육관계 기본법규인 「교육법」이 제정 · 공포되었다.

(2) 한국전쟁기(1950~1953)

1949년 우리나라에 「교육법」이 공포되고, 의무교육 6개년 계획이 수립되는 등 민주주의에 기초한 학교교육이 활발히 전개되려던 시점에 불행히도 한국전쟁이 1950년 6월 25일 발발하였다. 남한의 학교교육은 전시 기간 잠정적으로 중단됨에 따라 교육과정 운영도 거의 전폐되다시피 하는 최악의 혼란기를 겪게 되었다. 전시 상황 중에 문교부는 「전시하 교육특별조치요강」을 제정 · 발표(1951. 2. 26.)하여 전쟁으로 중단된 교육을 재개하고자 하였다(함종규, 2003: 223). 교육의 장소는 기존 교실이 아닌 임간, 하천 근방, 광장 등 적당한 곳에서, 교재는 전시 독본을 편찬 중이었으며, 피난민은 현 거주지 인근의 학교에 편입하도록 하는 '전시교육'을 실시하겠다는 것이 요지였다(김형숙, 2014: 50).

이처럼 교육 여건이 거의 붕괴한 상황 속에서도 우리 민족의 교육을 지속하려는 노력들을 곳곳에서 발견할 수 있는데, 피난지의 공터나 광장 등에서 피난학교를 개설하여 노천수업을 실시한 것이 대표적이다([그림 2-4] 참조).

그러나 일반 교과가 필사적으로 교육의 명맥을 유지하려는 시기였고, 학용품이 절대적으로 부족한 상황에서 정상적인 미술교육은 거의 불가능했다고 볼 수 있다. 학무당국에서 승격(1946. 3. 29.)한 문교부는 '전시하 교육 체제' 전환으로 도의교육, 1인1기(1人1技)교육, 국방교육을 제시하였고, 이에 따라 교육이 이루어졌다(한국문교사, 1994: 153). 도의교육은 사상교육으로, 1인1기 교육은 전쟁 중 체험과 노동을 통한 기술 습득 교육으로, 국방교육은 반공교육으로 각각 교과교육 및 교과 외 특별활동에 반영하여 피난학교의 전체 교육과정 속에서 운영되었다. 특히 미술교육은 1인1기 교육 내에서 사회의 재건을 위한 기술의 체득을 도와주는 차원에서 이루어졌다(김형숙, 2014: 64-65).

당시의 「교육법」(제2조 제6항)에는 공통의 미술과의 목표로서 "심미적인 정서를 함양하여 숭고한 미술을 감상 · 제작하고, 자연의 미를 즐기며, 여가를 유효하게 사용하여

피난지의 노천수업 모습(1950)

잿더미가 된 교실터에서의 노천수업 모습(1953)

[그림 2-4] 한국전쟁으로 인한 노천수업의 모습

출처: 좌-서울시교육청(2020. 6. 16.), 우-오마이뉴스(2017. 7. 7.).

조화롭고 명랑한 생활을 하게 한다."라는 내용이 제시되어 있었다(정태진, 1987: 39).

전쟁 기간에 전시교재는 발간되었지만, 미술과 교과서는 발간되지 못했다고 생각할 수도 있는데, 실제 전쟁 전에 이미 교과서가 어느 정도 발간이 된 상태였다. 이들 교과서는 일제 강점기의 교과서에서 볼 수 있는 인물 및 공간 표현을 상당 부분 그대로 나타내고 있는 것이 특징이다. 이러한 양상들은 해방 이후 우리나라 미술교육이 현대적이고 새로운 방향을 일본을 통해 들어온 서양의 조형원리에 바탕을 두고 있음을 보여 준다. 또한 미국의 진보주의 교육사상에서 유래하는 생활중심의 교육도 적용되어 학생들의 생활 주변 소재들을 다루는 만들기나 그리기가 교과서에 제시되었다(김형숙, 2014: 59). 이와 같이 한국전쟁기의 미술교과서는 전쟁이라는 주제를 담으면서도 그 내용에서는 서양의 조형방식들을 가르치고자 하는 노력들이 엿보였다.

그러나 실제 학교의 미술수업에서는 전쟁으로 교실이나 교사가 부족했고 교과서 발간이 곤란한 상황이었기 때문에, 미술교육은 교재의 빈곤 속에서 1인1기의 기능교육을 중심으로 이루어졌다. 아동의 창의성과 자유표현을 중시하는 경향은 다소 있었지만, 혼란스러운 사회 현실상 미술교육은 실용성을 강조하는 기능 위주의 공작실기 등을 중심으로 한 미술활동이 주로 이루어졌다(김성숙, 2020: 77에서 재인용).

5) 교육과정 시기의 미술교육

한국전쟁 후 문교당국은 전쟁으로 중단되었던 학교교육의 정상화를 위하여 미군정기에 시급히 만든 교과과정을 전면 개편하고, 1954년에 「교육과정 시간배당 기준령」을 제정하고, 다음 해 새 교육과정을 공포하였다. 최초로 우리 손으로 만든 국가수준 교육과정 체제를 확립한 것이다.

그 이후 사회문화적 변화와 미술 및 미술교육의 국제적 흐름 등에 따른 시대적 · 교육적 요구에 의해 미술과 교육과정도 여러 차례 변화하여 왔다. 교수요목기(1946~1954)를 거쳐 제1차 교과과정(1954~1963), 제2차 교육과정(1963~1973), 제3차 교육과정(1973~1981), 제4차 교육과정(1981~1987), 제5차 교육과정(1987~1992), 제6차 교육과정(1992~1997), 제7차 교육과정(1997~2007), 그리고 그 이후 수시 개정에 이르기까지 여러 차례에 걸쳐 개정되어 오면서 점진적으로 미술교육이 체계화되고 발전되어 왔다. 이러한 우리나라의 미술과 교육과정의 변천 배경과 각 시기별 중요한 특징을

간략히 살펴보면 우리나라 교육과정 시기의 미술교육이 어떻게 변화되어 왔는지 짐작할 수 있다. 더불어 우리나라의 어느 교육과정 시기에 어떤 미술교육 관련 학회들이 형성되고 발전해 왔는지도 고찰해 볼 필요가 있다.

(1) 제1차 미술과 교과과정 시기(1954~1963)

1954년 4월 20일 문교부령 제35호로 「교육과정 시간배당 기준령」이 제정 · 공포되었으며, 법령상의 명칭은 '교과과정'으로 교과중심 교육과정이라 불렸다. 제1차 교과과정에서는 전쟁으로 파괴된 국가를 재건하기 위한 사회 개선의 의지를 강조하였다. 그리고 학습자의 경험과 생활을 중요시하는 생활중심 교육과정의 개념이 들어 있었는데, 이것은 미국의 진보주의 교육사조와 신교육운동의 영향을 받은 것이었다. 이 시기는 경험중심, 아동중심 이념에 바탕을 두고 자유표현운동인 창조주의 미술교육을 받아들였는데, 이는 미국교육사절단의 영향이 매우 크다. 이 사절단은 우리나라의 교육을 체계화하고 발전할 수 있는 초석을 마련해 주었다고 할 정도로 많은 기여를 하였다. 따라서 이 시기 활동한 미국교육사절단에 대해 좀 더 자세히 살펴보면 다음과 같다.

미국교육사절단은 먼저 전쟁 중인 1952년 8월부터 1, 2, 3차에 걸쳐 내한하여 전국을 순방하며 주로 현직 교원을 대상으로 생활중심의 교육운동과 민주적인 학습지도법 등을 보급해 주고 있었다. 특히 미국에서 잘 알려진 교육학자 벤자민(Benjamin, H.)을 단장으로 한 3차 교육사절단은 1954년 8월에 내한하여 10개월 동안 현직 교사교육, 문교부에 대한 기술원조, 중앙연구소에 대한 교육연구 지원에 중점을 두었다(김성숙, 1999: 43). 그리고 어린이들의 미술지도에 있어서는 성인의 사고를 강요하거나 주입하여서는 안 되며, 각 어린이의 표현을 격려하여야 한다고 하였다. 또한 그들의 표현활동에 대하여 비판적인 태도와 언사를 준다면 그들은 회복하기 어려운 자신감을 잃기 때문에, 그들의 표현에 자유를 부여하여야 한다고 하였다(박휘락, 1995: 61). 이 교육사절단의 뒤를 이어 1956년 10월에는 조지 피바디 사범대학(George Peabody College for Teachers)의 교수단이 한국에 왔다. 이들은 주로 교사 양성 및 교사 재교육의 개선을 위해 활동했으며, 특히 초등학교 교사를 양성하는 사범교육에 대한 물적 원조 및 교육의 이론과 실제면의 지도 · 조언을 하는 데 힘을 쏟았다. 당시 사절단에서 유일한 미술교육 전문가였던 던 슈드로우(Don Sudlow)는 사범대학과 사범학교의 미술 · 공작 교사의 교원 재교육에 있어서 창조주의 미술교육을 실제로 시범 · 제시하였다. 그리하여 그는 대부분의 학교가 모방주의적 미술교육을 행하고 있던 전후 1950년대에 치젝의 창조주의 미술교육을 실천하고, 아동중심의 미술교육 방법을 알림으로써 한국의 미술교육에 많은 시사와 영향을 주었던 것이다(김성숙, 1999: 50). 피바디 교육사절단은 약 6년간(1956. 10. 12.~1962. 8. 31.) 한국에 머물면서 다양한 미술교육 활동을 하였는데, 미술과 공예 시범수업이나 워크숍 개최, 미술 교수법의 연수, 미술활동을 위한 공간의 개발, 교재의 개발, 교사용 지도서의 발행 등으로 요약된다(김성숙, 2002: 17-22; 김성숙, 2020: 77-80). 그들의 이와 같은 활동의 영향으로 제2차 미술과 교육과정과 미술교과서의 내용에 창조주의 미술교육이 상당 부분 반영되었고, 창조주의 미술교육 사상은 한국의 미술교육 발전에 매우 많은 영향을 끼치게 된다.

(2) 제2차 미술과 교육과정 시기(1963~1973)

제1차 교과과정의 미흡함을 인식하고 전면적인 개정을 단행하여 '교과과정'을 '교육과정'으로 개칭하면서 1963년 2월에 제2차 교육과정이 공포되었다. 제2차 교육과정은 학생들의 생활과 경험을 중심으로 한 경험주의 교육과정이론에 바탕을 두었다. 이 시기에는 피바디 교육사절단 이후 각 지역별 또는 학교별로 미술교육 관련 소규모 연구회 등이 조직되고 다소간의 연구활동이 전개되고 있었다. 그리고 초등교원 양성기관인 사범학교가 2년제 교육대학으로 1963년에 승격되고, 종합대학에는 사범대학을 비롯한 미술교육과가 설치되기도 하였다. 미술교육 관계자들의 국제교류도 시작되어 외국 미술교육의 동향이 한국의 미술교육에 영향을 미치게 되고, 1968년에는 한국에 최초의 미술교육 관련 학회인 '한국미술교육학회'가 그 당시 교육대학교 교수들을 중심으로 창립되면서 한국의 미술교육은 차츰 정상화되어 갔다. 이 학회는 명칭은 같으나 1992년에 설립된 '한국미술교육학회'와는 다르다.

이 시기는 경험주의 교육과정이론에 바탕을 두고 치젝을 비롯한 리드와 로웬펠드의 창조주의 미술교육이론이 본격적으로 현장에 적용되기 시작했고, 미술교육의 체계가 잡히면서 이론적 발전을 보이기 시작하였다.

(3) 제3차 미술과 교육과정 시기(1973~1981)

1968년 12월에 선포된 국민교육헌장과 그 후에 발표된 유신 체제를 반영하여 1973년 8월에 제3차 교육과정을 개정 · 공포하였다. 학문중심 교육과정의 영향으로 교육내용을 구조화하고 체계적으로 계열화하고자 했으며, 민족주체의식을 강화하는 국민교육헌장 이념의 구현을 기본 방향으로 전통미술교육을 포함한 감상교육을 통해 민족문화에 대한 자긍심을 일깨우고자 하였다.

(4) 제4차 미술과 교육과정 시기(1981~1987)

제4차 교육과정은 새로운 국가 의지를 반영하고, 사회적 변화와 제3차 교육과정의 문제점 등을 토대로 1981년 12월에 개정되었다. 이 시기는 급변하는 산업화 사회에 대한 인간성 회복 문제가 제시되었고, 인간중심 교육과정과 학문중심 교육과정의 이념을 상호 결합시킴으로써 학문, 경험, 인간을 조화 있게 다루어 전인적 발달을 도모하고자 하였다. 특히 초등학교에서는 1, 2학년에 통합 교육과정이 도입되어, 체육, 음악, 미술을 통합한 '즐거운 생활'이라는 통합 교과서가 편찬되었고, 미술교과서는 3학년부터 적용되었다. 이 시기 서예가 4, 5, 6학년 '미술'교과서에 합본되기 시작하였다.

제4차 교육과정 시기인 1984년에 '한국조형교육학회'와 '한국교육대학교 미술교육학회'가 창립되었다. 한국조형교육학회는 1984년 3월에 회화, 조소, 디자인, 공예, 판화, 서예 등 다양한 조형 영역과 미술교육, 미술치료, 미학, 미술사, 미술비평, 미술이론 등 전반적인 조형교육의 학술 연구에 목적을 두고 창립한 학회였다. 국내 미술교육 관련 학회로는 처음으로 2004년 한국연구재단의 등재 학술지로 선정된 『조형교육』을 발행하고 있다. 이 학회는 유아, 초 · 중등, 대학 및 평생 교육에 이르기까지 미술의 다양한 분야의 전문가와 실천가의 모임에 의한 학술공동체라고 볼 수 있다. '한국교육대학교 미술교육학회'는 1984년 4월에 전국의 교육대학교 미술교육학과 교수들로 구성된 '초등미술교과교육협의회'를 중심으로 발족하였으며, 초등미술교육의 다양한 이론과 실천적 연구를 발전시켜 왔다. 2008년 5월 학회의 양적 · 질적 성장과 발전에 따라 학회의 이름을 현재의 '한국초등미술교육학회'로 개명하였으며, 한국연구재단의 등재학술지로 평가를 인정받은 『미술교육연구논총』을 발행하고 있다. 한국초등미술교육학회는 초등미술교육에 전문화된 학술지로서 초등미술교육과 관련된 미술교육이론, 교육과정, 영역별 교수 · 학습 방법, 미술수업이론, 평가 등에 초점이 맞추어져 있다.

(5) 제5차 미술과 교육과정 시기(1987~1992)

제4차 교육과정의 기본 구조를 가능한 한 그대로 유지하면서 꼭 개선해야 할 부분만을 개정하는 것을 원칙으로 하여 1987년에 제5차 교육과정이 개정되었다. 종래의 교과중심 교육과정, 생활중심 교육과정, 학문중심 교육과정, 인간중심 교육과정 등의 장점을 조화롭게 체계화하였다. 즉, 제5차 교육과정은 제4차 교육과정의 기본 정신을 계승하면서 민주화된 미래사회에 대비할 자주적 · 창조적 · 도덕적인 한국인을 육성한다는 것을 기본 방향으로 '기초교육 강화'에 개정의 주안점을 두었다. 그리고 제4차 교육과정과 그 체계는 비슷하지만 내용을 보강하여 구체적으로 제시하였고 발달과정을 체계화하였다. 미술과는 교과 특성을 고려하여 단원과 제재에 따라 집중적으로 또는 계절이나 재량에 따라 시간 운영을 자율적으로 실시하게 하였다.

(6) 제6차 미술과 교육과정 시기(1992~1997)

제6차 교육과정은 지식과 사회 여건의 급격한 변화와 교육이론의 발전 등을 고려하여 21세기 미래상을 위한 교육으로 1992년에 개정되었다. 1994년에는 대학입학시험이 기존 학력고사에서 대학수학능력시험으로 바뀌었으며, 1996년에는 초등교육기관의 명칭이 '국민학교'에서 '초등학교'로 바뀌었다. 미술과는 미적 교육의 정신을 반영하여 미술의 본질적 기능을 회복시키면서 미술을 통한 인간 형성이라는 입장을 강조하였다. 즉, 미술을 통한 감성적 체험에 의한 인식과정을 통하여 전인적인 인간 형성에 기여할 수 있게 한다는 것이다.

그리고 제6차 교육과정 시기인 1992년에 '한국미술교육학회'가 창립되었다. 한국미술교육학회는 미술교육에 관한 광범위한 이론과 연구 활동을 도모함으로써, 이 분야의 학문적 발전은 물론, 초 · 중등학교와 여러 교육현장에서 이루어지는 미술교육의 질적 향상을 목적으로 하며, 한국연구재단의 등재학술지인 『미술교육논총』을 발간하고 있다. 이 학회는 미술교육의 학문적 이해와 초 · 중등을 아우르는 교육현장의 미술과 수업 개선을 위한 노력을 결집시킬 수 있는 구심체 역할을 하고 있다.

(7) 제7차 미술과 교육과정 시기(1997~2007)

1997년 12월에 개정 고시된 제7차 교육과정은 21세기의 세계화 · 정보화 시대를 주도할 자율적이고 창의적인 한국인을 육성하고자 하는 것을 기본 방향으로 하였다. 제7차 교육과정은 국민공통 기본 교육 기간을 10년으로 설정하고 초등학교 1학년부터 고등학교 1학년까지 10년을 하나의 교육 체제로 설정하여 학교급별 차이에 따른 연속성이나 연계성 부족을 극복하려고 하였다.

특히 제7차 미술과 교육과정에서는 현대 미술교육의 흐름을 반영하여 1980년대 중반 미국에서 등장한 학문중심 미술교육(Discipline based Art Education: DBAE)이론을 수용함으로써 미학과 연계시켜 '미적 체험' 영역을 신설하였고, 미술제작은 '표현' 영역, 그리고 미술사와 미술비평을 포함한 '감상' 영역을 내용 체계로 하여 교과서의 모든 단원에서 통합적으로 지도할 수 있도록 교과내용을 구성하였다. 학문중심 미술교육이 미학, 미술제작, 미술사, 미술비평을 상호연계하여 통합적으로 수업하는 것을 특징으로 하기 때문이다. 미술교과서는 중 · 고등학교에서 검정으로 개발되기 시작하였다.

제7차 교육과정 시기인 1999년에는 '한국국제미술교육학회(KoSEA)'가 창립되었다. KoSEA는 UNESCO의 협력기구로 1954년 결성되어 현재 70개국 이상이 참여하고 있는 범세계적인 미술교육의 단체인 InSEA의 한국지회이다. KoSEA는 연례행사로 국제학술대회를 개최하면서 한국연구재단의 등재학술지인『미술과 교육』을 발간하여 한국 미술교육의 질적 향상에 기여하고 있다.

(8) 제7차 미술과 교육과정 이후 수시 개정 시기(2007~)

교육과학기술부는 제7차 교육과정을 마지막으로 더 이상 교육과정을 전면적 또는 일률적으로 개정하지 않고, 필요에 따라 수시로 부분적으로 개정하기로 하였다. 사회변화의 주기가 급속도로 빨라지고 다양한 교육적 요구에 빠르게 부응하기 위해서 교육과정 개편 절차를 간소화하기 위해서였다. 따라서 수시 개정 체제로 바뀐 첫 교육과정인 2007 개정 교육과정은 제7차 교육과정의 부분 수시 개정이라고 볼 수 있다. 즉, 2007 개정 미술과 교육과정은 제7차 미술과 교육과정의 미적 체험, 표현, 감상 영역의 내용 체계를 그대로 유지하면서 각 영역별 학습내용을 최근의 동향을 반영하여 구성하였다. 2007 개정 미술과 교육과정에서는 전 세계적인 미술교육의 주요 동향인 시각문화 미술교육(Visual Culture Art Education: VCAE)을 중요하게 부각시켰다. 2007 개정 미술과 교육과정의 기본 방향에서 학습자에게 필요한 문화적 소양능력과 정보화 사회의 시각문화에 대한 인식능력을 길러 주기 위해 미술문화와 디자인 분야의 기초교육을 미술과에서 길러 주어야 한다는 필요성에 따라 학생들의 생활과 관련된 '시각문화 학습의 중요성'을 강조한다고 제시하였다. 이러한 의미에서 미적 체험 영역에서는 '시각문화 환경', 표현 영역에서는 '영상표현' 관련 내용이 새롭게 제시되었다. 교과서는 초등학교 3 · 4학년이 국정으로 개발되었고, 5 · 6학년은 처음으로 검정교과서로 개발되었다. 중학교도 검정교과서로 개발되었으며, 고등학교 선택 과목들은 인정교과서로 개발되었다.

2009 개정 교육과정은 미래형 교육과정 체제를 구현하기 위해 2009년에 총론이 개정 고시되고, 미술과를 포함한 각 과목별 교육과정 각론은 2011년에 고시되었다. 이 시기는 학교 교육과정 다양화를 강화하여 공통 교육과정 기간을 중학교까지로 축소하고 고등학교를 선택 교육과정으로 운영하였다. 2009 개정 미술과 교육과정에서는 미술의 체험적 · 실천적 · 활동적 성격을 부각시킬 수 있도록 '미적 체험'을 '체험'으로 변경하였다. 교과서는 초등학교 3~6학년 모두 검정으로 개발되었고, 중학교 미술교과서와 고등학교급의 미술 선택 과목 교과서가 모두 검정에서 인정 교과서로 전환되었다(한국조형교육학회, 2016: 97-98).

2015 개정 교육과정은 문 · 이과 통합형 교육과정으로 창의 · 융합형 인재의 강조와 중학교 자유학기제 운영을 특징으로 한다. 2015 개정 미술과 교육과정에서는 총론이 제시한 여섯 가지 핵심역량(자기관리 능력, 공동체 의식, 의사소통 능력, 창의 · 융합 사고 능력, 정보처리 능력, 심미적 감성 능력)에 기초하여 미술과의 특성을 고려한 교과 역량을 제시하였다. '미적 감수성' '시각적 소통 능력' '창의 · 융합 능력' '미술문화 이해 능력' '자기주도적 미술학습 능력'의 다섯 가지가 그것이다. 특히 '시각적 소통 능력'은 변화하는 시각문화 속에서 이미지와 정보, 시각매체를 이해하고 비판적으로 해석하며, 이를 활용한 미술활동을 통해 소통할 수 있는 능력으로 그 당시 사회 변화에 따른 교육적 요구를 반영한 것이라고 볼 수 있다.

2022 개정 교육과정은 한국의 열한 번째 교육과정이자 제7차 교육과정 아래 네 번째 수시 개정 교육과정이다. 이 교육과정의 특징은 '고교학점제'인데, 고교학점제는 학생이 기초 소양과 기본 학력을 바탕으로 진로, 적성에 따라 과목을 선택하고, 학점

을 취득하여 졸업하는 제도이다. 2022 개정 미술과 교육과정은 총론에서 제시한 인간상 및 역량과 연계하여 심미적 감성 역량, 창의 · 융합 역량, 시각적 소통 역량, 정체성 역량, 공동체 역량을 미술과 학습을 통해 기를 수 있는 교과 역량으로 설정하였다. 그리고 내용 체계에서 '체험' 영역을 다시 제7차와 2007 개정 때와 같이 '미적 체험'으로 변경하였다. 특히 디지털 시대에 필요한 소양을 강조하고 있는데, 이전의 교육과정에서 정보통신기술(ICT), 사진, 영상, 멀티미디어와 같은 매체 활용에서 메타버스, 실감형 콘텐츠, 가상공간 등으로 미술의 범위를 확대하고 표현과 소통의 도구로 디지털매체의 적극적인 활용을 강조하고 있다.

교육과정 수시 개정 시기인 2007년에 서울에서 세계미술교육협회(InSEA) 아시아 지역대회를 여러 미술교육 관련 학회가 공동 개최하였고, 2017년에는 대구에서 세계미술교육협회(InSEA) 세계대회를 한국이 개최하여 한국의 미술교육 위상을 드높였다.

2. 서양 미술교육의 역사[2)]

1) 19세기까지의 근대 미술교육

서양 미술교육의 역사에서 19세기까지 근대 미술교육은 크게 두 가지로 특징지을 수 있다. 하나는 계몽주의 사조에 기반한 미술교육으로 바움가르텐, 루소, 쉴러, 페스탈로치, 프뢰벨 등과 같은 교육학자들이 아동중심 사상을 강조하면서 감각과 실물을 중시한 교육을 전개하여 실제적인 경험교육의 한 방법으로 실시한 것이다. 다른 하나는 그 이후 산업혁명에 기반한 미술교육으로 산업사회에 대처하기 위한 시대적 요구에 의해 실시한 것이다.

(1) 계몽주의 사조에 기반한 미술교육

인간은 사냥과 생활 장면을 묘사한 원시시대 동굴벽화에서부터 시작하여 지금까지 회화, 조각, 디자인, 건축 등과 같은 미술적 활동을 지속하고 있다. 하지만 학교라

2) 황연주(2023), 80~103쪽의 내용 일부를 수정 · 보완하였다.

는 공식적인 교육기관에서 미술이 하나의 교과로 채택되어 교육이 이루어진 것은 근대에 이르러서이다. 물론 그 이전에도 인간교육에서 미술이 필요하다는 학자들의 주장은 있었고, 국가와 사회에서 필요로 하는 미술전문가 양성을 위한 미술 아카데미 등이 운영되기도 하였다. 하지만 보통교육의 일환으로 미술교육이 시작된 것은 근대 초기 계몽주의 사조가 등장하면서부터라고 할 수 있다.

계몽주의 사조는 17세기 말부터 18세기 초기에 절대왕권 시대가 시들해지면서 인간의 자율성을 확립하려 했던 시대적 요청에 의해 등장하기 시작하였다. 계몽주의 사조는 교육을 통해 인간이 이성적으로 사고하고 판단할 수 있는 능력을 키우고자 하여 보통교육제도의 발달과 아동중심교육이 싹 트는 배경이 되었다. 또한 공공학교에서 미술교육의 사상적 배경이 되었으며, 미술을 통한 감각교육으로 이성을 계발하고자 하였던 것이다. 계몽주의 사조에 기반을 둔 미술교육과 관련된 대표적인 교육 사상가는 바움가르텐, 루소, 쉴러, 페스탈로치, 프뢰벨 등이 있다.

계몽주의 사조는 인간의 이성에 관심을 가지고 인간중심적 사고를 가지게 하였고, 근대 철학과 교육학이 발전하는 밑거름이 되었다. 이상적인 인간상의 이념을 제시하는 데 이성적 인식작용만으로는 설명이 안 되는 내면의 감성의 이치를 드러내어 그 법칙을 규명하고자 한 사람이 바움가르텐(Baumgarten, A. G., 1714~1762)이다. 그는 『미학(Äesthetica)』(1750)에서 아이스테티카(aesthetica)를 '감성적 인식의 학문'이라 정의하고(Baumgarten, 1750: 58; 김수현, 2015: 295에서 재인용), 오늘날과 같은 의미의 미학(Ästhetik)이라는 말을 처음 사용하였다. 그는 '미학의 목적은 감성적 인식 자체의 완전성'이며, 이때 '완전성'이란 '미를 의미한다'고 밝히고 있다(최준호, 2015: 100). 그의 이론은 미적 교육론의 선구라고 할 수 있지만 이념적 제안 수준에 머물렀다. 이후 쉴러의 미적 교육론이 미적 교육의 실천을 위한 구체적인 방안을 제시하게 된다(김수현, 2015: 310).

루소(Rousseau, J. J., 1712~1778)는 '근대 미술교육의 개척자'(박정애, 2019: 10)라고도 할 수 있는데, 그의 대표 저서인 『에밀(Emile, ou De l'education)』(1762)을 통하여 자연주의 사상에 입각하여 아동중심교육을 강조하였고, 감각을 통한 직접경험교육을 주장하였다. 그는 아동을 미성숙한 존재로 보았던 이전의 경향에 대한 비판과 함께 인간으로서 인격적 대우를 해 줄 것을 강조하였다. 그리고 계몽주의 사상에 근간하여 이성의 힘을 기르고 궁극적으로 개인의 자유를 쟁취하기 위해서는 감각교육이 중

요하다고 역설하였다. 그는 이 책에서 감각교육을 위한 방법으로 모사를 통해 사물의 형태를 인식하는 능력을 키우도록 하는 드로잉 및 기하학 학습과 같은 시각훈련을 비중 있게 설명하고 있다.

쉴러(Schiller, F., 1759~1805)는 바움가르텐의 영향을 받아 "인간은 미에 의해 완성되어야 한다."라고 하는 미적 교육에 의한 인간 완성을 역설하였다. 그는 1795년 총 27편의 편지글로 이루어진 『인간의 미적 교육에 관한 서간(Über die asthetische Erziehung des Menschen in einer Reihe von Briefen)』을 통해 진정 자유로운 인간성의 확립을 미적 교육으로 추구하고자 하였다. 쉴러는 관념론에 둘러싸인 칸트의 미학에서 모순된 문제점들을 인식하여 예술의 자율성을 추구하려고 하였다. 그는 미학을 다루는 데 있어 교육적인 영역과 관련하는 것이 인간의 미적 능력 발달에 효과를 준다고 여겼다. 즉, 인간이 도덕적인 존재가 되기 위해 창조성을 키울 수 있는 예술이 요구된다는 입장을 전개하였다(고경화, 2018: 103). 그는 "사람들은 미를 통하여 자유로 나아간다."(Schiller, 1795/1997: 67)라고 주장하였는데, 삶의 자유에의 근본 원리들이 미에 있고, 사람들은 미적 교육을 통하여 자유로운 인격을 갖출 수 있다는 것이다. 그에 따르면, 미적 상태가 안정된 사회에서 자유와 이성이 서로 작용하고 국가 역시 개인과 조화를 이룬다는 것이다(고경화, 2018: 104). 이러한 점에서 그가 루소의 영향도 받았다는 것을 알 수 있다.

루소의 계몽주의 사상에 영향을 받은 페스탈로치(Pestalozzi, J. H., 1746~1827)는 1805~1825년 스위스의 이베르동(Yverdon)에서 교사생활을 할 때, 아동들의 소근육 운동을 발달시키고 올바른 쓰기교육을 위하여 아동의 초기 교육에서 획 긋는 법, 곡선 그리기 등과 같은 그리기 수업의 방법을 고안하였다. 직관적 교수법은 그의 교육 경험에서 우러난 독특한 방법이었는데, 직관적 교수법에 따라 감각교육을 실시하는 것이 교육의 일차적인 원리였다. 따라서 수업방법 또한 감각적인 기능을 발휘하는 것에 집중하였고, 이를 위해 실물 수업이 주로 이루어졌다(고경화, 2018: 85-86). 특히 그는 루소가 '감각-이성'에 주목한 것처럼 '감각-인상'에 주목하여 '감각-인상(Anschaunng)의 ABC'라는 교수법을 개발하였다. '감각-인상의 ABC'에서 핵심은 단순화를 익히는 것으로, 쉬운 것에서 시작하여 단순한 것을 완전히 깨우치게 하는 것이다. 이 말은 "가장 복잡한 감각-인상들도 단순한 요소들을 기초로 한다."(Pestalozzi, 1898/2012: 137)라는 그의 말을 통하여 잘 이해할 수 있다. 페스탈로치의 교수법은 결국 사물을 명확히 파악하고 그것을 단순화할 수 있는 힘을 함양시키기 위한 것이다(박정애, 2019: 9). 그는 정확한 측정과 선묘에 의한 단계적인 드로잉 교육을 제안하여 교육에서 체계적인 수업방식을 제시한 최초의 교육가라고도 볼 수 있다. 그가 가르친 드로잉은 알파벳 쓰기를 숙달시키는 수단에 국한되어 있었기 때문에 '드로잉과 쓰기와의 유사성'(Efland, 1990/1996: 160)이 강조되었다. 그의 '감각-인상의 ABC' 교수법은 유럽 대륙뿐만 아니라 미국에 도입되면서 미국 근대 미술교육에서 드로잉 교육의 기초가 되기도 하였다.

프뢰벨(Froebel, F. W. A., 1782~1852)은 1840년 최초의 유치원인 '킨더가르텐(Kindergarten, '어린이를 위한 정원'이라는 뜻임)'을 설립하였다. 그는 주요 저서『인간교육(Die Menschenerziehung)』(1826)을 통하여 교육의 의미는 바로 인간성 교육에 있다고 밝혔다. 그는 인간교육의 기본 틀로서 통일의 원리, 자기 활동의 원리, 노작의 원리, 유희의 원리 등이 있다고 보았다. 그는 놀이를 유아교육의 핵심적인 원리이자 방법이라고 보고, 이상적인 놀이 교구인 '은물(Spielgaben)'을 만들었다. 은물은 단순하지만 프뢰벨의 이론을 그대로 옮겨 놓은 놀이 교구로 점, 선, 면, 입체를 통해 다양한 차원을 구성할 수 있게 고안되었다. 사실 이 놀이 교구는 크게 20종류로 나뉘는데, 구체화된 10종류의 기본적인 형태를 '은물'이라고 하고, 나머지 것들은 '작업'으로 취급하고 있다(황미경, 2006: 2). 프뢰벨의 예술교육은 직관적인 교수법을 고안한 페스탈로치의 영향을 받아 아동교육에서 구체적인 놀이기구를 사용하는 교육방법을 구상·제작함으로써 예술적 구성작업을 좀 더 구체화하였고, 이를 통해 아동의 창조적인 자기활동을 실현시켰다는 점에서 현대교육에 시사하는 바가 크다(고경화, 2018: 115-116). 그뿐만 아니라 은물의 형태[육면체, 원기둥, 구(球)]와 색(여섯 가지 색: 빨강, 파랑, 노랑, 주황, 초록, 보라)을 통한 프뢰벨식 유아교육 프로그램은 바우하우스의 기하조형 원리 및 기초 교육 프로그램에 많은 영향을 끼치게 된다(방경란, 2004: 395).

(2) 산업혁명에 기반한 미술교육

18세기 중반부터 19세기까지 계몽주의 사상을 기반으로 한 사회문화적 변화는 근대 시민사회 형성의 토대가 되었다. 특히 18세기 중반 이후 영국의 산업혁명을 시발점으로 하여 19세기 초까지 유럽 전 지역에 나타나게 된 기계화된 생산 체제는 조악한 제품들을 쏟아 내게 되고, 이에 따라 직공들의 제조기술을 향상하기 위한 드

로잉 교육과 디자인 교육에 대한 요구가 늘어났다. 1661년 프랑스에서 시작하여 유럽의 다른 도시로 확산된 미술 아카데미 교육만으로는 더 이상 숙련된 장인과 직공의 공급이 충분하지 않았기 때문이다. 따라서 이러한 사회적 요구에 부응하여 1830년대 독일의 '무역학교', 직물 디자인의 질을 높이기 위한 1837년 영국의 '디자인 학교', 그리고 미술을 산업에 응용하기 위한 1860년대 독일의 '미술과 공예학교' 등과 같은 별도의 미술학교가 설립되기도 하였다. 특히 영국의 '디자인 학교'는 콜(Cole, H., 1808~1882)에 의해 현재 영국 왕립 미술 아카데미인 '사우스 켄싱턴(South Kensington) 디자인 학교'로 재편성되었고, 이 학교의 드로잉 교육 프로그램을 통해 각 지방의 미술·디자인 교사를 양성하고자 하였다. 이를 토대로 영국은 1857년에 전체 초등학교의 정규 프로그램에 드로잉 교육을 도입하였다(Efland, 1990/1996; 한국조형교육학회, 2016: 103에서 재인용)

19세기 초 근대적 시민권 사상이 확산되면서 유럽에서는 일반 시민을 대상으로 하는 공공교육제도가 수립되었고, 미국에서도 공립학교운동(common school movement)이 일어나게 되었다. 산업의 발달로 공장에서는 글을 읽고 쓸 수 있는 문해력 있는 노동자가 필요했으며, 특히 드로잉은 여러 산업 영역에서 필수적인 능력으로 자리 잡기 시작하였다. 이러한 상황에서 유럽의 공립학교교육에서는 페스탈로치의 드로잉 교수법이 큰 영향을 미치게 되었다. 미국에서는 1869년에 공립 초등학교에서 산업 드로잉을 의무화하는 법안이 통과됨에 따라 영국의 사우스 켄싱턴 드로잉 교육 프로그램을 도입하였지만, 실제 학교에서는 영국식의 산업 드로잉 교수법보다 페스탈로치의 드로잉 교수법에 근거하여 관찰을 통한 재현적 드로잉과 장식적 드로잉이 빈번하게 학습되었다. 산업국가의 경쟁력을 키워야 한다는 사회적 필요성에 따라 대두된 산업 드로잉 중심의 미술교육은 19세기 후반이 되면서 어린이의 창조적 자아표현과 자연적인 발달단계를 고려한 폭넓은 미술교육으로 변모하기 시작하였다(한국조형교육학회, 2016: 105).

근대 산업혁명시대에 미술교육에 이바지한 대표적인 학자는 벤자민 프랭클린(Franklin, B., 1706~1790)이다. 그는 미국에서 처음으로 학교교육에 미술을 도입하자고 주장하였다(이규선 외, 2019: 52). 1792년에 벌써 그는『Proposed Hints For An Academy』에서 미술교육을 옹호하며 미술의 유용성과 물질적인 가치에 주목하였다. 미술, 특히 드로잉은 보편적인 언의의 한 종류로 신사의 교양뿐만 아니라 목공술, 조선술, 공예술, 정원수 일 등 다양한 작업에서 필수적인 것이며, 노동자가 자신의 생각을 드로잉으로 완성하거나 설계도를 그려 고용주를 만족시킬 수 있는 것으로 보았다(Efland, 1990/1996: 73). 프랭클린은 교육이 개인과 사회 전체에 중요하다고 믿었으며, 사회적 지위와 관계없이 모든 사람이 양질의 교육을 받을 수 있어야 한다고 믿었고, 학교교육 자체가 산업사회의 요구를 충족시킬 수 있어야 한다고 주장하였다.

이처럼 근대 미술교육은 처음부터 예술교육의 일환으로 실시되었던 것이 아니라, 산업사회에 대처하기 위한 시대적 요구에 의해 실시되었다고 볼 수 있다. 따라서 많은 국가는 다양한 방법으로 산업에 기여할 수 있는 다양한 미술교육제도와 미술학교를 설립하게 되었고, 일반 학교에서도 미술을 가르쳐야 한다는 주장이 일어났던 것이다.

19세기 미술교육의 양상은 크게 예술가를 기르기 위한 도제교육, 산업적 필요에 의한 전문 디자이너 육성, 그리고 교육자를 중심으로 한 아동 미술교육으로 나타났다. 예술가 교육은 아카데미를 중심으로 도제형식 체제하에서 표현기법, 미술해부학과 조형요소, 데생 등의 미술기법과 미술의 원리를 배우면서 스승의 작업을 전수받는 형식으로 교육이 이루어졌다. 산업혁명으로 인한 전문 디자인 교육은 기능공들에게 제품 생산을 위한 기초훈련을 중심으로 교육을 진행하면서 산업에 필요한 인력을 양성하는 데 그 목적을 두었다. 그리고 미술교사를 위한 아동미술교육은 영국의 콜이 학교교육에서 미술교육의 중요성을 강조하고 초등학교의 드로잉 과정과 드로잉 교사들의 훈련을 위한 프로그램을 마련하면서 미술교사의 양성에 힘쓴 경우이다. 그 당시 미술교육에 있어 드로잉은 기본적인 기술로 간주되었으며, 반복 훈련을 통한 실기력 향상과 체계적인 지도로 교육되었다(이규선, 김동영, 전성수, 1995: 362-363; 안상미, 1997: 46-47에서 재인용).

19세기까지 근대 미술교육의 변천 과정을 표로 정리하면 〈표 2-2〉와 같다.

표 2-2 19세기까지 근대 미술교육의 변천

등장기	이론, 사조	등장배경	특징 및 시사점	학자
18C 초	계몽주의 사조에 기반한 미술교육	계몽주의 사조의 등장	• 계몽주의 사조는 인간의 이성에 관심을 가지고 인간중심적 사고를 가지게 하였고, 근대 철학과 교육학이 발전하는 밑거름이 됨 • 미술을 통한 감각교육으로 이성을 계발하고자 함 • 바움가르텐: '미학'이라는 용어 처음 사용 • 루소: 근대 미술교육의 개척자로 아동중심교육 강조, 감각교육의 중요성 역설, 모사를 통한 사물의 형태 인식능력 함양 • 쉴러: 미적 교육에 의한 인간 완성 역설 • 페스탈로치: 그리기 수업의 방법 고안, 직관적 교수법에 따라 감각교육 실시, 단계적인 드로잉 교육 제안으로 교육에서 체계적인 수업방식을 제시한 최초의 교육가 • 프뢰벨: 최초의 유치원인 '킨더가르텐' 설립, 놀이가 유아교육의 핵심적인 원리이자 방법이라고 주장	바움가르텐, 루소, 쉴러, 페스탈로치, 프뢰벨
18C 중 ~19C 후	산업혁명에 기반한 미술교육	산업혁명으로 기계화된 생산 체제에서 제조기술 향상을 위한 드로잉 교육과 디자인 교육에 대한 사회적 요구	• 드로잉이 여러 산업 영역에서 필수적인 능력으로 자리 잡기 시작 • 근대 미술교육은 산업사회에 대처하기 위한 시대적 요구에 의해 실시 • 프랭클린은 미국에서 처음으로 학교교육에 미술을 도입하자고 주장 • 미술교육에서 드로잉은 기본적인 기술로 반복 훈련을 통한 실기력 향상과 체계적인 지도로 교육	콜, 프랭클린

2) 20세기의 미술교육

18세기 중반 이후부터 시작된 산업혁명이 20세기 들어 더욱 속도가 빨라졌고, 이에 따라 산업 구조의 변화가 불가피하였다. 특히 20세기 초반은 제1 · 2차 세계대전으로 인한 사회적 혼란기였으며, 이 시기에는 황폐화된 인간의 정신성 회복을 위한 교육적 접근이 있었다. 전쟁이 끝난 20세기 후반에는 나라마다 전쟁으로 파괴되었던 것들을 재건하는 사업이 진행되었고, 경제 개발이 진행되고 과학 기술이 발달함에 따라 사회는 더욱 복잡하고 다양한 양상을 띠면서 급진적인 변화와 발전을 이룩해 갔다. 이에 따라 교육 영역에서도 자연과학이 교과과정에 비중 있게 채택되었고 교육 내용과 방법에서도 다양하게 전개되는 양상을 띠게 되었다.

미술 또한 이러한 시대적 배경을 중심으로 많은 미술사조를 탄생시키며 매우 다양하게 전개되었다. 근대 사진의 발명은 20세기 미술을 더 이상 사실적 재현에 얽매이지 않도록 하면서, 20세기 초에는 표현주의, 야수주의, 입체주의, 추상미술, 신조형주의, 미래주의, 다다이즘, 초현실주의 등과 같은 사조가 등장하였고, 20세기 중후반에는 추상표현주의, 모노크롬, 앵포르멜, 팝아트, 노보레알리즘, 키네틱 아트, 옵아트, 미니멀리즘, 개념미술, 플럭서스, 대지미술 등과 같은 다양한 양상의 사조들이 등장하였다. 미술교육 또한 이러한 사회문화적 환경 속에서 그 당시 사회적 요구와 특성들을 반영하며 다양한 유형으로 발전되어 왔다. 20세기 미술교육은 제1차 세계대전과 제2차 세계대전이 있었던 시기인 20세기 전반과 전쟁 후인 후반으로 나눌 수 있다.

20세기 전반에는 산업사회에 필요한 미술가 양성의 연장선에서 독일의 '바우하우스'가 설립되었고, 제1차 세계대전 후 황폐해진 인간의 정신을 회복하고 정신과 육체의 조화를 추구하고자 '발도르프 학교'에서는 예술과의 통합적 접근을 통하여 보다 조화로운 인간교육을 하고자 하였다. 그리고 처음으로 아동들의 창의성과 자유로운 자기표현을 중시한 미술교육 사조인 '창의성 중심 미술교육'이 등장하였고, 이것이 지금까지도 전 세계 미술교육에 많은 영향을 미치고 있다. 이 시기에는 미술교육의 관점이 성인에서 아동으로 전환되고 '미술을 위한 교육'에서 '미술을 통한 교육'으로 변화하는 등 미술교육이 하나의 학문으로 발돋움하였다.

20세기 후반에는 과학기술의 발달과 빠른 사회문화적 변화 및 포스트모더니즘의 영향으로 미술교육도 매우 다양한 양상으로 변화 · 발전해 갔다. 먼저, 제2차 세계대전이 끝나고 이탈리아에서는 유아교육과 관련한 사회적 필요에 따라 '레지오 에밀리아 유치원'이 설립되고, 거기서 미술은 교육활동의 매개체로 중요한 역할을 하게 된다. 미술교육을 하나의 학문으로 체계화하고자 한 '학문중심 미술교육(DBAE)', 다양한 유형의 지능과 이를 교육적으로 접근하고자 한 '다중지능과 아츠 프로펠', 다양성을 강조한 '다문화 미술교육', 그리고 빠르게 변화하는 사회에 부응하기 위한 '구성주의 미술교육' 등이 그것이다. 이 시기에는 미술교육의 이론이 어느 정도 체계화되고, 다양한 교수 · 학습 방법에 대한 시도 및 단순한 실기 위주의 교육이 아닌 이해와 감

표 2-3 20세기 미술교육의 변천

등장기	이론, 사조	등장배경	특징 및 시사점	학자
1919	바우하우스	• 산업사회에 필요한 미술가 양성에 대한 사회적 요구	• 예술의 생활화 • 디자인의 사회성 강조 • 조각, 회화, 공예 등을 건축에 통합 • 전통적인 미술 아카데미 계승 • 산업사회의 변화에 맞춘 교육과정 • 단계적 훈련에 의한 교육방법 • 교육내용의 체계화	그로피우스
1919	발도르프 학교의 예술교육	• 제1차 세계대전 후 인지적 측면에 치우친 학교교육에 대한 반성 • 인간의 조화로운 발달 추구	• 인간의 감성 함양을 위한 예술교육을 통한 전인교육 추구 • 교육은 예술이어야 한다는 교육예술 주장 • 예술과의 통합적 접근을 통한 수업: 에포크, 오이리트미, 포르멘, 습식수채화 등 독특한 교육방법 • 생생한 감각체험과 내면의 자유표현 중시	슈타이너
20C 초	창의성 중심 미술 교육	• 아동중심교육 사조 • 심리학의 발달 • 표현주의, 초현실주의 미술의 등장 • 임화나 기능 위주의 훈련에 의한 미술교육 반성	• 치젝이 아동의 자유로운 자기표현과 창조적 표현에 의한 미술교육 주창 • 인간의 조화로운 성장과 창의성 계발이 목적 • 미술에 대한 교육에서 미술을 통한 교육 • 미술교육의 주체를 성인에서 아동으로 전환 • 아동의 발달단계에 기초한 체계적인 미술교육이론 정립 • 문제점: 기초기능이나 지식 부족 초래, 미술의 본질과 사회적 요구 소홀, 교사의 역할을 최소화함으로써 방임교육의 발생 가능성 증가	치젝, 로웬펠드, 리드
1963	레지오 에밀리아와 미술교육	• 전쟁 후 유아교육 지원 요구 • 이론적 배경: 듀이의 진보주의 사조, 피아제의 인지적 구성주의, 비고츠키의 사회문화적 접근법, 가드너의 상징적 발달이론	• 교사, 부모, 지역사회의 협력을 통한 총체적 교육 • 아동중심의 프로젝트 접근법 실시 • 다상징적 표상활동에 의한 수업 • 발현적 교육과정 운영 • 교육환경과 기록화 작업의 중시 • 표상활동을 위한 미술이 교육의 주요 수단	말라구찌

1984	학문중심 미술교육 (DBAE)	• 1957년 소련의 인공위성 스푸트니크 1호 발사로 자극받음 • 진보주의에 토대를 둔 경험중심교육에 한계 • 학문에서의 기본 개념을 중시하고 지식을 구조화하는 체계적인 교육의 필요성 • 바르칸의 구조적 미술교육의 영향	• 미학, 미술사, 미술제작, 미술비평의 네 영역을 미술 교과 안에서 서로 연계적으로 통합하여 교육 • 미술에 대한 이해와 감상 영역을 강조 • 미술교육을 하나의 학문으로서 구조화, 체계화 • 체계적인 교육과정과 적극적인 교사의 역할 강조 • 미술교육의 독자성과 본질적 가치 강조 • 문제점: 미술적 지식의 전달 수업으로 전락, 유명 미술사조나 작품 및 작가 위주의 수업으로 동시대 미술을 소홀히 함, 구체적인 지도방법 제시 미흡	바르칸, 그리어, 아이스너
1985	다중지능과 아츠 프로펠	• 논리 · 수학적 · 언어적 측면에 치우친 지능관 비판	• 다중지능이론을 교육현장에 적용한 프로그램이 '아츠 프로펠' 프로젝트 • 예술에서의 평가는 학생들을 구분하는 것이 아니라 창조하는 과정으로 보고 평가의 중요성을 강조 • 아츠 프로펠은 일련의 평가도구 개발과 수업과정에서의 사고력 평가가 목적 • 지각, 작품제작, 성찰의 세 가지 요소를 통한 평가 • 제작에 중점을 두고 어느 하나의 영역에서 깊게 체험하는 것을 중심으로 학생 자신의 예술적 능력을 중시	가드너
20C 후	다문화 미술교육	• 소외 계층의 인권 보호와 차별 및 편견을 극복하고자 한 시민의식과 사회적 요구 • 다문화교육과 예술계에서 활발하게 전개된 포스트모더니즘 사조	• 포스트모던 미술교육과 같이 발전하여 문화의 다원성 존중 • 한국의 실정에 맞게 우리 사회구성원의 인종적 · 경제적 · 사회문화적 배경의 다양성이 고려된 다문화 미술교육으로 재구성 • 문제점: 사회적 · 문화적 · 경제적 요소들과 민감하게 얽혀 있어 종래 미술교육에서 중요하게 다루던 고유한 학습내용과 수업목표들에 소홀해짐	맥피, 콩던, 와손
	구성주의 미술교육	• 정보화사회로 기하급수적인 지식의 증가와 빠른 사회 변화에 대응 • 문화 상대주의적 인식론	• 학생 스스로 필요에 따라 선택하고 구성해 가는 수업 • 지식의 구성과 학습에 대한 새로운 관점 제시 • 학습자와 교사 및 환경에 따른 다양한 수업 형태 가능	맥피, 데게

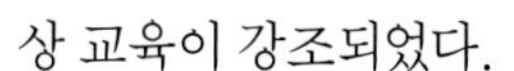
상 교육이 강조되었다.

20세기 미술교육의 변천과정을 표로 정리하면 앞의 〈표 2-3〉과 같다. 보다 자세한 내용은 다음의 '3. 미술교육의 주요 이론 및 동향'에 제시되어 있다.

3) 21세기의 동시대 미술교육

21세기에는 컴퓨터와 스마트폰 등과 같은 과학기술의 급격한 발달로 인간의 생활방식에도 급격한 변화가 있었다. 디지털매체의 발달은 영상매체의 발달을 가속화시켜 소통방식에도 획기적인 변화를 초래했고, 미술 영역에서도 새로운 매체를 활용한 작품제작과 전시 등으로 아날로그 이미지에서 디지털 이미지로 전환되는 패러다임이 펼쳐졌다. 이제 더 이상 문화와 예술의 생산 및 소유는 몇몇 특권층의 전유물이 아니며, 관심 있는 누구나가 생산할 수 있게 되었고, 고급미술과 대중미술의 구분도 와해되었으며, 지식과 정보 습득은 더 이상 텍스트가 아닌 영상물이 대체해 가고 있다. 이러한 현상의 가속화는 20세기 말에 '시각문화'라는 용어를 등장시켰으며, 이것이 21세기 동시대의 주요 문화양상 중의 하나로 자리매김하고 있다. 미술교육에서는 이러한 시대적 흐름하에 종래 DBAE가 미술제작뿐만 아니라 미술사, 미학, 미술비평을 통합적으로 지도하려다 보니 자료가 풍부한 유명 미술사조나 작가 및 작품 위주의 수업을 진행하고, 학생들의 현재 삶에 많은 영향을 미치는 동시대의 시각문화적 현상이나 미술에 대해서는 소홀할 수밖에 없는 문제가 제기되었다. 이러한 문제를 극복하기 위해 '시각문화 미술교육(VCAE)'이 대두되었고, 이 사조가 현재 전 세계적인 미술교육의 주요 동향으로 자리 잡고 있다. 더불어 21세기 동시대에는 정보의 시각화 현상이 두드러지면서 영상정보화 사회로의 변화에 따라 시각적 정보들에 대한 해독능력인 '비주얼 리터러시(Visual Literacy)'가 강하게 부각되고 있고, 이에 따라 '21세기 디지털시대에 미술교육'의 역할은 더욱 커질 것이라 기대한다.

그뿐만 아니라 포스트모더니즘의 영향으로 절대적인 진리와 기준이 와해되고, 개인의 존재적인 삶과 질적인 삶을 추구하는 경향이 짙어졌다. 따라서 미술교육도 학생들의 삶에 근거하여 그들을 둘러싼 시각 이미지, 사회환경, 생태환경 등과 연계하여 자기다운 표현을 통한 정신적 성장을 중요시하게 되었다. 미술도 더 이상 미술만으로 존재하지 않고 인류와 사회에 이바지하기 위해 다양한 영역과 융합하여 다차원적으로 접근하고 있다. 이러한 추세에 따라 미술교육도 그 범위를 종래의 미술에만 한정하지 않고 사회·문화와 연계하거나 타 학문이나 타 영역과 연계하여 융합적 관점에서 접근하는 경향이 있다. 생태환경의 중요성에 대한 인식이 강화되면서 등장한 '생태주의 미술교육', 자신을 둘러싼 지역이나 사회의 문제를 인식하고 사회 공동체 의식을 갖게 하는 '사회참여 미술교육' 등이 그것이다. 즉, 21세기 동시대 미술교육은 미술에 대한 교육뿐만 아니라, 사회문화적 맥락 속에서 유연성과 다양성을 포용하며 인간 삶의 근원적인 탐구를 통해 보다 의미 있게 성장해 갈 수 있도록 하는 교육이라고 볼 수 있다. 따라서 21세기 동시대 미술교육의 동향을 시각문화 미술교육, 영상정보화

표 2-4 21세기 동시대 미술교육의 동향

등장기	이론, 사조	등장배경	특징 및 시사점	학자
2002	시각문화 미술교육	• DBAE에 대한 반성 • 다원성 존중하는 포스트모더니즘 영향	• 일상생활 속의 다양한 시각적 문화 현상을 교육내용으로 포함 • 사회문화적 변화에 부응 • 2007 개정 미술과 교육과정에 시각문화 관련 내용 반영	던컴, 프리드먼, 윌슨 등
21C 초	영상정보화 시대 비주얼 리터러시 교육	• 영상정보화 시대의 도래에 따른 역량 필요	• 영상정보화 시대의 시각적 커뮤니케이션을 위한 기본적 역량 함양 교육 • 2015, 2022 개정 미술과 교육과정에 '시각적 소통 역량'으로 반영	황연주 등
	생태주의 미술교육	• 환경 파괴가 심각한 사회적 문제로 대두 • 생태교육의 중요성 인지 • 자연미술, 생태미술	• 자연과 인간의 관계 회복 • 생태적 가치관 정립을 위한 교육적 실천	힐러리 인우드 등
	사회참여 미술교육	• 요셉 보이스의 '사회적 조각' • 예술 행위를 통해 사회를 반영하고 변화시킴	• 미술을 통해 사회적 문제에 관심 가짐 • 공동체 의식 함양	슐레머 등
	21세기 새로운 환경에서의 미술교육	• 디지털 정보화사회로의 도래 • 미술표현 영역 확대	• 디지털 소양교육 • 새로운 사회 변화에 대처해 가는 미술교육	

시대 비주얼 리터러시 교육, 생태주의 미술교육, 사회참여 미술교육, 그리고 21세기 새로운 환경에서의 미술교육을 중심으로 표로 정리하면 앞의 〈표 2-4〉와 같다. 보다 자세한 내용은 다음의 '3. 미술교육의 주요 이론 및 동향'에 제시되어 있다.

3. 미술교육의 주요 이론 및 동향

1) 쉴러의 미적 교육론

오늘날 미술교육이 중요한 인간 교육의 한 방법으로 공교육제도에 포함되게 된 데에는 역사 속에서 미술과 교육의 의미에 대한 성찰과 효과성에 대한 사회적 합의가 있었기 때문이다. 특히 18세기 후반에서 19세기에 진행된 근대 미학과 낭만주의 예술사조는 미술교육의 기반 형성에 중요한 역할을 하였으며, 이 시기 가장 중요한 인물로 프리드리히 쉴러(Friedrich Schiller, 1759~1805)를 들 수 있다.

1759년 독일 남서부에 있는 뷔르템베르그(Württemberg)의 작은 마을인 마르바하(Marbach)에서 태어난 쉴러는 46세의 짧은 생애를 살았으나 22세에 『도적들(Die Rauber)』(1781)이라는 희곡을 발표하는 등 총 9편의 희곡과 시, 미학에 관한 저술을 남겼다. 이러한 쉴러의 작품들은 당시 교류하였던 괴테(Goethe, J. W., 1749~1832)와 함께 18세기 후반 유럽의 지성계를 지배하던 계몽주의의 이성 중심적 사고를 거부하고 자연과 감정, 인간의 개성을 중시하는 낭만주의 예술시대, 이른바 '질풍노도(Strum und Drang)'의 시대를 여는 데 큰 영향을 주었다. 그리고 쉴러가 26세에 쓴 〈환희의 송가(An die Freude)〉(1785)라는 시는 훗날 평소에 쉴러의 시를 애독했던 베토벤(Beethoven, L., 1770~1827)에 의해 〈교향곡 제9번 4악장〉(1824)의 합창곡으로 작곡되며 1985년에는 유럽연합의 국가로 채택된다.

그뿐만 아니라 스위스의 명사수를 주인공으로 하여 합스부르크가의 폭정에 대한 민중 봉기를 다룬 『빌헬름 텔(Wilhelm Tell)』(1804)은 많은 연극과 영화로도 제작되었다. 그중에서도 인간의 미적 교육에 대한 철학을 담은 편지들을 모아 발간한 『인간의 미적 교육에 관한 편지』(1795)는 인간에게 아름다움과 예술의 의미와 교육적 가치를 제시함으로써 이후의 예술을 통한 교육 사상의 전개에 큰 영향을 주었다. 『인간의 미적 교육에 관한 편지』는 쉴러가 1793~1795년의 3년이라는 기간 동안 아무런 조건 없이 자신을 경제적으로 후원한 덴마크의 아우구스텐부르크(Augustenburg) 왕자에게 감사의 표시로 보낸 편지들을 엮은 것이다. 1793년 7월 13일에 작성된 첫 번째 편지에서 쉴러는 미에 대한 자신의 연구 결과들을 일련의 편지 형식으로 전하였으며, 이후 서한들은 『호렌(Horen)』이라는 잡지를 통해 1795년 1월(제1~9편지), 2월(10~16편지), 6월(17~27편지)에 걸쳐 게재되었다(Schiller, 1795/1997). 쉴러의 글들이 논문이 아닌 편지체 형식을 띠고 있어 내용의 체계성이 미흡한 측면이 있고 편지의 전반부와 후반부에서 개념적 차이가 발생하는 등 다소 완결성이 미흡하기도 하지만, 쉴러의 가장 대표적인 미학 논문이자 예술 철학과 예술 교육에 대한 근대적 발상을 담고 있다는 점에서 중요한 의미를 지닌다.

편지의 내용은 크게 세 가지 내용으로 구분된다. 제1~10편지에는 프랑스 혁명을 비롯하여 당시의 유럽의 시대와 문화에 대한 비판을 담고 있으며, 제11~15편지에서는 소재 충동과 형식 충동, 이를 중재하는 제3충동인 유희 충동에 대해 다루고 있고, 제16~27편지에서는 미의 작용과 미적 가상과 미적 정서 등 미의 여러 가지 특성을 다루고 있다(Schiller, 1795/1997).

(1) 미적 교육론의 배경

쉴러가 편지에서 저술한 미적 교육론은 당시 진행되고 있던 프랑스 혁명의 부작용과 급격한 산업화로 인한 분업화와 인간 소외 현상, 그리고 칸트의 미학을 배경으로 하고 있다. 1789년 바스티유 감옥을 습격하면서 시작된 프랑스 혁명은 절대 봉건국가의 강요와 불평등을 벗어나 만민이 자유롭고 평등한 시민사회로 옮겨 가고자 하는 민중의 열망을 담고 있었다. 쉴러 역시 이러한 프랑스 혁명의 취지에 공감하고 지지를 보냈으나 점차 혁명이 진행되는 과정에서 급진파에 의해 루이 16세가 처형되고 폭력과 잔혹한 학살이 난무되는 모습에 실망을 하게 된다. 계몽주의적 이성을 실현하기 위해 시작된 혁명이었으나 오히려 이성의 횡포에 지배당하는 미개성과 야만성을 목격하게 된 것이다. 이러한 프랑스 혁명의 부작용을 지켜보면서 쉴러는 진정한 자유와 온전한 인간성에 기반한 국가가 실현되기 위해서는 이성이 감성을 지배하는 것이 아니라 이성과 감성의 조화가 필요하며 이는 아름다움에 의해 가능하다는 생각을 갖게 된다. 또 다른 배경으로 당시 유럽에서 진행된 급속한 산업화로 인한 분업화와

인간 소외 현상이 있다. 쉴러는 인간이 특수한 능력을 갖추고 이를 통한 분업이 확대되면서 인간이 전체가 아닌 부분이자 부속품으로 인식되는 상황을 비판한다. 그리고 인간의 총체성을 회복할 방안이 필요하며 그 해결 방안이 예술을 통한 미적 교육이라고 생각하였다(Schiller, 1795/2012).

한편, 철학적인 측면에서 쉴러의 미적 교육론은 칸트 미학으로부터 많은 영향을 받았다. 가령 칸트가 『실천이성비판』(1788)에서 제시한 인간세계의 감각적 세계와 정신적 세계라는 구분은 쉴러의 감각 충동과 형식 충동의 구분으로 계승되는데, 감각 충동은 칸트의 자연존재를, 그리고 형식 충동은 이성적 존재 개념을 따르고 있다. 그러나 쉴러는 감성이나 이성의 어느 한쪽이 우위를 지니거나 지배하는 것이 아니라 서로가 조화되는 길을 찾았다는 점에서 칸트 미학과 차이를 지닌다. 쉴러는 이성과 감성, 자연과 도덕을 구분하는 칸트의 이원론적 인간 이해를 받아들이면서도 이성이 감성에 우위에 서서 감성을 지배해야 도덕적 자율성을 획득한다고 본 칸트와 달리, 이성과 감성의 조화를 추구한 것이다.

(2) 미적 교육론에서의 인간상

쉴러가 주장한 미적 교육론이란 한마디로 미를 통해 이상적 인간을 형성하는 것을 말한다. 교육이 인간을 대상으로 한다는 점에서 인간을 어떻게 이해하는가에 따라 교육의 내용과 방법에도 차이가 날 수밖에 없다. 이 점에서 볼 때 쉴러는 『인간의 미적 교육에 관한 편지』 중 제4번째 편지에서 이상적 인간상을 다음과 같이 밝히고 있다.

> "모든 개인은 각자의 소질과 숙명에 따라 자기 안에 순수한 이상적 인간을 가지고 있습니다. 자신의 온갖 변화에도 불구하고 이러한 이상적 인간의 불변하는 통일성과 일치시키는 것이 모든 개인적 현존재의 커다란 과제입니다."(Schiller, 1795/2012: 47)

쉴러가 추구하는 인간상이란 인간으로서의 총체성을 가진 자유로운 인간을 말하며 자유는 아름다움, 즉 예술 안에서 실현된다고 보았다. 아름다움과 예술이 인간을 자유롭고 조화로운 존재로 인간을 도야할 수 있는 힘을 지니고 있다고 본 것이다(연세대학교교육철학연구회, 1999). 또한 쉴러는 제11번째 편지에서 인간에게는 "두 가지 대립된 요구, 즉 감성적이며 이성적인 본성에 대한 두 가지 기본 법칙이 도출"된다고 함으로써 상반된 요구가 충돌하는 이중적 구조로 이해한다(Schiller, 1795/2012: 110). 쉴러가 말하는 첫 번째 법칙인 감성적 본성은 '절대적인 실재성(Realitat)'으로서 감각과 물질로 대변되는 자연의 법칙에 따른 속성을 지니는 반면 두 번째 법칙인 이성적 본성은 '절대적 형식성(Formalitat)'을 추구한다. 이러한 쉴러의 미적 교육론에서 핵심적인 개념이 감각 충동과 형식 충동, 유희 충동이다.

(3) 감각 충동과 형식 충동

인간의 본성을 감성과 이성의 대립된 힘의 이중 구조로 본 쉴러는 제12번째 편지에서 감각 충동과 형식 충동 개념을 제시하고 있다. 감각 충동(der sinnliche Trieb)이란 감각적 본성에 의해 생기거나 감각적 욕구를 추구하는 충동을 의미한다. 이때 감각이란 보고 듣고 느끼는 등 인간이 세계를 접촉하고 육체로서 지니는 요구에 반응하는 것을 말하며, 충동이란 단순한 본능을 넘어 무엇인가를 하게 하는 힘 또는 추동력을 의미한다. 그러므로 쉴러가 제시한 감각적 충동이란 인간이 자연이자 육체적 존재로서 지니는 속성을 인정하고 있음을 보여 준다.

쉴러는 이성적인 본성에서 나오는 충동을 형식 충동(Formtrieb)이라고 부르고 감각 충동에 상반되는 개념으로 대비시킨다. 형식적 충동은 인식에 관한 모든 판단의 법칙을 만들어 내며 객관적인 타당성을 부여하는 등 보편성과 필연성을 추구한다. 쉴러에 따르면 이러한 감각 충동과 형식 충동은 인간의 기본적인 본성이지만 두 충동 가운데 어느 한쪽이 일방적으로 다른 한쪽을 지배할 때 인간은 전적으로 감각적이 되거나 전적으로 이성적인 상태로 치우치게 되어 인간 본성의 총체성이 파괴된다는 문제를 지니게 된다.

(4) 유희 충동

쉴러는 제13~14번째 편지에서 이러한 감각 충동과 형식 충동이 지니는 대립성의 문제점을 지적하면서 2개의 충동을 중재할 수 있는 제3의 기본 충동으로 유희 충동(Spieltrieb) 개념을 제안한다(Schiller, 1795/2012). 유희 충동(또는 놀이 충동)의 지배를 받을 때 인간은 비로소 자유를 얻고 완전한 인간이 된다고 생각했으며, 이때 유희란 예술활동과 아름다움을 의미한다. 아름다움을 본질로 하는 예술에 의해 인간은 이성과 감성이 조화롭게 통합되며 자연 법칙의 물리적 강요뿐만 아니라 이성 법칙의 도덕

적 강요로부터도 자유롭게 된다고 생각한 것이다(Schiller, 1795/1997). 유희 충동의 작동 원리는 이완과 긴장이다. 이완이란 이성과 감성 중 어느 한쪽의 힘이 지나치게 강할 때는 그 힘을 약화시키는 것을 말하고, 긴장이란 어느 한쪽의 힘이 지나치게 약할 때 그 힘을 활력 있게 하는 것을 의미한다.

(5) 미적 가상

쉴러의 미적 교육론에서 중요하게 제시되는 또 다른 개념으로 미적 가상(der schöne Schein)이 있다. 쉴러는 제26번째 편지에서 현실(Realitat)에 대비되는 개념으로 미적 가상 개념을 제시한다. 그가 말하는 미적 가상이란 예술에 의해 구현된 제3의 미적 세계로서 현실과 비슷하지만 현실이 아닌 가상의 세계, 현실에 기반하지만 현실의 조건과 법칙으로부터 자유로운 예술의 세계를 말한다. 미적 가상의 세계에서 인간은 감각의 현실성이 주는 억압과 이성이 주는 보편적으로부터 자유롭게 유희할 수 있게 된다. 그러므로 쉴러에게 있어 미적 가상을 만든다는 것은 이성과 감성이 가장 조화롭게 통합되는 것을 말하며 인간의 총체성을 회복하는 길을 의미한다.

2) 바우하우스 미술교육

바우하우스(Bauhaus)는 1919년 독일 바이마르에서 기존의 공예학교와 연계하여 건축가 발터 그로피우스(Walter Gropius, 1883~1969)가 설립한 새로운 형태의 예술학교이다. 바우하우스란 이름은 독일어로 바우(Bau)+하우스(Haus)의 조어로 건축하는 집을 뜻한다(윤민희, 2020). 바우하우스는 바이마르(1919~1925), 데사우(1925~1932), 베를린(1932~1933) 시기를 거치며 1933년 나치에 의해 문을 닫을 때까지 약 14년간 운영되었다.

바우하우스를 설립한 배경은 다음과 같다. 첫째, 당시 예술이 그 순수성과 자율성을 추구하며 예술을 위한 예술의 세계를 확립하려 함에 따라 예술이 삶 속에서 고립될 수밖에 없다는 점을 비판하는 시각이다. 둘째, 생산기술의 진보에 따른 기계 생산의 변화는 건축과 공예의 새로운 변화를 가져오도록 하였다.

순수예술과 공예를 통합하고자 하였던 그로피우스는 두 가지 기본 입장을 취하였다. 첫째, 건축을 중심으로 모든 미술활동을 종합하여 회화, 조각, 건축이 일체가 되

[그림 2-5] 바우하우스의 교육과정

는 종합예술을 창조해야 한다고 하였다. 둘째, 미술의 기초는 손재주에 있기 때문에 미술가는 모두 수공작(hand work)으로 되돌아가야 한다는 점을 강조하였다. 그로피우스는 예술은 가르칠 수 없지만 수공작은 가르칠 수 있다고 이야기하였다(이미선, 2016). 그러나 바우하우스는 초기에 수공작을 강조하다가, 1922년 전후로 기계 시대의 대량생산에 적응하는 새로운 학교로 전환하게 되면서, 산업디자인의 실천 교육기관으로 탈바꿈하게 된다. 그로피우스는 새로운 시대정신을 강조하며 기계의 사용과 대량생산의 필요성을 언급하며 변화된 입장을 보여 주었으며, 이러한 입장은 1925년 공업 도시인 데사우로 이전하면서 더욱 공고해졌다(유승호, 2015).

바우하우스의 교육과정은 일반 학교와 매우 다른 특징을 지닌다. 초기 수공작을 강조한 그로피우스는 학교라기보다는 과거 작업장에서 장인이 도제를 가르치고 생산을 하는 그러한 방식으로 교육과정을 운영하였다. 즉, 다양한 영역의 예술가들이 협력하여 중세 장인 길드와 같은 직업 공동체를 형성하는 것을 의미한다(윤민희, 2020).

바우하우스에 학생들이 입학을 하면 6개월간의 예비과정에서 기초과정을 거쳐서

3년의 공방교육을 이수한다. 공방교육을 이수한 뒤에는 자격시험을 통과해야 하며, 수습 기간을 거쳐 직인 면허장을 받게 된다(윤민희, 2020). 의무적으로 이수해야 하는 예비과정에서는 색과 형태 이론, 구성 원리, 재료 연구, 드로잉 등의 기본적인 학습을 바탕으로 창의적인 조형능력을 함양하도록 하였다. 이 과정을 잇텐, 칸딘스키, 알버스, 클레, 오스카 슐레머, 모홀리 나지 등이 가르쳤으며, 클레와 칸딘스키 등은 이론을 통해 예비과정을 보완하였다. 이 과정에서 학생들은 여러 가지 유형의 연습활동을 수행하도록 하였다. [그림 2-6]은 칸딘스키의 색과 형태에 대한 이론을 벽화에 적용한 연습작이다. 무거운 파란색과 가벼운 노란색과 같이 색의 무게, 그리고 원형과 파란색, 사각형과 빨간색, 노란색과 삼각형의 관계를 연습한 것이다.

예비과정을 마친 학생들은 도자기, 인쇄, 조각, 유리, 직조, 금속, 벽화 등의 공방에 3년간 등록하여 견습생처럼 예술가이자 장인인 교수로부터 디자인을 실행하면서 교육을 받는다. 순수회화 공방과 건축공방은 1927년에 개설되었다. 바우하우스의 공방은 최종 조각, 연극, 도기, 제본, 유리공예, 인쇄, 문자디자인, 사진, 직조, 금속, 목공, 벽화, 건축, 회화 공방으로 구성되었다(윤민희, 2020).

예비교육을 담당한 교수들이 공방교육을 담당하기도 하였다. 예를 들어, 칸딘스키는 형태교육과 함께 벽화공방, 회화공방을 담당하였다. 공방교육에서는 학생들은 교수 2인의 지도하에 작품을 제작하였다. 가령 유리공방에서 클레는 형태 마이스터로, 알버스는 장인적 마이스터로서 공동 운영하였다(윤민희, 2020). 특히 각 공방은 마치 중세시대 작업장처럼 주문을 받아 상품을 생산하고 팔았으며, 금속 공방의 경우 바우하우스만의 독특한 모던 디자인을 반영한 의자 디자인이 유명하였다([그림 2-7] 참조).

14년간의 비교적 짧은 기간 동안 운영되었지만 바우하우스는 현대 디자인과 미술교육에 큰 영향을 주었다. 베를린 바우하우스가 문을 닫은 뒤 대다수의 바우하우스 교수가 미국 등지로 이주하면서 현대 조형예술에 많은 영향을 미쳤다. 바우하우스는 "형태는 기능을 따른다."라는 말에서 알 수 있듯이 단순화되고 기능적인 현대 디자인의 등장을 보여 주었다. 또한 바우하우스의 예비과정에서 다루었던 재료탐색, 구성, 형태와 색채 등의 내용을 바탕으로 한 기초 디자인 코스가 미술대학의 기초과정으로 자리를 잡게 되었다.

한편, 바우하우스에 대한 비판으로는 디자인 문제에 대한 표준화된 접근을 시도함에 따라 동일한 디자인 결과를 초래하였다는 점, 바우하우스의 건축양식이 국제적 양

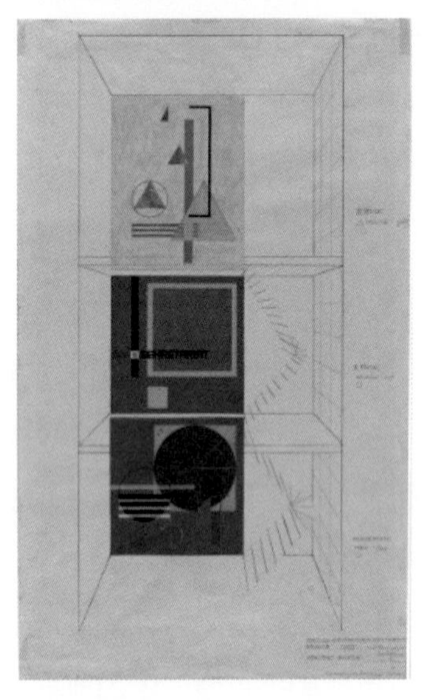

[그림 2-6] 바이어, 바이마르 바우하우스 건물의 층계 벽화 연구, 1923. Museum of Modern Art

출처: https://www.moma.org/collection/works/178202?

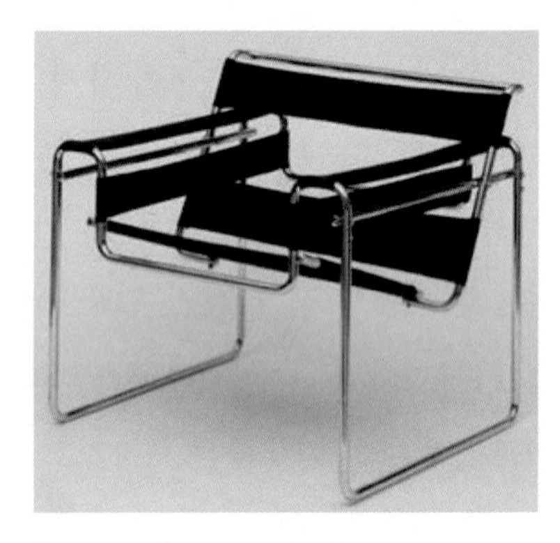

[그림 2-7] 브로이어, 클럽 의자, 1927~1928. Museum of Modern Art

출처: https://www.moma.org/collection/works/2851

식으로 확산되고 건축의 기능주의적 아름다움을 강조함에 따라 비인간적 효율성이 두드러지는 도시환경을 양산하게 되었다는 점 등이 있다.

3) 발도르프 학교의 예술교육

발도르프 학교(Waldorfschule)는 슈타이너(Steiner, R., 1861~1925)가 설립하여 그의 이름을 따서 '루돌프 슈타이너 학교(Rudolf Steiner Schule)' 또는 독일에서는 '자유 발도르프 학교(Freie Waldorfschule)'라고 불리기도 한다. 이 학교는 1919년에 제1차 세계대전이 끝나고 사회의 재개편 과정에서 인간에 대한 인지학적 연구를 기반으로 슈타이너가 문을 열었다. 당시 독일 슈투트가르트(Stuttgart)에 있는 '발도르프-아스토리아(Waldorf Astoria) 담배공장'의 사장이었던 몰트(Molt, E.)가 슈타이너의 교육관에 공감하고 그에게 학교 설립을 요청하여 공장 근로자의 자녀들을 위해 공장의 이름을 따서 '자유 발도르프 학교'라는 이름으로 시작한 것이다. '자유 발도르프 학교'라고 명명한 이유는, 교육이 사회적 · 경제적 · 정치적 영역으로부터 자유로워야 함을 강조

하기 위해서였다. 슈타이너는 근대 이후 학교교육이 국가에 의해 설립되고 통제되고 있는 점을 지적하면서 교육이란 본래 인간의 본질을 근거로 이루어져야 한다고 생각하였다. 그는 그 당시 학교교육을 통해서는 자유로운 시민이 될 수 없고, 또한 '올바른 감수성'을 지닌 사람이 나올 수 없다고 여겼다(Steiner, 1919/2006: 57). 그래서 그는 인지학적 관점에서의 '자유(Freiheit)'를 강조하였는데, 그것은 '정신의 자유를 추구하는' 의미에서의 '내적 자유'를 뜻한다(정윤경, 2011: 52). 그리고 슈타이너는 지식 전달과 기술의 축적만을 목표로 하는 당시의 학교교육을 '죽은 교육'이라고 보았다. 그는 교육에서 진정 중요한 것은 아동의 내면에 있는 것들을 세계와의 연관성 속에서 소중히 성장시켜 나가는 일이라고 하였다. 슈타이너가 자유 발도르프 학교를 창립할 때의 취지문을 보면 이를 잘 뒷받침해 준다.

> "기존의 사회 질서를 위하여 인간은 무엇을 알아야 하며, 무엇을 할 수 있어야 하는지 묻지 말고, 그 인간에게 어떤 소질이 있으며, 무엇이 그 속에서 개발될 수 있을 것인가를 들어야 한다. 이렇게 될 때 자라나는 세대로부터 항상 새로운 힘이 사회질서에 공급될 수 있다."(Werkstatt, 2015. 10. 21.)

이것은 모든 어린이는 숨어 있는 능력, 즉 잠재력을 가지고 있으며, 이 잠재력을 발견하여 발전시킬 수 있도록 하는 것이 학교교육이라는 의미이다. 그는 인간과 세계의 사실을 통합적으로 파악하는 인지학을 기반으로 예술교육에 기초한 전인교육을 통해 혁신적인 학교교육을 시도하고자 했던 것이다.

이러한 이념에 기초한 자유 발도르프 학교는 긍정적으로 평가받으면서 세계적으로 확산되고 있는 추세인데, 2020년 5월 발도르프 학교협회(Association of Waldorf Schools)의 통계에 따르면, 독일에 252개를 비롯하여 전 세계적으로 1,214개의 발도르프 학교가 있다고 한다.

발도르프 학교를 창시한 슈타이너의 교육사상에 대해 좀 더 구체적으로 살펴보면 다음과 같다. 슈타이너의 인지학(Anthroposophie)은 그리스어인 'Anthropos(인간)'와 'Sophia(지혜)'를 결합한 용어로서 말 그대로 '인간의 지혜'라는 뜻이다(고경화, 2018: 132). 인지학은 인간에게 내재되어 있는 정신적인 본질을 이해하는 학문(고경화, 2018: 138)으로, 인간 본질에 대한 지식을 바탕으로 인간을 올바로 성숙하도록 하는 교육이 슈타이너가 추구하는 신념이었다.

슈타이너는 인간의 본질을 이루는 부분(Glied)을 '물질적 신체(Physischer Leib, 물질체)' '에테르체(Aetherleib, 생명체)' '아스트랄체(Astralleib, 감정체)' '자아체(Ich-Leib)'의 네 가지 구성체로 제시하고 있다. 이것들은 인간이 태어나기 전부터 각각 정해진 시기가 있으며, 물리적 신체로부터 시작하여 각 단계는 선행단계의 발달을 거쳐 다음 단계로 진행되며 이 과정의 연속으로 인간의 본질적인 모습이 드러난다(김철, 2011: 7). 그는 이 부분의 활동이 인간의 기질과 밀접한 관계가 있다고 보고, 교사는 먼저 아동의 기질을 파악하여 각 기질에 따라 그에 알맞은 교육을 행해야 한다고 역설하였다(이주연 외, 2020: 27).

또한 그는 인간의 본질을 이루고 있는 네 가지 구성체의 탄생 시기를 7년 주기로 교육단계를 구분하여 3단계 발달단계론을 제시하였다. 즉, 제1단계(출생~7세)는 물질적 신체의 탄생기, 제2단계(7~14세)는 생명체의 탄생기, 그리고 제3단계(14~21세)는 감성체의 탄생기로 인간의 발달을 구분하였다(Steiner, 1979; 김철, 2011: 9-11에서 재인용).

- **제1단계(출생~7세)－물질적 신체의 탄생기**: 이 시기는 탄생과 동시에 물리적 환경, 즉 물질체와 직접적인 관계를 맺기 때문에, 이 시기의 발달은 무엇보다 감각 작용에 의존한다. 이 시기 학습의 기본 형태는 모방인데, 모방은 어른의 행동을 그대로 따라 하는 것이 아니라, 어른과 아이의 내적인 관계 형성을 말한다(고경화, 2018: 137).
- **제2단계(7~14세)－생명체의 탄생기**: 이 시기는 생명체, 즉 '에테르체'의 탄생기로, 그동안 육체적인 힘이 자신의 능력이었던 상태에서 점점 정신적인 힘으로 전환된다. 정신세계에서 그 힘은 상상력으로 나타난다. 이 단계에서의 수업은 상상력을 키우는 방향으로 실시되어야 하며, 추상적인 개념은 가능한 한 제시하지 않고 실물을 통한 직관적 교수법을 사용해야 한다. 그림을 활용한 교육이 가장 적절한 시기이다(고경화, 2018: 137).
- **제3단계(14~21세)－감성체의 탄생기**: 이 시기는 감성체, 즉 '아스트랄체'의 탄생기로 사춘기에 해당하며, 추상적인 사고능력이 발달하는 시기이다. 수업은 논리적인 사고를 함양하는 교과목이 주로 제공되며, 영혼이 눈을 뜨는 시기임을 감안하여 종교교육이 시작되기도 한다. 성숙한 행위를 할 수 있는 능력을 길러 주는

교육의 목적은 인간 본질의 최종 종착점인 자아를 형성하는 데 아스트랄체의 탄생은 중요한 역할을 담당한다(김철, 2011: 11).

이러한 3단계 발달론은 구체적인 것에서 추상적인 단계로, 신체교육에서 정신적인 교육으로 이행된다(고경화, 2018: 138).

발도르프 학교의 특징을 학교운영, 교육과정, 그리고 수업방법을 중심으로 살펴보면 다음과 같다.

(1) 학교운영의 특징

- 발도르프 학교는 국가나 기업의 간섭을 받지 않고 학교 자체의 지지단체에 의해 운영 및 관리된다. 국가나 기업으로부터 재정적인 지원을 받을 경우, 학교교육에 간섭과 영향을 주기 때문이다.
- 인지학에 바탕을 둔 교육론으로 교육의 직접적 대상인 인간의 이해로부터 교육을 시작하고 모든 교육적 활동에서 전인적 인간 성장을 지향한다.
- 학교에는 교장, 교감 등의 위계적 지위가 없다. 교육은 외부적인 권위로부터 자유로워야 한다는 슈타이너의 확고한 신념에 따라 학교의 주요 사항들은 교사협의회와 학부모회, 그리고 학생들이 함께 책임감을 가지고 자치적으로 학교를 운영한다.
- 1학년부터 8학년까지 8년 동안 담임교사가 바뀌지 않는 8년 담임제를 택하고 있다. 이는 학생들이 교사와의 안정적이고 지속적인 교육적 신뢰관계와 유대관계를 형성하고 지도의 연속성을 보장하며 교사의 책임을 안정적으로 이행할 수 있도록 하고자 함이다.
- 학생들을 등급화하여 우열을 가리게 하는 시험이나 성적표가 없다. 하지만 학생에 대한 발달상의 특징과 재능, 관심사 등 학생의 성장을 위한 가이드라인을 삼기 위해 진술한 서술형의 생활 기록부는 있다.
- 교과목에 교과서가 없다. 교과서를 통한 수업은 학생들의 창의성을 제한하고 교사가 새롭게 수업을 구성하는 데 방해가 될 수 있기 때문에, 학생들의 발달 수준을 고려하여 교사의 연구를 바탕으로 한 수업이 진행된다. 학생들이 각자 수업한 내용을 필기한 노트가 자신에게 가장 좋은 교과서라 여긴다.

- 저학년의 수업에서는 TV, 컴퓨터, 시청각 영상교재 등을 거의 사용하지 않는다. 하지만 최근 정보화사회의 도래로 자아가 형성되는 고학년 시기에 컴퓨터를 활용한 수업이 진행된다고 한다.
- 발도르프 학교는 자연 친화적인 교육환경을 중요시 여긴다. 자연에는 인위적인 각이 없다는 원리를 반영하여 학교 건물의 지붕, 벽, 복도 등 모든 공간이 직선보다는 곡선으로 처리되어 있다. 또한 건물 안팎으로 설치된 놀이기구나 교구들은 나무, 돌, 흙 등과 같은 자연물로 이루어진 자연 친화적인 것들이 대부분이다.

(2) 교육과정의 특징

- 발도르프 학교는 통합적인 교과과정 체제를 수립하여 운영하고 있다. 초등부터 중등까지 12년을 통합 교육과정으로 진행하는데, 초등교육과정은 8학년까지로 기본 교과와 많은 예술 교과가 적절하게 구성된 교육과정이 운영되고 있고, 9학년부터 12학년은 전공 및 관심 분야를 집중적으로 공부할 수 있는 심화학습 교육과정으로 운영되고 있다. 대학입학 자격시험인 아비투어(Abitur)를 준비하기 위해서는 1년을 더 공부해야 하며, 총 교육 기간은 13년이다.
- 발도르프 학교의 교육과정은 개별 학생을 고려한 전인교육을 특징으로 한다. 슈타이너는 인지적 영역에 치우친 교육에 반대하고, 인간의 본질에 대한 바른 인식에 기초하여 육체, 영혼, 정신의 조화로운 통합성에 의한 전인교육을 지향하고 있기 때문에, 노작교육을 비롯하여 예술교육을 중요시 여긴다.
- 교육과정은 국가 체제의 교육과정 문서가 따로 있지 않고, 각 학교 수준에서 교사가 자발적으로 수업 내용을 구성하여 운영한다. 하지만 슈타이너가 발도르프 학교를 설립할 때 강조한 원리들, 예를 들어 인간의 본성과 인간의 발달단계 등을 지침으로 교사 개개인이 자율적으로 내용을 구성하여 운영한다.
- 일정 주기 동안 집중해서 하나의 교과를 가르치는 수업 형태인 주기집중 수업, 즉 에포크 수업(Epochenunterricht)을 진행하고 있다. 이것은 특정 교과를 주요 수업으로 정하고, 그것을 매일 아침 100분씩 몇 주에 걸쳐서 집중적으로 공부하고 일정한 기간 후에 다시 그 과목을 반복하는 방식으로 진행한다. 이는 망각하는 것도 학습의 한 과정으로 보고, 반복을 통해서 내면화되어 있던 내용을 기억해 내고, 조합하는 과정을 거치면서 완전한 지식의 형태를 갖춰 가게 하는 수업

형태이다.

- 발도르프 학교에서는 노작활동을 강조한다. 이것은 학생들을 자급자족이 가능한 생활인으로 만들기 위한 교육이기도 하며, 인간이 다양한 예술활동과 더불어 정신세계를 표현하는 데 있어서 손을 통해 몸을 움직여 무엇인가 의미 있는 것을 만들 수 있게 되었기 때문에 노작교육을 중요하다고 보았다. 각 시기의 발달 특성에 적합한 내용으로, 예를 들어 1 · 2학년에서는 뜨개질, 3학년에서는 바느질과 목공, 4 · 5학년에서는 농사와 원예작업 등과 같은 활동을 진행한다.
- 교육과정에서 예술교육이 차지하는 비중은 매우 높다. 예술가를 양성하는 전문 학교가 아님에도 불구하고 전인교육을 위한 예술교육을 비중 있게 다루고 있는데, 예술이 인간의 감성을 함양하는 역할을 한다는 교육 신념에 의한 것이다. 머리만 크는 인간보다는 스스로 움직이는 것에 대한 미적 감각을 키우고, 사물을 창조적으로 만들려는 전인교육의 의미를 살리는 교육이 예술교육이라는 것이다(고경화, 2018: 131-132). 발도르프 학교의 예술교육은 교육 기간인 12학년 동안 생활과 밀접한 연관을 맺으며 그림 그리기, 데생, 음악과 악기 다루기, 오이리트미(Eurythmie), 연극 등 다양한 분야의 예술활동이 수업 형태로 실시된다.
- 오이리트미(Eurythmie)는 그리스어 'Eu(좋은, 조화로운)'와 'rhythm(리듬)'의 합성어이다. 이 수업은 발도르프 학교만이 가지고 있는 독특한 과목이다(정윤경, 2004: 194). 오이리트미는 몸을 균형 있게 하는 신체표현으로서 음악에 맞춰 신체의 움직임을 예술적으로 표현하는 교육과정이다(고경화, 2018: 132). 일반 무용과 달리 심리적 · 영혼적 · 정신적 기능을 강조한 것으로, 정신적 율동 행위를 통하여 영적인 것을 느끼며, 의식을 성장시키기 위한 목적을 가지고 있다.

(3) 수업방법의 특징

발도르프 학교의 교육은 모든 교과에 미술, 수공예, 오이리트미, 음악, 연극 등과 같은 예술을 통합적으로 운영하는 수업방식을 취하는 것이 특징이다. 슈타이너는 교육을 예술로서 간주하고 '교육예술(Erziehungskunst)'이라는 용어를 사용하였다. 그가 교육을 예술로서 파악하는 것은, 예술이 눈에 볼 수 있는 세계 안에서 눈에 보이지 않는 정신의 세계를 발견할 수 있게 하기 때문이다(정윤경, 2011: 52). 그는 교육도 예술과 마찬가지로, 눈에 보이는 아이들 안에서 눈에 보이지 않지만 아이들이 가지고 있는 신성한 정신성을 발견하고, 그것을 일깨우며 아이들이 자기 고유의 내면세계를 발달시킴으로써 정신적인 것과 물질적인 것을 통합시키는 과정이어야 한다고 역설하였다(정윤경, 2011: 53).

따라서 발도르프 학교에서는 교육 실천 전반에 예술적 요소를 침투시켜 수업 전체가 예술적인 것으로 물들어야 한다고 보고, 예술 행위와의 통합적 방법으로 수업을 진행하고 있다.

발도르프 학교의 8년 담임제, 문서화된 교육과정 없이 자발적인 수업 운영, 다양한 예술 관련 수업 등을 통해서 알 수 있듯이 교사의 역할이 매우 중요하다. 그래서 이 학교에서는 특히 아동기 교육을 담당하는 교사를 '영혼의 예술가(Seelenkunstler)'라고 부른다(廣瀨俊雄, 1990: 166). 교사가 영혼의 예술가로서 자각하고 예술로서의 교육을 할 수 있으려면, 교사는 인간의 본질에 대해 탐구하고 세계와 살아 있는 관계를 맺을 수 있어야 한다. 그래야 교사가 학생을 세심하고 민감하게 이해하여 가르칠 수 있으며, 학생에게 지식을 전달하는 것이 아니라, 학생 안에 창조적 힘이 깨어날 수 있게 가르칠 수 있기 때문이다(정윤경, 2011: 54).

발도르프 학교에서 예술교육이 중요시되고 있기는 하지만 그렇다고 해서 미술이나 음악을 잘하는 예술가적 측면의 역량 함양에 목표를 두는 것은 아니기 때문에, 예술 관련 과목들을 독립된 교과로서 교육과정을 운영하지는 않는다. 예술은 모든 수업에서 다른 여러 과목과의 연관성을 가지고 통합교육적 관점에서 접근하고 있다.

발도르프 학교의 미술교육은 아동이 형태나 색채의 본질을 체험함으로써 궁극에는 자아를 느끼고 체험할 수 있는 교육을 목표로 하고 있다. 슈타이너에게 미술교육은 교육의 에너지원으로서, 아동의 자유로운 자기교육의 매체로서, 감성의 육성을 위한 수단으로서, 그리고 궁극적으로는 자아체험의 교육을 제공해 주는 매체로서 중요한 의미를 갖는다(이주연 외, 2020: 27). 미술수업에서는 포르멘, 습식수채화, 수공예, 공작, 조소, 목공예, 금속공예 등 다양한 미술적 활동이 행해지고 있으나, 일반 학교와 다른 독특한 수업 형태는 포르멘과 습식수채화이다. 따라서 이들을 좀 더 구체적으로 살펴보면 다음과 같다.

포르멘(Formen)은 '형태 그리기(Formenzeichnen)'를 줄인 말로, 영어의 'Form Drawing'을 의미한다([그림 2-8] 참조). 이것은 슈타이너가 창안한 독창적인 교육방법

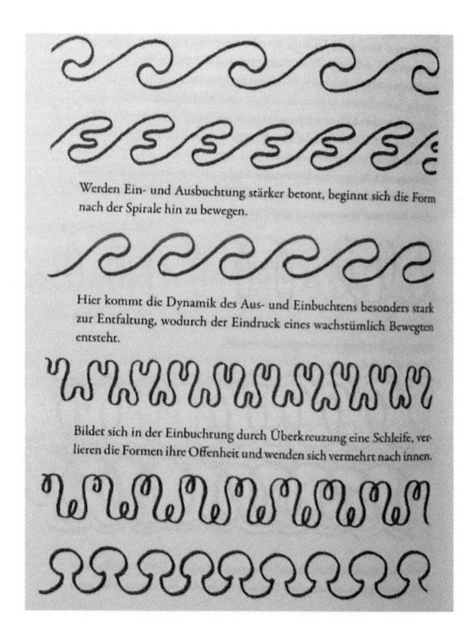

[그림 2-8] 발도르프 학교에서 수행한 포르멘의 사례, 2학년 학생 작품(좌), 4학년 학생 작품(우)
출처: 좌—Keller (2022); 우—Schuberth (2022).

중의 하나로 선은 단순한 윤곽선이 아니고 인간의 내적인 힘과 작용을 표현하는, 즉 생명을 일깨워 주는 것이다. 포르멘은 움직임으로부터 선이나 형태를 창출해 내는 새로운 형태 체험으로 인간의 운동감각과 균형감각에 기초한다. 직선과 곡선의 다양한 조합과 변형을 통해 아동에게 형태 요소 및 리듬과 운동감을 체험하게 하는 선과 형태의 학습으로 주로 6~12세의 아동들을 대상으로 행해지고 있다(한국조형교육학회, 2016: 116; [그림 2-8] 참조). 포르멘 수업은 독립된 교과가 아니라 주로 타 교과와 통합해서 이루어지며, 언어교육에서 글씨쓰기, 수학교육에서 기하학 등을 배우는 밑바탕이 되기도 한다.

습식수채화는 wet-on-wet 기법으로 물에 적신 도화지에 수채물감으로 그림으로써 번짐과 색의 혼합 등을 통한 색채의 본질과 신비를 깊이 체험하는 독특한 회화 수업이다([그림 2-9] 참조). 이는 아동의 내면에 깊숙이 자리한 기쁨과 창조적 조형능력을 이끌어 내어, 아동 자신이 온몸의 감각으로 색채세계와 즐겁게 교류하기 위한 독창적인 조형활동이라 할 수 있다. 단색의 연습에서부터 삼원색, 다양한 색채에 이르기까지 아동들은 단계적 회화수업을 통해 자유롭고 창조적인 색채들을 경험하며 각기 독창적인 작품들을 제작한다(김성숙, 1997: 6-8). 이러한 방법은 아동들이 마음으로 색채를 느끼며 그들 내부에 잠재되어 있는 인식능력을 깨우는 내면세계에 대한 체험

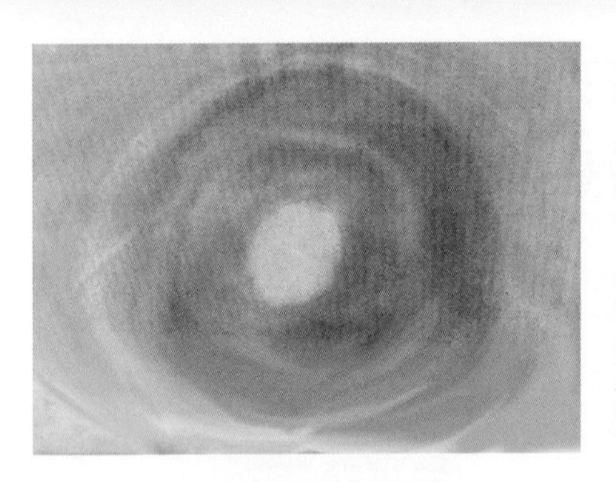

[그림 2-9] 발도르프 학교에서 수행한 습식수채화의 사례: 1~2학년 학생 작품(좌), 4학년 학생 작품(우)
출처: 좌—Freie Waldorfschule Pforzheim; 우—Ringwood Waldorfschool

이다.

발도르프 학교는 미술과의 통합적인 수업을 통한 전인교육을 지향하고 있다고 볼 수 있는데, 이것이 오늘날의 미술교육에 시사하는 바가 크다.

첫째, 오늘날 학교교육은 정보화된 사회에서 적응해 나갈 수 있는 지식 위주의 교과 편성과 과도한 경쟁으로 인한 학생들의 정서와 감성 고갈 등으로 조화로운 인간 형성에서 벗어나 제대로 기능을 하지 못하고 있다. 인간의 정신과 육체의 조화를 추구하는 발도르프 학교의 예술교육은 이러한 문제점을 극복할 수 있는 하나의 교육 방안이 될 수 있을 것이다.

둘째, 발도르프 학교교육에서는 '전인적 인간 형성'의 원리에 따라 여러 예술 영역을 비롯한 미술을 아동들의 삶의 에너지원이자 수업 전체에 생명감을 불어넣어 주는 에너지의 원천으로 중요시한다. 오늘날 학교교육에서 주변 교과로 전락한 미술 교과의 위상과 역할을 높일 수 있는 이유를 여기서 찾을 수 있을 것이다.

셋째, 최근의 학교 미술교육은 아동들의 자유로운 내면을 표현하게 하거나 감각 체험으로 그들의 감수성을 자극하고 정서를 순화하는 교육이라기보다 표현방법적 측면 혹은 미술에 대한 이해나 비평 활동에 치중한 형식주의적 교육방법으로 진행되는 경향이 없지 않아 있다. 인간의 정신과 육체의 조화를 추구하는 발도르프 학교의 미술교육은 아동들의 생생한 감각 체험과 내면의 자유표현을 중시한다. 따라서 미술교육의 목적이 아동 개인의 자유로운 정신성에 기초한 내면의 생명력을 일깨워 주고 창조적 힘을 북돋워 주면서 자아를 느끼고 체험할 수 있게 하는 것이라는 점에서 우리

미술교육에 시사하는 바가 크다고 할 수 있다.

4) 창의성 중심 미술교육

20세기 이후 미술교육에서 가장 영향력 있는 사조를 꼽으라면 창의성 중심 미술교육일 것이다. 이전의 미술교육이 사회적 요구에 의한 모방과 훈련에 의한 기능적 측면을 중심으로 한 미술교육이었다면, 창의성 중심 미술교육은 자유로운 자기표현을 통해 학생들의 잠재적인 창의성을 육성하고자 한 미술을 통한 교육이다. 이러한 사조가 등장하게 된 배경은 교육학계의 아동중심 교육사상, 미술계의 표현주의와 초현실주의 미술사조, 그리고 심리학의 발달이라고 볼 수 있다.

첫째, 아동중심 교육사상은 계몽주의 사조에 기반을 둔 루소(Rousseau, J. J., 1712~1778)가 처음 주창한 것으로, 이는 성인에서 아동으로 교육의 중심을 이동시켰다. "자연으로 돌아가라."는 말로 유명한 그는 "아동은 자유롭게 오직 자기의 소질에 따라서 자연스럽게 성장해야 한다."라고 강조하였다. 이후 실용주의(pragmatism)에 기반을 둔 진보주의 교육철학을 주장한 듀이(Dewey, J., 1859~1952)가 아동중심 교육사상을 집대성하고 널리 보급하는 데 큰 역할을 하게 되었고, 그의 이론은 로웬펠드의 미술교육이론에 큰 영향을 미치게 되었다. 듀이의 사상에 바탕을 둔 진보주의 미술교육의 기본 관점은 다음과 같다(최윤재, 2003: 263).

- 모든 어린이는 창의적인 잠재력을 지니고 있어 그것을 계발하기 위해서 미술을 활용할 수 있다.
- 자유로운 학습환경을 조성하면 어린이는 미술에 관련된 능력을 표출할 수 있다.
- 미술은 상상력을 펼치는 도구이며 의사소통의 비언어적인 수단이다.
- 미술은 교육과정에서 다른 교과와 연결하고 통합할 수 있는 활동 분야이다.
- 산업에 필요한 것으로서의 미술을 중요시하는 것이 아니라, 어린이의 욕구와 흥미에 초점을 두는 미술 경험을 중요시해야 한다.

둘째, 창의성 중심 미술교육에 영향을 준 미술계의 주요 사조는 표현주의와 초현실주의였다. 20세기 초에 전개된 표현주의는 작가 내면의 주관적인 표현을 강조하며 주로 독일과 오스트리아를 중심으로 전개되었다. 치젝과 로웬펠드 모두 오스트리아 출생으로 젊은 시절 표현주의 작가로도 활동하였다. 프로이트(Freud, S., 1856~1939)의 정신분석학에 영향을 받은 초현실주의는 무의식의 세계 내지는 꿈의 세계와 같이 내면의 정신세계를 강조하여 표현하였다. 이 미술사조들은 사물을 보이는 그대로 묘사하거나 재현하는 것이 아닌 아동의 내면세계를 자유롭게 표현하도록 하는 미술교육에 영향을 미쳤다. 또한 자유로운 자기표현에서 아동의 창의성도 육성된다고 보았다. 로웬펠드가 시각형과 촉각형으로 미술표현의 유형을 구분한 것은, 촉각형이 표현주의 미술과 유사한 형태로 대상을 사실적으로 묘사하는 시각형만큼 자신의 내면을 감정이나 정서에 따라 자유롭게 표현하는 촉각형도 인정해 주어야 한다는 의미였다.

셋째, 창의성 중심 미술교육이 등장하게 된 배경으로 심리학의 발달이 있다. 그 당시 심리학의 발달은 아동에 관심을 기울이게 하였을 뿐 아니라 아동화에 대한 연구를 촉진하였다. 19세기에 접어들면서 자연과학의 영향으로 보다 실증적이고 실험적인 접근방법을 모색하게 된다. 그 과정에서 직접적인 심리표현의 한 방편으로 그림에 관심을 갖게 되었고, 아동중심 사상과 연결되면서 아동화에 대한 연구를 촉진시키는 계기가 되었다. 오스트리아 심리학자이자 정신분석학의 창시자인 프로이트는 미술표현을 내면의 욕구표현의 일종으로 보고 미술이 내면의 자아와 동일화를 가능하게 하여 통합된 인격 발달에 기여할 수 있다고 보았다. 창의성 중심 미술교육의 대표적인 학자인 치젝은 프로이트의 영향을 받아 초기에 아동화를 통한 아동의 심리 분석에 중점을 두다가 자유로운 자기표현을 강조하였고, 로웬펠드는 스스로가 심리학자이기도 했지만 피아제(Piaget, J., 1896~1980)의 인지발달이론을 기초로 아동의 미술표현 발달단계를 구분지었다(김정희, 1998: 178). 그리고 리드(Read, H., 1893~1968)는 융(Jung, C. G., 1875~1961)을 비롯하여 심리학적 입장에서 아동의 미술을 여러 기질과 특성에 따라 분류하기도 하였다(이규선 외, 2019: 58). 창의성 중심 미술교육에서 아동은 누구에게나 창의성이 내재해 있고, 반드시 일정한 발달과정을 거치며 발달한다고 보았는데, 이러한 인식은 심리학 발달의 영향이라고 볼 수 있다.

창의성 중심 미술교육의 대표적인 학자인 치젝, 리드, 로웬펠드를 좀 더 구체적으로 살펴보면 다음과 같다.

치젝은 아동화의 교육적 가치를 발견하고 미술교육에 아동화를 자리매김하여, 창의성 중심 미술교육의 선각자로 미술교육의 근대화에 기여하였다. 그는 아동화에 관심을 가지고 개인적으로 회화 및 드로잉 교실을 운영했는데, 그것이 1906년에 '그림 수업을 위한 실험학교(Versuchsschule fur den Zeichenunterricht)'의 이름으로 비엔나 응용 예술 학교에 편입되었다. 1910년에 '청소년 미술을 위한 특별코스[Sonderkurs für Jugendkunst(Wien Geschichte Wiki)]'로 이름이 변경되면서 이를 줄인 '청소년 미술반(Jugendkunstklasse)'([그림 2-10] 참조)이라는 이름으로 유명해졌다. 그는 이곳에서 미술교육에 있어서 혁명적이라 할 수 있는 교육방법을 실천하였는데, 종래 임화나 모사 및 사생화와 같은 기술적 훈련보다는 오직 어린이의 자발적인 표현방법의 개발이나 창조적 조형을 우선하는 표현활동을 중시하였다. 그는 아동들이 더 이상 '오래된 학교'의 원칙에 따라 외우면서 배운 내용을 재현하지 않고, 자신의 경험과 인식을 바탕으로 친근한 수업을 경험해야 한다고 주장하였다. 그리고 모든 아동은 가능한 한 개별적으로, 그리고 독립적으로 작업하도록 권장되어야 하는 예술적 성격을 가지고 있다고 하였다(宮協理 외 편, 1992: 31). 아동들은 어른과 달리, 보고 그리는 것이 아니라 이미지를 상징적으로 표현하며, 교사는 아동들이 천부적 소질에 따라 성장해 갈 수 있도록 지도해야 하고, 다양한 재료와 기술을 실험할 수 있도록 도와주어야 한다고 하였다. 그는 1901년부터 학생들의 작품을 정기적으로 국내외 전시회에 전시하면서 그의 예술교육은 1920년대에 국제적으로 많은 관심을 받게 되었다(Wikidal, 2020).

로웬펠드는 창의성 중심 미술교육의 이론적 체계를 구축하여 미술교육의 아버지라고 불릴 정도로 20세기 가장 주목할 만한 업적을 남긴 미술교육학자이다. 그는 발달심리학자인 피아제의 인지발달이론을 기초로 아동의 미술표현 발달과정을 연구하여 1947년『창의적, 정신적 성장(Creative and Mental Growth)』을 집필하였다. 이를 통하여 아동의 발달과정에 기초한 체계적이고 과학적인 미술교육이론을 구축하였다. 그는 아동의 성장에 따른 미술표현의 발달과정이 난화기(2~4세), 전도식기(4~7세), 도식기(7~9세), 또래집단기(9~11세), 의사실기(11~13세), 결정기(13~17세)로 발전해 간다고 하였다. 특히 결정기인 13~17세 무렵에 아동의 미술표현 유형이 시각형, 촉각형, 그리고 중간형으로 구분된다고 보았다. 시각형은 눈을 매개체로 외형의 모양과 비례 등에 관심을 가지기 때문에, 미술표현도 묘사적 · 객관적 · 분석적 표현이 강하고, 촉각형은 신체를 매개로 대상과의 주관적 경험이나 내면의 정서적 관계를 중요시하기 때문에, 미술표현도 내면적 · 감각적 · 주관적 표현이 강한 편이라고 하였다. 로웬펠드는 미술을 창의성 표출의 수단 및 아동의 창의적인 능력을 계발하는 도

[그림 2-10] 치젝의 '청소년 미술반(Jugendkunstklasse)'에 있는 한 학생이 친구들에게 자신의 작품에 대해 설명하고 있는 모습(상), 치젝이 아동들과 수업하고 있는 모습(하), 1934; Bohl, R. J.의 사진
출처: Wikidal (2020).

구로 보았다(Jeffers, 1990) 그는 미술표현을 위한 동기부여나 주제 및 재료 등은 미술표현의 발달과정에 맞게 제시되어야 하고, 아동의 타고난 재능이나 창의성이 내부로부터 외부로 자연스럽게 계발될 수 있도록 교사의 간섭을 최대한 배제하여야 한다고 하였다.

리드는 『예술을 통한 교육(Education through Art)』(1943)에서 미술교육의 중요성을 주장하고, 예술이 교육의 기본이어야 함을 역설하였다. 그는 예술교육을 통해 지성과 잘 조화된 자유로운 감성을 가진 인간의 육성을 기대하였다. 그는 아동의 조형발달 과정을 연구하여 낙서기(2~5세), 선의 시기(4세), 서술적 상징기(5~6세), 서술적 사실기(7~8세), 시각적 사실기(9~10세), 억제의 시기(11~14세), 예술적 부활기(15세 이후)로 분류하였다. 그리고 심리학적 입장에서 아동의 미술표현 유형을 유기형, 인상형, 구조형, 열거형, 표현형, 장식형, 율동형, 감정 이입형의 여덟 가지로 분류하였

다(조형교육학회, 2016: 117). 그에 따르면, 교사의 임무는 어떠한 가치를 미리 판단하여 강제로 이끄는 것이 아니라, 어린이가 가지고 있는 심리 형태를 찾아내어 자연스러운 발달을 할 수 있도록 환경을 조성해 주고 이해와 인내로써 조력하는 산파와 같은 역할을 해야 한다고 하였다. 하지만 리드의 이론은 미술교육적 실천이 결여되었다는 비판을 받는다.

창의성 중심 미술교육의 주요 특징은 다음과 같다.

첫째, 미술을 통한 창의성 육성이다. 창의성 중심 미술교육에서는 미술을 인간의 조화로운 성장을 돕고 창의적인 잠재력을 계발시켜 주는 도구 또는 매개체라고 여겼다. 즉, 미술의 본질적인 측면보다는 미술을 통해 길러지는 교육적 측면에 보다 관심을 두었다. 창의성의 육성이 교육에서 매우 중요하게 부상되면서, 특히 독창적 · 확산적 사고를 촉진하는 미술이 창의성 계발에 가장 적합한 교과라고 인식하게 된 것이다. 그리고 미술교육을 통해 길러진 창의성은 다른 모든 교과에 전이되며, 사회생활 곳곳에서 활용될 수 있다고 함으로써 그 효용성을 강조하였던 것이다(Lowenfeld & Brittain, 1964), 이 사조는 미술교육을 종래의 '미술의 교육' 또는 '미술을 위한 교육'을 '미술을 통한 교육'으로 관점을 바꾸어 놓았다. 즉, 미술교육은 미술작품 제작을 위한 표현기능을 함양하는 교육이 아니라 창의성을 발현시키는 수단이자 하나의 인간교육의 도구인 것이다.

둘째, 자유로운 자기표현의 추구이다. 창의성 중심 미술교육에서는 아동 내부에 잠재되어 있는 창의성이 마음껏 발현되도록 하기 위해서 자유로운 자기표현을 하도록 하였다. 아동의 미술은 어른들의 미술과 다르며, 아동에게 미술은 자신을 드러내는 하나의 자기표현 방법이라는 입장이다. 아동은 어른들의 간섭이나 제재가 주어지지 않을 때 자유롭게 자기표현을 할 수 있으며, 이 과정에서 잠재되어 있는 자신의 창의성을 최대한 발휘할 수 있다는 것이다. 교사의 역할은 아동들이 자유롭게 자신을 표현할 수 있도록 격려하고 칭찬하며 동기를 부여하는 촉매자로 머물러야 한다는 것이다(최윤재, 2003: 265-267). 즉, 교사는 간섭하지 않고 아동들의 미술표현을 주의 깊게 관찰하면서 아동미술표현의 발달과정에 맞게 조력해 주어야 한다는 관점이다.

셋째, 표현과정의 중시이다. 창의성 중심 미술교육에서는 창의성은 아동들이 자유롭게 자기표현을 하는 활동과정 속에서 계발된다고 보고 표현결과보다는 표현과정을 중요시하였다. 아동들이 자신의 생각이나 느낌, 정서 등을 자신의 작품 속에 표현하면서 자신을 발견하기도 하고, 정서적인 장애물을 제거할 수도 있으며 자신을 실현해 갈 수도 있기 때문이다(이규선 외, 2019: 59).

즉, 창의성 중심 미술교육에서는 학생들이 결과적으로 어떤 작품을 제작하여 완성해 내느냐에 관심을 두는 것이 아니라, 표현하는 과정에서 길러질 수 있는 창의성, 나아가 조화로운 인간의 성장에 관심을 둔다. 즉, 학생들이 미술이라는 매개체를 가지고 진지하게 실험하고 창의적인 자기표현 방법을 개발하는 과정이 미술수업의 핵심이라는 것이다(최윤재, 2003: 267). 창의성 중심 미술교육은 학생들이 표현활동 과정에서 창의성을 비롯한 여러 가지 정서적·정신적 성장에 관심을 가지는 인간교육적 관점에서 접근한 미술교육 사조라고 볼 수 있다.

창의성 중심 미술교육의 시사점은 다음과 같다. 첫째, 창의성 중심 미술교육은 미술활동이나 교육의 주체를 어른에서 아동으로 전환시켰다. 둘째, 미술교육에서 아동들의 자유로운 정서와 감성 표출 및 창의성의 발달을 꾀하여, 미술을 통한 교육으로 미술교육의 학문적 위치를 격상시켰다. 셋째, 아동들의 미술표현 유형과 발달과정에 대한 이론화는 미술교육의 이론적 체계 정립에 기여하였다. 넷째, 미술교육을 학문적으로 연구·발전시키고 많은 교육적 자료를 제공하여 미술교육의 발전에 미친 영향이 크다.

하지만 창의성 중심 미술교육은 몇 가지 한계점을 가지고 있다. 아동들의 자유로운 자기표현을 통한 창의성 함양에 중점을 두다 보니, 자칫 미술활동에서 기초기능의 부족을 초래할 수 있으며, 교사의 역할이 소극화되고, 미술의 본질과 사회적 요구를 무시하는 교육으로 치우칠 경향이 있다. 그럼에도 불구하고 미술교육의 역사에서 창의성 중심 미술교육은 미술교육이 하나의 교과로 자리 잡아 가는 데 많은 영향을 미쳤음을 부정할 수 없다.

5) 리드의 예술을 통한 교육

허버트 리드(Herbert Read, 1893~1968)는 영국의 시인, 문예비평가, 미술비평가, 예술교육학자이다. 그의 사상은 미술교육에 한정되지 않으며 음악, 미술, 무용, 연극 등을 포함하는 모든 예술 장르에 이르고 있다.

대표적인 저서 『예술을 통한 교육』(1943)에서 미술교육의 중요성을 주장하고, 예술

이 인간 교육의 기본임을 주장하였다. 리드의 주장을 요약하면 '예술을 통한 교육' '인간성 형성을 위한 예술교육'이다. 현대사회의 분열되고 억압된 인간성 문제, 자연과의 단절 문제를 개인의 자유로운 창조성 계발을 통해 치유하고자 하였다. 특히 아동에게 다양한 창조적 표현의 기회를 제공하여 미적 감수성의 성장, 인간 교육의 지향 같은 교육의 방향성을 예술교육에서 찾고자 하였다. 예술교육은 자발적 표현을 도우며 인간 내부의 예술적 감정과 직관을 회복하게 함으로써 조화로운 인격 계발과 공동사회와의 유기적 통합을 이루도록 한다고 보았다. 리드가 지향하는 예술교육은 예술가의 육성이 아니라 아름다움을 통해 궁극적으로 사람됨, 즉 인격의 자발적인 계발을 추구하는 것이다(정정숙, 1995).

『예술을 통한 교육』은 예술교육에 관한 철학과 이론을 집대성하여 그간의 저서에서 다루었던 예술의 정의, 지각과 상상, 인간의 예술적 유형과 발달, 통합교육 등 예술교육의 궁극적 목적을 비롯하여 현대 미술교육의 다양한 쟁점과 이슈를 탐색하였다. 1943년 초판 저서에서 이러한 내용들을 이미 다루고 있었다는 점에서 예술교육에 대한 리드의 탁월한 통찰력을 알 수 있다.

인간 교육이라는 목적을 강조하면서도 한편으로 '예술을 통한', 즉 과정으로서 미술 그 자체를 강조한 점에도 특징이 있다. 리드는『현대미술의 원리(Art Now)』『예술의 의미(The Meaning of the Art)』 등의 저서를 비롯하여 미술의 원리에 대한 연구와 비평을 남겼으며 이를 통해 독자적인 원리를 구축하였다. 그의 저서들은 강한 철학적인 경향과 예술의 모든 문제에 대한 이론적이고 정열적인 접근방법이 특징이다(山本朝彦, 1991). 이를 통해 영미 문화권과 세계 미술교육계에 절대적인 영향을 주었다.

(1) 리드의 생애

리드는 휴머니즘과 평화주의의 토대에서 예술교육을 주장하였다. 영국 요크셔(Yorkshire)에서 농부의 아들로 태어나 농장에서 유년시절을 보냈다. 15세에 은행에 잠시 취직했다가 리즈 대학교에 입학, 제1차 세계대전이 발발하여 21세에 영국군에 입대하여 3년 동안 보병장교로 프랑스와 벨기에에서 복무하기도 하였다. 그는 시집『무기 없는 천사』로 문단에 데뷔하여 문예비평의 세계에서 엘리엇(Elliot, T. S., 1888~1965)과 함께 영국 시인의 쌍벽으로 일컬어진다. 그의 사상은 목가적이며 전원적인 성장 과정의 영향으로 보인다. 또한 제1차 · 제2차 세계대전을 직접 겪은 것은 평화를 위한 교육, 인간을 위한 교육의 필요성을 통감한 계기가 되었다. 그 후 그는 1921년 리즈 대학교에서 문학과 정치경제학을 전공하였고, 1930년대부터 영국의 예술운동에 참여하였다. 그는 일생을 철학적 무정부주의의 관점에서 사회 · 예술 · 문학 등 여러 분야에 관한 치밀한 비평을 하였다(김성숙, 2013; 정정숙, 1995).

리드는 제1차 세계대전 이후 미술관 근무를 계기로 미술에 관심을 가지게 되었다. 런던 빅토리아 앨버트 박물관(Victoria and Albert Museum)의 부관장으로 10년간 근무하면서 도자기와 여러 미술품을 접하고 연구할 기회를 가지게 되어 이때부터 미술비평과 예술 연구를 시작하였다. 1922년에 학예원의 직책을 맡았으며, 하버드 대학교와 에든버러 대학교의 교수로서 다수의 저서를 남기고 영국 미술교육협회(InSEA) 회장을 역임하였다. 볼링거(Worringer, W., 1881~1965)의 예술이론의 영향을 받으면서 감정이입 충동과 추상화 충동을 분류하는 표현유형학을 배웠다. 그리하여 동시대 미술운동에 대해 호의적이지만 예리하게 비평활동을 진행했으며, 이러한 미술비평에서 초현실주의와 구성주의에 대한 열렬한 지지를 특징으로 볼 수 있다(山本朝彦, 1991). 한편, 예술의 기능에 관한 플라톤(Plato), 칸트, 쉴러 등의 견해를 바탕으로 교육의 기초로서 예술교육의 의의를 논하였다. 비코(Giavanni Battista Vico), 베르그송(Henri Bergsong) 등의 학자들로부터 이념적 영향을, 크로체(Benedetio Croce)로부터 미학적 영향을, 프로이트의 정신분석학에서 예술학 분야에 대한 방법론적인 영감을 받았다(정정숙, 1995).

그의 예술교육 사상과 내용에는 서로 다른 두 가지 배경이 영향을 준 것으로 보인다. 하나는 민주주의 교육사상과 휴머니즘이다. 기회균등의 교육으로서 개인차를 존중하고 자기실현과 자기표현의 기회를 마련하여 자신의 개성을 사회적 범주 안에서 최대한으로 계발시킨다는 이념을 배경으로 한다. 다른 하나는 심리학이다. 정신분석에 의한 무의식의 영역을 예술교육에 적용하여 새로운 연구분야를 제시하였고, 특히 아동의 상상화와 자유화에서 심층세계를 분석하는 데 공헌하였다(정정숙, 1995).

이와 같이 리드의 사상을 이해하기 위해서는 당시의 문예와 미술 분야의 분위기에 대한 이해가 필요하다. 전쟁과 이에 대한 반작용으로 체계적인 철학과 단선적인 진보주의적 역사관이 무너진 허무적인 시대 상황, 그리고 기존의 학교제도에 대한 회의가 근본에 있었다. 『예술을 통한 교육』은 시대, 예술, 심리, 교육 등 각 분야의 체계와 구성을 바탕으로 저술되었다. 이는 구체적인 형상과 추상적인 사회 모델 사이 사고

의 끊임없는 왕복에 의해 가능하다. 전체적인 방향성 내에서 교과나 수업 형태에 관한 구체적인 제언을 함의하는 예술교육자로서의 경향을 보이는데, 이는 이러한 '예술에 의한 교육'의 사고방식을 계승한 것으로 보인다(山本朝彦, 1991). 이와 같이 리드는 사회의 이념적 모델과 학교 및 교육의 상황이 겹쳐진 교육론을 전개하였다. 미술교육 분야에서 인간과 미술의 균형을 도모하면서 예술교육론을 진행하여 아동중심 · 인간중심 통합교육으로 미술교육론을 전개함으로써 전 세계의 예술교육론에 지대한 영향을 미쳤다는 점에서 중요하다.

(2) 예술교육론의 특징

허버트 리드의 미술교육 사상은 '예술을 통한 교육' '인간성 형성을 위한 예술교육'이라 할 수 있다. 앞서 살펴본 바와 같이 미술교육을 통한 현대사회에서의 인간성 회복과 창의성 계발, 예술을 통한 인격 계발을 핵심으로 한다.

> …… 필자가 생각하고 있는 것이 그저 '미술교육'–시각교육 혹은 조형교육–만을 지칭하는 것이 아니라는 점이다. 필자가 지금부터 언급하려고 하는 이론은 음악적 · 청각적 표현방식, 그리고 그보다 결코 소홀히 할 수 없는 문학적 · 언어적 표현방식 등 자기표현의 모든 방식을 포괄한다. 이는 실체(reality)에 대한 통합적 접근이다. 그리고 이 통합적 접근은 심미교육(aesthetic education)으로 불려야 하며, 이러한 감각들의 교육이 기초가 되어야 한다. 또한 이들이 의식에 관계하여 궁극적으로는 인간 개개인의 지능과 판단이 된다. 이 감각들이 외부의 세계와 조화롭고 지속적인 관계에 있게 될 때 통합적 인격을 구축할 수 있다. 이런 통합이 이루어지지 않을 때에는 정신과 의사가 자주 접하는 심리적으로 균형 잡히지 않은 사람들, 일반적으로 사회의 선의 입장에서 볼 때 훨씬 더 재앙적인, 자연적 사실을 무시하고 논리적이거나 지적인 패턴을 유기적 삶에 강요하는 임의적 사고 체계를 가진 사람들, 그리고 태생적 독단성과 합리화 등의 경향을 가진 사람들이 나타나게 된다. 객관적 환경에서 이 감각들을 조정하는 것은 심미교육의 가장 중요한 기능이다(Read, 1943/2007: 27).

이처럼 리드는 통합적인 예술에 의한 심미교육을 지향하였다. 미적 교육, 즉 심미적 교육은 창조적 표현을 통한 치유와 미적 감수성의 성장으로서 인간의 내적인 예술적 감정과 직관을 회복하도록 하여 조화로운 인격과 사회와의 유기적 통합을 이루도록 한다. 이는 "교육의 목적은 개인의 독자성과 더불어 개인의 사회의식 또는 상호작용을 발달시키는 데 있다."(Read, 1943/2007: 24)라는 말에도 드러나 있다. 즉, 개인의 개성과 창의성은 개별화의 과정이면서 동시에 통합의 과정인 것이다.

(3) 아동의 조형 발달단계이론 구축

리드는 감성의 교육은 예술교육을 통해 가능하다고 보고, 손을 사용하는 기술과 감각활동 중심의 교육을 강조하였다. 모든 아동은 예술가이며, 아동의 예술을 성인의 관점으로 보면 안 된다고 하였다. 조형예술에 관한 폭넓은 지식과 경험을 바탕으로 아동의 조형 발달단계를 분류하였으며 인간의 무의식 영역을 예술교육에 적용하여 무의식과 아동의 자유표현의 관계를 연구하였다. 우선 근대 미술의 독특한 유파를 네 종류의 유파로 분류하여 설명한다. 근대 미술 가운데 이 네 종류의 유파에 포함되지 않는 예술은 없다고 보았다.

- **사실주의, 자연주의, 인상주의**: 자연이라는 외부세계에 대한 모방적 태도
- **초현실주의, 미래주의**: 외부에 반발하여 비물질적(정신적) 가치 추구
- **야수주의, 표현주의**: 예술가 개인의 감동의 표현
- **입체주의, 구성주의, 기능주의**: 예술적 재료 고유의 (추상적) 형태와 성질에 관심

이 네 유파를 사실주의, 초현실주의, 표현주의, 구성주의로 구분하고 융의 네 가지 기능 유형으로 구분하였다(Read, 1943/2007: 145).

- 사실주의 = 사고형(thinking)
- 초현실주의 = 감정형(feeling)
- 표현주의 = 감각형(sensation)
- 구성주의 = 직관형(intuition)

나아가 예술의 각 유형은 융의 일반적 태도 유형과 상응하는 객관적(외향) 태도와 주관적(내형) 태도의 구분으로 연결하여 지칭할 수 있다. 이와 같이 근대 회화의 중요

[그림 2-11] 아동의 미술 유형 예시

출처: Read (1943/2007: 209-211).

한 유파와 융의 인간 유형론을 기초로 하는 심리학을 바탕으로 아동의 표현 유형을 여덟 가지로 분류하였다.

이처럼 사고형, 감정형, 감각형, 직감형이라는 인간 기질의 네 가지 유형으로 분류하여 열거형, 유기형, 인상형, 구조형, 표현형, 장식형, 운동형, 감정이입형으로 세분화함으로써 아동 미술의 표현 유형을 현대 미술 및 융의 심리학적 유형과 연결하여 정립한 점에서 미술교육적 의의를 찾을 수 있다.

(4) 리드의 예술교육론의 주장

리드의 예술교육론의 주요 주장은 다음과 같다.

첫째, 예술은 교육의 바탕이며 기초이다. 이 점에서 미술교육의 가치와 의의를 정립하였다. 미술교육의 체계, 미술지도의 방법 탐구를 통해 인간성 및 인간 교육에 예술이 중요하며 모든 생활에 예술적 감각이 근본적 위치에 있음을 밝히려 한 점에서, 미술교육을 넘어선 인간교육으로서 예술교육의 의의와 가치를 찾을 수 있다고 본 것이다.

예술은 지각에 의한 '형식적 원리'와 상상에 의한 '창조적 원리'의 두 가지 측면을 가진다(Read, 1931/1992: 45-52). 리드는 교육의 수단으로서 예술적 방법을 강조하며 예술의 교육적 가치에 대해 논의한다. 정리하면, 리드는 예술교육의 의의를 정립하여 예술교육의 정당화에 공헌하였다. 인격 형성에서 이성과 감성의 조화를 이루는 중요한 역할을 한다는 점에 예술교육의 의의가 있다.

둘째, 예술교육은 개인의 인격 형성에 공헌하며 개인과 사회의 조화에 기여한다. 리드에 의하면 교육은 개별화인 동시에 통합의 과정이어야 한다. 교육은 사회라는 외계 환경으로서의 객관적 측면과 개인의 독자성이라는 주관적 측면을 동시에 가지는 것으로서, 바뀌고 개선되는 것이라는 점에서 예술과 접점을 가진다. 즉, 교육이 개인과 사회의 조화를 이루는 원리는 예술이 창조 원리와 형식 원리의 조화를 기하는 원리와 일치한다(김해성, 1968: 17-20; 정정숙, 1995). 예술교육의 의의를 정립하는 과정에서 개인적 관점에서는 심리학적인 접근에 의해 예술활동 영역인 창조와 인식이 인간 개인의 심리에 속해 있는 본능을 해방시켜 긍정적인 정서를 일으키고, 결국 인격 형성에서 이성과 감성의 조화를 이루는 중요한 역할을 한다. 민주주의 사회에서 교육의 목적은 개인의 성장과 사회와의 조화를 조장하는 것으로서 주관적 감정과 객관적 세계와의 복잡한 심리적 조건을 조장하는데, 교육은 자기표현을 위한 모든 방식, 즉 미술, 음악, 문예 등을 통하여 이루어질 수 있다. 이것이 바로 감각교육이며 예술을 통한 심미적 교육인 것이다.

셋째, 예술교육은 예술적으로 조화된 인간 양성으로 세계평화와 인류 발전에 공헌한다. 이는 사회적 관점에서의 예술교육의 정당화이다. 저서 『평화를 위한 교육(Education for Peace)』(1950)에서 리드는 제2차 세계대전 후 전쟁의 참혹함과 인간의 공격성과 잔혹성, 악에 대한 무감각을 비판하고 세계의 평화를 기원하며 인류를 멸망에서 구하는 방법으로 예술교육을 중심으로 한 평화를 위한 교육론, 즉 '예술에 의한 훈련'을 제안하였다(김성숙, 2013). 현대 문명의 부정적 산물과 교육의 문제점 등 현대 문명의 질병을 치료하기 위해서는 교육방법에 어떤 근본적이고 혁명적인 재편성이 필요한데 이는 감각 교육, 즉 예술활동에 의해 가능하다. 심미적 교육이 그 일을 해낼 수 있다는 것이다. 즉, 현대 사회의 치유 및 도덕적 사회를 위한 예술교육의 필요성이다.

그는 오늘날의 교육이 인간을 차별하기 위해서, 또는 분열시키기 위해서 존재해 왔다고 비판하면서 이를 개선하기 위한 두 가지 교육원칙을 주장하였다. 첫째는 '사물에 의한 교육'이고, 둘째는 '결합에 의한 교육'이다. "어린이를 사물 안에 존재하도록 해야 한다."라는 루소의 주장을 인용하며 '사물에 의한 교육'에 의해 예술교육의 필요성을 직접적으로 주장하고, '결합에 의한 교육'에서 예술교육의 도덕적 의의를 논한다(Read, 1950/1959: 57-60). 예술교육은 규범적이고 수신적인 도덕성을 요구하는 것이 아니며 예술교육의 두 측면인 창조적 표현과 미적 향수 과정에서 간접적으로 덕성이 계발된다고 주장하였다. 미의 활동 속에서 인간의 정서는 아름다운 형을 이루며 나아가 사회의 형이 될 것이다(정정숙, 1995).

넷째, 예술은 상상력과 창조성을 중심으로 하는 통합화의 활동이며 과학조차 그곳에서 생성되는 풍요로운 토지이다(宮協理 외, 1992). 과학은 측정과 분류를 의미하지만 이는 하나의 방법에 지나지 않는다.

> …… 예술과 교육 양쪽 모두와 관련된 기본적인 정신적 과정인 지각과 상상에 대해 검토해 보려고 한다. …… 결국 필자는 과학과 예술을 구분하지 않는다. 다만 방법상의 차이를 인정할 뿐이다. 그리고 필자는 지난날 양자 간의 대립은 양자의 활동에 대해 제한

> 된 견해를 가졌기 때문에 발생했다고 생각한다. 같은 현안에 대해 예술은 표현하고 과학은 설명한다……. 교육이란 성장을 조장하는 것이다. 그러나 신체의 성장 이외에 성숙은 듣거나 볼 수 있는 신호나 기호로서 표현될 때만 확인이 가능하다. 그렇기 때문에 교육은 표현방법의 함양이라고 정의할 수 있다(Read, 1943/2007: 30-31).

지혜는 과학을 그 자체 안에 포함한다. 동시에 지혜는 총합을 의미한다. 전체와 상호간의 관계를 이해하고 잘 안다는 것으로서, 이는 현실을 주관적 · 감각적으로 추구하는 것이다. 지혜의 이런 측면은 예술의 방법 혹은 예술적 방법이다. 예술의 방법은 교육의 수단으로 빠뜨릴 수 없는 것이며 또한 유 · 아동들에게 교육의 첫 단계에서 가능한 유일한 방법이다. 리드에 따르면 교육은 성장을 가능하게 하며 성장은 표현될 때 분별할 수 있다. 그러므로 교육은 표현방법의 함양이 될 수 있다. 아동이나 인간이 소리, 이미지, 운동, 도구, 기구를 표현하고 만드는 방법을 가르치는 것이 교육이며, 교육의 모든 방면은 이러한 과정을 포함한다. 이 과정들은 모두 예술을 포함하므로 교육의 목표는 예술가를 만드는 것이다. 예술가는 여러 종류의 표현방법에 능숙하고 능률적인 사람을 만드는 것이기 때문에 리드는 교육의 목표는 예술가를 만드는 것이라고 말한다(Read, 1943/2007: 31).

리드는 다양한 아동의 놀이는 네 가지 기본적인 정신적 기능에 부합하며 조정하고 발달할 수 있다고 보았다. 놀이는 다음 활동을 통해 발달된다. ① 감정 측면에서 드라마를 위하여 의인화와 객관화를 통해, ② 감각 측면에서 시각적 조형적 설계를 위하여 자기표현의 방법을 통해, ③ 직관 측면에서 무용과 음악을 위하여 율동적 활동을 통해, ④ 사고 측면에서는 공예를 위하여 구성적 활동을 통해. 이러한 발달의 네 가지 측면은 조화롭게 발달하는 인격의 통일체를 위한 동일체를 구성한다(김성숙, 2013: 32; Read, 1943/2007).

리드는 기존 교육사상이 성선설, 성악설 등 근거 없는 가설에 바탕을 두고 있다고 지적하고, 민주주의는 권력을 독재자에게 위임하는 '보통인'을 육성한다는 함정에 빠지지 않고 인간 개개의 차이를 전제로 이루어져야 한다는 교육론을 전개하였다. 개별적인 인간의 차이가 충분히 보장되면서 상호 이해를 위한 전달 수단의 획득이 예술에 의한 교육으로 가능하다고 본 것이다(山本朝彦, 1991). 리드의 저서 전체에서 중요하다고 지적되는 점은 다음과 같다.

첫째, 아동의 조형표현은 놀이와 구분하기 어려운데, 아동의 조형표현과 예술가의 제작 사이에 연속적인 성숙의 과정을 발견하였다. 둘째, 지각은 적정한 환경 확보에 의해 이루어지는데, 인간에게 자연스러운 자극의 강도를 인식하고 유지하고자 하였다. 자극적인 주제나 방법을 준비하지 않아도 각자의 인지양식 차이와 표현양식의 차이가 가능하다고 하는 심리학 가설로 표현의 확장을 시도하였다.

융의 유형이론을 활용하였지만 기본적으로 인지심리학에 의해 접근 가능한 논리적 구성이다(山本朝彦, 1991). 이러한 관점에서 본다면 리드에 대한 비판 가운데 구체적인 표현 지도 방안이 부족하다는 지적은 수업 방안에 한정된 비판으로 볼 수 있다.

리드의 미술교육론의 특징을 현대 미술교육의 관점에서 정리하면 다음과 같다.

첫째, 창조적 관점에서의 미술교육론이다. 창의성 중심 미술교육에서 인간의 비전을 찾았다. 미술을 통하여 아동의 창조성을 높이며, 나아가 미술 그 자체가 창조의 과정이다. 표현활동만 중시한 것이 아니라, 미술의 감상과정이 마음의 상태를 형성한다고 보고 미술감상교육도 강조하였다. 창조적 정신을 강조하는 창의성 중심 미술교육의 경향은 다양한 재료 구사에 의한 창조성 계발보다는 아동화에서 표현의 자유를 주장하고 그 배후에 있는 정신을 문제 삼는다.

둘째, 개인적 관점과 사회적 관점이 결합된 통합적 미술교육론이다. 이성과 감성이 조화로운 인격 형성과 더불어 사회에 유용한 미술교육을 강조하여 직업으로서의 미술교육, 생활을 위한 미술교육의 의의를 중시한다. 사회적 미술교육은 당시 자연적 발달을 주장하던 계발주의 교육 경향에 반대하며 사회적 능률을 중시하는 경향에 영향을 받아 사회 공헌에 가치가 있다고 보았다. 따라서 공작, 디자인을 통한 조형활동도 중시한다.

셋째, 조형적 관점에서의 미술교육론이다. 재료 연습이나 구성 연습을 강조하며 조형 감각의 발달을 중시한다. 미술교육을 확대하여 예술교육, 나아가 인간의 교육으로 확대시킨 데에 의의가 있다. 그의 예술교육 사상은 '교육론'에 앞서 '미술'이라는 특수한 전문분야에 대한 이해에 따른 것으로서, 이것이 교육과 결부되어 미술교육이 마침내 인간 발달에 지도적인 위치를 차지한다는 결론으로 이끌었다(김해성, 1968; 정정숙, 1995). '예술의 교육' 역시 중요한 것이다.

창의성 중심 미술교육이라는 점에서 학문중심 미술교육운동(DBAE)의 아이스너와 반대 의견으로 보이기도 하지만, 두 학자는 미술교육에 대한 접근방법, 관념성과 실천성의 정도, 학교 미술교육과정에 대한 기여도, 미술교육의 필요성과 의의에서의 강조점이 다를 뿐 명확한 공통점을 가진다. 아이스너, 듀이, 랭거, 쉴러와 마찬가지로 리드 역시 예술만이 가지고 있는 순수하고 본질적인 성격을 강조한다. 비록 완전하고 적절한 개념을 형성하지는 않았고 미술교육 방법론에 있어서는 차이를 보이지만 그들 각각의 개념은 예술의 독특하고 가치 있는 측면을 강조하는 것에서 출발한다. 만약 이와 같은 공통점을 발견하지 못한다면 예술교육의 시각이 제한된 것은 아닌지 검토할 필요가 있다. 예술은 인간에게 본질적인 가치가 있으며 그 가치 때문에 교육에서 매우 중요한 위치를 차지해야 한다. 그리하여 미술은 인간의 삶 속에서 미술의 독특한 기능과 교육적 과정에 의해 의미를 가지는 것이다(정정숙, 1995).

이와 같이 예술은 인간성 형성의 핵심으로서 교육의 기초라는 점, 인간의 균형 있는 발전을 위해 심미성, 감성교육을 통한 개인적 · 사회적 공헌이라는 점, 그 과정에서 예술을 통한 교육, 즉 교육과정에서 예술교육 역시 중시한 점에서 시사점이 있다.

6) 레지오 에밀리아와 미술교육[3)]

레지오 에밀리아(Reggio Emilia) 접근법은 1963년 말라구찌(Malaguzzi, L., 1920~1994)를 중심으로 부모 공동 조합의 방식으로 설립한 시립 유치원에 그 기원을 두고 있다. 이전까지만 해도 이탈리아에서는 유아교육 분야에도 천주교 교회의 영향이 매우 컸다. 그러나 시립 유치원은 교회의 영향력에서 벗어난 비종교적인 유치원이라는 점에서 의미가 크다. 20세기 중반 산업화에 따른 여성의 사회진출, 진보적 사회주의 성향의 도시, 부모 모임을 통한 공동 운영 문화 확산 등의 특징은 유아교육에서 새로운 실천을 가져왔다. 레지오 에밀리아 교육은 듀이의 진보주의 교육철학, 비고츠키와 피아제의 구성주의 교육이론 및 가드너의 다중지능 등의 여러 교육이론을 기반으로 한다(오종숙, 2005).

레지오 에밀리아 접근법의 가장 큰 특징은 완결된 프로그램이 아니라 프로젝트 활동의 전개 속에서 나타나는 교육과정을 중시한다는 것이다. 여기서 프로젝트란 소집단의 어린이가 특정 주제에 대해 심층적으로 연구하는 것이라는 뜻이다(Katz &

3) 이주연 외(2020), 45~49쪽의 내용을 부분적으로 수정하였다.

매니저에 관한 질문

누가 매니저예요?
돈을 주는 사람
사장
돈을 훔치는 사람이 있나 보는 사람
아침에 일찍 일어나서 문을 열고 모든 것을 정리하는 사람

매니저에게 한 질문

대장이에요?
몇 사람에게 일을 시키세요?
어떻게 매니저가 되었어요?
다른 사람들보다 월급을 많이 받나요?

[그림 2-12] 슈퍼마켓 매니저에 관한 어린이들의 의견

출처: Edwards, Gandini, & Forman (1993/2001: 53), 이주연 외(2020: 47에서 재인용).

Chard, 2000). 이렇게 프로젝트의 과정에서 나타나는 교육과정을 '발현적(emergent) 교육과정'이라고 하며, 이는 어린이 스스로에 의해 자기 자신이 되는 과정임을 의미한다(오종숙, 2005; 정윤경, 2020).

프로젝트 과정에서 어린이들은 다양한 상징적 표상을 통해서 이해를 확장시킨다. 예를 들어, '동작, 그림 그리기, 나무나 철사로 만들기, 콜라주 혹은 신체 놀이와 음악적 활동 등을 통해 자신을 표현'하도록 하였다(오종숙, 2005; Edwards, Gandini, & Forman, 1993/2001). '슈퍼마켓에서 일어나는 일'이라는 프로젝트의 경우, 4~5세의 어린이들이 동네 슈퍼마켓에 가서 자세히 탐색한다(Edwards, Gandini, & Forman, 1993/2001; 이주연 외, 2020: 46-49에서 재인용). 이 과정에서 어린이들은 관찰하고 관련 전문가에게 질문하고, 물품을 수집 또는 관찰한 것이나 기억, 감정, 상상, 새로 이해한 것들을 다양한 방법으로 표현하기 등의 활동을 하게 된다([그림 2-12] 참조). 어린이들은 함께 슈퍼마켓의 진열대, 장바구니, 계산대, 사람들의 모습을 자세히 그릴 수 있었다([그림 2-13] 참조). 또한 어린이들은 슈퍼마켓에서 음식 재료를 사서 유치원에서 요리를 하거나, 잡지 사진을 이용해 슈퍼마켓에 앞으로 설치되어야 할 것(예: 편안한 화장실, 놀이터, TV 시청실)을 그려서 매니저에게 전달하기도 하였다(Edwards, Gandini, & Forman, 1993/2001: 50-58; 이주연 외, 2020: 46-49에서 재인용).

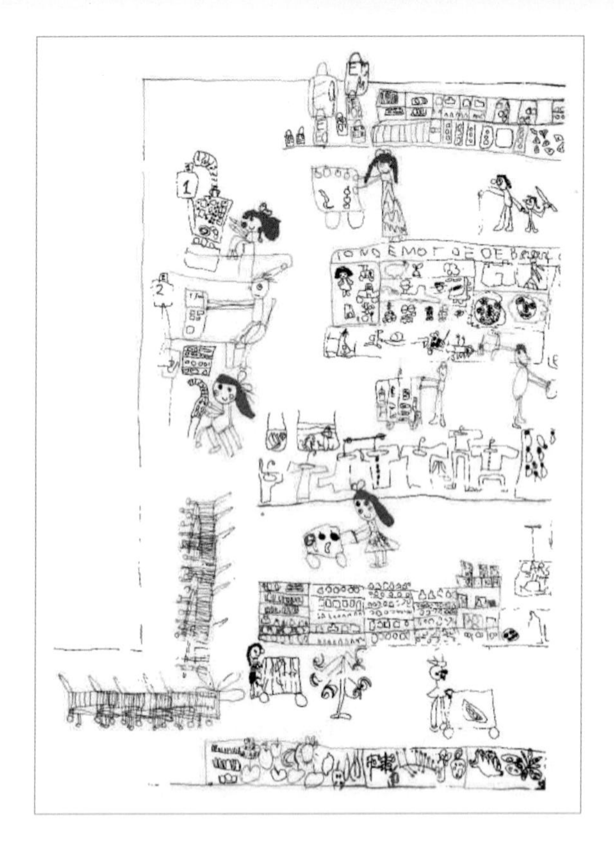

[그림 2-13] 슈퍼마켓에 다녀온 후 공동으로 그린 그림의 일부
출처: 소책자, Noi Bimbi e Lui Gulliver, Ada Gobetti School (1984).

이러한 프로젝트 과정에서 어린이들은 여러 가지 시각적 표현을 통해 자신의 생각과 감정, 관찰과 상상 등의 내용을 표현할 수 있었다. 어린이들이 프로젝트의 과정에서 초기에 스케치를 한 것들이 이후 여러 가지 표현에 이용된다는 점에서 그림 그리는 활동의 중요성이 크다. 여러 가지 매체의 유용성과 한계성을 넘나드는 매체표현의 순환과정에서 개별 어린이들은 자신의 숨겨진 특성을 새롭게 파악할 수 있다. 또한 어린이들이 여러 가지 매체를 통해 다른 사람의 생각을 이해함으로써 집단학습에 의한 역동성을 경험하게 된다는 것이다. 이러한 과정에서 자칫 매체를 활용한 표현이나 제작에만 머무는 것이 아니라 어린이들의 사고와 이해의 확장을 위해서는 자신과 서로의 표상에 대한 충분한 성찰이 이루어져야 한다(오종숙, 2005). 이렇듯 레지오 에밀리아 접근법은 프로젝트 과정에서 그리기, 만들기 등의 상징적 표상을 적극 활용함을 알 수 있으며 이는 미술의 역할을 중요하게 인식하고 있음을 알 수 있다.

레지오 에밀리아에서는 어린이들의 사회성 발달을 중시하기 때문에, 어린이들이 상호작용을 잘할 수 있도록 공간을 조직하는 것이 중요하다. 대부분의 레지오 에밀리아 유치원은 중앙에 '피아자'라 불리는 공용 공간을 배치하였는데, 이 이름은 이탈리아 도시의 구조에서 따온 것으로 주변 사회를 반영한 예라 볼 수 있다. 또한 '유치원의 벽은 어린이와 어른들이 만든 전시물을 일시적으로 또는 영구적으로 보관하는 장소'로 이용된다(Edwards, Gandini, & Forman, 1993/2001: 210). 전시 공간에는 어린이의 작품뿐만 아니라 제작과정을 보여 주는 여러 가지 자료 혹은 어린이들이 말한 것이나 대화 등이 전시된다. 전시에서 어린이들은 자신들에 대한 어른의 관심을 느끼며, 교사와 학부모는 어린이들의 잠재력과 발전을 확인하게 된다(Edwards, Gandini, & Forman, 1993/2001).

7) 학문중심 미술교육(DBAE)[4)]

학문중심 교육과정이란 학문이 지닌 기본 개념을 축으로 교육 내용을 선정, 조직, 탐구하여 구성하는 것으로, 교과 내 학문의 개념이나 원리를 나선형 조직방식으로 구성하여 구조화하는 것이다. 이러한 변화의 저변에는 '스푸트니크 쇼크', 즉 미국보다 기술이 떨어진다고 생각된 소련이 1957년 10월 4일 세계 최초로 인공위성 스푸트니크(Спутник) 1호 발사에 성공하면서 전 세계를 비롯하여 미국이 충격을 받은 것이 제일 큰 원인으로 작용하였다. 이는 비단 군사, 정치뿐만 아니라 사회, 경제 등 많은 것을 변화시키는 요인으로 작동되었으며, 특히 직접적으로 영향을 받은 것은 교육 분야였다. 경험중심 교육과정이 대세였던 당시 학습은 경험을 통해 저절로 이루어진다는 생각하에 창의력과 개성을 중시하던 진보주의 교육에서 탈피하여 보다 구조화된 교육과정인 학문중심 교육과정을 펼쳐 가기 시작하였다. 우리나라의 경우도 마찬가지여서 제2차 교육과정(1963~1973)까지는 생활 경험에 중점을 두다가 이후 제3차 교육과정(1973~1981)에서는 이를 다시 비판하며 1960년대 미국의 교육 개혁을 주도한 '학문중심 교육과정(Discipline-Based Curriculum)'을 도입하였다.

4) 서술의 일부는 이주연 외(2020), 류지영 외(2016), 한국조형교육학회(2014)에서 필자가 작성한 내용을 수정 · 보완한 것이다.

미국의 학문중심 교육과정은 본질주의 학파(essencialist) 학자들을 중심으로 기존 진보주의 교육의 경험중심 교육과정에 반대하며 교육의 지적 수준을 높이기 위해서는 교육과정의 개혁이 필요함을 주장한 것에서 출발한 것이다. 이러한 학문중심 교육과정은 1960년 브루너(Jerome Seymour Bruner, 1915~2016)가 공식적으로 천명한 것으로, 어떤 교과이건 지적으로 올바른 형식으로 표현하면 어떤 발달단계의 아동이라도 효과적으로 가르칠 수 있다는 것이었다. 미술교육에서도 '구조적 교육'이 가능할 수 있음이 바칸(Manuel Barkan, 1913~1970, 미국)(Barkan, 1963, 1966) 등에 의해 논의되기 시작하였다.

학문중심 교육과정은 과학중심 교육 강화를 불러일으켰으며, 생물학에서는 진화론이 부상되고, 수학교육에서는 현대화 운동이 일어나기도 하였다. 이렇게 국익에 도움이 되는 과학이나 수학 교육에 모든 관심이 몰리면서 학문중심 교육과정이 돌아가고 있었지만, 미술도 교과로서 학문중심으로 구성될 수 있다는 인식이 1960년대에 태동하기 시작하였다. 이러한 인식이 있기 전에는 로웬펠드, 리드, 듀이, 치젝 등에 의한 '아동중심의 창의적인 미술교육'이 지배적이었다. 1965년 펜실베이니아주 세미나(Penn State Seminar)(Efland, 1984)를 거쳐 미술의 이해에 기초하여 미술에서 '학문적 구조'를 찾으려는 노력들이 가속화되었으며, '학문 분야' 혹은 '영역'의 의미로서 '학문'의 개념, 내용 요소, 이의 적용 가능성 여부 등이 논의되기 시작하였다(Lee, 1992). 학문(discipline)으로서의 미술교육과 관련하여 다양한 논의가 제안되고 비평된 가운데 가장 많이 거론된 것은 '미술실기(작품 제작)'를 중심으로 한 '미술사' '미술비평' '미학' 등이었다. 이러한 학문적 움직임과 미술교육학자들의 연구들을 그리어(Wesley Dwaine Greer, 1937~)가 1984년 '학문중심 미술교육', 즉 'Discipline-Based Art Education(DBAE)'으로 정의하였다. 이후 DBAE를 옹호하고 지지한 미국의 게티재단(1982년 설립) 산하 '미술교육을 위한 게티 센터'[5]에서는 초·중등학교 미술과 교수·학습을 위한 다양한 연구를 진행하여 DBAE가 학교 미술교육에서 보다 광범위하게 적용될 수 있도록 하는 데 일조하였다([그림 2-14] [그림 2-15] 참조).

5) The Getty Center for Education in the Arts(1982년 설립)는 이후 The Getty Education Institute for the Arts(GEI)로 변경했으며 1999년에 문을 닫았다. 돕스(Dobbs, S. M.)는 1987~1989년까지 선임 프로그램 개발자로 있었으며, 이후 던(Philip Dunn)이 책임을 이어받았다. GEI의 최종 프로젝트는 당대의 주요 미술교육자를 상대로 인터뷰를 통해 DBAE 프로그램을 기록하는 것이었다.

[그림 2-14] The DBAE Handbook: An Overview of Discipline-Based Art Education

출처: Dobbs (1992).

[그림 2-15] A guide to Discipline-Based Art Education: Learning in and through Art

출처: Dobbs (1997).

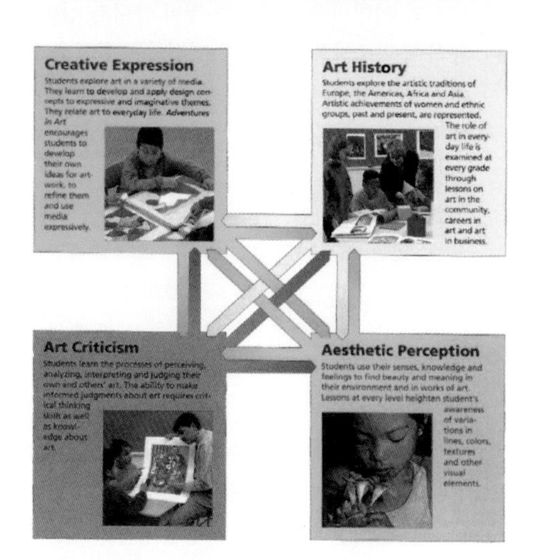

[그림 2-16] DBAE 네 영역의 상호 연계성

출처: Chapman (1994).

DBAE의 프로그램 내용은 미술학습에서 표현활동뿐만 아니라 미술의 이해 및 감상 활동의 유기적 관계를 고려하여 미술을 구성하고 있는 이론적 지식 체계와 이해를 토대로 균형 잡힌 미술활동에 기초한 학습훈련 방법에 중점을 둔 것이다. 이들 내용은 미술 제작활동, 미적 지각활동, 미술의 문화적 · 역사적 유산, 미술의 비평적 평가활동이 골고루 포함된 내용으로 구성되어 있으며, 학습훈련을 통하여 다른 교과와 마찬가지로 체계적이고 연계성을 띤 계획된 교수 · 학습 방법으로 학습하도록 되어 있다([그림 2-16] 참조). 네 요소의 교육 내용은 〈표 2-5〉와 같다(류지영 외, 2016; Lee, 1992).

DBAE는 작품 제작에 중점을 둔 전통적인 미술교육에서 미술의 통합적 이해를 바탕으로 하는 이론 영역의 지식과 창의적인 작품제작 활동이 통합된 교육으로 발전된

표 2-5 DBAE의 네 영역(분야)

영역	내용
작품제작/미술실기 (미술제작 활동) Studio Art	미술의 실기훈련으로서 창의적 표현활동에 기초하여 학생 개개인의 개성과 창의적 표현력을 신장시킨다. 창조적 작품활동에 필요한 제작 방법, 순서, 도구, 재료 사용기법 및 이해 등이 중심이 된다.
미학 (미적 지각활동) Aesthetics	사물에 대한 지각과 이해 및 감상 활동을 뜻하는데, 그것들이 지닌 표면적인 의미만을 고려하는 것이 아니라 심미적인 사고과정의 습득을 통하여 미술작품의 의미를 인식하는 활동을 말한다. 미술작품 특징의 인식을 통해 학생들의 심미적인 지각활동을 일깨움으로써 모든 미술 영역의 기본인 심미적인 경험을 훈련시킨다.
미술사 (미술의 문화적 · 역사적 유산) Art History	문화적 · 역사적인 맥락에서 미술작품을 감상하고 이해할 수 있도록 한다. 많은 미술작품이 시대적 · 역사적 혹은 문화적 환경으로부터 창조되고 그들 나름대로 특출한 의미를 포함하므로 지리적 · 문화적 · 연대적 의미는 미술작품에 대한 이해를 깊게 해 준다.
미술비평 (미술의 비평적 평가활동) Art Criticism	미술작품의 의미와 중요성을 설명할 수 있도록 한다. 즉, 미술작품에 대한 묘사와 해석을 할 수 있으며, 작품의 가치와 선택 결정에 대한 이유를 제시할 수 있는 비평적 능력을 발달시키도록 한다. 일반적으로 미술작품에 대한 평가 관점이 불분명하기 때문에 작품의 창의성 표현을 이해하기가 어렵다. 따라서 미술작품의 표현 그 자체를 설정된 기준에 적용하여 객관적인 평가가 이루어지도록 하며, 구체적으로 자료를 제시할 수 있는 작품평가 능력과 더불어 전문적 지식을 바탕으로 미술작품을 보는 안목을 키운다.

것이라 할 수 있다. DBAE는 다른 분야의 교육처럼 미술도 교육내용에 기초하여 그것의 개념과 원칙을 체계적으로 교육할 수 있다고 주장하며, 미술제작 활동을 중심으로 미술사, 미술비평, 미학이 미술수업에 총체적으로 조화를 이루는 연속적이고 체계적인 교육과정을 지녀야 한다고 주장한다. 여기에서 중요한 것은 이 4개의 요소가 지닌 각각의 개별적이고 독립적인 중요성을 강조하기보다는 표현활동을 중심으로 다른 요소들이 서로 균형을 이루고 통합적으로 접근하는 데 중점을 둔다는 것이다. DBAE의 네 요소는 상호 연관성을 지니며, 수업 시 이 요소들이 통합적으로 교육될 때 그 효율성이 배가되므로, DBAE 각 요소들의 학습은 다른 요소의 학습에 도움을 주고 발전시켜 줄 수 있다. DBAE에 기초하여 이루어진 교재는 각 단원마다 독자성을 유지하면서도 학생들의 흥미나 기술적 능력을 고려하여 다른 단원과 연계되어 있으며 각 수업 단원마다 평가 항목이 제시되어 있는데, '(모든 교육계획에 적절한) 토의, 질의하기' '비교 및 대조 질의하기(PPT 혹은 인쇄물 활용)' '감상문 쓰기' '포트폴리오 제작하기' '작업(performance exercises)' 등이 포함된다.

DBAE가 미술교육에 기여한 바는 다음과 같다. 첫째, 미술에 대한 시각의 변화를 시도하였다. 이제까지 미술은 다른 학문의 학습을 위한 도구로 사용되거나 장식적인 목적으로 활용적 · 방법적 측면이 부각되었다고 한다면, DBAE에서는 다른 학문에 대한 이해에 목적이 있는 것이 아니라 미술 본연의 가치에 집중하여 미술이 지닌 본질적인 목적을 추구하였다는 것이다. 물론 여기에는 교과로서의 독립을 유지하기 위한 정책적 전략도 포함되어 있다. 둘째, 미술교육에서 미술사, 미술비평, 미학에 대한 관심이 고조되고 이것이 미술교육을 이룬다는 생각이 일반화되었다. 이제까지 미술교육은 표현이나 실기 중심으로 이루어져 왔으나, DBAE에 와서는 창의적 미술표현이나 작품제작 활동 외에도 미술을 진정으로 이해하고 향유하기 위하여 필요한 미술이론, 즉 여기서는 미술사, 미술비평, 미학이 선정되어 이를 기초로 연계를 이루어야 한다. 셋째, 같은 의미로 역사적 · 문화적 맥락 속에서 미술이 이해되어야 한다는 생각이 일반화되었다.

초창기 DBAE인 제1세대 DBAE는 변화하는 시대적 흐름 속에서 다양한 시행착오를 겪으며 드러나는 문제점들을 보완하기 위해 노력하였으며(Eisner, 1988), 그 결과로 탄생한 제2세대 DBAE(Neo-DBAE)는 역사적 · 사회적 · 문화적 맥락 속에서 다문화적 특성을 반영하기 위하여 노력하였다. 학문중심 교육과정이 점차적으로 빛을 잃으면서 DBAE에 대한 관심도 점차적으로 떨어졌지만, DBAE는 우리나라 제7차 미술과 교육과정(1997~2007)의 현장 적용과 교과서 개발을 비롯하여 이후 이루어지는 미술과 교육과정에서도 이해중심 교육을 비롯한 다양한 접근을 가능하게 하는 계기가 되었으며, 이를 통해 미적 안목을 기르고 미술문화를 이해하는 등 우리나라의 독자적인 미술교육 체계를 형성해 나가는 데에도 큰 도움을 주었다.

8) 다중지능과 아츠 프로펠[6)]

1967년 교육철학자 굿맨(Goodman, N., 1906~1998)이 하버드 교육대학원에서 예술교육을 통해서 교육을 연구하고 개선하고자 프로젝트 제로(Harvard Project Zero)를 개설하였다. 굿맨(1978)은 인간의 경험을 소통하는 데 있어 여러 매체는 각기 다른 방식으로 작용하며 예술 자체를 독립적인 상징체계로 보았다. 프로젝트 제로에서는 아동의 예술적 발달, 작품의 심미적 지각, 예술에서의 문제해결과 창의성, 교육과정과 평가 등을 연구하였으며, 예술과 여타의 분야에서 학습, 사고, 창의성 등을 이해하고 향상시키는 것을 목적으로 하였다.

이 프로젝트 제로에 참여하였던 많은 학자 중 가드너(Howard Gardner, 1943~)는 하버드 교육대학원의 인지 및 교육 분야 연구 교수이다. 그는 1980년대 인간의 지능이 단일한 하나의 차원이 아니며 여러 상징체계에 따라 다차원적으로 인식해야 한다는 점을 주장하며 다중지능이론(multiple intelligence theory)을 제안하였다. 기존의 인지적 지능 위주의 지능 개념이 지나치게 협소함을 비판하면서 가드너(Gardner, 1983/1993)는 7개의 지능으로 언어적 지능, 논리수학 지능, 공간적 지능, 음악적 지능, 신체(운동) 지능, 자기이해 지능, 대인관계 지능을 언급하였다. 이후 자연탐구 지능과 실존 지능을 추가하였다. 가드너는 이러한 아홉 가지 지능 이외에도 새로운 준거에 따라 새로운 지능을 발견할 수도 있다는 점을 이야기하였다. 그는 기존의 학교교육이 주로 언어와 논리 수학 지능만을 위주로 했다는 점을 비판하며 다양한 인간의 능력에 대한 고려가 필요함을 역설하였다.

다중지능이론의 대표적 사례라 할 수 있는 아츠 프로펠(Arts PROPEL)은 1985년 프

6) 이주연 외(2020), 43~45쪽의 내용을 부분적으로 수정하였다.

로젝트 제로(Harvard Project Zero) 연구팀과 피츠버그의 공립학교, 교육평가원 등이 공동으로 실행하였다(Gardner, 1989). 음악, 미술, 문학을 포함하는 아츠 프로펠은 지각, 작품제작, 성찰의 과정으로 구성된다. 이때 수업과 평가는 서로 분리되지 않고, 유기적으로 이루어진다(강현석, 이자현, 2005). 그 내용은 다음과 같다.

- **지각**: 공간지능, 언어지능을 주로 활용하는 미적 지각활동으로 예술작품과 환경을 자세히 살펴보는 활동이다. 학생들이 자연과 인간 환경, 그리고 다양한 시대와 문화의 예술작품을 보고 분석할 수 있도록 한다. 또한 자신의 작품과 다른 작품 간의 관련성을 인식하도록 한다.
- **작품제작**: 학생들은 직접 경험을 통해서 학습한다는 점에서 아츠 프로펠에서는 제작활동과 그 과정을 강조한다. 제작활동은 지각활동을 통해 정보를 얻고 성찰을 통해 모니터링된다는 점에서 세 가지 활동이 유기적으로 연결된다. 학생들은 아이디어를 미술, 음악, 그리고 문학 등으로 표현하기 위한 기본 기술과 원리를 학습한다.
- **성찰**: 학생들은 개인적 목적과 기준에 따라 자신의 작품과 제작과정을 지속적으로 되돌아보고 평가한다. 성찰을 통해서 학생들은 자신의 생각과 발견, 성공과 실패 등에 대해 잘 인식하게 된다. 학생들이 보고, 생각하고, 글로 쓰고, 이야기하며 성찰하게 된다.

학문중심 미술교육과 달리 가드너(Gardner, 1989)는 미술제작 활동이 무엇보다도 핵심적인 영역으로, 여러 가지 미술매체를 활용해 작품을 제작하는 과정에서 대상을 지각하고 제작과정과 결과에 대해 성찰하는 능력을 개발해야 함을 강조하였다.

아츠 프로펠의 프로젝트 사례, 〈구성〉 수업을 살펴보면 다음과 같다. 이 프로젝트에서는 학생들이 형태의 배치와 형태 간의 상관관계가 구성에 어떻게 영향을 주며, 미술작품에 어떤 효과를 나타내는지 인식하는 것을 목적으로 한다(Gardner, 1989: 147-148; 이주연 외, 2020에서 재인용: 44-45).

- **1단계**: 커다란 흰색 종이와 여러 가지 형태의 검은색 종이조각을 나누어 준다. 흰 종이 위에 검은색 조각을 의도성 없이 떨어뜨려 임의적으로 구성한다. 동일한

재료를 이용하여 의도적으로 구성한다. 두 가지 구성, 즉 임의적 구성과 의도적 구성 간의 차이점을 생각해 보도록 한다. 학생들이 두 가지 구성을 감상하고, 차이점이 무엇인지 기록하고, 각자가 선호하는 구성을 생각해 보도록 한다. 그 이유에 대해서 기술하도록 한다.

- **2단계**: 교사는 대칭 혹은 균형을 보여 주는 미술작품을 제시하고 구성의 원리를 학습시킨다. 학생들은 미술작품에서 보이는 구성의 차이점이 무엇인지 적어 보고, 친구들에게 설명하도록 한다. 학생들은 여러 가지 대비를 보여 주는 작품 간의 유사점과 차이점을 적는다. 다음 시간까지 학생들이 주변 환경에서 찾을 수 있는 구성의 사례를 조사하도록 한다.
- **3단계**: 학생들은 주변에서 조사한 것을 발표하고 지난 시간에 감상한 것과 관련지어 이야기한다. 그리고 첫 번째 활동의 의도적으로 구성하여 표현해 보는 활동을 다시 수행한다. 작품을 제작한 후 워크시트에 자신의 작품에서 흥미로운 점과 개선하고 싶은 점에 대해 의견을 적는다. 교사는 학생들이 시도한 것과 완성한 작품을 바탕으로 학생을 평가할 수 있다. 또한 주변 환경에서 구성을 탐색하는 능력과 감상한 내용과 작품 제작을 연결하는 능력 등을 평가할 수 있다.

이 활동에서 특징적인 점은 임의적 구성과 의도적 구성 간의 차이점을 지각하도록 하고, 이후 다시 학생들이 의도적 구성으로 표현해 보는 활동을 수행한다는 점이다. 또한 이러한 과정에서 끊임없이 학생들이 성찰할 수 있도록 함으로써, 학습에서의 변화가 이루어질 수 있도록 하였다. 이 외에도 아츠 프로펠은 초등학교에서 고등학교 학생들에 이르기까지 예술 영역에 있어서 포트폴리오를 활용하여 교육과정과 평가가 유기적으로 연결될 수 있도록 하였다.

9) 다문화 미술교육

'2022년 교육기본통계'에 따르면 우리나라의 다문화 학생수는 168,645명으로 전체 학생수의 3.2%에 해당하며, 이는 1년 전에 대비하여 8,587명(5.4%) 증가한 수치로서 2012년도 46,954명에 비해 거의 4배가량 증가한 수치이다(교육부, 2022. 8. 30.). 통계에서 확인되는 바와 같이 국내에서도 다문화교육은 중요한 이슈로 부상하였으며 미

술교육에서의 적극적인 대응이 모색되고 있다.

(1) 다문화 미술교육의 등장 배경

미술교육에서 다문화 이슈를 본격적으로 다루게 된 것은 1960년대로, 미국을 중심으로 전개되었으며 다음과 같은 상황을 배경으로 한다.

첫째, 미국의 사회 구조와 시민권 운동을 들 수 있다. 북미 원주민과 영국을 비롯한 유럽의 여러 지역 및 아시아와 라틴 국가 출신의 이민자들로 구성된 미국은 기본적으로 어느 특정한 민족의 문화나 제도가 절대적 기준이 되기 어렵고 다양한 문화 사이의 갈등과 혼용이 일어날 수밖에 없는 사회였다. 이러한 다문화 사회의 갈등은 1880년대부터 있어 왔으나 1950~1960년대에 이르러 아프리카계 미국인들을 중심으로 인종 차별에 대한 반대와 시민권 확대를 요구하는 목소리가 교육 분야에 본격적으로 등장하게 된다(Banks, 1996). 그중에서도 1954년에 있었던 연방 대법원의 브라운 판결(Brown decision)과 1964년 제정된 「민권법(Civil Rights Act)」은 다문화교육을 도입하는 데 결정적 계기를 제공하였다(Haynes, 1993). 브라운 판결이란 1951년 캔자스주 토피카에 살고 있던 린다 브라운(Linda Brown)이라는 여학생이 집 근처 초등학교에 입학하고자 했으나 백인이 아니라는 이유로 입학을 거부당하게 되자 소송을 제기하였고, 1954년 연방 대법원에서 만장일치로 아동 흑백 분리 교육은 위헌이라고 판결한 것이다. 이 판결로 인해 미국의 학교에서 인종 분리적 교육 행위가 불법으로 규정되는 역사적 계기가 마련된다.

그리고 1964년에 「민권법」이 의회를 통과함으로써 인종이나 피부색, 종교나 성별 및 출신으로 인해 교육은 물론 취업이나 공공시설 등에서 어떤 차별도 이루어져서는 안 된다는 것이 법으로 규정된다. 아울러 미국은 그동안 추구했던 미국동화주의(melting-pot) 정책의 편협성을 인정하고 유럽계 백인중심의 미국 주류문화에서 배제되었던 아프리카계 미국인이나 멕시코계 이민자 등 다양한 소수 인종과 민족의 문화가 공교육에 반영될 수 있도록 정책을 전환하게 된다(정정숙, 2003).

둘째, 포스트모더니즘의 문화적 다원주의를 들 수 있다. 모더니즘 미학을 이루는 대표적인 개념은 개인주의(individuality), 독창성(originality), 영원성(permanence), 형식주의(formalism)이다(Hart, 1991). 이러한 모더니즘 미학에 기반한 미술사가들이나 비평가들, 철학자들은 작가 개인의 독창성과 작품의 불변적 가치, 형식의 순수성과 완결성을 통해 미술의 보편성과 순수성을 강조하였다. 그러나 1960~1970년대 제기된 다원주의를 추구하는 포스트모더니즘의 등장은 미술교육에 문화적 다양성을 적극적으로 포함하도록 하는 촉매제가 되었다. 가령 기존의 모더니즘적 미술 개념과 미술가들의 역할 및 미학적 판단 기준이 지닌 편협성을 비판하면서 상호문화주의와 다문화주의적 맥락에서 미술을 문화 개념으로 확장할 것을 주장한 맥피는 다문화 미술교육의 등장에 중요한 영감을 주었다(McFee, 1986).

이러한 포스트모더니즘의 문화적 다원주의에 기반하여 미술교육은 미술의 보편적 형식보다는 특수성의 가치에 주목하고 순수미술과 대중미술, 유럽미술과 제3세계 미술, 여성미술과 남성미술의 위계적 구분을 극복하게 된다.

셋째, 다문화교육 사조를 들 수 있다. 다문화 미술교육론은 1960~1970년대 등장한 다문화교육 사조에 기반을 둔다(최윤재, 2011; Stuhr, 1994). 가령 미국교사교육인정협의회[National Council for Accreditation of Teacher Education(NCATE), 1978]는 교사 양성 프로그램에 다문화교육에 관한 내용을 추가하였으며, 이에 따라 1980년대 미국의 교사양성 대학에 다문화교육에 관한 프로그램이 필수적으로 개설된다(Marshall, 1992). 이러한 흐름 속에서 1969~2019년까지 워싱턴 대학교의 교수로 재직하면서 다문화교육센터의 센터장을 역임한 뱅크스(James A. Banks)는 『인종연구를 위한 교수전략(Teaching Strategies for Ethnic Studies)』(1975), 『다인종교육: 이론과 실천(Multiethnic Education: Theory and Practice)』(1981), 『다문화교육개론(Introduction to Multicultural Education)』(1994), 『다문화 사회와 시민 교육(Educating Citizens in a Multicultural Society)』(1997), 『문화적 다양성과 교육(Cultural Diversity and Education)』(2001) 등의 저술을 발표하였으며, 다문화교육론을 지지하는 미술교육자들 사이에서 중요한 근거로 인용되면서 다문화 미술교육론의 형성에 큰 영향을 주었다(Anttila & Doan, 2013).

(2) 다문화 미술교육론의 전개

미술교육에서 다문화교육을 포함하고자 한 대표적인 학자로 맥피(McFee, J. K., 1917~2008), 그린(Greene, M., 1917~2014) 등을 들 수 있다. 가령 맥피는 『미술을 위한 준비(Preparation for Art)』(1961)를 통해 초등학령기 아동에 대한 문화인류학적 · 심리학적 · 사회학적 관찰을 바탕으로 문화와 가정 및 또래의 가치관이 미술 학습과 발달에 미치는 다양한 영향을 다룸으로써 미술교육에서 사회문화적 요소가 지니는 특징들에 주목하였다(Eisner, 1963). 그리고 자신의 제자인 데기(Degge, R. M.)와 함께 쓴 『미술, 문화, 그리고 환경(Art, Culture, and Environment)』(1977)을 통해 문화는 집단에 의해 공유되는 행동이나 사상, 가치이며 미술(visual arts)은 이러한 문화적 사상과 가치를 소통하고 교육하는 수단이 된다고 보았다(McFee & Degge, 1977: 272-298). 이에 따라 학생들이 미술을 문화적 맥락에서 이해하는 것이 중요하며 이를 통해 자신과 타인의 문화에 대한 새로운 통찰을 갖게 된다고 주장하였다. 교육철학자인 그린 역시 1960년대 시민권 운동에서 태동된 다문화교육의 흐름을 지지하면서 미술을 통해 다문화적 이슈들이 다루어질 것을 주장하였다. 그린이 "예술은 자신의 정체성을 형성할 뿐만 아니라 삶에서의 다양한 문화적 배경을 이해할 수 있게 한다."라고 한 것은 미술교육에서 자신과 타인의 문화에 대한 이해가 중요하다는 점을 시사한다(Greene, 1969: 442).

이러한 주장들을 기반으로 미술교육에서 다문화교육이 본격적으로 다루어지게 된 것은 1980년대 후반부터이다. '게티 예술교육센터(Getty Center for Education in the Arts)'가 주관한 세미나의 주제들은 당시 어떻게 다문화교육 담론이 미술교육에 반영되는지의 흐름을 보여 준다. 게티 센터는 1987년 5월, 신시네티(Cincinnati)에서 〈DBAE의 이슈: 입지의 강화와 지평의 확장(Issues in Discipline-Based Art Education: Strengthening the Stance, Extending the Horizons)〉이라는 주제로 세미나를 개최하였는데, 3일간 진행된 세미나에는 37명의 미술교육자가 모여 DBAE를 기반으로 한 아동 인지 발달과 교육과정 개발 및 미술의 사회적 역할 등을 다루었다(Getty Center For Education in the Arts, 1993).

두 번째 세미나는 1989년 5월에 텍사스주 오스틴(Austin)에서 〈이론의 계승: DBAE에 대한 새로운 목소리와 다양한 관점(Inheriting the Theory: New Voices and Multiple Perspectives on DBAE)〉이라는 주제로 개최되었다. 이 세미나에는 130명의 미술교육자가 참여했는데, 미술사와 미학의 효과적인 통합에 대한 논의와 함께 DBAE과 다문화교육(multicultural education) 간의 문제를 다루었다.

특히 1992년 8월 6~9일, 같은 오스틴에서 개최된 세 번째 세미나는 〈DBAE와 문화적 다양성(Discipline-Based Art Education and Cultural Diversity)〉을 주제로 선정하며 3년 전과 달리 다문화교육이 전면에 등장하게 된다. 이 세미나를 주관한 게티 센터는 당시 미국의 다문화교육 흐름과 특징, 미술교육에서의 도전 등에 관한 광범위한 사전 조사를 실시하였으며 당시 왕성하게 활동하던 다문화교육 학자들인 그랜트(Grant, C.), 슬리터(Sleeter, C.)와 미술교육 분야에서는 영국의 메이슨(Mason, R.), 미국의 데이(Day, M.), 맥피, 윌슨(Wilson, B.), 클라크(Clark, G.) 등이 참여하였다. 이들은 DABE에 대한 진단과 미국 사회에서 요구되는 다문화교육에 대한 DBAE와의 접목을 이론적 · 실천적 관점에서 논의했는데, 이 세미나는 미술교육의 역사에서 다문화 미술교육의 중요한 출발점으로 평가된다(Anttila & Doan, 2013). 이 세미나에서 맥피는 학생들의 문화적 다양성에 대한 편차가 위험 수준에 이를 정도로 골이 깊어지고 있음에 우려를 표하면서 서구 순수미술에 대한 가치뿐만 아니라 학생들의 다양한 문화를 반영함으로써 미술을 통해 서로의 문화적 특징과 가치를 이해하도록 할 필요가 있다고 주장하였다.

(3) 다문화 미술교육론의 접근방법

다문화 미술교육론을 접근하는 방식이 지니는 특징이 무엇인지는 스터(Stuhr, P.)가 정리한 다문화 미술교육의 접근법을 통해 파악할 수 있다. 슬리터와 그랜트(Sleeter & Grant, 1987)의 다문화교육의 다섯 가지 양상에 기반하여 스터가 제시한 다문화 미술교육의 다섯 가지 접근 방법은 다음과 같다(Stuhr, 1994).

첫째, 특수하거나 문화적으로 다른 학생들을 대상으로 한 지도로서의 접근법(teaching the exceptional and culturally different approach)은 장애나 인종 등으로 인해 문화적으로 소외된 학생들로 하여금 사회의 주류문화와 구조에 적응할 수 있도록 지도하는 접근을 의미한다. 이러한 관점에서 이루어지는 다문화 미술교육의 접근은 주류문화에 속하지 못한 학생들이 성인이 되었을 때 미술에 관한 직업을 구하고 미술문화 활동에 참여할 수 있도록 서구미술 중심의 가치와 전통과 기준을 교육하는 방식으로 진행된다. 이러한 접근법은 모든 학생이 배워야 할 미술의 보편적 가치와 전통이 있음을 전제로 하는 것으로 주류문화의 미술 체계를 지도한다는 점에서 기존의 교육과정에 대한 특별한 수정은 이루어지지 않는다. 그러나 이 같은 접근법은 학생들에게 주류사회에 적응하는 능력을 함양할 수는 있으나 학습자를 주류사회의 소외자(outsider)로 위치시키고 미술이 제작되는 사회문화적 맥락에 대한 관점이 다루어지지 않고 서구 미술이 하나의 올바른 미술의 기준이라는 개념을 주입한다는 점에서 한

계를 지닌다.

둘째, 인간관계적 접근(human relations approach)은 서로 다른 문화적 배경에 있는 학생들이 서로의 문화적 특성과 차이를 이해하고 고정관념이나 편견 및 오해를 제거함으로써 자신의 집단에 대해 긍정적인 인식과 자아존중감(self-esteem) 형성을 추구하는 방식이다. 이러한 인간관계적 접근은 집단의 다양성을 긍정적인 가치로 바라보기 때문에 학교에서 어느 한 문화가 독점되거나 소외되는 상황을 반대한다. 그러므로 인간관계적 접근에 따른 다문화 미술교육은 학생들로 하여금 각자의 문화적 배경을 지닌 축제나 시각적 상징, 의상이나 음식, 음악 등을 다루며 이러한 체험과정에서 서로의 문화를 이해하며 자신의 문화에 대해 자긍심을 가지고 서로의 문화적 차이를 넘어 공동체로서의 하나된 마음을 갖도록 한다. 그러나 사회문화적 다양성에 대한 피상적 접근이 이루어지고 개념적 갈등이 무시됨으로써 사회적 변화에 대한 필요성이 다루어지지 않는다는 점에서 한계를 지니기도 한다.

셋째, 특정 집단 연구적 접근(single group studies approach)은 특정한 문화적 집단을 연구 집단으로 선정하여 그 집단의 문화와 역사 등에 대한 심도 있는 이해가 이루어지도록 하며 대상 집단의 문화를 수용하고 존중하도록 하는 접근하는 방식이다. 가령 아메리칸 인디언이나 아프리카계 미국인, 혹은 여성 등과 같이 특정 집단을 선정하여 문화이해에 대한 수업을 진행할 수 있다. 이러한 특정 집단 연구적 접근은 보통 초·중등학교보다는 대학 과정에서 이루어지기는 하지만 특정 집단의 미술가와 작품의 특성을 집중적으로 탐구할 수 있으며, 이를 통해 집단마다 미술에 대한 이해와 활용이 다를 수 있음을 알 수 있다.

넷째, 다문화교육적 접근(multicultural education approach)은 문화적 민주주의(cultural democracy)에 기반한 접근 방식으로서 학생들로 하여금 민주적 원리와 책임을 공유하는 가운데 사회 구조적 평등성과 문화적 다원주의를 추구한다. 또한 이 방식은 수업의 내용이나 방식만이 아니라 학교의 개혁을 추구하며 수업에 다양한 인종의 교사를 고용하도록 하는 등 학교 인력의 사회적·인종적 구조 변화까지 요구한다는 특징을 지닌다. 이러한 방식의 다문화 미술교육은 수업에 인종이나 성, 계급이나 장애 등의 다양한 차이를 지닌 학생들이 참여하도록 하여 각 문화들 간의 차이점이나 공통점을 탐색하도록 하거나 다양한 문화에 속하는 미술가를 실제 수업에 참여시킬 수 있다. 이러한 다문화교육적 접근은 다양한 문화의 사회문화적 맥락에 대한 비평적 관점과 함께 사회적 평등을 지향한다는 특징을 지닌다.

다섯째, 다문화와 사회재건주의적 접근(education that is multicultural and social reconstructionist approach)은 학생들이 사회적 · 구조적 불평등에 도전하고 사회문화적 다양성의 증진이 이루어질 수 있도록 하는 방식으로서 사회 구조에서의 평등과 문화적 다원주의를 추구한다는 점에서 다문화교육적 접근과 공통점을 지닌다. 특히 사회재건주의적 접근은 학생들로 하여금 자신의 실제 경험과 사회적 차별을 조사할 수 있는 능력을 갖추도록 하며 학생들이 비평적 사고자(critical thinkers)가 될 것을 추구한다. 이러한 사회재건주의적 접근에 따를 경우, 다문화 미술교육에서 만일 어떤 학생이 사회적으로 특권적 계층에 속한다고 한다면 이 학생으로 하여금 자신의 집단이 왜 사회적 · 경제적으로 이익을 독점하고 있는지를 분석하게 할 수 있다.

(4) 다문화 미술교육론의 개념과 목표

다문화교육의 형태와 목표는 다양하여 단일한 목표나 방법으로 귀결되기 어려운 것처럼 다문화 미술교육의 목표와 방법 역시 단일하게 정의될 수 있는 것은 아니다(Sleeter & Grant, 1987). 그럼에도 불구하고 다문화 미술교육이 무엇이고 무엇을 추구하는지에 대해 여러 학자가 공감하는 견해를 종합할 때, 다문화 미술교육이란 '자신이 속한 문화뿐만 아니라 타인의 문화가 지니는 의미와 가치를 이해하고 존중함으로써 문화적 다양성을 추구하는 미술교육'으로 정의될 수 있다. 스미스는 다문화 미술교육이란 타 문화에 대한 단편적 사실들에 대해 배우는 것이 아니라 문화에 대해 어떻게 생각하는지, 그들의 삶의 방법을 배우며 개인 자신의 문화에 대한 통찰력을 제공하는 것이라고 하였다(Smith, 1983). 다문화 미술교육론을 다룬 연구들에서 제시되는 교육목표적 측면은 다음과 같이 정리될 수 있다.

첫째, 다문화 미술교육은 미술을 통한 학습자의 문화적 정체성 인식을 추구한다(McFee, 1995). 다문화 미술교육이 다양한 문화의 특성을 이해하고 존중하는 것에서 공통점을 지니지만 이것은 타 문화에 관한 것만을 의미하는 것이 아니라 학습자가 소속한 집단의 미술문화에 대한 특성을 이해하고 존중하는 마음을 갖도록 한다는 점에서 자문화에 대한 이해 교육이라고도 할 수 있다.

둘째, 다문화 미술교육은 타 문화의 특성을 이해하고 문화적 다양성 존중을 추구한다(Congdon, 2011). 타 문화를 이해한다는 것은 그들의 삶을 이해하는 것이자 각자의

문화에는 우월이나 열등의 위계가 아닌 다양성으로서의 가치가 있음을 이해하고 타 문화에 대해 열린 마음을 갖는 것을 말한다. 이러한 점에서 다문화 미술교육은 타 문화의 미술에 대해 그들의 삶과 미술 문화의 가치를 열린 마음으로 이해하고 존중하도록 한다.

셋째, 다문화 미술교육은 미술을 통한 사회 문제의 인식과 해결을 추구한다(Delecruz, 1996). 다문화 미술교육은 미술수업을 통해 민족과 인종, 이념이나 성, 종교, 계층이나 지역 간의 갈등 또는 문제를 미술적으로 다루는 사회적 행동이라는 의미를 지니기도 한다(Jagodzinski, 1982). 즉, 다문화 미술교육을 통해 자신과 타인의 미술문화를 이해하는 것뿐만 아니라 미술에 내재된 사회적 불평등이나 편견 등을 드러내고 이를 다룸으로써 미술에 내재된 갈등이나 문제가 해결되기를 추구한다.

(5) 다문화 미술교육의 교수 · 학습 방법

다문화 미술교육이 지니는 교수 · 학습 방법의 주요한 특성은 다음과 같다. 첫째, 미술에 대한 맥락적 이해를 강조한다(Delacruz, 1996). 미술을 맥락적으로 이해한다는 것이란 미술작품에는 작가 개인을 넘어 소속된 집단과 사회의 문화와 생활, 가치관, 신념 등이 녹아 있음을 이해하는 것을 말한다. 따라서 다문화 미술교육의 수업에서는 학생들로 하여금 미술작품을 둘러싼 제작 과정과 미술가의 삶, 사회 상황과 문화 등에 대한 탐구를 통해 미술의 다양한 맥락적 특성을 이해하도록 한다.

둘째, 미술에 대한 비판적 탐구를 강조한다(Blandy & Congdon, 1991; Delacruz, 1996). 다문화 미술교육에서는 미술가와 미술작품에 대한 비판적 탐구(critical inquiry)를 추구하는데 이는 기존의 미술사적 서술이나 미학적 해석에 대해 비판적으로 재검토한다는 것을 의미한다. 이러한 비판적 재검토는 문화적 측면뿐 아니라 정치적, 사회적, 환경적 혹은 경제적 측면 등과 같이 다양한 관점에서 이루어질 수 있으며, 비판적 탐구를 통해 미술가와 미술작품에 내재된 편견이나 차별적 요소를 확인하고 이를 극복할 수 있도록 한다.

이 외에도 다문화 미술교육을 진행함에 있어 교사가 고려해야 할 점들이 있는데, 이에 대해서는 왓슨과 스터, 페트로비치-므와니키가 쓴 미술교육자들이 고려해야 할 다문화 미술교육에 대한 여섯 가지 입장문(six position statements)을 참고할 수 있다(Wasson, Sthur, & Petrovich-Mwaniki, 1990). 이들이 제시한 입장은 다문화 미술교육의 연구와 실천에 대한 중요한 지침이 된다.

- **입장 1**: 미술작품이 생산된 사회의 문화적 맥락과 미술 제작자를 아는 데 초점을 두는 사회-인류학적(socio-anthropological) 관점을 지지한다.
- **입장 2**: 우리는 교육(teaching)을 문화적 사회적 중재로 보며, 교사는 먼저 자신의 문화적 · 사회적 편견을 마주해야 할 뿐만 아니라 지속적으로 이를 인식하여야 한다.
- **입장 3**: 우리는 학생/지역 중심의 교육과정을 지지하며, 이 과정에서 교사는 학생의 사회문화적 가치와 신념 및 지역사회 문화의 가치와 신념을 미술교육과정 계획에 반영하여야 한다.
- **입장 4**: 우리는 미술작품 제작에 영향을 주는 사회문화의 특성을 확인하는 방법으로서 인류학에 기초한 방법을 지지한다.
- **입장 5**: 학급/지역공동체/국가에 존재하는 사화문화적이며 인종적 다양성을 보다 민주적인 방식으로 대표할 수 있는 문화적으로 적절한 교육방법(culturally responsive pedagogy)을 찾고 이를 신중하게 적용할 것을 지지한다.
- **입장 6**: 우리는 모든 인간의 상호작용에 영향을 미치는 요소들—물리적 · 정신적 능력, 계급, 성, 연령, 정치, 종교, 인종—의 역동적인 복잡성에 주목하고자 한다. 또한 미술교육에 소외된 사람들의 목소리를 들을 수 있을 뿐만 아니라 주류 집단의 이데올로기가 암묵적으로 당연시되는 점들을 민감하게 반응할 수 있도록 보다 민주적인 접근을 추구한다.

10) 구성주의 미술교육[7]

(1) 교육에서 구성주의

구성주의 인식론이 가져다준 커다란 변화는 인지를 지식의 축적으로만 보지 않고, 앎의 사회문화적 측면을 새롭게 보도록 한 것이다. 미술교육에서 포스터모던 논의와 더불어 구성주의 관점은 창의성 중심 미술교육과 학문중심 미술교육(DBAE) 등의 전

7) 이주연 외(2020), 49~56쪽의 내용을 부분적으로 수정하였다.

통적 관점에 대한 대안적 견해를 제시하고 있다(이주연 외, 2020).

이 글에서는 피아제(Piaget, 1952/1963)를 중심으로 한 인지적 구성주의와 비고츠키(Vygotsky, 1978)를 중심으로 한 사회적 구성주의를 주로 다룬다. 피아제는 심리학과 과학에 영향을 끼친 실증주의의 가정을 따르는 반면, 러시아의 심리학자 비고츠키는 마르크시스트의 원리에 영향을 받아 새로운 사회의 기초로서 사회역사적 심리학을 고안하려 하였다(Efland, 2002/2006). 피아제의 인지적 구성주의는 주로 개인의 인지적 과정에 초점을 맞추었는데, 개인이 머릿속에 어떠한 정보를 넣고 다니는 것이 아니라 이전 경험이나 지식을 바탕으로 새로운 정보를 처리하는 데 도움을 주는 인지구조, 즉 스키마를 갖고 있다는 것이다. 이러한 측면에서 학습은 수많은 정보의 축적 자체로 인식되기보다는 새로운 정보를 어떠한 스키마를 통해 받아들이는지, 그리고 스키마 자체를 어떻게 변화시키는지 등과 관련된다는 것이다. 이는 우리가 외부에서 제공되는 지식을 수동적으로 받아들이는 게 아니라 능동적인 인지활동을 통해 세상을 이해하는 틀을 형성하고 그러한 인지 구조를 활용하여 외부 대상을 이해하는 것임을 말해 준다.

학습을 인간의 개인적 인지과정으로 설명하고자 한 피아제의 관점을 비판하며, 비고츠키는 인간 개체의 변화를 자연적 변화로 보기보다는 사회문화적 차원에서 설명하고자 하였다. 사회적 구성주의에 영향을 준 비고츠키(1978)는 학습을 언어와 같은 사회적 기호의 획득과 문화적이며 사회적인 관계의 내면화를 통한 사회적 학습의 결과로 보았다. 비고츠키는 인지적 발달이 사회적 영향을 받는다는 점에서 '근접발달영역(Zone of Proximal Development: ZPD)'이라는 개념을 제시하였다. '근접발달영역'이란 "독립적인 문제해결에 의해 결정되는 실질적인 발달단계와 성인의 안내 혹은 좀 더 유능한 동료들과의 협동하에서 문제해결을 통한 잠재적 발달단계 사이의 거리"이다(Bruner, 1985: 24). 이 개념은 학습자의 개별적 수행과 사회적 도움을 받은 수행 간에 차이가 있다는 것이다. 즉, 학습에 있어서 학습자 주위의 성인이나 동료의 지원이 중요한 역할을 한다는 것이다.

또한 마르크스와 엥겔스의 영향을 반영하여 비고츠키는 인간이 환경을 조절하기 위해서 자연환경을 변화시키고, 그렇게 함으로써 그들 자신을 변형시키는 수단으로서 도구를 사용한다는 점을 강조한다(Vygotsky, 1978). 이때 '도구'는 사람들의 정신적 과정을 매개하며 지식을 얻는 여러 가지 방식이다. 이러한 도구의 사용은 개인의 변화가 사회와 문화에 뿌리를 두고 있다는 것을 의미한다(Cole & Scribner, 1974). 이때 사회적 도구란 언어, 숫자, 시각적 이미지, 몸짓 등까지도 포함한다. 따라서 비고츠키는 학습을 개인과 맥락 혹은 개인과 개인 간의 중재 혹은 매개 과정에서 찾으려 하였다.

(2) 미술교육에서 구성주의

인지에 대한 구성주의의 시각은 '보는 행위', 곧 '지각'에 대한 우리의 인식을 바꾸었다(이주연 외, 2020). 무엇을 본다는 지각 행위는 단순히 대상을 수동적으로 받아들이는 것이 아니라 인지적인 앎의 한 양식이라는 것이다(Eisner, 1976). 일반적으로 이성 대 감성, 언어 대 이미지, 읽는 것 대 보는 것 등을 구분하고 이들을 위계적으로 바라봐 왔다. 그러나 이제는 더 이상 문자가 유일하고 핵심적인 의사소통 도구가 아니며 언어적 기호로서 시각 이미지의 중요성이 부각되고 있다.

20세기 이후 근대 미술교육에서 자발성과 창의성을 중시하며 교사의 지도와 영향을 줄여야 한다는 인식이 널리 확산되어 왔다. 그러나 교사의 영향이나 개입을 최소화해야 한다는 입장에도 불구하고 창의성 중심 미술교육에서 강조해 왔던 성인의 지도와 영향으로부터 과연 자유로운 어린이의 표현이 가능한가라는 물음을 생각해 보게 한다(McDonald, 1970). 맥도날드는 창의성 중심 미술교육의 초기 학자인 치젝의 어린이 미술과 관련하여, 이들의 미술이 서로 비슷한 스타일을 보여 주거나 혹은 당시 삽화나 공예품의 영향을 보여 주는 것과 같은 점을 지적하며, 미술표현이 사회문화적 영향으로부터 분리될 수 없다는 점을 언급하였다(McDonald, 1970). 이러한 시각은 이어지는 사회적 구성주의에서 더욱 구체적으로 논의된다. 사회적 구성주의는 학습을 학생의 개별적인 과정으로 바라보는 것이 아니라 교사와 학생이 상호작용하며 지속적인 사회적 교섭과 협상을 하는 과정으로 인식한다(Efland, 2002/2006).

나아가 학습에 대한 사회 구성주의적 관점은 교육에서 가르쳐야 할 지식 자체에 관심을 기울이기보다는 학생에게 영향을 주는 문화에 관심을 기울이도록 하였다. 오랜 동안 학문중심 교육과정의 영향은 여러 학문 분야의 지식을 습득하는 것을 중요시해 왔다. 이러한 아이디어의 이면에는 지식을 일상적 세계로부터 구분하고 위계적으로 바라보는 관점을 찾을 수 있다. 이때 미술교육의 목적이란 미술계의 지식의 구조와 탐구방법을 학습하도록 하는 데 있었다. 즉, 1980년대 DBAE에서 미술제작, 미학, 미술비평, 미술사라고 하는 각각의 고유한 지식의 구조와 탐구방법을 체계화하고 이를 학교교육에서 주요한 지식으로 가르치고자 하였던 것이다. 그러나 학습자를 둘러싼

문화에 대한 관심을 제기하는 사회적 구성주의는 학생의 문화와 그 영향에 대한 중요성을 인식한다. 이러한 점에서 학교 미술의 목적은 학문 자체의 기본 구조와 방법을 습득하는 것이 아니라 학생의 사회적 · 문화적 환경을 이해하는 것을 돕기 위한 것이어야 한다는 것이다.

류재만은 구성주의적 미술학습의 원리를 다음과 같이 정리하였다(2001: 124-128).

첫째, 학습자 중심의 미술학습이다. 구성주의 교육에서 학습자는 능동적으로 자신의 경험을 재구성하고 지식이나 정보를 적극적으로 학습하는 능동적 탐구자이자 해석자이다.

둘째, 사고과정을 중시하는 미술학습이다. 구성주의에서 학습은 인지적 갈등과정에서 일어난다고 보고 이러한 갈등의 기회를 통해서 성장을 할 수 있도록 한다. 이때 자신의 행동에 대해 성찰하는 기회를 제공함으로써 새로운 표상을 형성할 수 있도록 한다.

셋째, 실제적 경험과 관련된 미술학습이다. 구성주의 교육은 학생들이 실제로 대면하게 되는 상황을 강조하며 실제적 성격의 과제를 제시함으로써 의미 있는 학습이 이루어질 수 있다는 것이다.

넷째, 상호작용을 통한 미술학습이다. 구성주의에서 강조하는 사회적 상호작용을 통한 협동학습은 학생들이 과제를 함께 수행하며 서로에게 긍정적인 상호의존성을 성취함에 따라 이루어질 수 있다는 것이다.

11) 시각문화 미술교육(VCAE)[8]

정보통신기술의 발달로 21세기 초에는 사회문화적으로 급격한 변화가 있었다. 컴퓨터와 스마트폰 등과 같은 매체는 정보의 시각화 현상과 더불어 우리의 일상생활 방식을 완전히 변화시켰다. 문화와 예술의 생산 및 소유는 더 이상 몇몇 특권층의 전유물이 아니며, 관심 있는 누구든 생산할 수 있게 되었고, 지식과 정보 습득은 더 이상 텍스트 위주가 아닌 많은 영상물이 대체해 가고 있다. 이와 같이 시각문화는 오늘날 주요한 문화양상으로 단순히 하나의 문화 현상에 그치지 않고 중요한 산업의 하나로

8) 황연주(2020), 295~307쪽의 내용을 수정 · 보완하였다.

급부상하고 있다. 다양한 영상산업이나 디자인 등과 같은 시각문화가 국가 경쟁력을 강화하는 문화산업에서 중요한 비중을 차지할 뿐만 아니라, 국가의 사회경제적 발전에 미치는 영향이 그만큼 커졌다는 것을 의미한다. 즉, 시각문화는 우리의 삶 속 깊이 파고들어 각 개인의 사회문화적 발달 및 정체성은 물론이고 감성과 의식의 형성에도 적지 않은 영향을 줄 뿐만 아니라, 고부가가치를 창출하는 중요한 산업으로 등장한 것이다(황연주, 2006: 171-174).

이러한 시대적 흐름 속에서 포스트모더니즘이 미술계를 비롯한 21세기 사회문화적 현상을 대표하고 있다. 이것은 절대적인 진리가 와해되고 장르의식이 해체되며 서로 다름을 인정하고 다양성을 존중하는 사상이기도 하다. 또한 DBAE가 미술제작뿐만 아니라 미술사, 미학, 미술비평을 통합적으로 지도하려다 보니, 자료가 풍부한 미술양식과 유명 작품이나 작가 중심으로 수업이 진행되면서 학생들의 현재 삶에 많은 영향을 미치고 있는 동시대의 시각문화적 현상이나 다양한 문화적 배경의 미술이 미술교육에서 소외되고 있다는 문제가 지적되었다. 이러한 DBAE에 대한 반성적 성찰과 더불어 변화된 사회문화적 흐름 및 다원성을 존중하는 포스트모더니즘의 세계관이 반영된 새로운 미술교육 패러다임이 등장하게 되었는데, 그것이 '시각문화 미술교육(Visual Culture Art Education: VCAE)'이다.

시각문화의 개념이 20세기 후반에 등장하였다면, 시각문화 미술교육에 대한 논의는 2000년대 초에 시작되었다. 2002년 학술지 『Visual Arts Research』(28권 2호)와 2003년 저널 『Studies in Art Education』(44권 3호)에서 집중적으로 다루어지기도 하였다.

하지만 '시각문화'라는 개념은 '시각'과 '문화'의 합성어로 그 의미가 워낙 광범위하고 모호하기 때문에 다양하게 정의 내려지고 그에 따른 내용 영역도 매우 포괄적이다. 김진엽(2002: 192)은 시각문화의 영역을 회화 · 조각 · 건축 등과 같은 예술 영역, 디자인 영역, 연극 · 무용 · 패션쇼 등과 같은 공연예술 영역, 그리고 사진 · 영화 · 애니메이션 등과 같은 전자대중매체 영역으로 분류하였다. 워커와 채플린(Walker & Chaplin, 1997/2004: 69)은 시각문화는 문화적 생산의 영역 안에 속한다고 보고, 그 영역을 미술, 공예 · 디자인, 매스미디어와 전자미디어, 그리고 공연예술과 스펙터클아트로 김진엽과 유사하게 분류하였다.

키퍼보이드와 메이트랜드 골슨(Keifer-Boyd & Maitland-Gholson, 2007/2010: 19)에 따르면, 시각문화는 문화적 맥락에서 시각적 대상들이 만나는 곳이다. 시각문화 연구는 순수미술, 민속미술, 대중매체, 디자인, 대중문화, 건축, 그리고 일상에서 만나는 시각적 현상의 다양한 카테고리를 포함하는 이미지의 의미를 탐색하는 것이다. 미술교육에서 시각문화가 중요한 이유는 대상이나 이미지 자체의 중요성뿐 아니라 권력과 특권의 사회적 맥락에서 이미지가 어떻게 위치하고 있는지를 탐구하는 과정과 실천에 있다.

이로 본다면 '시각문화'는 회화, 조각, 공예, 디자인 등과 같은 기존의 전통적인 개념에서의 미술에 한정하지 않고 일상생활 속의 모든 시각적인 문화 현상을 아우르는 말이라고 볼 수 있다.

시각문화 미술교육은 2002년 던컴(Duncum, P.)에 의해 미술교육에서 확산되었다고 볼 수 있다. 그는 "순수미술보다 양적으로 방대하고 훨씬 친숙한 일상의 미적 경험은 더욱 강력한 의미형성과 소통의 수단"(Duncum, 1999: 296)이라고 보아 그것에 대한 교육적 필요성을 제기하였다. 이러한 주장은 많은 미술교육자의 동의를 얻었으며, 시각문화에 대한 교육적 관심은 점차 확산되었다. 그는 자신의 주장을 '시각문화 미술교육(VCAE)'이라고 규정하고, 이것은 제작(making)과 비판(critique)을 공생적으로 파악하며 학생들의 시각문화적 경험을 중심으로 수업을 구성하는 새로운 미술교육 패러다임이라고 하였다(Duncum, 2002). 시각문화 미술교육에 대한 좀 더 체계적인 정의는 다양한 학자의 합의와 제안을 통해서 이루어졌다. 2002년 NAEA는 12명의 미술교육자가 합의한 '미술교육과 시각문화' 권고문을 제시한 바 있다. 권고문에는 미술 개념의 확장과 최근의 지식 개념, 사회적 삶의 변화 등을 언급하고 있다. "오늘날의 사회에서 시각문화 영역은 지식, 정체성, 신념, 상상, 시공간 감각, 미디어 감각, 모든 연령층의 삶의 질을 구성하는 데 기여하고 반영한다. 그러므로 학습자에게 시각문화의 형식, 의미, 목적을 이해할 수 있도록 하는 시각문화 해석과 창조를 교육하는 것은 매우 중요하다."라고 지적하며 시각문화 미술교육을 실천할 것을 주장하였다(www.naea-reston.org에서 재인용; 안인기, 2008: 5-6).

프리드먼(Freedman, E.)은 아이스너가 시각문화 미술교육을 단순히 심상의 정치적 분석(political analysis of imagery)으로만 보는 것에 반박하고, 보다 구체적으로 시각문화 미술교육의 범주를 제시하였다. 그녀는 2003년 『Teaching Visual Culture: Curriculum, Aesthetic, and the Social Life of Art』에서 시각문화 미술교육은 그동안 간과되어 왔던 학습자의 미적 경험과 일상의 미학적 분석의 강조와 아울러 이를 통한 작품활동이라는 미술교육의 중요한 부분을 계속할 것이라고 하였다. 즉, 시각문화 미술교육에서 학생들의 작품활동은 여전히 중요한 부분이고, 자신의 삶의 문제와 아울러 사회적 문제와 관련한 개인적 · 작가적 입장을 밝히는 미술교육의 중요한 수단이며 목적이라고 하였다(Freedman, 2003; 손지현, 2008: 33에서 재인용).

이 외에 윌슨(Wilson, B.)은 시각문화 미술교육에서 시각적 사고와 의사소통을 증진하기 위해 시각적 텍스트에 대한 시각적 문해력을 강조하였고, 안인기(2008: 12)는 "시각문화 미술교육은 학습자가 시각문화 현상을 이해하고, 삶의 향상을 위한 사회적 소통의 수단으로 활용하며, 새로운 시각언어를 구성하고 창조할 수 있도록 가르치고 배우는 활동이다."라고 정의하였다. 시각문화 미술교육의 특징은 다음과 같다.

첫째, 시각문화 미술교육은 미술을 하나의 시각적 문화 현상이라는 거시적 관점에서 출발하여 미술문화의 대중화 또는 민주주의화를 지향하는 일종의 문화교육적 관점에서 접근한 미술교육이다. 시각적 문화 현상인 '미술'이라는 용어가 이미 있는데, 굳이 미술교육에서 '시각문화'라는 용어를 따로 사용하는 이유가 이를 뒷받침해 준다. 즉, 종래의 미술교육에서 '미술' 개념이 모더니즘적 개념에 치우친 내용 편성과 조형학적 · 미학적 관점이나 예술학적 관점에서 접근한 것이라면, 이와 차별화를 두기 위해 시각문화 미술교육에서는 '시각문화'라는 용어를 사용하여 기존 미술교육에서 등한시되었지만 보다 일상생활 속에서 대중에게 친숙한 모든 시각적 문화 현상까지 미술교육의 내용으로 아우르고자 하는 문화교육적 관점에서 접근한 것이라고 볼 수 있다(황연주, 2020: 302-303).

둘째, 시각문화 미술교육은 내용적 측면에서 순수미술 작품만이 아닌 포스트모더니즘에 기반하여 학생들을 둘러싼 일상생활 속의 다양한 시각적 문화 현상을 모두 교육내용으로 다룰 수 있다.

셋째, 시각문화 미술교육은 교수 · 학습 방법적 측면에서 이미지의 사회문화적 맥락의 이해와 해석 및 분석을 중시하기 때문에 간학문적 접근을 통한 학습이 유효하다.

넷째, 시각문화 미술교육은 학생들의 삶에 근거한 미술교육을 추구한다. 그들을 둘러싼 시각적 이미지들에 대한 이해를 통해 자신을 둘러싼 사회를 이해해 가며 그들의 삶도 이해해 가기 때문이다.

하지만 시각문화 미술교육 관련한 최근의 연구들이 시각매체를 통한 영상물이나 대중미술 등을 중심으로 한 접근이 많다 보니 마치 시각문화 미술교육을 시각매체에 기반을 둔 미술교육이라고 오해하는 경우가 있다. 에플랜드(Efland, 2004: 235)는 "시각문화에서 순수미술을 배제한다면 시각문화에 관한 정의는 완전해질 수 없다."라고 하면서, 순수미술은 시각문화 미술교육에서 배제될 수 없음을 강조하였다. 즉, 앞서 시각문화의 개념에서 살펴보았듯이 시각문화가 전통적 순수미술을 포함한 다양한 형태의 시각적 문화 생산물을 모두 포함하기 때문에 시각문화 미술교육도 그와 같은 맥락에서 접근되어야 한다. 시각문화 미술교육이 미술교육에 시사하는 바는 다음과 같다.

첫째, 시각문화 미술교육은 학생들에게 범람하는 오늘날의 시각문화 환경을 보다 올바르게 이해하고, 양질의 시각문화를 선택하고 활용할 수 있는 '올바른 문화감수성'을 함양하도록 한다. 무분별하게 무수히 쏟아지는 시각문화들은 부도덕하거나 상업적 내용으로 소비자를 현혹하는 경우가 많은데, 올바른 이해 없이 무비판적으로 수용하다 보면 문화적 이데올로기나 문화적 상업주의에 빠질 수도 있다. 시각문화 미술교육은 미술교육이 변화·발전된 사회문화적 환경은 물론이고 오늘날과 미래를 살아가는 학생들의 올바른 문화 수용 행태 및 의식에 부응하도록 돕는다.

둘째, 시각문화 미술교육은 포스트모더니즘을 근간으로 미술교육의 내용적 측면의 확장뿐만 아니라 이를 어떻게 다루는지에 대한 새로운 접근방식을 제공한다. 종래의 미술교육이 순수미술이나 서양미술 중심이었다면 시각문화 미술교육은 대중미술이나 시각매체에 의한 영상 등과 같은 우리의 삶을 둘러싼 일상적 시각문화로 내용을 확장하였다. 그렇다고 시각문화 미술교육이 기존의 미술교육에서 강조해 온 점들을 완전히 무시하는 것은 아니다. 종래의 미술교육에서 소홀히 다루어져 왔지만, 현대사회에서 중요하게 다루어지고 있는 미술적 요소들을 기존의 미술교육 안으로 적극 끌어들이자는 보다 확장된 의미가 강하다(황연주, 2020: 306). 또한 기존의 미술교육이 미술의 조형요소와 원리를 중심으로 한 모더니즘적 측면의 미학에 치우친 접근방식이었다면, 시각문화 미술교육은 시각문화의 사회문화적 현상에 대한 맥락적 이해와 더불어 학생 스스로의 삶을 위한 접근방식에 가깝다고 할 수 있다. 학생들은 자신을 둘러싼 시각적 문화 현상들을 이해하면서 이를 통해 자신의 삶을 이해하고 적극적으로 활용함으로써 변화하는 사회에 도태되지 않고 살아갈 수 있는 것이다.

셋째, 시각문화 미술교육은 다양한 시각적 문화양상을 보다 미적·질적으로 향수할 수 있는 '미적 감수성'을 함양하도록 한다. 인간은 누구나 삶에 어느 정도 여유를 갖게 되면 좀 더 질적으로 즐기고자 하는 욕구가 있다. 한국도 이제 선진국 대열에서 기본적인 의식주의 해결을 뒤로 하고 삶을 보다 여유롭고 질적으로 즐기고자 하는 사람들이 늘어나고 있다. 그래서 영화관이나 미술관에서 작품을 감상하고 향유하며 여가시간을 보내는 사람들을 꽤 볼 수 있다. 이와 같은 흐름 속에서 시각문화 미술교육은 다양한 시각적 문화 현상을 보다 미적으로 즐기며 감상하고 향유할 수 있는 길을 열어 준다(황연주, 2020: 303-304).

넷째, 시각문화 미술교육은 학생들이 시각문화 현상을 보다 비판적으로 수용하도록 한다. 오늘날 포스트모던 시대는 하나의 지배적인 문화가 모든 흐름을 주도하는 것이 아니라, 다양성이 존중되는 시대이다. 특히 IT기술이 고도로 발달하면서 문화의 생산자와 소비자의 구분도 모호해지고 있으며, SNS(social network services)와 유튜브 1인 방송 등이 나날이 늘어나면서 무수히 많은 시각문화 콘텐츠를 쉽게 접할 수 있게 되었다. 하지만 모두 질적으로 담보된 것이 아니기 때문에, 그것을 그대로 수용하기보다는 왜곡된 시각 정보는 아닌지, 그 뒤에 감추어진 정치적 · 사회적 쟁점은 없는지, 디자인적으로는 우수한지 등 비판적으로 그 가치를 판단할 수 있도록 시각문화 미술교육이 도움을 준다.

다섯째, 시각문화 미술교육은 '예술의 생활화'를 가능하게 한다. 문화생활은 곧 예술의 생활화라고 할 수 있다. 오늘날 여러 사회 · 문화단체를 통하여 일반 대중들이 예술과 문화에 참여하고 친숙해질 수 있는 기회가 늘어나고 있다. 또한 예술을 통해 인생의 의미를 재조명해 보려는 욕구가 늘어나고 문화센터 혹은 여러 문화예술 기관이나 제도가 급증하고 이에 참여하고 관심을 가지는 사람들이 늘어나는 것은 문화예술에 대한 욕구가 급상승하고 있음을 대변한다. 또한 SNS에 각종 사진을 찍어 올리거나 카페, 블로그 및 유튜브 방송 제작 등으로 자신을 표현하면서 사람들은 시각문화에 이미 친숙해 있기도 하다. 이러한 시대적 흐름에서 시각문화 미술교육은 예술과 삶이 유리되지 않게 예술을 삶 속으로 끌어들여 예술의 생활화를 가능하게 한다(황연주, 2020: 304-305).

여섯째, 시각문화 미술교육은 학생들이 시각매체의 경험을 통해 지식기반사회의 문화산업에 기여할 수 있게 한다. 많은 미래학자는 21세기에 가장 성장할 것으로 주목할 만한 산업으로 크게 생명공학을 포함하는 의약산업, 환경산업, 정보통신산업, 그리고 문화산업을 거론하고 있다. 이처럼 세계 경제의 흐름은 자본 · 노동 중심에서

지식과 창의적 아이디어가 주도하는 지식기반경제로 전환되고, 문화산업이 핵심 산업의 하나로 부상하고 있다(황연주, 2020: 302-305). 시각매체로 내용 영역을 확장한 시각문화 미술교육은 미래 문화산업을 대표하는 영상문화의 생산 및 소비 능력의 함양에 이바지할 것이다.

이제 교육은 21세기 문화의 시대를 맞이하여 대비하고 준비해야 하며, 미술교육에서 시각문화 미술교육은 국가 경쟁력을 갖춘 문화산업의 발전을 위해 중요한 역할을 할 것이다.

하지만 시각문화 미술교육은 시각문화라는 개념이 방대하고 모호한 데다가 기존의 미술교육에서 다루는 내용도 한정된 학교 수업시간으로 인해 제대로 다 교육하지 못하고 있는 상황에서 새로운 교육내용을 도입하고 방법을 확산하는 것이 현실적 한계에 부딪칠 수밖에 없다는 지적이 있다. 그뿐만 아니라 미술교육에서 시각적 이미지의 사회문화적 담론을 읽거나 분석하는 활동 위주의 수업은 지금까지 미술교육에서 중요하게 다루어 온 미술제작 활동을 약화시키고 미술교육의 정체성을 혼란시킬 수 있는 여지도 없지 않아 있다. 그럼에도 불구하고 시각문화 미술교육은 오늘날 사회 변화에 부응하는 교육적 요구에 따라 전 세계 미술교육의 주요 동향으로 자리 잡았다. 우리나라에서도 2007 개정 미술과 교육과정에서부터 시각문화에 대한 교육을 중요하게 부각시키고 있다.

12) 영상정보화 시대 비주얼 리터러시 교육

오늘날 MZ세대를 비롯한 기성세대는 텍스트보다는 스마트폰을 중심으로 한 영상 콘텐츠를 선호한다. 정보를 검색할 때에도 텍스트 중심의 포털 사이트보다는 유튜브(YouTube)나 동영상 검색 플랫폼을 이용하는 사람들이 많아지고 있다. 즉, 텍스트를 통해 지식이나 정보를 얻으려고 하기보다는 영상을 통해 지식과 정보를 얻으려는 사람들이 늘어나고 있는 것이다. 근래 초등학생들의 장래희망도 의사, 변호사, 교사 등과 같은 과거 선호직업에서 유튜버가 1위가 된 조사결과도 있다. 이러한 흐름 속에서 나만의 콘텐츠를 만들어서 공유하려는 1인 크리에이터들의 활동도 늘어나고 있는 추세이다. 이제 영상은 특정 제작자나 전문인들의 소유물이 아니라 일반인 누구나가 생산하고 소비할 수 있는 환경이 되었다. 일기를 쓰듯 일상을 기록하는 일상 브이로 그(Vlog), 의학이나 법률 등과 같은 전문적 지식을 전달하는 강의, 역사나 정치 및 시사 등과 같은 정보전달, 음식이나 옷 등과 같은 여러 분야의 소비 경험 리뷰, 반려동물의 모습을 담아내는 펫튜브, 그리고 게임, 먹방, 유머, 요리 등과 같은 다양한 콘텐츠를 제작하고 서로 공유하며 실시간 소통이 가능한 새로운 커뮤니케이션 방식으로 변해 가고 있다.

이렇듯 오늘날의 정보전달 방식이 영상 언어를 통한 시각적 커뮤니케이션의 보편화로 변화됨에 따라 현대사회를 '영상정보화 사회'(황연주, 2020: 311) 또는 '영상문화의 시대'라고 부르기도 한다. 우리들의 일상생활 속 깊이 파고들고 있는 TV, 인터넷, 스마트폰 등과 같은 영상매체를 통한 정보의 시각화 현상은 영상이 더 이상 텍스트 커뮤니케이션의 보조수단이 아니라, 커뮤니케이션의 주요 수단으로 작용하고 있음을 말한다.

이러한 변화의 주요 요인은 영상의 손쉬운 제작과 유포를 용이하게 한 컴퓨터와 정보통신기술의 발달과 더불어 텍스트와는 다른 영상이 함축하고 있는 고유한 특성 때문이기도 하다. 슈미트(Schmidt, 1996: 157)는 문구의 순차적이고 어려운 독서와 비교해서 그림은 빠르고, 쉽고, 재미있고, 그리고 자극적이라고 하였다(황연주, 2001: 158에서 재인용).

영상이 정보의 시각화 현상을 가속화한 이유는 다음과 같다. 첫째, 영상은 많은 집중과 노력을 요하는 문자보다 쉽게 이해되고 재미있다. 둘째, 영상은 문자로만 전달되는 정보보다 실감나고 설득력이 있다. 셋째, 영상은 문법이나 글자를 배워야 하는 문자와 달리 누구에게나 소통이 가능하다. 넷째, 영상은 문자보다 시선을 끌고 주목성이 높다. 특히 동영상은 정영상에 비해 더욱 주목성이 높다. 다섯째, 영상은 복잡한 내용의 정보를 문자보다 간결하고 효과적으로 전달할 수 있다.

이와 같은 정보전달의 효율성 때문에 정보전달 방식이 문자중심에서 영상중심으로 변화되어 가고 있는 것이다. 하지만 영상정보는 문자처럼 분명한 논리적인 체계가 없기 때문에 그것을 보는 사람에 따라서 다양한 의미로 해석될 수 있다. 따라서 문자나 구두 언어와 영상이 상호보완적인 관계에서 통합적으로 사용되는 경우가 많다([그림 2-17] 참조).

그러나 영상 이미지의 범람이 인식론적 · 가치관적 혼란과 온갖 현란한 이미지의 그물 속에 휩싸인 현대를 몰가치적이고 환상적인 시대로 만든다고 생각하여 일부 지

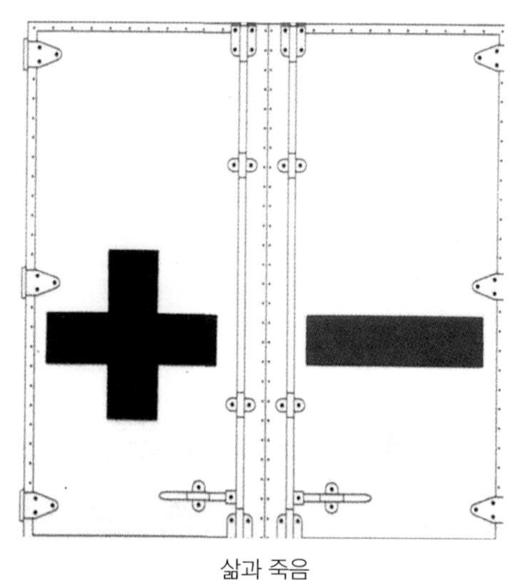

삶과 죽음

A. 텍스트 없이 제시된 경우　　　　B. 텍스트와 함께 제시된 경우

[그림 2-17] A처럼 텍스트 없이 그림만 제시된 경우는 다양한 해석이 가능하다(눈이 내려 눈사람을 만들었는데 해가 떠서 그만 녹아 버렸다; 밝게 웃고 있는 눈사람이 녹아 버려 슬펐다; 왼쪽 눈사람은 기쁨을, 녹은 눈사람은 슬픔을 상징한다 등). 하지만 B처럼 텍스트와 함께 그림이 제시된 경우는 그림에 대한 해석이 보다 분명해진다.
그림 출처: Messaris (1994/2017).

식인들은 영상정보화 시대의 도래에 대해 부정적인 견해를 가지고 있기도 하다. 하지만 다른 한편에서는 영상에 대한 새로운 인식의 필요성과 더불어 상상력에 대한 새로운 가치 부여가 필요하다는 인식도 확대되고 있다. 이러한 문명사적 변동에 올바르고 능동적으로 대처할 수 있는 능력의 배양을 교육에 요구하고 있는 것이다(황연주 2001: 157-158).

이러한 흐름에서 '비주얼 리터러시(Visual Literacy)' 교육은 오늘날의 시각적 문화 현상을 올바르게 이해하고 그들과의 상호작용을 위해 필요한 능력으로 교육에서 강조되기 시작하였다. 특히 일상생활 주변의 다양한 시각적 문화 현상을 미술교육의 내용으로 적극 수용하여 교육하자는 시각문화 미술교육에서 시각적 문해력을 의미하는 비주얼 리터러시 함양을 목표로 내세우기도 하였다.

'비주얼 리터러시'의 개념은 '비주얼', 즉 '시각'이라는 개념 자체가 언어와 달리 분명한 논리적 체계가 없고 묘사적인 성격이 강하기 때문에, 관점에 따라 다양하게 정의 내려질 수 있다. 이 개념이 처음으로 정의 내려진 것은 1969년 데베스(Debes, 1969: 26)에 의해 미국의 로체스터(Rochester)에서 열린 첫 번째 '비주얼 리터러시 회의

(International Visual Literacy Association: IVLA)'에서이다. 여기서 '비주얼 리터러시'를 공식적으로 다음과 같이 정의하였다(Pettersson, 1994: 222).

- '비주얼 리터러시'는 다른 감각적인 경험들과 관여해서 보는 것을 통해서 한 인간을 발달시킬 수 있는 시각적인 능력들에 대한 일련의 집단이다.
- '비주얼 리터러시'는 시각적인 상징들, 즉 그림들과 함께 커뮤니케이션을 해석하고, 시각적인 상징들의 도움으로 메시지를 생산하는 습득되어진 숙련된 능력이다.
- '비주얼 리터러시'는 구두 언어에 있어서 이미지적인 것을 번역하고 또는 그 반대로 이미지적인 것을 구두 언어로 번역하는 숙련된 능력이다.
- '비주얼 리터러시'는 시각적 미디어에서 시각적인 정보들을 이해하고 평가하는 숙련된 능력이다.

이 정의는 인간적인 학습에서 근본적인 의미를 가지는 인지능력에 대한 일련의 집단을 총칭한다(Pettersson 1994: 217). 그 후 많은 연구자가 이 개념에 대해 관심을 가졌고, 특히 20세기 후반부터 시각문화에 대한 관심이 일어나기 시작하면서 학자들의 다양한 정의가 있어 왔다. 미술교육에서 시각문화 미술교육이 주요 동향을 이루면서 이 개념은 더욱 중요시되었다.

미술교육적 관점에서 접근한 비주얼 리터러시의 정의를 몇 가지 살펴보면 다음과 같다.

하이니히, 몰렌다와 러셀(Heinich, Molenda, & Russell, 1982: 62)은 "비주얼 리터러시는 시각적 메시지를 정확하게 해독하고 그러한 메시지를 창조하는 학습된 능력"(Seels, 1994: 104에서 재인용)이라고 보았다. 그리고 커티스(Curtiss, 1987: 3)는 "비주얼 리터러시는 어떠한 미디어에 있어서도 시각적인 진술의 커뮤니케이션을 이해하는 능력이며, 적어도 한 시각적인 미디어로 자기 자신을 표현하는 능력이다. 그것은 작품을 생산하는 문화적인 문맥상에서 주제 내용과 의미를 이해하고, 작품의 구문론적인 구성과 문체상의 원리들을 분석하고, 작품에 대한 숙련된 미적인 장점들을 평가하며, 직관적으로 형태를 이해하고 또한 작품의 상호작용적이고 상승 작용적인 성질을 파악하는 능력을 수반한다."(Seels, 1994: 104에서 재인용)라고 하였다.

또한 란다(Randhawa, 1978)는 비주얼 리터러시의 구성요소를 '시각적 사고

(Visual Thinking)' '시각적 학습(Visual Learning)', 그리고 '시각적 커뮤니케이션(Visual Communication)'으로 제안하여 비주얼 리터러시의 개념을 좀 더 구조적으로 명확히 하고 구체화할 수 있는 방안을 제시하였다. 시각적 사고, 시각적 학습, 시각적 커뮤니케이션의 개념들은 한 연속체를 형성한다. '시각적 사고'의 방향에서는 내부적인 성격이 강하고, '시각적 커뮤니케이션'의 방향에서는 외부적인 성향이 더욱 강하게 부각되어 있다. 그 사이에 있는 '시각적 학습'은 두 가지 특성을 동시에 지니고 있다. 또한 그 관계 대상들에도 차이가 있다. 시각적 사고가 '자아(Ich)'에 주의를 기울이는 반면, 시각적 커뮤니케이션은 '타자'에 주의를 기울인다. 시각적 학습은 자아와 타자 둘 다에 관련된다(Seels, 1994: 104). 이러한 이론적 구조로부터 브래든과 호틴(Braden & Hortin, 1982: 169)은 '비주얼 리터러시'의 개념을 다음과 같이 정의하였다.

> "비주얼 리터러시는 이미지를 이해하고 활용하는 능력이다. 그뿐만 아니라 이미지적인 개념들로 자신을 표현하고, 이미지적으로 생각하고 학습하는 능력도 포함한다."
> (Pettersson, 1994: 218; Seels, 1994: 109에서 재인용)

황연주(2000: 24-28)는 미술교육에서 접근하는 '비주얼 리터러시'의 구성요소를 시

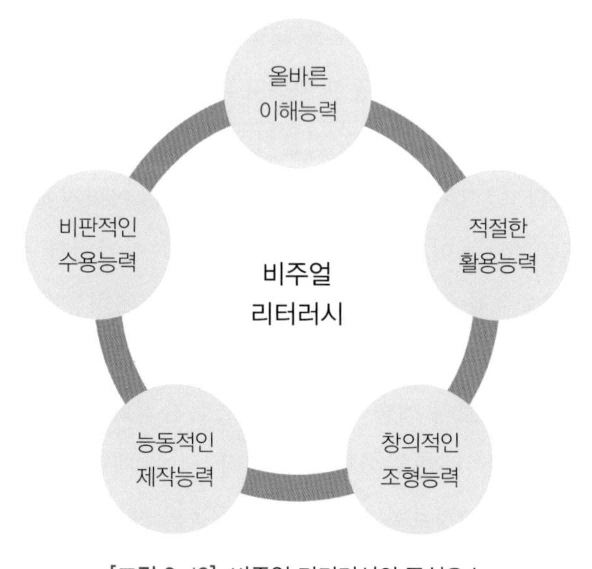

[그림 2-18] 비주얼 리터러시의 구성요소

출처: 황연주(2000: 24-28).

각적 이미지와 관련된 올바른 이해능력, 비판적인 수용능력, 적절한 활용능력, 능동적인 제작능력, 그리고 창의적인 조형능력으로 제시하였다([그림 2-18] 참조). 이것은 또한 '비주얼 리터러시' 교육을 통해 길러질 수 있는 역량이기도 하다.

'올바른 이해능력'은 시각적 이미지의 구성 방식, 조형 형식, 소통 방식 등을 인식하고 그 속에 내포된 의미와 내용을 올바르게 이해하는 능력으로 시각적 소통에 있어 가장 중요한 부분이기도 하다. '비판적인 수용능력'은 시각적 이미지의 내용, 의도 및 형식과 관련하여 분석하고, 통속적인 시각적 이미지들을 미적인 척도 위에서 비판적으로 판단하여 정보를 수용할 수 있는 능력이다. 이러한 활동을 통하여 자신의 입장과 의견을 가지고 그 뒤에 숨은 사회적 실상을 추론하는 능력을 획득하게 된다. '적절한 활용능력'은 시각적 이미지를 정보, 휴식, 긴장 완화, 학습, 미술감상, 미술 제작, 그리고 특히 의사소통을 위해 자신에게 의미 있고 적절하게 활용할 수 있는 능력이다. 학생들이 학교나 개인적인 삶의 영역에서 목적에 따라 시각적 이미지를 적절하게 활용하기 위해서는 시각적 이미지를 전달하는 매체를 어느 정도 조작하고 사용할 수 있어야 한다. '능동적인 제작능력'은 다양한 시각적 이미지를 스스로 직접 제작하고 표현할 수 있는 능력이다. 학생들은 실질적으로 직접 제작하는 과정에서 시각적 언어의 조형방식과 특징을 보다 더 잘 이해할 수 있으며 더욱 효과적으로 활용할 수도 있게 된다. 그들의 생각과 아이디어를 시각화할 수 있는 능력은 필요에 따라 능동적인 이미지 생산자가 되어 시각정보를 제공하고 이를 통해 소통할 수 있게 하며, 특히 블로그나 SNS 및 유튜브 등을 통한 자기표현이 활발한 시대 또는 1인 크리에이터 시대에 더욱 중요해졌다. 이 능력은 기존의 미술수업에서 가장 비중 있게 다루고 있는 부분이기도 하다. 그리고 "항상 새롭고 보다 질 좋은 이미지에 대한 상승하는 요구"(Pettersson, 1994: 225)는 어느 시대를 막론하고 필수 불가결한 것인데, '창의적인 조형능력'은 기존 미술수업에서 지향하고 있는 창의적인 조형능력과도 관련된다. 창의적인 조형능력은 새로운 표현 가능성으로의 실험적인 발견과 문제해결의 길을 열어 주며, 시각적 이미지를 보다 예술적이고 미적으로 품격화할 수도 있다.

앞의 내용들에서 살펴본 바와 같이 비주얼 리터러시에 대한 논의는 20세기 후반에도 많이 논의되었지만, 영상정보화 시대와 관련한 논의가 활성화된 시기는 21세기에 들어와서이다. 황연주(2000)는 그의 박사학위논문에서 디지털 영상을 중심으로 한 (동)영상의 범람과 더불어 영상정보화 시대가 되었고 그에 대응하기 위해 미술교육에

서 비주얼 리터러시 함양 교육이 필요하다고 하였다. 그는 앞에서 제시한 비주얼 리터러시의 구성요소를 바탕으로 영상정보화 시대 미술교육에서 비주얼 리터러시 교육을 다음과 같이 정의 내렸다.

영상정보화 시대의 비주얼 리터러시 교육은 학생들이 다양한 영상물을 통한 시각적인 진술들을 올바르게 이해하고, 비평적으로 수용하며, 그것을 실생활에 적절하게 활용하고 또 능동적으로 제작하고, 창의적으로 조형할 수 있는 능력과 기술들을 함양하는 것이다. 이것은 결국 정보의 시각화 현상이 두드러지는 영상정보화 시대에 시각적 커뮤니케이션을 위한 기본적인 역량 함양을 위한 교육이기도 하다. 영상정보화 시대 미술교육에서 비주얼 리터러시 교육은 다음과 같은 특징이 있다.

첫째, 시각적 문해력을 의미하는 '비주얼 리터러시' 교육 자체는 '표현기능 중심 미술교육'이나 '창의성 중심 미술교육', 'DBAE'나 'VCAE' 등과 같이 하나의 미술교육 사조가 아니라, 영상정보화 시대 또는 시각적 매체를 통한 정보의 시각화 현상이 두드러진 오늘날 미술교육을 통하여 함양할 수 있는 역량교육이라고 볼 수 있다.

둘째, 시각적 유형이 매우 다양하고 각 유형에 따른 표현방식과 전달방식, 그리고 구성요소와 조형언어들이 다르기 때문에, 각각의 시각적 이미지와 유형들은 서로 다른 경험을 중심으로 교육되어야 한다.

셋째, 비주얼 리터러시 교육은 종합적인 관점에서 접근한다. 단순한 제작만을 다루는 것이 아니라 시각적 정보를 이해하고, 비평하며 이를 자신의 삶에 직접 활용하고 나아가 창의적으로 조형하는 활동까지 포함한다.

미술교육에서 비주얼 리터러시 교육의 시사점은 다음과 같다. 오늘날의 어린이와 청소년들은 일상생활에서 시각적 매스 미디어와의 접촉을 피할 수 없을 정도로 시각화된 미디어의 세계에서 살고 있다. 따라서 그들은 많은 현실세계를 사실과는 거리가 먼 미디어적인 인식을 통해서 경험하곤 한다. 뢸(Röll, F. J.)은 그들은 아마도 어른들과는 다른 인지적인 변화가 있다고 하였다. 오늘날의 청소년들은 어른들과 비교할 때 세상을 인지하는 데 있어서 다른 성향을 가지며, 그들은 현실세계에 대해 어른들과는 다른 전제와 생각에 근거를 두고 있다고 한다. 영상문화의 시대 미술교육에서 비주얼 리터러시 교육은 이러한 시대적 흐름에 대응한 교육이라고 할 수 있다.

21세기 초 시각문화 미술교육이 미술교육의 주요 동향을 이루면서 비주얼 리터러시는 더욱 중요하게 다루어지고 있고, 시각문화 미술교육의 목표가 비주얼 리터러시 함양으로 규정되기도 한다. 비주얼 리터러시 교육은 결국 정보의 시각화 현상이 두드러진 오늘날의 시각문화적 현상에서 필요한 역량을 함양하는 교육인 것이다. 따라서 비주얼 리터러시 교육은 첨단과학기술에 의한 영상정보화 시대에 대처하기 위한 교육적 역할이 큰 교과로 미술교육의 가치를 높였다고 볼 수 있다.

하지만 비주얼 리터러시 교육은 몇 가지 한계점을 가지고 있다. 첫째, 시각적 이미지의 유형이 매우 다양하기 때문에, 일반화된 교수 · 학습 방법이나 수업 모형을 제시하기가 어렵다. 둘째, 한정된 미술수업 시간에 비주얼 리터러시 구성요소 전체를 아우르는 내용을 모두 다루기에는 시간이 부족하다. 셋째, 시각적 정보의 이해와 활용 및 소통에 중점을 두다 보니 기존 미술교육에서 중요하게 다루고 있는 미학적 · 조형적 측면의 접근이 미흡하여 미술교육의 고유한 정체성을 흐리게 할 수 있다. 넷째, 미술교육에서 비주얼 리터러시 교육은 광고나 사진, 애니메이션, 동영상 등과 같은 시각적 대중매체에 치우치는 경향이 많다.

13) 생태주의 미술교육

생물과 환경의 상호작용을 연구하는 생물학의 한 분야인 '생태학(Ecology)'[9] 혹은 '환경생물학'은 생태계(ecosystem)를 연구하는 학문이다. 이러한 생태학을 기본으로 '생태주의(ecologism)' 는 바라보는 시선에 따라 다양한 접근이 존재하는데, 법치와 관련해서는 '심층생태주의' '정치생태주의' '생태공동체주의' '사회적 생태주의' '생태사회주의' '생태민주주의' 등으로 구분하거나, 사회의 변혁 없이는 생태 문제의 해결은 없다는 관점에서 사회생태주의, 인간중심주의를 비판하면서 출발하는 '생태중심주의', 20세기 행동주의적 관점에서 바라보는 '행동주의적 생태주의' 등이 그것이다(박규환, 2015). 생태주의의 태동은 기존의 인간중심주의적 세계관에서 초래된 인류의 생존 기반인 생태계의 위기 초래와 깊게 관련된다. 이러한 위기의식하에 1972년 스

9) 1866년 헥켈(Ernst Haeckel, 1834~1919)에 의해 처음 사용되었다. 그 뒤 1865년 코몬디(Edward John Kormondy, 1926~2018)에 의해 집이나 거주 지역을 의미하는 'oikos'와 학문을 의미하는 'logos'가 결합하여 생태학(ecology)이 탄생하게 되었다(한국학중앙연구원, https://encykorea.aks.ac.kr/Article/E0027543).

톡홀름에서 제1회 '국제연합인간환경회의'[10]가 개최되었으며, 여기에서 심층생태학과 관련된 논의가 시작되면서 인간중심 사고에서 벗어나 인간을 포함한 전 우주가 유기적인 생명체로서 상호 긴밀한 관계 속에서 총체적인 시스템을 이루고 있다는 시각으로 변화하는 계기를 맞게 되었다. 이러한 각성을 통해 인간은 더 이상 세상의 중심으로서 자연과 구분되는 존재가 아니라, 생태계의 균형 유지를 위해 다분히 노력해야 하는 존재라는 것을 깨닫게 되면서 생태에 대한 관심이 급증하게 되었다.

생태 이슈와 관련해서는 가타리(Pierre-Félix Guattari, 1930~1992)의 생태이론을 언급하지 않을 수 없다. 그는 환경에 관한 문제는 개인적 · 사회적 사유와 행동으로부터 분리되어 논의할 수 없다면서 마음 상태, 사회 상태, 자연 상태가 서로 불가분하게 결부되어 있음을 역설하였다. 여기에서 주목할 것은 인간과 환경의 관계에 관여하는 환경 생태, 사회 생태, 인간의 정신 생태의 모든 문제가 동시에 고려되어야 할 뿐만 아니라, 경제적 · 사회적 시스템의 변화가 이루어질 때만이 이에 대한 근본적인 해결이 가능하다는 것이다(Guattari, 1989/2003; 윤희경, 2012에서 재인용). 결국 생태와 관련한 활동들이 기반이 되어야 하기 때문에 모든 실천 영역에서 집단적 행동이 수반되어야 할 필요성이 언급되었다. 따라서 이러한 행동의 이행을 위한 연대, 협의, 책임, 공동체적 의미에서 지역사회 공동체가 필수적인 시작이자 과정이며 결론이 될 수 있다고 해석된다. 생태주의 담론은 서양뿐만 아니라 동양사상론에서도 생태학적 인간관과 더불어 설명될 수 있는 여지가 많은데(장연자, 2006), 보다 자세한 내용은 박이문(1996)의 연구를 참조하도록 한다.

'생태주의 미술[Ecology Art 혹은 '생태미술'(Eco Art)로 부르기도 함]'도 이러한 시대적 요청에 따라 인간중심적 자연관에 대한 반성으로 인간과 생태계와의 상호 영향적 관계를 모색해 나간 미술이라고 할 수 있다. 즉, 인간과 자연의 관계 속에서 인간을 둘러싼 세계를 새롭게 인식하고 이를 주제로 다루는 미술을 말한다. 자연에 대한 성찰로 인해 자연을 무대로 펼치는 '대지미술(Land Art, Earth Art)'과 혼동되기도 하는데, 대지미술에서 대지는 반드시 자연을 의미하는 것은 아니며 화이트 큐브를 벗어나 자연

10) 최초의 환경 분야 국제회의로서, 인간 환경의 개선과 보존으로 세계인들을 이끌고 고무하기 위한 공통의 원칙과 전망의 필요성을 고려하여 신념을 성명하였다. 이를 계기로 '인간 환경에 관한 스톡홀름 선언'이 채택되었으며, 1973년 유엔환경계획(United Nations Environment Programme: UNEP)이 창설되었다.

을 포함한 일체의 외부 환경을 캔버스 삼아 미술을 펼치는 것을 더 중시한 미술이기 때문에 개념 자체는 생태주의 미술과 완전히 다르다. 또한 주변 환경과의 관계에 중점을 두는 '환경미술(Environment Art)'과 생태주의 미술을 혼동하기도 하는데, 환경미술은 주변 환경과의 관계를 고려하는 것으로, 네벨슨(Louise Nevelson, 1899~1988)의 '환경 조각'이나 퍼버(Herbert Ferber, 1906~1991)의 '조각의 방'에서 볼 수 있듯이 거대한 공간 구조의 건축학적인 환경 구축과 보다 관련이 깊다. 대지미술이나 환경미술과는 그 목적하는 바가 상이한 생태주의 미술은 인간중심주의적 관점을 극복하고 자연과 함께 더불어 공존하는 방법을 택하기 때문에 결국 사회운동의 성격을 띠면서 집단적인 행동으로 옮겨 간다.

보이스(Joseph Beuys, 1921~1986)의 '7,000그루의 떡갈나무' 프로젝트([그림 2-19] [그림 2-20] 참조)는 '개념미술'이나 '공공미술' '사회참여미술' 등에서 많이 언급되지만, 이는 실제로 생태주의 미술의 좋은 예라고 할 수 있다(윤희경, 2012). 환경과 생태에 대한 경각심을 일깨우기 위한 방법으로 긴 시간에 걸쳐 사람과 자연의 연대를 기억하며 사람들의 자발적인 동참과 호응을 이끌어 내어 행동으로 완성시키는 프로젝트라는 점에서는 사회참여미술이자 공공미술이지만, 그 기본은 결국 환경과 생태에 대한 경각심을 일깨우기 위한 것을 목표로 한다는 것이며, 사회참여와 행동주의를 방법적 논리로 활용했기 때문이다. 그러나 생태주의의 개념이 시대적 특질로서 자연환경의 보호에 머물지 않고 물 부족, 자원 고갈 등 환경의 변화에 따라 인간의 생활에

[그림 2-19] 7,000그루 떡갈나무와 함께 심을 현무암

[그림 2-20] 보이스가 첫 떡갈나무를 심는 모습

사진 출처: https://www.awatrees.com/2019/12/06/joseph-beuys-the-art-of-arboriculture

영향을 미치는 현상으로서 인간 삶의 양식 및 세계관과 보다 밀접하게 인식되고 연계되면서 점차적으로 복잡한 양상을 띠고 있다. 또한 생태주의는 경제 발전과의 관계로 인해 다방면에 걸쳐 핵심 이슈로 부상하고 있어 생태주의 미술 역시 경제적 · 사회적 · 환경적 지속가능성의 영역에서 어떻게 이를 개념화하고 실천할 것인가를 고민한다. 결국 생태주의 미술은 다른 장르의 전문가들과의 협업을 통해 긴 호흡의 프로젝트를 수행하면서 그 프로젝트의 일부를 보여 주는 활동일 수 있다는 것이다. 따라서 기존의 미술 형태에서의 표현이나 전시 혹은 참여 방식과는 다른 차원으로 접근할 수밖에 없다는 것이 장점이자 단점이라고 할 수 있다.

동시대 미술(Contemporary Art)에서도 기후 변화, 인간성 회복, 환경에 대한 책임감 등 생태주의와 관련된 쟁점들에 관심을 두는데(윤미경 외, 2022), 특히 '기후 변화'는 학교 미술교육에서 다루어야 할 동시대 미술의 쟁점 중 중요한 하나라고 할 수 있다. 기후 변화로 대표되는 생태주의적 쟁점은 학교 미술교육에서 보다 다양하게 해석함으로써 지구적 관점에서 인간과 환경의 공생, 생태 보전 등에 대해 의문을 던지고 이에 대해 고민해 보는 생태주의 미술교육으로 변환해 볼 수 있다. 학생들에게 우리나라 생태주의 미술품으로 제시될 대표적인 작품으로는 정재철의 '블루오션 프로젝트'를 들 수 있다([그림 2-21] 참조). 일견 아이드(Maarten vanden Eynde, 1977~)의 '플라스틱 산호초(해양 쓰레기, 500×450cm, 2008~2013)'가 연상되기도 하는데, 재활용되고 순환되는 사물을 통해 생태에 대한 사유를 독려하는 미술 수업이 가능할 것이다.

생태주의 미술교육도 생태주의 미술에서 추구하는 기본적인 개념들, 즉 생태적 위

[그림 2-21] **정재철**(한국, 1959~2020)**의 블루오션 프로젝트**(크라켄 부분, 혼합재료, 가변 크기, 2021년 재설치)
사진 출처: https://arko.or.kr/artcenter/board/view/506?bid=266&cid=710810

기와 생명 문제의 심각성을 일깨우고 나아가 생명들과의 상호 관련성을 이해시켜 자연친화적인 태도와 가치관을 심어 주는 생명교육을 지향해야 한다(장연자, 2017). 그러나 대부분의 생태주의 미술교육은 자연 자체를 소재와 배경으로 인식하면서 자연에 대한 체험 및 탐구 수준에 머무르거나 자아를 찾고 사회에 대한 적응력을 키우는 등 목적과 달리 운영되는 경우가 많다. 생태 및 생태주의를 바라보는 관점이 다양하기 때문에 이를 콘텐츠로 하는 생태주의 미술교육에서도 기본적으로는 다양성이 인정되나, 생태주의 개념과 철학에 바탕을 두고 자연보호의 개념을 넘어 생태적 가치관을 내면화하고 행동의 이행을 통해 직접적인 변화를 이끌 수 있는 책임의식을 넓히는 교육적 토대가 마련되어야 할 것이다.

14) 사회참여 미술교육

인간의 삶은 이미 사회 속에서 이루어지기 때문에 사회적이라고 할 수 있으며, 미술 또한 미적 정서를 통해서 삶을 사회로 확대하거나 융합하는 과정에서 사회적 공감대를 형성하면서 사회적 의의를 지닌다고 할 수 있다. 따라서 모든 미술작품 또한 사회적 기능을 지닌다고 할 수 있는데, 여기에는 사회적 반응이 포함되기 때문이다. 미술의 사회적 기능에 대한 서술에서 빠지지 않는 미술가와 작품이 바로 고야(Francisco Jose de Goya y Lucientes, 1746~1828)의 〈1808년 5월 3일의 학살〉(1814), 들라크루아(Ferdinand Victor Eugene Delacroix, 1798~1863)의 〈민중을 이끄는 자유의 여신〉(1830), 피카소(Pablo Ruiz Picasso, 1881~1973)의 〈게르니카〉(1937), 〈한국에서의 학살〉(1951) 등이라고 할 수 있다. 이러한 미술은 사회적 부조리를 고발하거나 알리는 미술의 기능에 충실하게 사회참여미술로 분류된다. 그러나 여기에서의 사회참여는 사회적 행위로서의 미술가들의 역할에 집중되어 있기 때문에 참여의 주체는 한정적이다.

일반적으로 미술에서 '참여'의 개념은 '관객의 참여' '사회적 참여'로 구분할 수 있는데, 1990년대 공공미술에 대한 이론적 논의가 활발해지면서 참여 정신을 강조하는 '공동체(지역사회) 기반 미술(Community-Based Art)' 덕분에 사회의 다양한 문제를 미술로 끌어들임으로써 미술에서의 사회적 참여가 더욱 활성화되었으며, 이로 인해 미술에서 논할 수 있는 주제의 범위도 확장되면서 미술가의 사회적 책임이 강조되기 시작하였다(진휘연, 2018). 이러한 '참여(participation)' 또는 '개입(intervention)'은 동시대

미술(Contemporary Art)을 논할 때 중요하게 언급되는 주요 키워드이다(양은희, 진휘연, 2017; Kalb, 2013/2020). 사회적 참여를 중시하는 미술가들은 특정 지역이나 공동체의 갈등, 정체성, 공동체가 지닌 공동의 기억과 역사 등을 모두 포괄한 사회 이슈 전반에 관심을 두기 때문에, 이러한 점에서 본다면 '사회참여미술(Socially Engaged Art: SEA)'은 우리나라 '민중미술'과 근원적인 맥락을 같이한다고도 할 수 있다. 민중미술은 1970년대 말에서 1980년대 초 유신 체제에 반대하며 사회 비판 및 저항 정신에 근거하여 진보적인 미술가들을 중심으로 일어난 사회변혁운동이다. 민중미술의 변화 양태는 지금도 여전히 진행 중이어서 다양하다고 말할 수 있는데, 그동안 정치 등 사회 현실에 대한 비판적 시각이 드물던 우리나라 미술계에 경종을 울리며 미술로 현실을 고발하고 변화시키려는 시도를 해 왔다는 점에서 새로운 리얼리즘의 장을 열었다고 할 수 있다.

외국의 경우 보이스 등의 영향으로 미술을 통한 '사회실천' '공공참여' 등과 같은 개념들이 보다 전면에 떠오르게 되었고, 이후 지역사회(community)에 대한 높은 관심과 더불어 사회참여(social participation), 사회정의(social justice), 공동체(community), 공공성(publicity) 등의 이슈가 미술계에서 보다 활발하게 논의되었다. 공공미술이자 퍼포먼스이지만 사회참여미술이라고 보이는 미술가의 작품으로는 파페(Lygia Pape, 1927~2004)의 〈디바이저(divisor)〉(1968년 최초 퍼포먼스, 2013년 퍼포먼스 재현)([그림 2-22] 참조)를 들 수 있다. 1968년 최초로 선보인 이후 작가가 작고한 이후에도 매뉴얼대로 재현이 이루어지는 퍼포먼스로, 하나의 커다란 천에 머리만 나오도록 구멍을 뚫어 다 함께 보폭을 맞춰 거리를 행진하는 것이 전부이다. 그러나 점차적으로 참여하는 사람들이 늘어나면서 모두가 즐기는 축제 같은 형태로 확장하면서 장관을 이루게 되는데, 서로 모르는 사람들끼리 생각의 전환을 유도하고 유쾌함을 나눠 갖게 된다. 무엇보다 여기에서 중요한 사실은 이 퍼포먼스가 사회적으로 분열되어 사람들 간의 단합이 절실히 요구될 때 요청되면서 실시된다는 것이다. 또 다른 미술가 및 작품의 예로는 캔디 창[Candy Chang(張慧雯), 1989~]의 〈죽기 전에 나는〉([그림 2-23] 참조)을 들 수 있다.

'사회참여미술'을 한마디로 정의하기는 어려운데, 이는 항상 지역기반미술, 참여미술, 뉴장르 아트, 공공미술과 함께 언급되기 때문이다. 사회참여미술을 논할 때 엘게라(Pablo Helguera, 1971~)의 『사회참여 예술이란 무엇인가(Education for Socially

미술을 통해 스스로의 생각을 표출하고 공감할 수 있도록 만드는 이러한 소통과 공감의 장은 사회를 향한 가장 강력한 메시지를 형성하면서 점차적으로 미술을 통한 인식의 변화를 유도하고 행동을 유발하게끔 격려한다.

[그림 2-22] 파페의 〈디바이저(divisor)〉 (1968년 최초 퍼포먼스)

사진 출처: https://www.kunstsammlung.de/en/exhibitions/lygia-pape-the-skin-of-all-en

[그림 2-23] 창(Candy Chang)의 〈죽기 전에 나는〉 (2011년 설치)

사진 출처: https://candychang.com/work/before-i-die-in-nola

Engaged Art)』(2013)가 많이 언급되는데, 여기에서는 특히 교육학적 관점에서 사회 참여 미술에 접근하고 있다. 사회참여미술은 지역 혹은 공동체의 실질적인 변화 추구를 목적으로 하기 때문에 다양한 이해관계자 간의 소통, 합의, 조정, 협력의 과정이 중요한 요소가 되는데, 이러한 관계적 특성을 엘게라(2013)는 다음의 다섯 가지로 요약하고 있다(김선아, 오형균, 2015에서 재인용). 첫째, 사회참여미술에서는 문제의식을 공유하고 참여하는 사람들로 구성된 공동체 구축 혹은 집단적인 경험을 통한 사회적 집단의 구성이 중요하다. 둘째, 사회참여미술에서 참여의 형태는 참여의 대상과 수준(관람자, 관객, 주어진 역할을 수행하는 참여자, 의미를 함께 만들어 가는 창의적 참여자, 프로젝트 전 과정에 관여하는 협력적 참여자 등), 참여의 방법 등 다차원적 참여 구조를 구축하는 것이 중요하다. 셋째, 사회참여미술에서는 개방성과 유동성의 장점을 지닌 미디어를 적극 활용하는 것이 중요하다. 넷째, 사회참여미술에서는 빠른 해결책이 아닌 성숙한 변화를 원하기 때문에 시간과 노력을 기울여 집중적인 관여, 지속적인 관심, 실천이 이루어지도록 해야 한다. 다섯째, 사회참여미술에서의 의미 만들기에 누가 관람자로서 참여할 것인가를 고려해야 한다는 것이다. 사회참여미술에 있어 다양한 참여 형태에 대한 엘게라의 이러한 언급은 사회참여 미술교육의 실행에서 관련 교육과정을 좀 더 다채롭게 구성하는 방법이 될 수 있으며, 또한 지속가능한 지역

사회 연계 미술교육(공동체 기반 미술교육)으로 나아가는 데 필요한 참여의 형태를 가늠할 수 있게 해 줄 수 있다(이미희, 이주연, 2019).

동시대 미술에서 사회참여미술에 대한 덤바즈와 허드슨(Dumbadze & Hudson, 2013/2015)의 다양한 논의를 살펴보면, 미술가들의 참여적 프로젝트들은 정부의 프로그램과 경쟁하지 않으면서 사회 문제를 제기하고 불우한 이웃들을 프로젝트에 참여시키며 소외된 지역들에 대한 대중의 인식 개선을 위해 끊임없이 노력한다고 말한다. 그러나 이러한 참여를 통해 진정으로 변화를 유도해야 하는가, 즉 미술의 유용성이 이러한 변화 유도로 이해되어야 하는가, 국가가 나서서 해야 할 일들을 미술가들이 떠맡아야 하는가 등에 대한 질문을 던진다. 이는 참여로 인해 야기되는 다양한 논쟁이므로 특정 지역사회나 개개의 문화적 특수성 속에서 이해될 필요가 있음을 상기시킨다. 즉, 이러한 정신을 이어받는 사회참여 미술교육에서도 참여의 형태, 사회적 이슈에 대한 고민과 더불어 어떤 공동체에서의 참여를 독려하는가, 참여를 어떻게 구체화하는가, 어떤 사회적 이슈에 민감하게 반응하여 탐색하게 하는가 등에 대한 보다 심층적인 고민을 더해야 할 것으로 보인다.

15) 21세기 새로운 환경에서의 미술교육[11)]

미래 사회는 불확실성과 예측 불가능성, 급속한 기술의 변화가 예상된다. 21세기 이후 우리나라에서도 사회가 직면한 저출산, 빠른 기술변화, 세계화, 그로 인한 저성장의 고착, 불확실성 증가 등의 문제가 대두되었다. 컴퓨터와 인터넷, SNS를 비롯한 전자매체를 넘어 인공지능, 로봇공학, 정보공학, 생명공학, 나노기술, 융합기술 등의 급격한 발달과 더불어 이제까지 인류가 경험하지 못했던 새로운 세계로 현대문명을 이끌어 가고 있으며(김정현, 2018), 앞으로의 사회가 디지털 혁명을 바탕으로 하여 기존의 공간적 · 시간적 한계를 넘어서는 기술융합의 시대로서 지금까지 없었던 초연결, 초지능화된 사회가 될 것을 예견하도록 한다. 이는 유엔이 제창하는 '지속 가능한 개발 목표(SDGs)'와 관련해 'Society 5.0 for SDGs', IoT, 빅데이터, 인공지능(AI), 로봇

11) 서술의 일부는 류지영(2021a); 류지영, 장연자(2021)에서 필자가 작성한 내용을 수정 · 보완한 내용을 포함한다.

기술을 둘러싸고 매스 커스터마이제이션에 대응할 수 있는 차세대 시스템 기술 사회를 지칭하는 용어와도 맞물려진다(류지영, 2021).

4차 산업혁명에 따른 논의에서 시작되어 팬데믹 사태로 급속하게 진행된 온라인과 인공지능, 로보틱스(Robotics) 기술에 대한 높은 관심은 지능정보사회를 이끌어 갈 새로운 원천으로 교육 분야에서 다각적인 논의가 이루어지고 있다(김용섭, 2020; 오재호, 2020; 김진숙, 2020; 이은적, 2020; 이주연, 2020). 교육적 측면에서도 특히 인공지능과 생명공학, 로봇기술과 빅 데이터는 인문학의 중심인 인간의 영역에 침범하며 포스트휴머니즘에 기반하여 인간중심 세계관으로부터 비인간중심 세계를 예견하도록 한다(류지영, 장연자, 2021; 박유신, 조미라, 2017).

특히 팬데믹 이후 전방위적인 온라인 문화를 비롯한 시대적 요청에 따라 교육은 지금보다 유연하고, 변화에 민감하며, 새로운 가치를 만들어 내고, 변화를 이끌어 갈 수 있어야 한다는 점에서 새로운 인재상에 맞는 창의적이고 혁신적인 미술교육의 방향에 대한 연구와 첨단 기술을 활용한 교육방법에 대한 탐구가 더욱 필요하게 되었다. 미술교육은 기존의 미디어 교육의 변화 이상의 기술 혁신과 더불어 생존을 위한 사이버 시대를 맞이하게 되었으며 가상에서 비대면으로 생활의 전반적인 선택과 기술, 경험이 이루어지는 시기를 넘어 교육혁신이 계속되고 있는 것이다. 이러한 상황 속에서 변화된 교육 환경에서 새로운 관점에서 미술교육을 조망하는 연구들이 본격화되고 있다.

현대의 미술은 공간예술에서 시간예술로 변모해 오고 있으며, 이는 과학기술이 예술과 인간, 사회를 변화시켜 온 역사로 볼 수 있다. 가상현실(Virtual Reality: VR)과 메타버스(Metaverse), 특히 딥드림을 비롯한 현재의 인공지능은 알고리즘 의식에 의해 인간의 무의식과 창조력의 가장 근본적인 부분에 도전해 오고 있다. 공간에서 시간으로 변모해온 포스트휴먼 미술은 기존의 초현실주의 미술, 개념미술 등으로 연결되며 이제 의식으로부터 무의식으로 변모하며 그 무의식마저 알고리즘으로 패턴화하며 재조직하여 인공지능의 발전을 통한 예술의 새로운 지평을 보여 준다(김정현, 2018). 모바일 기술, 스마트 플랫폼, 소셜미디어 등은 기존의 미디어 개념을 넘어 우리 사회를 개념 짓는 중요한 키워드가 되었다. 이러한 기술의 발달은 학습자의 특별한 체험방식을 제공한다. 이는 디지털 기반의 기술과 결합될 때 더 큰 효과를 낳는다.

디지털 기술 능력으로서 디지털 소양(Digital Literacy)은 디지털과 리터러시의 합성

어이다. 리터러시는 '문해력'이라는 의미로 '텍스트를 읽고 쓰는 능력'을 가리키지만 기술 발전에 의해 의미가 확장되었다(김수경, 2024). 여기서는 정보사회에서 필요한 인터넷 및 응용 소프트웨어 등 디지털 도구와 매체를 효과적으로 사용할 수 있는 지식, 기술, 태도를 포괄하는 문제해결 능력이며(신수범 외, 2017), 나아가 디지털 매체 사용 능력을 넘어 디지털 세계에 대한 이해를 바탕으로 새로운 사회와 경제를 설계할 수 있는 사고력 차원의 역량이다(교육부, 한국교육학술정보원, 2021). 이은경 등(2021)은 디지털 소양으로서 ① 디지털 기술의 이해와 활용, ② 정보 처리와 생성, ③ 디지털 문제해결, ④ 디지털 의사소통과 협력, ⑤ 디지털 윤리 등을 제시한 바 있다. 디지털 소양을 위한 교육 방안 개발이 미술교육에서도 지속적으로 이루어져야 한다.

미술교육에서도 기술수용의 태도는 새로운 유형의 학습자와 기술적 관심 흥미를 동반한 다양한 소통방식을 보여 주고 있다(구보경, 2017). 예를 들어, 미술관에서라면 기술은 과거 학습이나 전시의 보조 장치로 사용되었으나 이제는 미술관에서 관람객의 체험을 확장하는 역할을 하고 있다. 만약 교실에서라면 디지털 스마트환경 도래와 기술진보의 속성이 학습에 적용되면서, 새로운 환경에서 나타나는 체험의 본질과 체험적 학습을 극대화하는 방법 등이 중점적으로 논의되고 있다. 미술관의 경우, 앱 서비스, 가상전시, 온라인 소장품 검색 및 SNS를 통한 확장된 감상과 학습, 가상 및 증강현실을 활용한 공감각적 체험활동을 통해 기술적 측면을 다룰 수 있다. 기술이 개입된다면 미술교육은 더욱 차별화된 개인적 · 사회적 · 물리적 경험을 제공할 수 있다. 디지털 기반 학습환경에서 미술교육은 스스로 자율적으로 지식, 정보를 습득하고 개별적 경험의 구성이 가능한 장이 될 수 있다(구보경, 2020; 류지영, 장연자, 2021; Falk & Dierking, 2000/2007).

미술교육에서는 기술적 측면을 가상현실(VR)과 메타버스, 그리고 인공지능 등으로 다룰 수 있다. 가상현실 개념은 폴 밀그램(Milgram, P.)과 후미오 키시노(Kishino, F.)의 '가상연속성(Virtual Continuum)'(Milgram & Kishino, 1994)을 통해 살펴볼 수 있다. '가상연속성'은 혼합현실의 개념을 설명하는데, 실제 환경, 증강현실, 증강가상, 가상 환경으로 구성되어 있다. 실제 환경이 현실에 가까운 것이며 가상현실은 컴퓨터그래픽, 정보처리, 네트워킹, 사운드 기술 등을 사용하여 인간과 컴퓨터의 인터페이스로 볼 수 있다. 가상현실은 첨단 테크놀로지에 의한 가상 3D 환경으로 몰입감 및 원격 현존감을 경험할 수 있다. 원격 현존감은 기술을 통해 가상현실 세계를 실재 환경처럼 느끼고 경험하는 것을 의미한다. 가상현실은 사용자로 하여금 공간적 · 물리적 제약으로 벗어나 실제 같은 환경을 컴퓨터 그래픽으로 구현하여 그 안에서 상호작용하며 간접적으로 체험할 수 있도록 하는 기술이라고 할 수 있다(김효정, 2024).

메타버스는 초월을 의미하는 메타(Meta)와 특정한 경험을 뜻하는 유니버스(Universe)의 합성어로 디지털 세계를 뜻한다(Dionisio, Burns, & Gilbert, 2013). 1992년 닐 스티븐슨(Neal Stephenson)이 저술한 사이버 펑크 장편소설 『스노 크래시(Snow Crash)』에서 처음 사용된 용어로서, 쉽게 정의 내리기 힘든 복잡한 의미이며 하나의 통합된 실체가 아니라 가상화와 3D웹 기술 등 삶의 모든 곳에 내재되어 있는 미디어 환경으로 볼 수 있다. 가상세계에 만들어진 자신의 분신으로서의 아바타(avatar)라는 개념도 여기서 시작되었다. 메타버스는 가상과 현실이 상호작용하며 공진화하며, 과거의 세컨드라이프나 싸이월드와 같이 가상공간에만 머무는 개념이라기보다 물리적 세계와 가상세계를 융합한 확장된 세계이다(김시내, 2023). 미국미래학협회에서는 "메타버스란 가성적으로 향상된 물리적 현실과 물리적으로 지속가능한 가상공간의 융합으로, 사용자들이 둘 다 경험하게 하는 동시에 두 가지를 융합한 것"이라고 정의하며(Acceleration Studied Foundation: ASF, 2007), 유니티(unity)의 CEO인 존 리치티엘로(John Riccitiello)는 메타버스는 다양한 사람이 운영하는 공간 속을 서로 방문하며 살아가는 일종의 소우주와 같은 공간이며, 이 가상 행성들은 무수히 많이 존재하고 또 연결되어 있다고 말한다. 메타버스는 현실과 유니버스들이 공존하는 상태이며, 이 공간에서 인류는 사회적 · 문화적 · 경제적 활동이 가능하다. 이러한 가상 행성을 만드는 원천은 인류의 창조력이며, 이를 창조의 축(Pillars of Creation)이라 표현하고 있다. 결국 이러한 창조의 축인 메타버스는 인간의 창의력과 기술의 조합으로 만들어진 세계인 것이다(김시내, 2023; 김효정, 2024). 메타버스는 현재 세상과는 다른 현실의 세상과 가상세계가 실재감 있게 함께 공존하여 현실과 가상의 경험을 동시에 할 수 있는 현실과는 다른 차원의 세상이다. 메타버스의 특징은 사용자가 몰입할 수 있는 현실감, 디지털 장치를 활용하여 시스템에 언제나 접속할 수 있다는 점, 나의 아바타를 만들어 시스템에서 활동할 수 있는 점, 그리고 사용자들이 동시에 경험한다는 점이다(김효정, 2024; Dionisio, Burns, & Gilbert, 2013).

한편, 인공지능 기술에 의해 이미지 인식에 대해 살펴보면 컴퓨터는 인간의 시각과 두뇌의 인지능력을 모방한다. 컴퓨터 프로그램을 통한 이미지 인식은 인지 및 추상과 관계가 있다. 컴퓨터에 연결된 원격장치가 화상을 인식하여 디지털 펄스의 형상으로 변화시키고 이 형상은 컴퓨터의 기억장치에 저장되어 있는 펄스 형상과 차례로 비교되는 방식이다(김선영, 2018; Yukata, 2015/2015). 특히 인공지능 기술의 진보는 이미지 데이터 활용의 새로운 전기를 열고 있다. 대량의 작품 이미지를 손쉽게 구할 수 있다는 점 외에도 인공지능은 이미지 인식, 분류, 군집화 등에 탁월한 성능을 보여 주고 있다. 이러한 기술을 활용하는 것에 의해 다양한 이미지 연구가 가능하게 되었다. 특히 이미지로부터 정량적 자료 추출이 가능해지게 되면서 통계적 방법론이 적용되어져 이미지 분석과 함께 가격 연구, 취향 변화 연구 등 다양한 연구가 가능해졌다(신정원, 2019). 이미지 분석 기술은 기존에도 컴퓨터 비전(Computer Vision)을 중심으로 연구되어 온 분야였다. 그러던 것이 딥러닝(Deep Learning)이라는, 최근 더욱 발전된 인공신경망 기술로 인해 인간의 시각처럼 정확하고 다양한 사물 인식이 가능한 AI 이미지 분석으로 진화하였다. 완성물 출력형에 해당하는 구글 딥 드림(Deep Dream), AI의 창작 능력을 보여 준 마이크로소프트의 넥스트 렘브란트(The Next Rembrant), NVIDIA GauGAN, 럿거스 대학교 · 페이스북의 AI CAN, 오비어스(Obvious) AI 등이 있다. 딥러닝을 바탕으로 딥드림으로 풍경 사진을 입력하면 반 고흐의 〈별이 빛나는 밤〉 스타일을 사용하여 반 고흐 풍의 작품으로 변환이 가능하다.

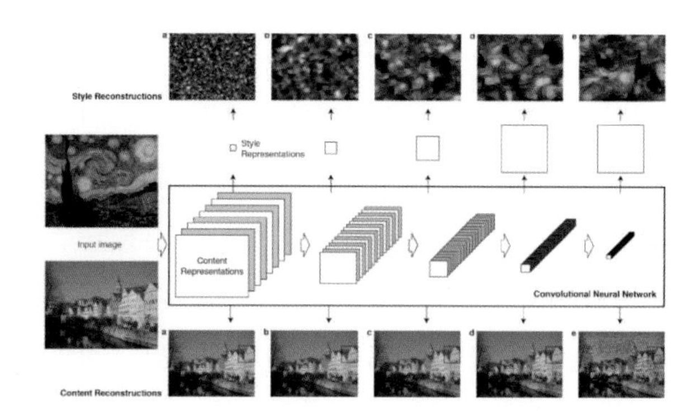

[그림 2-24] 뉴럴 스타일 트랜스퍼 예

출처: Foster (2019/2019).

입력한 이미지에 학습 데이터로부터 추출된 화풍의 특성을 가미하여 새로운 이미지를 만들어 내는 트랜스퍼 기법은, 이미지를 조작하고 변형시키며 창작자가 요구하는 화풍으로 만들어 낼 수 있다는 점에서 온라인 시대 자유로운 예술 창작의 가능성

[그림 2-25] 페이스북 라이브 방송을 활용한 예술교육
(Your Very Own Traveling Theater Workshop with Mr. B: Lincoln Center Pop-Up Classroom)

을 인공지능의 발전을 통해 더욱 높이고 있다(태혜신, 김선영, 2019).

미술은 항상 민감하게 그 시대를 반영함으로써 대중의 공감을 끌어내 왔다. 새로운 시대에 환경의 변화에 따른 미술교육의 변화와 방향성을 다음과 같이 정리할 수 있다(류지영, 장연자, 2021).

첫째, 학습자 스스로 기획하거나 전환하는 능동적인 미술교육의 가능성 및 필요성이다. 대면을 통한 기존 강의에 대한 학습 수요, 자기 학습 역시 활발하지만, 한편으로 디지털매체나 온라인 토론 등을 통해 쌍방형, 대화형, 네트워크 조직 등으로 적극적으로 소통하며 참여함으로써 수업의 주체로서의 학습자의 역할이 확장되는 가능성을 확인할 수 있다.

둘째, 학습자의 사회 읽기가 가능한, 상상력과 비판력, 통찰력을 기르는 미술교육으로의 확장 가능성 및 필요성이다. 미디어 리터러시, 디지털 리터러시 등 컴퓨터와 인공지능 관련 다양한 주제에 대해 비판적으로 접근할 수 있다.

셋째, 미술교육에서의 매체활용 및 기술적 측면의 발전 가능성 및 필요성이다. 디지털과 매체 관련 수업 방법과 교재 및 프로그램, 이를 위한 교사의 역량 개발이 필요하다. 미술교육의 관점에서 본다면 학생의 수준과 능력 파악과 더불어 미술교육을 위한 교사와 학생의 매체 활용 능력과 기술적 측면에 대한 인식, 그 가능성과 필요성에 대한 인식이 중요하다.

넷째, 앞에서 다룬 기술적 측면이나 일시적인 현상에 통제되지 않는 미술교육의 본질에 대한 성찰, 이를 통한 미술교육의 의의와 본질의 중요성에 대한 재인식이다.

창의력을 불러일으키는 미술교육은 중요한 교육적 대안이 될 수 있으며, 교육의 핵

심이 될 수 있다. 허버트 리드가 '예술을 통한 교육'을 주장한 것처럼, 미술교육은 현대사회에서의 인간성 회복과 창의성 계발, 예술을 통한 인격 계발의 핵심이다. 새로운 시대에 기존의 미술교육을 되돌아보고 미술교육의 본질과 의의에 대해 새롭게 인식해야 한다. 특히 디지털과 미디어 교육을 통해 상호 학제적인 융합교육의 가능성, 예술활동을 통한 나 자신의 인식과 타자에 대한 인식, 그 사이의 상호 소통의 역할에 대한 인식이 가능하다. 인간과 비인간의 문제와 관련된 이슈, 인공지능과 로봇에 대한 이해, 인간의 역사와 미래 등은 과학과 문화, 예술, 사회과학, 윤리 등을 가로지르고 통합하는 첨단 테크놀로지 미술과 미술교육이다.

과거에도 물론 미술의 매체 중시, 융합적이며 다학제적인 특성은 존재했었다. 그러나 새로운 시대에서 미술이 가지는 유대감과 연결감, 사회 속에서 함께 존재한다는 관계성이라는 가치는 더욱 부각되었다. 예술활동을 통한 나 자신의 인식과 타자에 대한 인식, 그 사이의 상호 소통의 역할의 중요성을 확인할 수 있다. 새로운 매체와 첨단 기술들이 만들어 내는 새로운 시각적 경험들을 미술교육에서 다룰 수 있으며, 이는 앞으로 더욱 빠르게 인식, 확산될 수 있다.

한국 미술교육의 역사

- **근대 미술교육 이전의 미술교육**: 삼국시대 신라 말기에 그림을 다루는 관청인 '채전'이 설치되었고, 통일신라시대에는 '전채서', 고려시대에는 '도화원', 그리고 조선시대에는 이들 관청이 이어져 온 '도화서'가 설치되어 도제식 교육 방식으로 전문적인 화가를 양성하였다. 또한 조선시대에는 성리학의 일환으로 사대부의 교양 함양과 인격도야의 수단으로 서당과 서원 및 성균관과 같은 교육기관에서 모필에 의한 습자나 간단한 사군자 등의 교육이 이루어졌다.
- **일제 강점기의 미술교육**: 일제 강점기의 미술교육은 「제1차 조선교육령」에서 「제4차 조선교육령」에 이르기까지 전반적으로 아동의 자유로운 자기표현이나 창조성의 육성에 중점을 두기보다는 황국신민화와 군국주의의 일환으로서 임화 위주의 기능주의적 미술교육이었다. 하지만 변화해 가는 일본의 미술교육제도가 일부 수용되기도 하고, 임본 위주에서 탈피하고 사생화나 사상화를 강조하거나 색채교육 도입 및 공작과 디자인 교육의 실시 등으로 근대 미술교육의 발전 양상을 미약하나마 보여 주었다.

- **광복 후 혼란기의 미술교육**: 1945년 일제의 식민통치로부터 벗어나 독립을 되찾았지만 북에는 소련군이 남에는 미군이 점령군으로서 주둔하여 1945년부터 1948년까지 군정을 실시하였다. 냉전체제 상태의 이 기간을 미군정기라 한다. 1950년 한국전쟁이 일어나 사회적 · 정치적 · 경제적으로 매우 혼란해지면서 교육은 일제 식민지 교육과는 또 다른 국면을 맞게 된다. 따라서 광복 후 혼란기의 미술교육은 3년간의 미군정기(1945~1948)와 한국전쟁기(1950~1953)로 나눌 수 있다.
- **교육과정 시기의 미술교육**: 한국전쟁 후 1954년에 「교육과정 시간배당 기준령」을 제정하고, 다음 해 새 교육과정을 공포하면서 최초로 자체적인 국가수준 교육과정 체제를 확립하였다. 그 이후 사회문화적 변화와 미술과 미술교육의 국제적 흐름 등에 따라 미술과 교육과정도 여러 차례 변화하여 왔다. 교수요목기(1945~1953)를 거쳐 제1차 교과과정(1954~1963), 제2차 교육과정(1963~1973), 제3차 교육과정(1973~1981), 제4차 교육과정(1981~1987), 제5차 교육과정(1987~1992), 제6차 교육과정(1992~1997), 제7차 교육과정(1997~2007), 그리고 그 이후 수시 개정에 이르기까지 여러 차례에 걸쳐 개정되어 오면서 미술교육은 더욱 체계화되고 발전되어 왔다.

서양 미술교육의 역사

- **19세기까지의 근대 미술교육**: 19세기까지 근대 미술교육은 계몽주의 사조에 기반한 미술교육과 산업혁명에 기반한 미술교육으로 크게 나눌 수 있다. 전자는 계몽주의 사조에 기반한 바움가르텐, 루소, 쉴러, 페스탈로치, 프뢰벨 등과 같은 교육학자들이 아동중심 사상을 강조하면서 감각과 실물을 중시한 교육을 전개하여 실제적인 경험교육의 한 방법으로 실시된 것이며, 후자는 산업혁명으로 기계화된 생산 체제에서 제조기술 향상을 위한 드로잉과 디자인 교육에 대한 사회적 요구에 의해 실시된 것이다.
- **20세기의 미술교육**: 20세기 미술교육은 제1, 2차 세계대전이 있었던 시기인 20세기 전반과 전쟁 후인 후반으로 나눌 수 있다. 20세기 전반에는 '바우하우스'와 '발도르프 학교'가 설립되었고, '창의성 중심 미술교육'이 등장하였다. 이 시기에는 미술교육의 관점이 성인에서 아동으로 전환되고 '미술을 위한 교육'에서 '미술을 통한 교육'으로 변화하는 등 미술교육이 하나의 학문으로 발돋움하였다. 20세기 후반에는 미술이 교육활동의 매개체로 중요한 역할을 한 '레지오 에밀리아 유치원' '학문중심 미술교육(DBAE)' '다중지능과 아츠 프로펠' '다문화 미술교육' '구성주의 미술교육' 등을 중심으로 미술교육의 이론이 체계화되고, 다양한 교수 · 학습 방법에 대한 시도 및 단순한 실기 위주의 교육이 아닌 이해와 감상 교육이 강조되는 미술교육이 이루어졌다.
- **21세기의 동시대 미술교육**: 컴퓨터와 스마트폰 등과 같은 과학기술의 급격한 발달로 인간의 생활방식에도 급격한 변화를 가져온 21세기 동시대 미술교육의 주요 이론 및 동향은 시각문화 미술교육, 영상정보화 시대 비주얼 리터러시 교육, 생태주의 미술교육, 사회참여 미술교육, 21세기 디지털 시대의 미술교육 등으로 대표된다.

미술교육의 주요 이론 및 동향

▣ 쉴러의 미적 교육론

- **감각 충동**: 감각적 본성에 의해 생기거나 감각적 욕구를 추구하는 충동
- **형식 충동**: 이성적 본성에서 나오는 충동으로서 인식에 관한 판단의 법칙을 만들어 내며 객관적인 타당성을 부여하는 충동
- **유희 충동**: 예술활동과 아름다움을 중심으로 하는 충동으로서 감각 충동과 형식 충동을 중재함으로써 인간으로 하여금 자유를 얻게 함
- **미적 가상**: 예술에 의해 구현된 미적 세계로서 현실과 비슷하지만 현실의 조건과 법칙으로부터 자유로운 예술의 세계

▣ 바우하우스 미술교육

- **바우하우스**: 1919년 독일 바이마르에 건축가 발터 그로피우스가 설립한 새로운 형태의 예술학교로, 6개월의 예비과정과 3년의 공방과정으로 운영되었다.

▣ 발도르프 학교의 예술교육

- **발도르프 학교의 예술교육**: 발도르프 학교에서는 예술교육이 중요시되고 있지만 예술가적 역량 함양에 목표를 두는 것은 아니다. 예술은 모든 수업에서 다른 여러 과목과의 연관성을 가지고 통합교육적 관점에서 접근하고 있다. 특히 미술교육은 아동이 형태나 색채의 본질을 체험함으로써 자유로운 자기표현과 감성의 육성, 그리고 궁극적으로 자아체험의 교육을 제공해 주는 매체로서 중요한 의미를 갖는다. 발도르프 학교의 미술수업에서는 포르멘, 습식수채화, 수공예, 공작, 조소, 목공예, 금속공예 등 다양한 미술적 활동이 행해지고 있으나, 일반 학교와 다른 독특한 수업 형태는 포르멘과 습식수채화이다.

▣ 창의성 중심 미술교육

- **창의성 중심 미술교육**: 교육학계의 아동중심 교육사상, 미술계의 표현주의와 초현실주의 미술사조, 그리고 심리학의 발달을 등장 배경으로 자유로운 자기표현을 통해 학생들의 잠재적인 창의성을 육성하고자 한 미술을 통한 교육이다.

▣ 리드의 예술을 통한 교육

- **예술을 통한 교육**: 미술교육의 중요성을 주장하고, 예술이 인간 교육의 기본임을 주장한 허버트 리드의 대표적인 저서명이자 핵심 내용이다. '예술을 통한 교육' '인간성 형성을 위한 예술교육'으로서 실체(reality)에 대한 통합적 접근이자 심미교육(aesthetic education)으로서, 미적 교육으로도 지칭할 수 있는데, 이러한 감각들의 교육이 기초가 되어야 한다. 이 감각들이 외부의 세계와 조화

롭고 지속적인 관계에 있게 될 때 통합적 인격을 구축할 수 있다. 근대 회화의 중요한 유파와 융의 인간 유형론을 기초로 하는 심리학을 바탕으로 아동의 표현 유형을 여덟 가지로 분류하는 등 아동의 조형 발달단계를 비롯한 예술교육을 다양한 관점으로 접근하였다.

- **아동의 조형 발달단계이론**: 모든 아동은 예술가이며, 아동의 예술을 성인의 관점으로 보면 안 된다고 하였다. 감성의 교육은 예술교육을 통해 가능하다고 보고, 손을 사용하는 기술과 감각 활동 중심의 교육을 강조하였다. 사고형, 감정형, 감각형, 직감형이라는 인간 기질의 네 가지 유형으로 분류하여 열거형, 유기형, 인상형, 구조형, 표현형, 장식형, 윤동형, 감정이입형으로 세분화함으로써 아동 미술의 표현 유형을 현대 미술 및 융의 심리학적 유형과 연결하여 정립한 점에서 미술교육적 의의를 찾을 수 있다.

▣ 레지오 에밀리아와 미술교육

- **레지오 에밀리아 교육**: 1963년 이탈리아의 부모 공동 조합의 방식으로 설립한 시립 유치원에 그 기원을 두고 있으며, 프로젝트를 중심으로 한 발현적 교육과정, 어린이들의 다양한 상징적 표상과 이에 대한 성찰을 중요하게 생각한다.

▣ 학문중심 미술교육(DBAE)

- **Discipline-Based Art Education(DBAE)**: 1960년대 어떤 교과이건 학문의 개념이나 원리를 바탕으로 구조적 교육이 가능함을 제시한 학문중심 교육의 영향으로 미술교과에도 이러한 구조적 교육이 가능하다는 신념으로 미술의 통합적 이해를 바탕으로 이론 영역의 지식과 창의적인 작품제작 활동이 통합된 교육을 제안한 것이다. DBAE는 '작품제작/미술실기(미술제작 활동)' '미학(미적 지각활동)' '미술사(미술의 문화적 · 역사적 유산)' '미술비평(미술의 비평적 평가활동)'의 네 가지 축으로 구성된다.

▣ 다중지능과 아츠 프로펠

- **아츠 프로펠(Arts PROPEL)**: 1985년 음악, 미술, 문학 등의 세 가지 예술 영역을 중심으로 지각, 작품제작, 성찰의 과정으로 구성된 교육 프로그램으로, 각 영역이 상호 유기적으로 연결되어야 하며, 제작과정을 중요하게 생각한다. 평가방법으로 포트폴리오를 활용한다.

▣ 다문화 미술교육

- **문화 다원주의**: 포스트모더니즘의 철학으로서 문화의 절대성과 보편성보다는 상대성과 다양성을 지지하는 관점
- **맥락적 이해**: 미술작품에 대한 형식적 분석을 넘어 작품과 작가를 둘러싼 제작과정과 사회 및 문화 등의 다양한 맥락적 특성을 이해함

• **비평적 탐구**: 기존의 미술사 서술이나 미학적 해석을 다양한 관점에서 비판적으로 재검토함으로써 미술가와 미술작품에 내재된 편견이나 차별적 요소를 확인하고 극복함

▣ 구성주의 미술교육

• **구성주의적 미술학습 원리**: 학습자 중심의 미술, 사고과정을 중시하는 미술학습, 실제적 경험과 관련된 미술학습, 상호작용을 통한 미술학습을 중시한다.

▣ 시각문화 미술교육(VCAE)

• **시각문화 미술교육**: 시각문화 미술교육(VCAE)은 미술을 하나의 시각적 문화 현상이라는 거시적 관점에서 출발하여 순수미술에 한정하지 않고 일상생활 속의 다양한 시각적 문화 현상을 모두 아울러 이러한 다양한 시각적 문화 현상을 이해하고, 시각적 이미지를 통한 소통 및 시각적 문해력 향상을 위한 삶에 근거한 미술교육을 말한다.

▣ 영상정보화 시대의 비주얼 리터러시 교육

• **영상정보화 시대의 비주얼 리터러시 교육**: 영상정보화 시대의 비주얼 리터러시 교육은 학생들이 다양한 영상물을 통한 시각적인 진술들을 올바르게 이해하고, 비평적으로 수용하며, 그것을 실생활에 적절하게 활용하고 또 능동적으로 제작하고, 창의적으로 조형할 수 있는 능력과 기술들을 함양하는 것을 말한다. 이것은 결국 정보의 시각화 현상이 두드러지는 영상정보화 시대에 시각적 커뮤니케이션을 위한 기본적인 역량 함양을 위한 교육이기도 하다.

▣ 생태주의 미술교육

• **생태주의 미술교육**: 미술을 통해 생태적 위기와 생명 문제의 심각성을 일깨우고 인간을 둘러싼 생태계와의 상호 관련성을 이해시켜 자연친화적인 태도와 가치관을 심어 주는 생명교육을 말한다.

▣ 사회참여 미술교육

• **사회참여 미술교육**: 사회참여미술에서 연유한 것으로, 미술을 통해 공동체의 사회적 이슈를 이해하고 공동체와의 소통을 통해 문제해결을 위한 실천을 유도하는 교육을 말한다.

▣ 21세기 새로운 환경에서의 미술교육

• **21세기 새로운 환경에서의 미술교육**: 불확실성과 급속한 기술 변화의 시대 및 환경에서 능동적인 학습자의 역할이 더 커지게 되면서 컴퓨터와 인공지능 관련 주제, 매체 활용과 첨단 기술 활용, 그리고 이에 대한 비판적 접근 등이 다양한 관점에서 함께 이루어지는 미술교육을 말한다.

한국 미술교육의 역사

1. 학교라는 공교육기관에서 처음으로 미술교육이 시작된 1895년 갑오개혁 이전의 우리나라 미술교육은 주로 어떠한 기관에서 어떤 목적으로 수행되어 왔는지 이야기해 봅시다.
2. 일제 강점기에 「조선교육령」에 따라 미술교육이 어떻게 변천되어 왔는지 교과서명과 내용구성, 그리고 특징을 중심으로 이야기해 봅시다.
3. 1956년에 내한한 피바디 교육사절단이 우리나라 미술교육의 발전에 미친 영향을 이야기해 봅시다.

서양 미술교육의 역사

1. 계몽주의 사조에 기반한 미술교육과 산업혁명에 기반한 미술교육의 특징 및 시사점에 대해 이야기해 봅시다.
2. 20세기 미술교육의 변천을 시대적 흐름에 따라 이론이나 사조의 등장배경과 특징 및 시사점을 간단히 이야기해 봅시다.
3. 21세기 현재 미술교육의 주요 이론이나 동향의 등장배경과 특징 및 시사점을 간단히 이야기해 봅시다.

미술교육의 주요 이론 및 동향

▣ 쉴러의 미적 교육론

1. 21세기 사회에서 미적 교육이 지니는 의미와 가치에 대해 이야기해 봅시다.
2. 미술수업에서 유희 충동을 경험한 사례에 대해 이야기해 봅시다.

▣ 바우하우스 미술교육

1. 초 · 중 · 고 미술 교과서에서 바우하우스의 예비과정의 영향을 보여 주는 내용을 찾아 조사하고 바우하우스가 미술교육에 끼친 영향에 대해 이야기해 봅시다.

▣ 발도르프 학교의 예술교육

1. 발도르프 학교의 특징을 학교운영, 교육과정, 그리고 수업방법적 측면을 중심으로 이야기해 봅시다.
2. 포르멘 수업과 습식수채화의 제작방법과 특징에 대해 이야기해 봅시다.

■ 창의성 중심 미술교육

1. 창의성 중심 미술교육의 등장배경을 아동중심 교육사상, 표현주의와 초현실주의의 전개, 심리학의 발달을 중심으로 이야기해 봅시다.
2. 창의성 중심 미술교육의 특징과 시사점을 이야기해 봅시다.

■ 리드의 예술을 통한 교육

1. 허버트 리드의 '예술을 통한 교육'에 대해 이야기해 봅시다.
2. 리드의 예술교육론과 오늘날의 미술교육을 비교해 보고 공통점과 차이점, 그리고 리드의 예술교육론이 미친 영향에 대해 이야기해 봅시다.

■ 레지오 에밀리아와 미술교육

1. 교육에서 여러 가지 상징적 표상활동과 이에 대한 성찰이 갖는 교육적 의미에 대해 이야기해 봅시다.

■ 학문중심 미술교육(DBAE)

1. DBAE는 어떤 배경에서 도출되었으며 서양 미술교육과 우리나라 미술교육에 어떤 영향을 주었는지 이야기해 봅시다.

■ 다중지능과 아츠 프로펠

1. 아츠 프로펠의 원리를 생각하며 '정체성'을 주제로 한 미술수업을 기획하고 이야기해 봅시다.

■ 다문화 미술교육

1. 미술에서 다문화교육과 타 교과에서의 다문화교육은 어떻게 같거나 다른지에 대해 이야기해 봅시다.
2. 한국의 상황에서 다문화 미술교육이 추구해야 할 점은 무엇인지에 대해 이야기해 봅시다.

■ 구성주의 미술교육

1. DBAE(학문중심 미술교육)과 구성주의 미술교육을 비교하고 차이점을 두 가지 이상 이야기해 봅시다.

■ 시각문화 미술교육(VCAE)

1. 시각문화 미술교육은 DBAE의 어떠한 반성적 성찰로부터 출발하였는지 이야기해 봅시다.
2. 시각문화 미술교육의 특징과 시사점을 이야기해 봅시다.

■ 영상정보화 시대의 비주얼 리터러시 교육

1. 영상정보화 시대 미술교육에서 비주얼 리터러시 교육의 특징과 시사점을 이야기해 봅시다.
2. 미술교육에서 비주얼 리터러시 교육의 한계점에는 어떠한 것이 있을지 이야기해 봅시다.

■ 생태주의 미술교육

1. 생태주의 미술교육을 학교급별로 어떻게 다르게 적용할 수 있는지 교육 내용과 방법에 중점을 두고 이야기해 봅시다.

■ 사회참여 미술교육

1. 사회참여미술의 사례들을 조사하고 사회참여 미술교육 프로그램 개발 시 무엇에 중점을 두어 구성해야 하는지에 대해 이야기해 봅시다.

■ 21세기 새로운 환경에서의 미술교육

1. 미술교육에서 새로운 환경이란 무엇이며, 미래 미술교육에서 변화되는 부분과 변하지 않아야 할 부분은 무엇인지 이야기해 봅시다.

Chapter 03

아동과 청소년 미술의 이해

1. 아동과 청소년의 미술표현 발달과정
2. 미술감상의 발달과정
3. 미술과 심리
4. 미술영재와 특수아동의 미술교육
5. 치료적 미술교육의 이해

단원 개관

제3장에서는 아동과 청소년 미술의 다양한 특성과 관련된 이론 및 실제를 다룬다. 처음 장에서는 미술의 평면표현과 입체표현 발달 및 미적 인식 발달에 관련된 다양한 이론과 실제 사례를 통해 미술 발달과정을 이해하도록 한다. 다음 장에서는 미술과 시지각과 인지 및 정서, 창의성과의 관련성과 미술교육적 원리를 다룬다. 또한 미술수업 참여자의 다양성 측면에서 미술영재와 특수아동의 미술적 특성을 소개하며 미술교육에서의 치료적 특성과 원리에 관한 내용을 다룬다.

1. 아동과 청소년의 미술표현 발달과정

1) 평면표현의 발달과정

아동과 청소년 미술은 그들 자신의 지적 · 정서적 · 신체적 성장의 반영이다. 즉, 그들의 그림은 자신이 경험하거나 자신을 둘러싼 세계에 대한 정서적 관계 및 개성과 신체적 · 지적 성장이 반영된 표현이라 할 수 있다. 울프(Wolf, W.)는 "아동화에는 아동의 마음이 표현되어 있으며, 그들이 현재 직면하고 있는 생활의 흥미, 관심, 감정 등의 숨겨진 인격이 표출된다."라고 하였다(이승만, 1968: 43에서 재인용). 결국 아동과 청소년 미술은 일종의 자신을 표현하는 하나의 수단이라 할 수 있다. 로웬펠드(Lowenfeld, 1964)도 "아동의 그림은 자신의 모든 경험, 즉 관찰, 이해, 정서적 유대에 감각적 · 미적으로 반응하며 미적 감수성을 발달시키면서 삶의 모든 면을 통합적으로 표현한 것이다."라고 하였다(이규선 외, 2019: 100에서 재인용).

이러한 이유로 심리학에서는 아동과 청소년의 그림을 가지고 그들의 심리를 진단하기도 하고, 발달연령에 따른 그림의 변화 양상을 연구하기도 하였다. 미술교육에서 아동과 청소년의 미술표현이 연령에 따라 어떻게 변화하는지 그 특징을 이해하는 것은 적절한 지도 내용과 방법의 설정에 매우 중요한 기준이 될 수 있다. 미국의 교육학자 로슨(Lawson, D.)이 "바람직한 미술교육이란 작품을 만들어 내는 것에 있는 것이 아니라 아동의 성장 발달을 돕는 데 두어야 한다."(김용권, 2006: 84에서 재인용)라고 말한 것처럼 아동과 청소년들이 어떠한 미술표현의 발달과정에 속하는지 우선 파악하는 것은 그에 적절한 지도방법을 통하여 그들의 성장 발달을 돕는 데 매우 중요한 부분이라고 할 수 있다.

아동과 청소년의 평면표현 발달 관련 연구들은 20세기에 들어 심리학이 발달하면서 본격적으로 진행되었다. 20세기 초에는 아동화에 나타나는 형태, 선, 색 등의 표현 발달 정도와 대상의 세분화된 묘사 정도에 따라 발달단계를 구분하였다, 대표적인 학자로는 케르셴슈타이너(Kerchensteiner, 1905)와 버트(Burt, 1921)가 있다. 20세기 중기에는 인지발달이론을 기초로 자연발생적이며 연령에 따른 연속적인 미술표현 발달과정을 단계별로 구분하였는데, 로웬펠드(1964)가 대표적이다. 그리고 20세기 후반 이후에는 개인차와 사회문화적 환경을 고려한 개별적인 상징체계의 발달과정을 중심으로 미술표현 발달단계를 설명하였고(김정희, 2020: 113), 허위츠와 데이(Hurwitz & Day, 1995), 그리고 골롬(Golomb, 2002) 등이 대표적이다. 이처럼 아동과 청소년의 미술표현 발달에 대한 연구는 시대별 연구 관점과 학자에 따라 조금씩 다른 양상을 보인다. 따라서 20세기 초기, 중기, 후기의 각각 대표적인 학자인 버트, 로웬펠드, 그리고 허위츠와 데이를 중심으로 아동과 청소년 미술표현의 발달과정을 살펴보면, 단계별 연령 구분이나 명칭 등에서 약간의 차이를 보이나 발달연령에 따라 공통된 흐름과 특징이 드러남을 알 수 있다.

(1) 버트의 평면표현의 발달

버트(Burt, 1921: 319-325)는 드로잉 발달과정을 다음과 같이 7단계로 나누었다.

① 낙서기(Stage of Scribble): 2~3세

말을 통한 표현이 반자동적인 울음소리와 옹알이로 시작하듯이, 미술표현은 반자동으로 종이에 연필로 긁고 휘갈겨 쓰는 것으로 시작된다. 마치 낙서하듯이 휘갈기거나 긁적거리는 난화기는 맹목적 난화기, 목적적 난화기, 모방적 난화기, 위치를 찾는 난화기로 구분하고 있다. 맹목적 난화기는 주로 근육 운동을 위해 즐기는 목적 없이 연필로 긁적거리는 것에서 시작하여 오른쪽에서 왼쪽으로 긁적거리는 시기이며, 목적적 난화기는 연필 흔적의 결과에 관심을 기울이며, 우연의 유사성이나 기발한 변덕이 지시하는 대로 설명이나 이름을 붙이는 단계이다. 모방적 난화기는 팔운동과 시각적인 발달과 함께 성인의 움직임을 모방하게 되지만, 시각적 제어보다는 근육에 의한 관심이 압도적인 시기로, 팔 동작에서 손목 동작, 그리고 손가락 동작으로 점차 다듬어져 간다. 위치를 찾는 난화기는 다음 단계로 이어지는 과도기로 대상의 특정한 부분을 재현하려고 한다. 하지만 아동의 말을 듣지 않고는 알아볼 수 없을 정도로 휘갈긴 경우가 대부분이다.

② 선묘화기(Stage of Line): 4세

일반적으로 4세가 되면 시각적 제어가 처음에는 산발적으로 나타나다가 이후에는 꾸준히 진행되면서 많은 양의 낙서 대신 하나의 선을 긋더라도 확고한 형태를 선호한

[그림 3-1] 4세 선묘화기
출처: Burt (1921: 384).

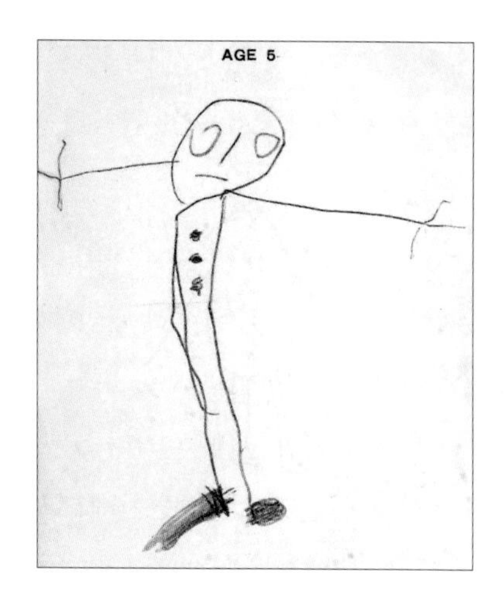

[그림 3-2] 5세 묘사적 상징기
출처: Burt (1921: 385).

다. 하지만 아직 객관적인 형태는 거의 없는 선의 단계인데, 조잡한 원으로 머리를 나타내고, 눈은 점으로, 다리는 2개의 선으로 표시한다([그림 3-1] 참조). 드물게 두 번째의 조잡한 원으로 몸체를, 두 번째로 그리는 한 쌍의 선으로 팔을 나타내기도 한다. 발은 실제로 몸과 팔보다 먼저 나타나는 경우가 많다. 눈은 얼굴 둘레 밖에 위치할 수도 있고, 팔이 머리에서 돋아날 수도 있다.

③ 묘사적 상징기(Descriptive Symbolism): 5~6세

이 시기 아동은 객관적 형태나 여러 부분의 상대적 비율 등에 대해 관심이 없고, 비록 조잡한 상징적 형상일지라도 자신의 표현에 만족한다. 사람의 모습은 상당히 정밀해지지만 엉성한 상징적 셰마(schema), 즉 도식으로 나타나는데, 아동에 따라 다소 다른 유형으로 나타난다. 예를 들어, 머리는 원형, 타원형 또는 정사각형으로 나타내고, 몸체는 원형, 타원형, 사각형, 삼각형 또는 병 모양일 수도 있고, 눈은 점, 원 또는 원 안의 점으로 나타내는 경우도 있다. 코, 입, 발에도 유사한 규칙이 적용된다([그림 3-2] 참조). 그리고 팔과 다리는 처음에 단일한 선으로 표시하다가 6세경에는 거의 평행한 2개의 선으로 윤곽을 나타내는 경우가 증가한다. 손가락은 별의 광선과 같이 한 지점에서 방사되거나 삼지창의 갈래와 같은 선에서 방사되게 표현한다. 또한 그려질 대상이 그들 앞에 있어도 그 대상이 서 있건, 앉아 있건, 옆모습이나 뒷모습으로 보이

건 상관없이 앞모습으로 그리는데, 대부분은 전혀 보지 않고 그린다. 이 시기 아동들은 자신이 좋아하는 패턴에 오랫동안 집착하는 경향이 있다.

④ 묘사적 사실기(Descriptive Realism): 7~8세

이 시기 아동의 그림은 사실주의에 대한 노력은 있지만 아직 '개념적'이다. 즉, 자신이 본 것이 아니라 아는 것을 그린다. 아동들은 그가 기억하는 모든 것 또는 관심 있는 모든 것을 자신의 그림을 통해 의사소통을 시도하거나 단순히 표현하려고 노력한다. 그리고 도식적인 표현은 보다 더 세부적으로 충실해지고, 그려지는 요소는 지각의 분화가 아니라 아이디어의 연상에 의해서 좀 더 많이 제시된다. 일반적으로 7세경에 얼굴의 측면 묘사가 시도되는데, 보통 오른손잡이 아동이 그린 얼굴은 왼쪽으로 향하는 경우가 많다. 측면 묘사는 얼굴에서 코 윤곽으로 먼저 표시되고, 얼굴이 회전하고 나중에 몸통이 옆으로 회전한다. 그리고 옷을 그리거나 장식적인 부분에 관심을 두기도 하는데 투명한 모습(예: 모자를 쓴 모습에서 머리 정수리가 보이는 모습이나 옷 안에 몸통이 있는 모습 등)이 나타나기도 하고, 관심 있는 부분을 과장되게 크게 그리기도 한다. 하지만 원근감, 불투명도, 단축법 및 단일 시점은 여전히 무시된다.

⑤ 시각적 사실기(Visual Realism): 9~10세

기억과 상상에 의한 그리기 단계를 지나서, 주위 환경 및 자연을 보고 그리는 단계에 들어선다. 이 시기 아동들은 사실주의에 대한 요구가 높아지면서 기교가 크게 향상되어 다른 사람이 그린 그림을 따라 그리거나 베끼는 경향도 있다. 또한 자발적으로 자연을 보고 그림을 그리기도 하는데, 눈으로 본 대상의 외형을 있는 그대로 표현하려고 노력한다. 이 시기 아동은 더 이상 자신이 아는 것과 보는 것을 혼동하지 않는다. 인물도 공중에 떠 있는 대신에 서 있을 한두 줄의 땅을 그려 주며, 풍경표현이 시도되지만 복잡한 장면에서는 공간을 완전히 무시하거나 기이한 공간표현 방식으로 나타난다. 그리고 중첩과 원근법에 상당한 주의를 기울이게 되고 약간의 음영과 가끔 단축법이 나타나기도 한다.

⑥ 억제기(Repression): 11~14세

이 시기는 미술표현이 침체되는 시기인데, 이때의 아동은 신체와 언어 발달이 극도로 왕성하기 때문에 자기의 생각이나 감정을 구태여 그림으로 표현하려고 하지 않는다. 눈으로 보는 사실과 손으로 그린 것과 비교할 때 그린 것이 눈에 비치는 것만큼 사실적으로 닮지 못하기 때문에 불만을 느끼며, 그리는 데 대한 의욕을 상실하여 언어 표현으로 흥미가 전환된다. 인지능력과 관찰력이 크게 발달함에 따라, 인물표현보다는 대개 풍경이나 장식적인 디자인 등으로 표현 소재가 전환된다. 6~7세 아동의 자발적인 그림 중 거의 80%가 사람 그림이고, 나머지는 동물, 식물, 말, 배 등으로 디자인적인 부분은 사실상 거의 나타나지 않는다. 그런데 13세와 14세가 되면 사람 그림은 거의 사라지고 기하학적 패턴이나 장식적인 디자인으로 선호도가 바뀐다.

⑦ 예술적 부활기(Artistic Revival): 15세 이후

자유롭고 자연스러운 조건에서 그래픽 능력은 초기 청소년기에 새로운 생명을 얻는 경향이 있다. 마지막 단계는 예술적 부흥의 단계라고 할 수 있는데, 이때의 그림들은 스토리를 전달하도록 제작되는 경우가 많다. 남녀 성별에 따른 구분도 분명해지는데, 여학생들은 풍부한 색상, 형태의 우아함, 선의 아름다움 등에 미적 관심이 우세하고, 남학생들은 기술적 · 기계적 측면에 보다 많은 관심을 가진다. 하지만 대부분이 마지막 단계에 도달하지 못하고 앞의 단계인 '억제기'에서 머물고 만다. 단지 소수의 재능 있는 사람들이 연대기적으로 다소 이른 나이에 이 시점에 도달하기도 한다(Burt, 1921: 319-320).

(2) 로웬펠드의 평면표현의 발달

가장 잘 알려진 로웬펠드(Lowenfeld, 1964)는 버트의 드로잉 발달과정과 피아제의 인지발달이론 등을 바탕으로 2세에서 청소년기에 이르는 미술표현 발달과정을 자연발생적인 상징체계의 발달이론으로 6단계로 구분하여 제시하였다. 그는 아동의 순차적인 발달을 중시하고, 아동은 일정한 발달과정을 거쳐 성장하는데 어떤 단계로 나아가기 위해서는 반드시 전 단계를 거친다고 하였다.

① 난화기(The Scribbling Stage): 2~4세

자아표현의 최초 단계인 난화기의 'Scribbling'은 낙서라는 의미로 의미 없이 마구 끄적거린다는 뜻이다. 이때 아동은 근육 운동에 보다 흥미를 느끼고, 어떤 의도성을 가지고 그림을 그린다는 개념보다 손과 팔의 움직임에 따라 놀이처럼 마구 선을 긋는다는 개념이 강하다. 이 시기는 크게 무질서한 난화기, 조절하는 난화기, 명명하는 난화기로 구분된다.

'무질서한 난화기(Random Scribbling Stage)'는 아직 눈과 손의 협응이 이루어지지 않고 소근육이 발달되지 않아 손놀림의 조절이 없어 방향감각 없이 무질서하게 그리는 것을 말한다. 어깨와 팔 전체를 휘두르며 큰 몸짓으로 움직이면서 선을 그리고, 움직임에 집중하기 때문에 종이의 테두리와 가장자리에 주의를 기울이지 않고 종종 가장자리 너머로 선을 긋기도 한다.

'조절하는 난화기(Controlled Scribbling Stage)'는 소근육이 다소 발달하면서 손의 조절이 어느 정도 이루어져 손을 제어할 수 있는 난화기이다. 아동들은 자신의 팔이나 손의 움직임과 종이에 그려진 선들이 조금씩 일치되는 관계를 알아차리며, 반복적인 선이나 원 또는 소용돌이 모양이 나타나게 된다. 이때 반복적인 선이나 형이 나타난다고 하여 '조절하는 난화기'는 '반복하는 난화기'라고도 불린다. 특히 이 시기 선이 닫힌 모양, 즉 '원'을 그리기 시작하는데, 이것은 아동 그림의 발달에서 매우 중요한 점이다. 원은 거의 모든 것, 예를 들어 태양, 사람, 꽃 등을 나타낼 수 있는 보편적인 상징이 될 수 있기 때문이다.

'명명하는 난화기(Named Scribbling Stage)'는 기존의 감각 운동적 사고에서 상징적 · 추상적 사고로의 전환을 의미하며, 개념이 어느 정도 형성되면서 자신이 그려 놓은 난화에 이름을 붙이는 시기를 말한다. 하지만 처음부터 무언가를 그리려고 의도하지는 않으며, 그린 이후에 이름을 붙여 명명하기도 하고 이름을 바꾸기도 한다.

② 전도식기(The Pre Schematic Stage): 4~7세

무의식적인 표현에서 소근육이 발달하고 눈과 손의 협응이 어느 정도 이루어지면서 점차 의도적인 표현으로 옮겨지는 도식기의 전 단계이자 기초 단계이다. 자신이 그린 것과 그린 대상과의 관계를 인식하지만, 대상의 객관적 특징이나 사실성 여부에는 관심이 없고, 자신이 알고 있는 것을 주로 그린다. 자신의 감정과 주관적 느낌을

중요하게 생각하며, 자신이 좋아하거나 관심 있는 것을 원과 선을 합치면서 형상이 있는 그림을 그리기 시작한다. 일반적이고 객관적인 형상은 아니지만 무엇인가 비현실적이고 불완전한 형상으로 자기중심적인 표현을 한다. 또한 사물이 화지에 떠다니는 것처럼 위치나 크기와 상관없이 산발적인 공간표현을 하는 것이 특징이다. 이 시기는 사실성 여부가 중요하지 않기 때문에, 표현 의욕이 왕성하고 표현 그 자체에 즐거움을 가진다. 또한 색을 선택할 때에도 대상의 색과는 무관한 주관적인 색, 좋아하는 색을 선택하여 칠한다. 이 시기 아동들은 사람, 나무, 해 등을 주로 그리는데 특히 사람을 가장 많이 그린다. 사람 그림에서 특징적인 점은 주로 원과 선을 결합하는 형식으로 머리를 나타내는 원 모양에서 다리나 팔을 나타내는 선이 나오는 올챙이 모양의 '두족인'으로 표현하는 것이다. 아른하임(Arnheim, 1954)에 따르면, 두족인은 아동이 사람을 인식한 가장 간단한 형태로 표현한 것이다(한국조형교육학회, 2016: 189에서 재인용).

③ 도식기(Schematic Stage): 7~9세

도식기에는 운동 기술과 손과 눈의 협응능력이 잘 발달하고, 사물에 대한 감각과 지각이 발달하기 때문에, 공식화한 개념이 형성되어 누구나가 쉽게 이해할 수 있는 상징적 · 도식적 표현을 하게 된다. 이 도식(schema)은 아동마다 개별적으로 발견한 독자적인 형상 또는 상징적 기호이다 보니 재미있는 표현들이 많고, 아동들은 일정 기간 동안 자신이 발견한 도식적인 형태 개념을 반복해서 사용하는 경향이 있다. 이 시기 아동들은 자신이 중요하다고 생각하는 부분은 크게 또는 자세하게 그리는 데 반해, 그렇지 않은 부분은 생략하거나 작게 그리기도 한다. 따라서 대상의 크기나 비례는 아동의 정서적 가치부여에 따라 과장되거나 생략되기도 한다. 그리고 인지적 관점에서 대상에 접근하다 보니 시각적으로 동시에 지각하기 어려운 부분은 아예 투시적으로 표현해 버리거나, 다시점적으로 표현한다. 의인화적 표현, 직각성의 오류 등의 표현도 나타난다. 이 시기에 공간 개념이 비로소 형성되기 시작하는데, 공간에 대한 인식에서 가장 먼저 나타나는 표현이 기저선(baseline)이다. 기저선은 하늘과 땅을 구분하는 선으로 2개가 나타나기도 하고, 화지의 밑선이 기저선 역할을 하기도 한다. 사물들은 화지 위에 더 이상 떠다니는 것처럼 산발적으로 나열되어 있지 않고, 땅을 표시해 주는 기저선 위에 사람, 나무, 집, 꽃 등과 같은 사물들을 배치한다. 그리고 그

위에 하늘선을 하나 더 그어 하늘을 표시하고 태양, 구름, 새 등을 배치하기도 한다. 하늘선은 아동에 따라 그려 주기도 하고 생략하기도 한다. 즉, 이때는 공간에 대한 상하 개념이 생겨서 땅을 표시하는 기저선을 중심으로 그 밑에 개미집이나 나무의 뿌리를 그리고, 그 위에 사람, 집, 나무 등을 배치하며, 또 그 위쪽으로 태양, 구름, 새 등을 넣어 하늘을 표시해 주는 공간 구성 방식을 취한다. 이 시기 아동들은 도식적 형태 표현과 마찬가지로 색의 선택에 있어서도 사과는 빨간색, 나뭇잎은 초록색 등과 같이 개념적인 색을 선택하여 같은 대상에 같은 색을 반복해서 칠한다.

④ 또래집단기(Gang Stage): 9~11세

이 시기는 또래 집단의 친구관계를 중시하며 자아와 주변 세계에 대한 인식의 범위가 넓어지면서 객관적인 사실적 표현에 눈을 뜨는 시기라고 하여 '여명기'라고도 한다. 이 시기는 주변의 자연에 대한 시각적 인식이 점차 발달하면서 도식적 표현이 사라져 가고 사실적 표현의 경향이 나타나는데, 일반적으로 도식적 표현과 사실적 표현이 동시에 나타나는 경우가 많다. 또한 생략되거나 과장된 표현을 하지 않는 대신 비율이나 세부표현에 좀 더 관심을 갖게 되고, 옷이나 장식적 표현에 집착하려는 경향도 있다. 조금씩 사물에 대한 형태 인식능력이 증가하면서 활기차고 대담했던 표현도 자신이 원하는 대로 잘 되지 않으면 표현 의욕과 자신감을 조금씩 잃어 가는 경향이 있다. 인물의 모습은 아직 움직임이 적고 경직되어 있는 편이다. 하지만 공간에 대한 개념이 더욱 발달하여 단순한 기저선이나 주관적인 공간표현을 넘어 유기적 공간의 깊이를 표현하고자 시도한다. 즉, 상하 공간 개념에서 앞과 뒤의 깊이를 생각하여 그리면서 기저선이 사라지고 사물과 사물을 겹쳐 표현하는 중첩표현이 증가한다. 하지만 이 시기에는 자연적인 성장 발달에 따른 미술표현에서 빛과 그림자를 나타내는 음영표현은 아직 뚜렷하게 나타나지 않는다. 색의 선택은 아직까지도 대상의 고유한 색을 중심으로 하지만, 주로 한 가지 색으로 칠하는 도식기의 채색 방식에서 좀 더 다양한 색으로 표현하려고 한다. 예를 들어, 나뭇잎을 초록색 한 가지 색으로 칠하다가 연두나 짙은 초록 등 좀 더 다양한 색으로 나뭇잎을 채색한다.

⑤ 의사실기[Pseudo-Naturalistic(Realism) Stage]: 11~13세

이 시기는 합리적인 사고의 발달과 외부세계에 대한 인식능력이 더욱 발달하여 자

신의 표현능력에 한계를 느끼고 좌절하는 경우가 많다. 이 시기 아동들은 관찰표현에 의존하여 대상을 사실적으로 표현하려고 노력하며 공간에 대한 인식도 더욱 발달하여, 비례표현, 명암을 넣은 입체표현, 3차원적 공간표현, 원근표현 등이 나타난다. 이 시기의 아동은 자신이 본 것을 주로 표현하려는 시각형(visual type)과 느낌과 감정을 주로 표현하려는 촉각형(haptic type)으로 나뉘기 시작한다. 시각형은 눈을 매개체로 대상을 전체에서 부분으로 또 부분들을 전체로 종합해 가며 형태와 구조 등의 변화 모습을 표현하려고 하며, 촉각형은 신체나 촉각을 매개체로 하여 자아가 투영된 정서적 경험의 해석을 통한 내면적이고 주관적인 표현을 한다.

이 시기 후반기에 접어들면, 그림에 지속적으로 흥미를 가지고 소질을 발전시키고자 하는 학생은 극소수에 불과하고, 많은 학생은 표현에 위축감을 느끼고 의욕과 흥미를 상실하여 그림 그리는 것을 기피하게 된다. 하지만 합리적인 사고와 논리적인 비판능력이 발달하여 미술감상 및 비평 교육에 적합한 시기라고 볼 수 있다. 이 시기의 색채 사용은 사물의 색과 같게 사실적으로 표현하려고 한다.

⑥ 결정기(Decision-making Stage): 13~17세

이 시기는 2차 성징이 나타나고 심리적 변화가 큰 사춘기가 시작되는 시기로 주변환경에 대한 인식능력과 자기비판적 의식이 급격히 발달한다. 이 시기에는 사실적 표현뿐만 아니라 공간적 표현이 보다 정교해지고, 사물의 유기적 관계나 원근, 명암, 3차원적 입체, 색 등을 보다 세밀하고 완성도 있게 표현하고 좀 더 나아가 자기의 개성을 살려 예술적 표현을 시작한다. 하지만 이 단계까지 오는 청소년은 드물다. 전 단계에서 나타나기 시작한 미술표현의 유형은 시각형, 촉각형, 그리고 중간형으로 결정된다. 시각형은 사물이나 외부 환경을 눈에 보이는 대로 객관적 인식에 의해 있는 그대로 비례, 명암, 원근 등을 중시하여 묘사하려고 하며, 촉각형은 신체적 감각이나 내부의 감정세계를 투사하여 촉각적으로 표현하며 색채나 공간 표현도 주관적이고 감정적으로 하려고 한다. 중간형은 시각형과 촉각형의 성격이 복합적으로 나타나며, 대부분의 사람은 이에 속한다(Lowenfeld, 1987). 색채표현은 사실적 표현으로 명암이나 원근을 나타내는 채색을 한다.

(3) 허위츠와 데이의 평면표현 발달

허위츠와 데이(Hurwitz & Day, 2007)는 로웬펠드의 미술표현 발달단계가 사회문화적 환경이 아동의 미술표현 발달에 영향을 미친다는 점을 간과한 이론이라고 이의를 제기하고, 아동과 청소년의 미술표현 발달과정을 조작기, 상징표현기, 전사춘기의 3단계로 구분하여 제시하였다.

① 조작기(The Manipulative Stage): 2~5세

이 시기는 아동들이 손으로 쥘 수 있는 모든 도구로 놀이를 하듯 마구 끄적거리는 단계이다. 마구 그려진 선들은 그들이 독특하게 사용하는 시각적 상징체계의 전조가 된다. 보통 이 단계를 '난화기'라고 하는데, '조작기'라고 하는 것은 세상을 최초로 탐색한다는 의미와 새로운 재료에 대한 경험을 내포하고 있다. 아동들은 처음에는 닥치는 대로 마구 끄적거리다가 근육을 어느 정도 조절할 수 있게 되면서 반복적이고 규칙적인 패턴이 나타나게 된다. 즉, 수직선, 수평선, 사선, 곡선, 물결선, 지그재그선, 둥근 선 등을 반복적으로 그린다. 이후 동그라미의 형태가 나타나고, 이것은 상징과 조작적 표현의 중간적 형태로서 만다라라고 한다(한국조형교육학회, 2016: 191). 이 시기 아동들은 여러 재료로 끄적거리면서 선, 형, 질감 등을 체험하고 시각적인 개념을 갖게 된다. 이들에게 미술적 표현은 매우 보편적인 것이며, 점차 자신이 그린 그림에 이름을 붙이기 시작한다. 이러한 이름은 자신의 표현을 상징적으로 받아들여 그린 대상과 그려진 표현을 동일시하는 것이다. 이렇듯 조작기는 보통 마구 끄적거리는 조작 단계, 통제하는 조작 단계, 명명하는 조작 단계를 거친다(이규선 외, 2019: 89-90).

② 상징표현기(The Symbol-Making Stage): 6~9세

이 시기 아동들은 자신이 표현한 것과 자신의 내면과 관계를 맺고 형상에 의미를 부여하며, 올챙이 모양의 두족인과 같이 미분화된 상징적 표현에서 점차 분화되어 사실적 상징표현, 즉 도식적 표현으로 발달해 간다. 이때 아동들은 다양한 종류의 대상에 관심을 기울이고 그 대상들과 관련된 자신만의 도식을 각각 만들어 그림을 그릴 때 그것을 반복적으로 사용하여 표현한다. 이 시기 아동들의 공간표현 방식은 서로 다른 시간이나 공간에서 발생한 사건들을 하나의 구성으로 모아 표현한 공존화적

(synchronism) 표현을 하기도 하고, 기저선을 사용하거나 투시적(x-ray) 표현 및 전개도식(fold over view) 표현이나 중앙원근법적 표현 등과 같이 다양한 방식으로 공간을 표현한다. 이 단계의 후반에는 중첩(overlapping)표현도 나타나기 시작한다.

③ 전사춘기(The Preadolese Stage): 10~13세

이 시기는 표현하고자 하는 대상과 비슷하게 그리려고 노력하며, 상징적인 표현의 단계를 넘어 원근감, 질감, 명암 등을 이용하여 사실적으로 표현하려고 한다. 또한 지각능력과 인식능력이 발달함에 따라 다른 사람들의 시각에 민감하여 표현도 조심스럽게 하며, 자신감이 줄어드는 경향이 있다. 이때 중요한 것은 자신감을 갖게 하는 것이며, 그들의 지적능력과 인식능력에 걸맞은 조형능력을 육성해 주는 것이다. 이 시기 미술표현에서 남녀 성별의 차이가 많이 나타나는데, 남자 아동들은 기계, 속도, 영웅 등에 많은 관심을 보이고, 여자 아동들은 옷, 동물, 파티, 인형, 상상의 세계를 많이 그린다. 또한 이 시기에는 그림을 잘 그리고 못 그리고의 판단 기준도 사실성 여부에 있어서 자신이 표현한 그림과 실제의 대상이 닮지 않으면 실망을 하여 미술에 흥미를 잃어버리기도 한다. 따라서 자신감을 가지고 적극적으로 표현할 수 있게 격려하는 것이 중요하다(이규선 외, 2019: 89-90; 조형교육학회, 2016: 192; Hurwitz & Day, 2007).

(4) 평면표현의 발달과정 정리

아동 및 청소년의 평면표현 발달과정은 여러 학자에 의해 연구되었고, 발달단계별 명칭과 연령대는 다르지만 보편적으로 일정한 단계를 거치면서 발달해 간다는 것을 알 수 있었다. 하지만 실제 아동들의 작품을 보면 어느 단계에 해당하는지 판단하기 어려울 정도로 모호한 작품들이 많아 세분화된 구분은 오히려 혼란을 야기할 수도 있다. 따라서 아동 및 청소년들이 일반적으로 거쳐 가는 보편적 표현 특징을 중심으로 보다 크게 단계를 구분할 필요는 있다. 이에 앞에서 살펴본 버트, 로웬펠드, 그리고 허위츠와 데이의 이론을 종합하여 두드러진 특징을 중심으로 단계를 좀 더 크게 나누어 보면 〈표 3-1〉과 같다.

표 3-1 아동과 청소년의 평면표현 발달과정

<table>
<tr><th>연령</th><th>버트</th><th>로웬펠드</th><th>허위츠와 데이</th><th>종합</th></tr>
<tr><td>…</td><td></td><td></td><td></td><td></td></tr>
<tr><td>2</td><td rowspan="2">난화기(2~3세)</td><td rowspan="3">난화기(2~4세)</td><td rowspan="4">조작기(2~5세)</td><td rowspan="3">난화기
(2~4세)</td></tr>
<tr><td>3</td></tr>
<tr><td>4</td><td>선화기(4세)</td></tr>
<tr><td>5</td><td rowspan="2">서술적 상징기(5~6세)</td><td rowspan="3">전도식기(4~7세)</td><td rowspan="5">도식기
(5~9세)</td></tr>
<tr><td>6</td><td rowspan="4">상징기(6~9세)</td></tr>
<tr><td>7</td><td rowspan="2">서술적 사실기(7~8세)</td></tr>
<tr><td>8</td><td rowspan="2">도식기(7~9세)</td></tr>
<tr><td>9</td><td rowspan="2">시각적 사실기(9~10세)</td></tr>
<tr><td>10</td><td rowspan="2">또래집단기(9~11세)</td><td rowspan="4">사춘기전기
(10~13)</td><td rowspan="9">사실기
(10세~)</td></tr>
<tr><td>11</td><td rowspan="4">억제기(11~14세)</td></tr>
<tr><td>12</td><td rowspan="2">의사실기(11~13세)</td></tr>
<tr><td>13</td></tr>
<tr><td>14</td><td rowspan="5">결정기(13~17세)</td><td rowspan="5"></td></tr>
<tr><td>15</td><td rowspan="4">예술적 부활기(15세 이후)</td></tr>
<tr><td>16</td></tr>
<tr><td>17</td></tr>
<tr><td>…</td></tr>
</table>

〈표 3-1〉과 같이 아동 및 청소년의 평면표현 발달과정을 크게 구분하여 제시하면, 소근육이 아직 덜 발달되어 낙서하듯이 마구 끄적거리는 난화기(2~4세), 상징적 형상이 나타나면서 주관적인 도식적 표현이 강한 도식기(5~9세), 그리고 사물과 공간에 대한 인식이 발달하면서 객관적이고 사실적으로 표현하고자 하는 사실기(10세 이후)로 크게 나눌 수 있다. 루카와 켄트(Luka & Kent, 1968)도 비록 연령은 다르지만 아동 및 청소년의 평면표현 발달과정을 난화기(2~5세), 상징기(4~8세), 사실기(9~12세)로 크게 구분하여 제시하기도 하였다. 이들을 좀 더 구체적으로 살펴보면 다음과 같다.

구분	① 난화기(2~4세)
형태 표현	■ 무질서한 난화: 선을 여러 방향으로 마구 그림, 그린다는 개념보다 놀이에 가까움〈그림 A〉 ■ 조절하는 난화: 반복적인 선이나 원이 나타남〈그림 B〉 ■ 명명하는 난화: 선과 원을 결합하여 표현하고 이름을 붙임〈그림 C〉
공간 표현	■ 공간에 대한 개념 없이 놀이식으로 마구 끄적거림〈그림 A, B, C〉
예시 작품	〈그림 A〉 〈그림 B〉 〈그림 C〉 작품 출처: A, B, C–고명현

구분	② 도식기(5~9세)
형태 표현	■ 상징적이며 개념적인 도식적 표현이 나타남〈그림 D~I〉 ■ 사물의 크기나 위치 등과 관련된 유기적 관계를 무시하고 주관적으로 표현〈그림 D~I〉 ■ 소재는 주로 사람을 중심으로 집, 나무, 해, 꽃, 차 등을 그림〈그림 D~I〉 ■ 주관적 · 감성적 색채 사용에서 점차 대상과 색채의 상호 관계 인식〈그림 D~I〉 ■ 자기중심적 표현: 자신과 정서적으로 가까운 것을 과장하여 표현하고 정서적으로 먼 것은 축소하거나 생략하여 자기중심적으로 표현〈그림 D, E, F〉 ■ 의인화 표현: 사물에 생명을 부여하여 사람과 유사한 형태로 표현 ■ 영역불침범의 법칙: 화면의 각 사물들을 잘 보이도록 하기 위하여 사물이 서로 겹치지 않도록 표현〈그림 D~I〉 ■ 반복적인 표현: 자신이 발견한 도식을 일정 기간 반복적으로 표현〈그림 D, E, G, H〉 ■ 투시적 표현: 뢴트겐 표현 또는 엑스레이 표현이라고도 하는데, 보이지 않는 부분을 보이는 것처럼 나타냄〈그림 G〉 ■ 대칭적 표현: 사물을 상하 또는 좌우로 균형 있게 배열하여 심리적 안정감을 주는 대칭적 표현이 많음〈그림 H, I〉

공간 표현	■ 산발적인 공간표현: 초기에 공간에 대한 유기적 관계 파악이 없이 산발적으로 공간을 표현〈그림 D, E, F〉하다가 점차 상하 관계를 파악하여 표현〈그림 G, H〉 ■ 기저선 표현: 공간에 대한 인식을 하면서 땅을 나타내는 선을 긋고 그 위에 사물을 배치하여 나타냄. 하늘을 나타내는 하늘선을 긋기도 하며, 화지의 밑선이 기저선 역할을 하기도 함. 공간에 대한 유기적인 상하 개념이 생겨 기저선 밑에 나무의 뿌리나 개미집 등을 그리고, 그 위에 사람, 나무, 집 등을 배치하고 또 그 위쪽으로 하늘을 나타내는 태양, 구름, 새 등을 배치함〈그림 G, H, I〉 ■ 공존화적 시공간 표현: 여러 방향에서 본 모습을 한 화면에 나타내는 다시점적 표현이나 여러 시간대에 일어난 일들을 한 화면에 함께 표현〈그림 F, H, I〉 ■ 전개도식 표현: 공존화적 표현의 한 형태로, 전개도와 같이 펼쳐서 그린 다시점적 표현(예: 길 양쪽으로 나무나 건물이 눕혀져 있는 모습) ■ 중앙원근법적 표현: 그리는 사람이 화지의 중앙에 서서 사방의 모습을 본 것처럼 나타냄. 아동들은 도화지를 돌리며 그림〈그림 I〉 ■ 열거식 표현: 공간에 대한 유기적 관계 파악이 부족하여 사물을 화지에 죽 열거하듯이 표현 〈그림 G, H, I〉
예시 작품	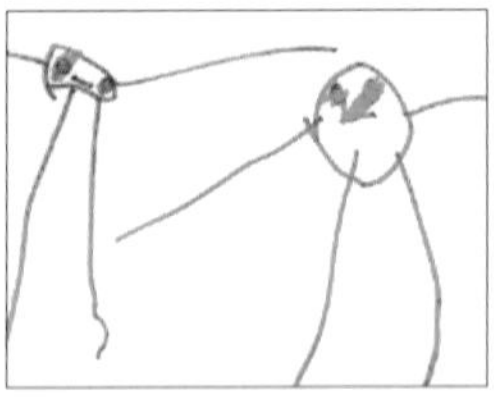 〈그림 D〉  〈그림 E〉  〈그림 F〉  〈그림 G〉  〈그림 H〉  〈그림 I〉 작품 출처: D-미상, E-고명현, F-석잔, G-오세준, H-미상, I-박채윤

구분	③ 사실기(10세~)
형태 표현	■ 대상을 면밀히 관찰하여 묘사하려고 하고 사실적으로 표현하려고 함〈그림 J~O〉 ■ 사물의 유기적 관계를 파악하여 공간, 거리, 비례, 크기를 객관적으로 표현하려고 함〈그림 J~O〉 ■ 3차원적 입체를 표현하고 명암, 그림자, 재질감 등을 표현하려고 함〈그림 K~O〉 ■ 남녀의 선호에 따라 주제를 합리적으로 표현〈그림 K, O〉 ■ 세부적인 디테일의 표현에 노력하고 장식적인 표현이 나타남〈그림 N, O〉 ■ 혼색을 탐구하고 색의 변화를 살려 사실적으로 표현하려고 함〈그림 L~O〉 ■ 표현능력이 인지 발달에 미치지 못할 경우 미술에 흥미를 잃고 자신감을 상실함
공간 표현	■ 중첩표현: 사물의 전후 관계를 인식하고, 앞에 것에 가려져서 뒤에 것이 보이지 않을 경우 겹쳐서 표현〈그림 J~O〉 ■ 원근표현: 깊이 있는 공간감을 주기 위해 근경, 중경, 원경에 따라 크기나 채색을 달리하여 표현. 원근은 중첩된 원근〈그림 J, K〉에서 투시적 원근〈그림 L〉, 그리고 대기원근〈그림 M, N, O〉으로 발전
예시 작품	〈그림 J〉 〈그림 K〉 〈그림 L〉 〈그림 M〉 〈그림 N〉 〈그림 O〉 작품 출처: J-배선경, K-김지원, L-박시은, M-김지수, N-오채나, O-최예원

2) 입체표현의 발달과정

입체표현은 평면표현만큼 표현이 자유롭지 못할 뿐만 아니라 재료가 매우 다양하고, 재료나 표현방법에 따른 난이도가 달라서 기준을 잡기가 어려워 입체표현 발달과정에 관한 연구는 상대적으로 미흡한 편이다. 따라서 입체표현 발달과정에 관련된 연구는 대부분 아동들이 비교적 쉽게 접할 수 있고 사용이 용이한 찰흙을 중심으로 많이 접근하고 있다. 입체표현의 발달은 평면표현의 발달보다 약간 늦게 발달하는 것이 일반적이다. 연필이나 크레파스 등은 쉽게 접할 수 있고 다룰 수 있는 데 비해, 찰흙은 재료적 특성으로 인하여 형태를 만들고 세부를 묘사하는 데 한계가 있어 비교적 단순하게 표현되는 편이다. 또한 입체표현은 평면표현과 유사한 발달과정을 거친다. 명명하는 난화기처럼 찰흙을 주물럭거려 알 수 없는 무언가를 만들어 놓고 이름을 붙여 주거나 설명을 하기도 하고, 전도식기의 두족류처럼 입체표현에서도 찰흙으로 동그랗게 머리를 만들고 가늘게 말아서 다리나 팔을 만들어 붙이는 표현, 그리고 평면표현에서처럼 입체표현에서도 도식적인 표현에서 점차 비례와 양감 및 동세 등을 생각하며 사실적으로 표현하려고 하는 과정을 그대로 거치기 때문이다. 아동 및 청소년들의 입체표현 발달과정과 관련된 연구들은 미흡하지만 로웬펠드와 우리나라의 이길종의 이론을 중심으로 살펴보면 다음과 같다.

(1) 로웬펠드의 입체표현의 발달과정

로웬펠드는 입체표현 발달과정을 6단계로 구분하였는데, 이것은 평면표현 발달과정에서 제시한 것과 명칭과 연령대가 같다(김정희, 2020: 124-125; Lowenfeld, 1987).

① 난화기: 2~4세

이 시기는 찰흙을 주무르고 두드리는 행위 등으로 찰흙의 특성을 촉각적 경험을 통해 탐색하는 단계로, 의도하지 않고 찰흙을 양손으로 비비거나 주물러서 만든 원형, 둥근형, 막대형을 자신이 알고 있는 개념으로 이름을 붙이거나 설명을 한다.

② 전도식기: 4~7세

이 시기 아동들은 자신이 알고 있는 개념을 의도적으로 표현하기 위해 찰흙 덩어리

로부터 원하는 부분을 돌출시키거나 또는 부분을 따로 만들어 덧붙여 가며 표현하는 것이 가능하다. 입체적인 표현은 아직 어려우며 납작하게 부조처럼 표현한다.

③ 도식기: 7~9세

이 시기에 찰흙은 아동들에게 대상을 입체적으로 표현하는 데 가장 적합한 매체이다. 형태를 덧붙이거나 제거하면서 계속적으로 변화시키는 과정을 통해 대상의 전체와 부분의 위치, 안과 밖 등의 공간을 이해하게 된다. 이 시기는 하나의 덩어리로부터 세부적인 표현으로 진행해 가며 만드는 '분석적 방법(analytic method)'과 부분적으로 만든 뒤 이들을 전체적으로 접합해서 대상을 만드는 '종합적 방법(synthetic method)'을 모두 활용한다.

④ 또래집단기: 9~11세

표현 대상이 주변에서 볼 수 있는 대상으로 확대되어 다양해지며 찰흙 덩어리의 형태와 배경이나 공간과의 관계를 탐색하며 표현한다. 사람과 동물 등을 입체적으로 만들고 표면 처리를 통해 털이나 머리카락 등의 질감을 살려 사실적으로 표현하고자 한다.

⑤ 의사실기: 11~13세

이 시기는 뼈대에 살을 붙여 가면서 형태를 나타내는 소조(modeling)방법과 커다란 덩어리로부터 떼어 내면서 형태를 표현하는 조각(carving)방법이 모두 가능해진다. 세부적인 표현에 관심을 가지고 직립표현 및 동세표현도 나타난다. 이 시기 분석적 표현 방식을 사용하는 아동은 사실적이고 객관적인 표현을 하고자 하는 시각형으로, 종합적인 표현 방식을 사용하는 아동은 주관적이고 감성적인 표현을 하고자 하는 촉각형으로 본다.

⑥ 결정기: 13~17세

이 시기는 시각형과 촉각형으로 뚜렷이 구분된다. 시각형은 외형의 모양과 크기, 비례 차이에 관심을 갖고 전체적인 인상에서 부분적인 인상으로 분석하여 표현하고, 촉각형은 근육감각이나 촉각적인 인상에 의하여 부분의 크기와 중요도를 결정하여 주관적으로 표현을 한다. 이 시기에는 소조적인 표현에서뿐만 아니라 조각적인 표현에서도 세부적인 표현이 가능해진다. 또한 형태를 정확하게 지각하여 비례와 움직임을 비롯한 양감, 질감 등의 표현을 강조하기도 한다.

(2) 이길종의 입체표현 발달과정

이길종(1981)은 아동 및 청소년의 조소표현의 발달단계를 6단계로 나누어 제시하고 있다. 맹목적 조형기(3~5세), 경단기(5~7세), 상징기(7~9세), 유발적 사실기(9~11세), 분석적 사실기(11~12세), 억제기(13~15세)로 구분하였다. 그는 120명을 대상으로 찰흙으로 만들기를 통한 발달과정을 조사하였다. 그가 연구한 발달과정을 요약하면 다음과 같다(이길종, 1981: 103-111).

① 맹목적 조형기(The Unintentional Stage): 3~5세

이 시기 아동들은 아무런 목적의식 없이 찰흙을 주무르거나, 흙 반죽을 손바닥으로 누르거나, 손과 손 사이에 흙을 넣고 비비면서 예기치 않은 형체를 만든다. 아동들은 손끝에 닿는 찰흙의 촉감에 즐거움을 느끼며, 자기가 어떤 형체를 만들었다는 사실만으로 만족하며 쾌감을 느낀다. 이 시기는 조형적으로 어떤 형체를 만든다는 개념보다 찰흙을 가지고 논다는 개념에 가깝고, 자신이 만든 것에 이름을 붙이거나 설명하려고도 한다.

② 경단기(The Mud-ball Stage): 5~7세

이 시기에는 무의식적 본능적 행위에서 점차 의식적 표현을 하게 된다. 이 시기 아동들은 찰흙을 양 손바닥 사이에 놓고 굴려 구를 만들기 시작한다. 이것이 경단 모양으로 생겨서 이 시기를 '경단기'라고 한다. 아동들은 경단을 만들고 그것에 이름을 붙여 자기가 만든 작품에 만족해한다. 남아와 여아가 모두 경단으로 시작하지만 그것을 가지고 표현해 가는 방식은 차이를 보인다. 남아는 크고 작은 경단을 만들어 큰 경단 위에 작은 경단을 올리면서 눈사람 모양의 사람을 만드는 방식인데, 여아는 큰 경단을 납작하게 만들어 그 위에 작은 경단으로 눈, 코, 입을 붙여 사람을 만든다. 남아는 얼굴과 몸통을 둥글게 환조처럼 만들고, 여아는 납작한 모양으로 만드는 경우가 많다. 그리고 남아는 몸통표현에, 여아는 얼굴표현에 좀 더 관심을 보인다.

③ 상징기 (The Symbolic Stage): 7~9세

이 시기 아동은 자기가 만들고자 하는 사물의 특징을 알고, 그 특징을 자기 나름대로 표현하려고 한다. 또한 이 시기는 인물묘사에서 비록 눈, 코, 입 등이 사실적이지는 않지만, 인체의 한 부분임을 인지하고 인물에서 자기가 보고, 생각나는 것을 표현하고자 한다. 이 시기부터는 자기만족적 표현에서 표현방법이 좀 더 발전되어 자기중심적으로, 주관적인 묘사에서 점차 객관적 · 상징적 사고력이 생기게 된다. 찰흙으로 인물을 표현할 경우, 몸통, 팔, 다리를 더 이상 경단으로 표현하지 않고, 코는 볼록 나온 상태에서 세로로 조금 길게 하고 팔, 다리의 위치를 몸통에 정확하게 붙일 수 있게 된다.

④ 유발적 사실기(The Stage of Iinceptive Realism): 9~11세

이 시기에는 지금까지의 상징적이고 정적인 표현방법이 동적인 표현으로 바뀌고 사실적인 표현방법이 시도된다. 인물표현에서는 눈동자나 머리카락의 섬세한 표현을 비롯하여 남녀를 구별하여 표현하고, 옷의 주름과 단추 같은 것도 표현된다. 이 시기는 아동들의 잠재의식 속에서 시각적인 사실로 나타난 형상을 논리적으로 표현하므로, 남아는 동적인 표현, 여아는 장식적인 표현을 많이 한다.

⑤ 분석적 사실기(The Stage of Analytic Realism): 11~12세

이 시기에는 자기의식의 확대로 전체의 애매한 표현보다는 작은 부분을 섬세하고 정밀하게 묘사하려고 한다. 그리고 지금까지의 자기중심적 표현에서 벗어나 타인을 의식하고 타인과 공존할 수 있는 협동심이 생겨 친구들과 공동으로 그리거나 만들기 하는 것을 좋아한다. 작품 경향은 눈으로 사물을 보고, 사실적으로 재현하는 시기가 된다. 하지만 미술적 표현에 차츰 흥미를 잃는 경우도 많은데, 사물을 사실적으로 표현하고자 애쓰지만 표현기능이 인지능력을 따라가지 못하기 때문이다. 미술적 표현에 자신 있는 경우는 사물의 형태와 색깔까지도 섬세하게 나타내려고 하고 질감, 양감까지 표현하려고 한다.

⑥ 억제기(The Stage of Restraint): 13~15세

이 시기에는 인지능력이 발달하고 언어와 신체의 발달이 왕성해지면서 자신이 만든 작품에 대한 표현능력을 자각하고 자신감을 잃게 되나, 다른 작품을 비평할 수 있

는 능력과 자아 의식이 발달한다. 따라서 만들기가 자기 적성에 맞지 않는다고 판단되면 이 활동을 스스로 억제하고 자아를 의식하여 운동이나 언어표현 등과 같은 다른 활동으로 대신한다. 만들기에 재능이 있는 경우는 좀 더 객관적 사실로 사물을 표현하려 하며, 표현 대상의 질감, 양감, 운동감 등 3차원적인 표현이 나타난다(이길종, 1981: 103-111).

(3) 입체표현의 발달과정 정리

입체표현의 발달과정을 로웬펠드와 이길종은 6단계로 구분하였다. 하지만 평면표현의 발달과정과 마찬가지로 너무 세분하여 구분할 경우 어느 단계에 속하는지 명확하게 판단하기 어려운 모호한 표현들도 있기 때문에, 좀 더 크게 단계를 나누어 보면

표 3-2 아동과 청소년의 입체표현 발달과정

<table>
<tr><th>연령</th><th>로웬펠드</th><th>이길종</th><th>종합</th></tr>
<tr><td>…</td><td></td><td rowspan="2"></td><td></td></tr>
<tr><td>2</td><td rowspan="3">난화기(2~4세)</td><td rowspan="4">탐색기
(2~5세)</td></tr>
<tr><td>3</td><td rowspan="3">맹목적 조형기(3~5세)</td></tr>
<tr><td>4</td></tr>
<tr><td>5</td><td rowspan="3">전도식기(4~7세)</td></tr>
<tr><td>6</td><td rowspan="2">경단기(5~7세)</td><td rowspan="4">도식기
(6~9세)</td></tr>
<tr><td>7</td></tr>
<tr><td>8</td><td rowspan="2">도식기(7~9세)</td><td rowspan="2">상징기(7~9세)</td></tr>
<tr><td>9</td></tr>
<tr><td>10</td><td rowspan="2">또래집단기(9~11세)</td><td rowspan="2">유발적 사실기(9~11세)</td><td rowspan="9">사실기
(10세~)</td></tr>
<tr><td>11</td></tr>
<tr><td>12</td><td rowspan="2">의사실기(11~13세)</td><td rowspan="2">분석적 사실기(11~13세)</td></tr>
<tr><td>13</td></tr>
<tr><td>14</td><td rowspan="5">결정기(13~17세)</td><td rowspan="2">억제기(13~15세)</td></tr>
<tr><td>15</td></tr>
<tr><td>16</td><td rowspan="3"></td></tr>
<tr><td>17</td></tr>
<tr><td>…</td></tr>
</table>

앞의 〈표 3-2〉와 같이 탐색기(2~5세), 도식기(6~9세), 사실기(10세~)로 나눌 수 있다. 이를 중심으로 아동과 청소년의 입체표현 발달과정의 특징을 살펴보면 다음과 같다.

구분	① 탐색기(5세)
표현 특징	■ 무엇을 만들겠다는 목적의식 없이 찰흙의 촉감을 즐기며 놀이식으로 만드는 활동 그 자체에 쾌감을 느낌〈그림 A〉 ■ 마치 평면표현의 난화기에서 선과 원을 그릴 수 있는 것처럼 찰흙으로 경단 모양의 납작한 둥근 모양이나 막대 모양을 만들 수 있음〈그림 B, C〉 ■ 찰흙을 덧붙이거나 떼어 내며 표현하는 것은 가능해지나 세부적인 묘사는 어려움〈그림 A, B, C〉 ■ 마치 낙서처럼 끄적거리듯이 찰흙으로 바닥에 주관적인 형을 평면적으로 표현 ■ 자신이 만든 것에 이름을 붙여 주거나 설명하기도 함
예시 작품	〈그림 A〉 〈그림 B〉 〈그림 C〉 작품 출처: A, B, C-미상.

구분	② 도식기(6~9세)
표현 특징	■ 놀이식의 접근에서 무엇인가를 상징적으로 표현하고자 함〈그림 D〉 ■ 찰흙으로 사람을 표현할 경우 직립하는 표현은 아직 힘들고 대부분 바닥에 눕혀서 평면적으로 표현하나〈그림 D, E, H〉, 점차 반입체적인 표현이나 다리만 땅에 붙어 있고 상체를 세우는 표현이 가능해짐〈그림 I〉. 하지만 드물게 직립시킨 인물 표현도 있지만, 세부적인 묘사까지는 들어가지 않음 ■ 초기에 머리에 팔과 다리가 붙은 형상인 두족류의 표현〈그림 D〉이 나타나다가 점차 인체의 부분들을 인지하며 보다 더 구체적인 사람의 형상을 갖춘 표현을 하게 됨〈그림 E, F, H, I〉 ■ 이 시기 찰흙을 활용한 입체표현의 방법으로 두 가지 유형이 나타나기 시작하며, 아동들은 두 유형을 혼합하여 활용함(종합적 방법: 찰흙으로 인물을 만들 경우 팔다리, 머리, 몸통 등과 같은 대상의 각 부분들을 따로 만들어 결합하는 방식〈그림 D, E, G, H, I〉; 분석적 방법: 먼저 전체적인 덩어리를 만든 다음 점차 세부적으로 표현해 가는 방식〈그림 F〉)

예시 작품	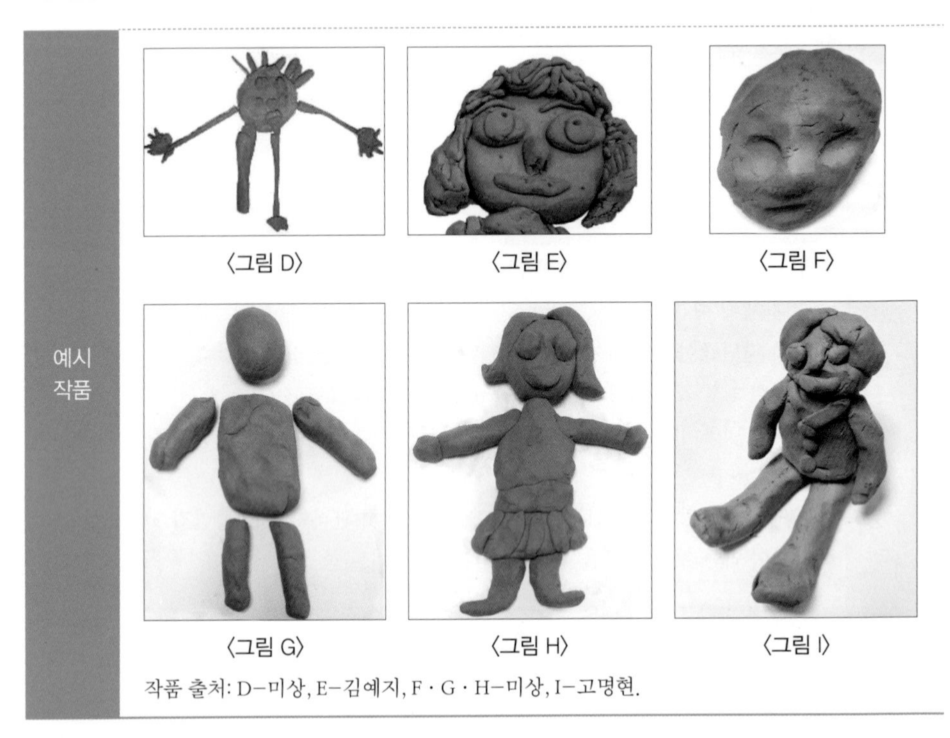 〈그림 D〉 〈그림 E〉 〈그림 F〉 〈그림 G〉 〈그림 H〉 〈그림 I〉 작품 출처: D-미상, E-김예지, F · G · H-미상, I-고명현.

구분	③ 사실기(10세~)
표현 특징	■ 대상을 입체적으로 나타내며 사실적으로 표현하고자 함〈그림 J, K, L〉 ■ 소조적인 표현에서 조각적인 표현도 가능함 ■ 표현할 대상 그 자체에 관심을 집중하다가 점차 배경이나 공간에 관심을 가지고 다양한 표현방법을 모색함 ■ 인물의 직립표현과 동세표현을 함〈그림 K〉 ■ 사실적 표현에 관심이 많아 질감, 양감, 운동감 등을 비롯한 세부적인 표현을 함〈그림 J, K, L〉 ■ 자아의식과 인지능력이 발달하면서 자신의 표현능력을 자각하고 미술표현에 흥미나 의욕을 잃는 경우가 많음
예시 작품	〈그림 J〉 〈그림 K〉 〈그림 L〉 작품 출처: J-김라희, K-이도준, L-박수빈

2. 미술감상의 발달과정

미술교육은 표현활동뿐 아니라 작품을 감상하고 이해하는 활동으로 구성되며, 미술에서의 표현 수준은 미술작품에 대한 이해 수준과 긴밀하게 연결되어 있다(Chen, 1997). 예를 들어, 미술작품을 감상함에 있어 초등학교 3학년 학생과 대학교 1학년의 감상 수준이 동일할 것이라고는 생각하기 어렵다. 왜냐하면 초등학교 3학년 학생이 작품에서 지각할 수 있는 내용이나 작품에 대한 이해 및 설명 능력이 대학교 1학년의 수준과 다르기 때문이다. 그러므로 미술작품에 대한 감상능력은 표현능력과 마찬가지로 지각적 · 인지적 · 정서적 발달에 영향을 받으며 미술작품 감상을 하기 위해서는 인간 발달의 여러 측면에서 균형 잡힌 발달이 전제되어야 한다(Goodman, 1968). 이러한 미술감상 능력은 연령 발달을 통해 자동적으로 성취되는 것이 아닌 성장 과정에서의 미적 경험의 축적과 이를 위한 환경과의 역동적인 상호작용을 필요로 한다. 이 점에서 로웬펠드는 미적 인식의 발달을 미술교육의 기본 영역으로 보았다(Lowenfeld & Brittain, 1969/2004: 303). 따라서 보다 효능감 있는 미술수업을 수행하기 위해서는 학생들이 지닌 미술 발달의 수준, 즉 미술의 표현적 측면과 인식적 측면에서 지닌 특성을 잘 파악하고 이에 맞는 교육을 실시하는 것이 중요하다.

• 미술감상과 미적 인식

미술감상(art appreciation)은 미술작품의 감각적인 형식과 정신적인 내용을 맛보고 즐기는 미적 체험활동이라면(박휘락, 2006: 24-25), 미적 인식(aesthetic awareness)은 미술작품에 대한 능동적인 지각과정이자 대상과의 상호작용이라 할 수 있다(Lowenfeld & Brittain, 1969/2004: 303). 따라서 미술감상이 작품감상의 행위에 초점을 두는 개념이라면 미적 인식은 작품감상이 이루어지도록 하는 지각과 인지의 사고과정에 초점을 둔 개념이라 할 수 있다. 이러한 특성으로 인해 미술감상 발달에 관한 연구는 주로 미적 인식능력 발달을 중심으로 이루어져 왔다.

미적 인식능력의 발달 연구는 미술표현 능력 발달 연구에 비해 다소 늦은 20세기 중반에 중점적으로 이루어졌다. 20세기 초, 케르셴슈타이너(Kerschensteiner, 1905), 뤼케(Luquet, 1913), 로웬펠드(Lowenfeld, 1947) 등을 중심으로 미술표현 능력에 대한 연구가 이루어졌다면 1966년의 마코트카(Machotka), 1968년의 코피(Coffey), 1974년의 클레이튼(Clayton), 1975년의 브루너(Brunner), 1983년의 하우젠(Housen), 1987년의 파슨스(Parsons)의 연구 등은 미적 인식능력 발달에 대한 대표적인 실증 연구에 해당한다.

미적 인식 발달에 대한 연구들이 주로 1960년대 이후에 진행된 것은 당시 미술교육에서 미술사와 미학에 대한 이해를 강조하는 흐름과 연관되어 있다. 가령 1966년 펜실베이니아 대학교에서 개최된 세미나에서 바칸(Barkan, M.)은 「미술교육에서의 교육과정 문제(Curriculum Problems in Art Education)」라는 논문을 통해 학문적인 탐구(inquiry)에 기반한 구조화된 미술교육을 주창하였으며, 아이스너(Eisner, E. W.)는 미술교육에서 표현능력 외에도 미술에 대한 비평적 · 역사적 이해가 포함될 것을 주장한다(Eisner, 1968). 또한 피아제(Piaget, 1954, 1952/1963)의 인지발달이론과 콜버그(Kohlberg, 1958)의 도덕발달이론은 미적 인식능력을 발달적 관점에서 연구하도록 하는 중요한 이론적 틀과 방법론적 영감을 주었다. 미술감상 발달의 관점에서 미적 인식 발달단계를 다룬 주요 연구들을 소개하면 다음과 같다.

1) 마코트카의 미적 인식 발달단계

캘리포니아 대학교(UC Santa Cruz)의 교수였던 마코트카(Machotka, P., 1936~2019)는 피아제의 인지발달이론에 기반하여 1966년, 프랑스 아동을 대상으로 한 미적 인식 발달단계 연구를 발표하였다. 그는 피아제가 아동의 인지 능력이 전조작기(4~7세), 구체적 조작기(7~12세), 형식적 조작기(12세 이후)의 단계로 발달되는 것처럼 아동의 미적 발달단계도 이러한 인지 발달단계와 유사하게 진행된다고 보았다(1966).

프랑스의 파리와 근교 지역에 거주하는 중산층 가정의 6~12세 아동 120명과, 18세 이상의 대조 집단을 대상으로 르네상스 이후의 회화 작품 15점의 컬러 그림을 보여주고 좋아하는 것과 덜 좋아하는 것을 고르게 한 후 그 이유를 질문하였다. 인터뷰는 개별 아동을 대상으로 일대일로 진행하였으며, 인터뷰에 대한 반응의 특징에 대한 내용 분석과 특징적 반응의 빈도를 종합적으로 분석한 결과를 바탕으로 연령에 따른 아동의 미적 발달단계를 3단계로 제시하였다(Machotka, 1966).

- **1단계(6~7세)**: 이 시기는 그려진 주제와 색채(subject matter and color)에 기초한 감상 단계로서, 가령 '내가 그 작품을 좋아하는 이유는 내가 걸었던 그 길이 생각나기 때문에' '춤을 추기 때문에' '남자와 여자가 있어서' 등과 같이 이 시기 아동은 작품에 등장하는 장면이나 행동이 무엇인지를 식별할 수 있다. 또한 이 시기의 아동은 색채를 작품을 선호하는 주된 요소로 간주한다. 이 시기에 필요한 인지 능력은 피아제가 제시한 전조작기의 기능을 필요로 한다.
- **2단계(7~11세)**: 이 시기는 사실적 재현에 기초한 평가 단계, 색채의 대조와 조화, 재현의 명료성에 기초하여 작품을 감상한다. 가령 이 시기 아동은 "참 잘 그려진 것 같아요." "색이 매우 선명해요." "형태가 더 돋보이는 것 같아요." 등과 같이 사실성에 기초하여 작품을 인식한다. 특히 8세경부터 사실적 재현을 선호하는 경향이 확연히 나타나는 것으로 보고한다. 자신의 앞에 있는 작품이 사실적(realistic)이라고 말하기 위해서는 아동이 마음속에 떠올려진 실제 사물에 대한 이미지와 비교할 수 있어야 한다. 이 시기의 미술감상은 실제 세계에 존재하는 것의 형태와 색채와의 심적 비교가 가능할 때 이루어진다. 사실적 재현을 작품 판단의 기준으로 보는 시기로서 피지아의 조작적 사고(operational thought)를 필요로 하는 시기에 해당된다.
- **3단계(12세 이상)**: 이 시기는 사춘기에 접어드는 단계로서 작품의 양식, 구성, 정서, 빛의 효과(luminosity)에 관심을 가지게 된다. 사실적인 것에 대한 관심이 다소 줄어들며, 이전보다 보다 지적인 사고가 이루어진다. "이런 방식으로 그리는 것이 좋아 보여요." "구도가 잘 잡혀 있어요." "빛의 효과가 잘 표현되어 있어요." 등과 같은 언어로 감상의 반응을 제시한다. 작품을 양식적 측면에서 감상할 수 있다는 것이 작품에 대한 다양한 정보를 갖추고 있기 때문이다. 이 시기는 피아제의 형식적 사고(formal thought)를 필요로 하는 시기이다.

2) 코피의 미적 인식 발달단계

코피는 미적 선호를 인지적 현상으로 간주하고 피아제의 인지발달이론을 기반으로 미적 선호도에 따른 발달단계 특성을 연구하였다(Coffey, 1968). 그는 유치원, 초등 4학년, 대학 1학년의 총 120명을 3개 연령 단위로 구분하고 이들에게 12점의 사실적 회화 작품과 12점의 비재현적 회화 작품을 보여 주었다. 그리고 대상자들로 하여금 가장 좋아하는 작품과 가장 덜 좋아하는 작품을 고르도록 한 뒤, 그 이유를 질문하였다. 연구 결과, 모든 연령대에서 비재현 작품보다 사실적 작품을 선호하는 것으로 나타났지만, 그중에서 유치원 아동들이 비재현적 작품을 다른 연령대보다 선호하는 것으로 나타났다. 연구를 통해 미적 인식 발달은 연령과 관련성을 가지고 있다고 제시하며, 각 연령대별 미적 인식 발달의 특성을 다음과 같이 제시하였다(Coffey, 1968; Chen, 1997).

- **유치원 연령 단계**: 이 시기는 재현적 사고의 1단계(first stage of representational thought)로서 작품의 색채와 표현된 내용을 중심으로 작품을 인식한다. 인지 발달단계상 자기중심적 사고와 구체적 대상을 통한 사고가 이루어지는 시기이며, 자신들에게 관심 있는 호기심과 순간순간의 생각을 중심으로 작품을 감상한다.
- **초등학령기 단계**: 이 시기는 재현적 사고의 2단계(second stage of representational thought)로서 작품의 사실적 표현과 색채 및 내용으로 평가 기준이 확장된다. 또한 색채와 표현된 내용을 중심으로 작품을 감상하지만, 이 전에 비해 자신의 작품 평가에 대한 섬세하고 복잡한 이유를 설명할 수 있다.
- **대학생 단계**: 이 시기는 형식적 조작 단계(stage of formal operations)로서, 작품의 내용과 색채를 중심으로 한 감상이 줄어들고 다양한 맥락과 관점에서 작품 평가의 이유를 설명할 수 있다.

3) 클레이튼의 미적 인식 발달단계

아동의 미적 발달단계도 인지능력과 도덕능력 발달과 관련성이 있을 것으로 생각한 클레이튼은 피아제와 콜버그의 이론 체계를 기반으로 1974년도 유타 대학교 박사학위논문을 통해 미적 인식 발달단계에 대한 이론을 발표하였다(Clayton, 1974).

연구는 5~17세 연령의 아동 및 청소년 35명을 대상으로 그동안 사람들 사이에 명작으로 생각된 널리 알려진 3점의 작품을 컬러 인쇄한 후 보여 주고 질문을 한 후 대답에 대한 반응을 분석하는 방식으로 진행되었다. 35명의 대상자로부터 수집된 총 1,000여 개의 반응에 대해 주제(subject matter), 느낌(feeling), 색채(color), 선호

(preference), 평가(judgement)의 5개 영역별로 구분하여 분석을 진행하였다. 이를 바탕으로 미적 인식 발달을 4단계로 제시하였는데, 각 단계에 해당하는 정확한 연령은 제시되지 않았으나 단계별 작품감상의 특징을 구분하였다(Chen, 1997; Clayton, 1974).

- **1단계-전통 이전 단계(pre-conventional stage)**: 이 시기의 감상자는 작품의 구체적 소재(concrete items)를 열거하는 경향을 지닌다. 작품의 장면을 통일성 있게 보지 못하고 작품에 대한 자신들의 반응을 적절히 설명할 수 없으며 이로 인해 자신들의 반응을 정당화하는 것이 어렵다.
- **2단계-전통적 단계(conventional stage)**: 이 시기의 감상자는 광범위한 범위에서 작품의 주제를 받아들 수 있는데, 가령 작품의 긍정적 측면뿐만 아니라 부정적 측면에 대해서도 수용할 수 있게 된다.
- **3단계-전통 이후 단계(post-conventional stage)**: 이 시기의 감상자는 작품의 주제와 작품에 표현된 감정을 파악할 수 있다.
- **4단계-상대적 단계(relative stage)**: 이 시기의 감상자는 작품의 주제와 형식적 요소 사이의 상호관계성을 파악할 수 있다.

4) 브루너의 미적 인식 발달단계

콜버그의 도덕발달이론의 영향을 받은 브루너(Brunner, 1975)는 3학년(26명), 7학년(24명), 12학년(24명), 일반 대학생(24명), 미술 전공 대학생(24명)으로 구성된 총 122명을 대상으로 잘 알려진 그림과 조각, 건축을 인쇄한 8쌍의 도판을 보여 주고, 반응을 조사하였다. 이를 통해 그는 6단계의 미적 인식 발달단계를 제시하였다(Almeida-Rocha, Peixoto, & Jesus, 2020; Chen, 1997).

- **1단계-대상의 단계(object stage)**: 이 시기의 감상자는 작품에서 특별한 색이나 대상(사물)을 지각하는 방식으로 작품을 감상한다. 즉, 작품의 색채와 대상의 특성을 중심으로 작품의 특성을 설명할 수 있다.
- **2단계-증거의 단계(document stage)**: 이 시기의 감상자는 작품의 주제(subject matter)와 관련된 증거를 중심으로 하며 작품의 주제가 주는 편안함을 기반하여

작품에 대한 자신의 반응을 정당화한다.

- **3단계–메시지의 단계(message stage)**: 이 시기는 작품이 전하고자 하는 메시지를 찾고, 사회적 규범에 의해 작품의 메시지를 평가한다.
- **4단계–구조의 단계(structure stage)**: 이 시기에 감상자의 관심은 이전의 작품에 대한 내용으로부터 작품이 형성하고 있는 구조적 특성으로 옮겨진다.
- **5단계–반응의 단계(response stage)**: 이 시기의 감상자는 미술작품이 불러일으키는 연상에 기초하여 작품을 판단한다.
- **6단계–재창작의 단계(re–creation stage)**: 이 시기의 감상자는 작품에 완전히 몰입하게 되며 작가의 의도를 이해하고 판단할 수 있다.

5) 하우젠의 미적 인식 발달단계

하우젠(Housen, A., 1945~2020)은 1970년대 중반, 보스턴 미술관(Museum of Fine Art, Boston)에서 일하면서 관찰한 관람객의 미술작품 감상 행동을 통해 미술 인식에 일정한 패턴이 있음을 알게 되었다. 어떤 관람객은 작품들을 빠르게 훑어보는가 하면 어떤 관람객은 작품마다 천천히 관람하며, 또 어떤 관람객은 몇 개의 작품을 중심으로 감상하는 등 작품감상의 방법이 매우 다양하지만, 나름대로 일정한 패턴이 있었다. 이에 하우젠은 하버드 대학교 박사학위논문(1983)을 통해 미술관에 찾아오는 관람객들을 대상으로 개방형 질문과 인터뷰를 통해 미술작품 감상에 일정한 발달적 특성에 대한 연구를 수행하였다.

연구는 14~55세의 관람객 90명을 대상으로 3점의 다른 양식의 회화 작품을 보여주고 반응의 특성을 분석하는 방식으로 진행되었다. 특히 하우젠의 연구는 이전의 연구들이 이론적 가설을 설정하고 이를 증명하는 방식으로 진행되었던 것과 달리 최대한 자연적 상태에서 관람객이 개방적인 상황에서 자신의 감상 경험과 느낌을 자유롭게 제시할 수 있도록 연구를 진행하였다는 점에서 차별성을 지닌다. 인터뷰는 녹음된 후 전사되었으며, 인터뷰 내용에 대한 코딩을 통해 경험적 데이터로 변환한 후 미술작품 감상에서 나타나는 감상자의 발달단계별 특징을 도출하였다. 하우젠은 미적 인식 발달단계를 5단계로 제시한다(DeSantis & Housen, 2000; Housen, 1983, 1997; Robert, 2016).

- **1단계 – 이야기 단계**(accountive viewer stage): 이 시기는 작품에 대한 반응이 주로 설명적인 단계로서 감상자는 이야기꾼(storyteller)으로서 작품에 대한 이야기 중심으로 감상을 진행한다. 감상자들은 자신의 감각과 기억, 개인적 연상을 활용하고, 가령 "여기에 오렌지가 있다." "줄무늬가 있다."라고 말하며, "내가 보기에 두 사람이 서로 바라보고 있으며, 한 사람은 무엇인가에 대해 약간 화가나 있는 것처럼 보인다." 등과 같이 작품에서 선이나 형태, 색채 등의 구체적인 특징을 관찰하고 이를 이야기로 엮어 낸다. 그리고 작품에 대한 판단은 자신이 좋아하는 점, 이미 알려져 있는 점을 기반으로 하며 자신도 이야기의 한 부분이 된다. 즉, 이 시기의 감상자는 이야기꾼이 되고 그림의 이미지는 이야기가 된다.
- **2단계 – 구성 단계**(constructive viewer stage): 이 시기는 작품이 왜, 어떻게 창작되었는지에 대해 관심을 갖는 단계로서 자신의 감각과 실제 세계에 대한 지식, 현실의 가치관과 관습 등에 대한 논리적인 추론을 기반으로 작품을 감상하기 위한 틀을 만들게 된다. 만일 자신이 감상하는 작품이 이러한 틀에 맞지 않을 경우— 가령 머리 색깔이 실제와 다르게 그려질 경우— 작품을 이상하다고 여기거나 작품으로서의 가치가 부족하다고 생각한다. 즉, 이 시기의 감상자는 사실주의적 관점에 기반하여 작품을 평가한다.
- **3단계 – 범주화 단계**(classifying viewer stage): 이 시기의 감상자는 미술사적인 관점에서 작품에 대한 분석적이고 비판적 자세를 취하는 등 작품에 대한 지적인 이해를 강조한다. 미술의 유파와 양식, 시대와 지역의 관점에서 작품을 범주화함으로써 작품을 이해하고 해석하기를 원한다. 가령 작품에 등장하는 인물표현이 원시 미술을 연상시킨다거나 19세기 화풍과 유사하다는 식으로 작품의 특징을 분석한다. 이처럼 범주화 단계의 감상자는 미술사에 대한 지식이 점차 증가하고 다양한 층위를 바탕으로 미술작품에 대한 범주화가 잘 될수록 작품의 의미와 의도가 더 잘 이해되고 설명된다고 생각한다.
- **4단계 – 해석적 단계**(interpretive viewer stage): 이 시기의 감상자는 작품과의 긴밀한 상호작용을 통해 개인적인 의미를 탐구한다. 작품의 선과 형태, 색채의 미묘한 형식적 특성들을 꼼꼼히 살펴보면서 작품의 의미를 풀어 가고자 한다. 가령 "이것은 마치 자기 자신을 나타내는 상징적인 이미지처럼 보이며, 기존에 없던 독특한 방식으로 표현되어 있는 것 같다."와 같이 작품에 대한 자신만의 느낌과

직감을 활용하고, 기존의 작품이나 양식 등과 비교하면서 작품의 새로운 특징과 의미를 찾게 되며 새로운 통찰과 경험을 갖게 된다. 이 시기의 감상자는 작품의 의미와 가치는 재해석을 통해 새롭게 이루어진다는 것을 알고 있으며 자신만의 방법을 통해 작품과 만나고자 한다.

- **5단계-재창조 단계(re-creative viewer stage)**: 이 시기의 감상자는 오랜 기간 동안 작품을 감상하고 성찰한 경력을 가지고 있으며 이제는 기존의 신념을 기꺼이 떠날 마음의 준비가 되어 있다. 이 시기의 감상자는 오랫동안 축적된 경험과 지식을 바탕으로 작품의 환경, 즉 시대와 역사, 작품의 경과와 미묘함, 의문점 등을 알고 있다. 오랫동안 보아 온 친숙한 작품이라 할지라도 여전히 새롭게 관심을 가지고 다가갈 놀라움을 지니고 있다. 이 점에서 재창조 단계의 감상자는 작품에 대한 자신만의 성찰을 통한 특수한 관점과 보편적인 관점을 조합함으로써 이전의 작품에 대한 이해와 의미를 확장하게 된다.

이상의 단계를 통해 하우젠은 미적 인식이 연령과 밀접한 상관성을 가지고 발달한다고 보았지만 각 단계에 해당하는 구체적인 연령을 특정하지는 않았는데, 이는 미적 인식 발달이 연령에 의해 결정되는 것은 아니라고 생각하였기 때문이다. 미술작품에 대한 경험이 없을 경우 누구나 1단계의 감상 수준에 있을 수 있으며, 반대로 어른이라고 해서 아동보다 더 높은 미적 인식 수준을 갖는 것은 아니라고 보았다. 그 점에서 하우젠은 미적 인식이 미술작품에 대한 지속적 경험과 시간의 적절한 결합을 통해 발달된다고 주장한다. 특히 하우젠에 따르면 대부분의 아동과 일반인은 앞의 미적 인식 발달단계의 1수준(이야기)과 2수준(구성-사실주의)에 해당된다고 보았으며, 이야기와 사실주의적 관점을 특징으로 하는 보통의 수준을 감안한 감상교육을 제안한다.

6) 파슨스의 미적 인식 발달단계

피아제의 인지발달이론과 콜버그의 사회적 규범으로서 도덕발달이론의 영향을 기반으로 미적 인식 발달단계이론에 대한 연구를 진행하였다. 가령 콜버그가 올바른 행동에 대한 다양한 이유를 기반으로 6단계의 도덕 발달단계를 제시한 것처럼 파슨스도 작품에 대해 좋은 점(good), 나쁜 점(bad)에 대한 반응을 유도할 수 있도록 질문

하고 이에 대한 특성을 범주화하였다(Parsons, 1987).

연구는 4세부터 50세까지의 300명을 대상으로 8점의 작품을 보여 준 뒤 '주제(subject matter)' '표현(expression)' '재료(medium)' '형태(form)' '양식(style)' '평가(judgement)'의 측면에서 감상자의 반응 특성을 분석하는 방식으로 진행되었다. 이러한 연구를 통해 도출된 미적 인식능력의 발달단계와 특징은 다음과 같다(Milbrath, McPherson, & Osborne, 2015; Parsons, 1987; Smith, 2014).

- **1단계－선호기(favoritism), 5세**: 유치원 단계(초등학교 입학 전)에 해당하는 이 시기의 아동은 직관적으로 대부분의 그림에 대해 즐거움을 느끼며 작품의 색채에 매료된다. 색채가 풍부한 그림을 좋은 그림으로 생각하며, 작품에서 좋아하는 것이나 좋아하지 않는 것을 중심으로 이야기를 전개해 간다. 이 시기의 아동은 자신의 주관적 선호를 바탕으로 작품을 감상하는데, 개와 여인이 그려진 작품을 좋아하는 이유에 대해 "우리 집에 개가 있는데 그림에 내가 좋아하는 개가 있기 때문"이라고 대답한다. 또한 이 시기의 아동은 다른 사람의 관점을 알기 어려운 시기이므로 작품으로부터 자유로운 연상을 펼쳐가면서 상상의 세계에 빠지기도 하는 등, 자신이 좋아하는 것을 중심으로 자유로운 연상을 통해 그림을 즐긴다.
- **2단계－미와 사실주의(beauty and realism), 10세**: 이 시기는 초등학령기 아동의 미적 특성으로서 미술작품의 사실성과 아름다움을 중시하며, 사실적 묘사와 시각적으로 아름답게 그려진 작품을 다른 스타일로 그려진 작품보다 더 좋은 작품이라고 생각한다. 이 시기의 아동은 작품을 칭찬하는 이유에 대해 "이 그림은 진짜처럼 그려져 있어요."라거나, 어떤 작품을 싫어하는 이유에 대해 "그림에 있는 사람이 너무 뚱뚱해 보이는데 사람들이 좋아할 것 같지 않아요."라는 방식으로 작품에 대한 선호 이유를 대답한다. 또한 이 시기에 아동은 작품에 대해서도 자신의 생각과 함께 다른 사람의 관점을 알기 시작한다.
- **3단계－표현성(expressiveness), 청소년기**: 이 시기의 사춘기 청소년들은 작품의 사실적 묘사 여부보다는 작품에서 발산되는 표현의 강렬함과 느낌을 바탕으로 작품을 평가하게 된다. 이처럼 사실성에 기반한 작품 평가이 작품의 표현적 측면으로 옮겨 가는 것은 청소년기에 이르러 객관적 사실을 넘어 자기 자신의 주관성을 자각하게 됨에 따른 것으로 작품의 창의성, 독창성, 감정의 깊이를 인식

할 수 있게 된다.

또한 작품을 통해 작가의 의도와 표현하고자 하는 주제를 찾으려고 하며, 가령 "그녀의 얼굴에서 슬픔이 느껴져."라고 반응하는 것과 같이 사실적인 표현이 아니거나 비록 추한(ugly) 작품이라 할지라도 작품이 환기하는 분위기나 감정에 공감할 수 있게 된다.

- **4단계–양식과 형식(style and form), 성인기**: 이 시기는 미적 인식 발달단계에서 가장 높은 수준이며 성인이 달성할 수 있는 단계이다. 이 시기에 성인은 작품의 형식적 측면을 중심으로 다른 작품이나 다른 양식, 장르 등과의 관계 속에서 비교하여 감상할 수 있게 된다. 앞의 '표현성'의 단계까지는 대체적으로 연령에 따른 발달과정에 해당되지만, 이 시기부터는 미적 경험과 환경이 중요한 요소로 영향을 주게 된다. 이에 따라 개인의 주관적 평가를 넘어 작품에 대한 다양한 지식과 특성을 미술사적인 맥락에서 객관화할 수 있게 된다. 이러한 미적 경험의 축적을 통해 이 시기의 성인은 작품의 의미는 개인적 성취가 아닌 역사적 · 사회적 맥락에서 이루어진다는 것을 알게 된다.

  또한 양식과 형식 단계의 감상은 이전에 비해 작품의 해석에 대해 보다 개방적인 자세를 가지게 되며, 작품의 역사적 · 사회맥락적 관점에서 작품의 양식과 형식(형태, 색채, 질감, 공간 등), 재료적 특성들을 토론하게 된다. 이러한 과정을 통해 작품의 시각적 상징을 이해할 수 있으며 작품에 대한 해석을 확장할 수 있게 된다.

- **5단계–자율성(autonomy), 훈련된 성인**: 미적 인식 발달의 마지막 단계인 이 시기는 오랜 미적 경험과 미술사에 대한 지식을 바탕으로 기존에 알려진 작품의 의미와 가치를 작품에 대해 정교한 평가를 실시할 수 있으며, 기존의 규범을 그대로 수용하기보다는 새로운 질문을 제기할 수 있게 된다. 작품의 감상과 평가에 대한 자신의 관점을 설정함으로써 자신의 자율적 반응을 제시할 수 있는데 이는 전통적인 규범이나 해석에 제한되지 않음을 의미한다.

파슨스는 앞의 단계 모형을 통해 대부분의 아동은 1, 2단계에 해당된다고 보며, 미적 경험을 통해 3, 4, 5단계로 나아갈 수 있다고 보았다. 아울러 파슨스는 미술작품은 비누나 의자와 같은 일반적인 사물과 다른 질을 가진 미학적 대상이기 때문에 기존의 인지발달이론에서 거론하는 사물 인식과 다른 특성을 가진다고 보았다. 이러한 파슨스의 미적 인식 발달 모형은 하우젠의 모형과 함께 현재 미술감상교육이나 미적 인식 발달 연구와 관련하여 가장 중요한 이론으로 간주되고 있다(Milbrath, 1998: 266). 파슨스가 학령기 아동과 청소년 시기에 대해, 하우젠의 모형은 청소년과 성인기에 대한 미적 인식 발달에 대한 이해를 제공한다는 점에서 이 둘의 모형을 조합할 필요가 있다.

앞에서 제시한 연구들이 미적 인식 발달에 대한 실증적 연구를 기반으로 제시된 모형이라고 한다면, 기존 연구들을 종합하여 나름대로 연령에 따른 발달단계 모형을 제시한 연구자가 있다. 그 가운데 로웬펠드와 브리테인, 가드너가 제시한 미적 인식 발달단계는 다음과 같다.

7) 로웬펠드와 브리테인의 미적 인식 발달단계

로웬펠드와 브리테인은 미적 인식 발달단계를 학령기 이전, 초등학령기, 중등학령기의 세 시기로 구분하여 특징을 제시하였다(Lowenfeld & Brittain, 1987: 120-128). 학령기 이전의 아동(preschool child)은 사물의 형태적 특징을 구분할 수 있는 시기로서 작품에 등장하는 형태를 인식할 수 있고 자신이 아는 형태를 열심히 찾으려는 시기이다. 그러나 이 시기의 아동은 시간에 대한 개념이 부족하기 때문에 작품을 시간의 흐름 속에서 파악하기 어렵다.

초등학령기(elementary school child) 아동은 작품에 표현된 대상의 이름과 색채를 알고 그려진 장면을 설명할 수 있게 된다. 그러나 대상(사물)들 간의 관련성을 이해하는 단계로 나가지는 못하며, 작품의 분위기를 파악하거나 작품이 주는 메시지를 이해하기는 어려워한다. 대략 10~11세가 될 무렵 작품의 화면에 어떤 일이 벌어지고 있고, 사람들이 무엇을 하고 있는지 등을 이해할 수 있게 된다. 또한 초등학령기는 성인들처럼 작품이 지닌 양식이나 색채, 분위기 등에 매료되어 특정한 미술가와 작품을 좋아하지는 못한다.

중등학령기(secondary school) 청소년은 자신을 사회의 일원으로 인식하고 자기중심적 세계관에서 벗어나는 시기이다. 마찬가지로 작품에 대한 미적 인식도 환경과의 관계 속에서 이루어지게 되며, 작품과 주제를 미술사 속에서 파악할 수 있게 된다. 또한 보다 정교하고 복잡한 기술이 표현된 작품을 더 선호한다.

8) 가드너의 미적 인식 발달단계

가드너 역시 미적 인식 발달에 관한 연구들을 종합하여 연령에 따른 미적 인식 발달단계를 초등 저학년, 초등 고학년, 청소년기로 구분하여 제시한다(Gardner, 1990: 16). 초등 저학년기 아동의 경우, 작품을 통해 최근에 경험했거나 자기가 좋아하는 사람이나 사물, 색채를 생각나게 하는 작품을 선호한다. 초등 고학년기 아동은 작품에 대한 감정적 효과에 관심을 갖고 표현적인 힘과 관련된 이야기를 할 수 있다.

그리고 청소년기의 감상자는 작품의 형식적 특질, 가령 양식, 구성과 같은 형식적 특질이나 작품이 만들어지는 역사적 혹은 문화적 측면에 대해 관심을 갖고 이야기할 수 있다. 마지막으로 비록 그 수가 적기는 하지만, 보다 미적 감식안을 개발한 감상자의 경우, 낯선 양식의 작품이나 새로운 작품에 대해 유연하게 판단하고 자신만의 감상 관점을 제시할 수 있다.

3. 미술과 심리

1) 미술과 시지각

(1) 시지각의 개념

지각(perception)이란 소리를 듣거나, 무엇인가를 보고 피부에 닿은 느낌 등과 같은 감각 정보를 통합하고 해석하는 과정을 의미한다(이정모 외, 2009). 감각(sense)과 지각을 어느 단계에서 구분하는가에 대해서는 합의된 것이 거의 없지만 감각이 신체와 환경의 물리적 조건에 관한 정보를 전달하는 신경처리 과정이라면 지각은 수용된 감각 신호를 의식 수준에서 느끼고 자각하는 과정을 말한다.

이러한 인간의 지각 가운데 가장 많은 정보(70%)를 처리하는 것이 시지각(visual perception)이다. 시지각이란 빛의 에너지(전자기파)가 눈의 망막과 시신경을 통해 전기에너지로 전환하는 과정에서 대상의 크기와 모양, 색채와 같은 사물의 정체 정보

(what)와 함께 위치 및 움직임과 같은 공간의 특성에 관한 정보(where)를 인식하는 것을 말한다(Goldstein, 1996/2004). 한마디로 시지각이란 눈으로 감각된 다양한 시각정보를 지각하는 과정으로서 시지각의 과정은 시각적 감각만이 아니라 관찰자의 과거 경험과 기억, 환경의 영향을 통해 대상을 탐색, 선택하며 핵심을 파악하고 단순화하며 분석하고 통합하는 과정이기도 하다. 지각의 능동적이고 지능적 특성을 강조한 아른하임(Arnheim, R.)은 이러한 시지각 과정을 시각적 사고라고 부른다.

(2) 시각적 사고

시각적 사고(visual thinking)란 시지각의 과정이 지능적 과정이라는 뜻으로서 본다는 것은 눈으로 보이는 것에 대한 수동적인 수용이 아니라 대상에 대한 적극적이고 능동적인 사고의 과정임을 의미한다(Arnheim, 1969/2004: 461). 그는 모든 사고는 지각적인 성질을 띠고 있다고 주장하면서 시감각(vision)과 시지각(visual perception)을 구별하지 않았다. 아른하임에 의하면 시각적 사고란 이미지를 통해 무엇인가를 생각하거나 구상하는 사고의 과정이며, 시각적 사고에 대해 다음과 같은 관점을 제시하였다(Arnheim, 1969/2004: 461-464).

첫째, 감각과 지각, 사고는 분리될 수 없다. 왜냐하면 이것들은 모두 능동적 탐색과 선택, 추상과 관계 추출 등과 같은 심적 조작(mental operation)을 포함하기 때문이다.

둘째, 지각은 지능적이다. 지각은 감각 자료와 그 자료를 제공한 대상에 관한 기억을 살펴봄으로써 대상에 대한 가설을 만들고 이를 검증하기 때문이다.

셋째, 추상과 구체성을 분리하는 것은 잘못이다. 왜냐하면 사고의 바탕인 지각은 개별성이 아니라 처음부터 보편성과 공통적 특성을 추출하는 추상성을 지향하기 때문이다.

넷째, 추상은 정적인 개념이 아닌 역동적인 개념으로 파악되어야 한다. 정적인 추상이 여러 대상의 공통 성질을 단순화하여 추출하는 것이라면 역동적 추상은 기존의 공통적 성질을 찾는 것을 넘어 공통 성질 자체가 시지각에 의해 심적 조작이나 변형이 이루어진 것을 의미한다. 즉, 시지각은 존재하는 대상을 그대로 지각하는 것이 아니라 심적 과정을 통해 변화되는 역동적 과정으로 보는 것이다.

다섯째, 시각적 심상은 모든 독창적 사고에 필수적이다. 언어와 수리적 사고는 단계적이라서 논리적 사고에는 쓸모가 있지만 은유적이거나 전체적이고 생성적인 심적 조작에는 덜 적합하다. 언어와 수리적 사고의 상당 부분이 시지각적 심상에 바탕을 두는데, 특히 독창적 사고는 내적 심상(internal mental imagery)을 기초로 한다.

(3) 형태심리학

시지각의 능동적 · 지능적 특성을 과학적으로 연구하는 대표적인 학문 분야가 형태심리학(Gestalt psychology)이다. 20세기 초 독일의 심리학자 베르트하이머(Max Wertheimer, 1880~1943), 쾰러(Wolfgang Köhler, 1887~1967) 등에 의해 주창된 형태심리학은 인간의 시지각이 순수하게 객관적인 과정이 아님을 밝혀냈다. 독일어인 게슈탈트(Gestalt)는 형태(form)에 해당하며, '문양(pattern, 특성)' 또는 '구성(configuration, 형태)'을 의미한다. 형태심리학에서는 인간의 지각은 개별적인 요소가 아니라 전체적인 특징이나 구성을 먼저 파악한다고 주장하는데 이는 이전의 학자들, 가령 헬름홀츠(Hermann von Helmholtz, 1821~1894)나 분트(Wilhelm Wundt, 1832~1920)와 같은 학자들의 견해인 '구조주의(structuralism)' 지각이론과 반대된다.

구조주의 지각이론이란 개별적으로 분화된 요소주의(elementalism)적 접근을 강조하는 이론이다. 이 이론에 따르면 인간의 지각은 전체가 아닌 개별적인 요소에 대한 지각에서부터 이루어지며 생각이란 가장 단순한 단위인 감각에 기반하며 단순한 생각들의 연상 작용을 통해 보다 복잡한 사고에 이르는 것으로 이해된다(Kolers, 1972). 그러나 형태심리학은 이러한 파편적이고 요소주의적 관점은 심리 현상에 대한 올바른 이해가 아니라고 보면서 보다 종합적이고 유기적인 방식에서 전체를 먼저 보아야 하고, 부분은 그러한 전체 내에서 파악되어야 한다고 주장한다. 이러한 관점에서 형태심리학은 '전체는 부분의 합 이상이다.'를 기본 명제로 설정한다(Sternberg & Sternberg, 2012). 전체 형태에 대한 지각이 부분적인 감각 정보의 합과 반드시 일치하지는 않는 것으로 전체적 지각은 감각의 합 이상이라고 보는 것이다.

형태심리학에 의하면 우리가 세상을 지각할 때 대상을 무작위적으로 지각하는 것이 아니라, 먼저 전경과 배경으로 분류하며 부분보다는 전체를 지각하게 되며 이때 좋은 형태를 지향하게 된다. 지각에 있어 좋은 형태를 지향한다는 것은 실제 대상의 있는 그대로가 지닌 무작위성이나 결함을 무의식적으로 보정하여 보고자 하는 경향을 말한다. 형태심리학은 우리가 있는 그대로를 순수하게 지각하는 것이 아니라 익숙한 방식으로, 유리한 방식으로 실제 현상을 능동적으로 재구조하여 지각한다는 것을 다양한 실험을 통해 증명하였다. 시지각이 순수한 객관적 현상이 아닌 능동적 사고의 과정이 포함된다는 것을 보여 주는 대표적인 시지각 원리는 〈표 3-3〉과 같다.

표 3-3 형태심리학의 시지각 원리

원리	의미	예시
근접성의 원리 (law of proximity)	가까운 곳에 있는 대상들을 한 묶음으로 보려는 지각 현상	●●●● ●● ●●
연속성의 원리 (law of continuity)	급격한 변화보다는 연속적인 흐름을 선호하는 지각 현상	
폐쇄성의 원리 (law of closure)	단절되거나 비어 있는 부분을 메꿔서 완벽한 형태로 인식하고자 하는 지각 현상	
유사성의 원리 (law of similarity)	유사한 특징의 대상을 한 집단으로 지각하는 현상	●▲●▲ ●▲●▲ ●▲●▲
대칭성의 원리 (law of symmetry)	대칭적 형태를 우선적으로 지각하는 현상	[ ]{ }[ ]

(4) 시지각 발달과 아동 미술

형태심리학의 관점에서 아른하임은 아동이 보는 것은 대상에 대한 기록이 아니라 대상의 구조에 대한 특징을 파악하는 것이며 이 점에서 아동은 '보는 것을 그린다'고 주장하였다(Arnheim, 1974). 이러한 시지각 발달과 아동 미술의 관련성을 주장한 아른하임의 관점은 종래의 지능론자들이 그림은 지식이 증가함에 따라 정확해지고 세밀해진다면서 '아동은 아는 것을 그린다'는 관점을 주장한 것과 반대적 견해이다. 형태 심리학적 관점에서 인식하는 시지각 발달과 아동의 미술의 관계는 다음과 같다.

첫째, 아동의 지각은 초기 단계에서 분화되지 않은 전체를 지각하기 시작하며 점차 세부적인 형태를 식별하는 단계로 발달되어 간다. 둘째, 아동의 그림은 자신들이 보는 것, 지각한 것을 표현한 것이라는 점에서 아동의 그림은 아동이 세계를 어떻게 지각하는가를 보여 준다. 이러한 관점에서 볼 때, 아동의 초기 미술에서 사람이나 나무 등을 도식적 형태로 그리는 것은 대상의 특징을 추출하는 추상적 과정이 아니라 개략적으로 관찰된 형태를 표현한 것에 해당한다. 셋째, 대상을 어떻게 지각하는가에 따라 아동의 미술표현이 달라진다. 넷째, 잘 볼 수 있는 사람이 더 잘 그리고, 잘 그리기 위해서는 잘 보아야 한다.

이러한 지각 발달론적 관점에서 볼 때, 아동의 그림은 아동의 지각 발달의 특성을 보여 줌과 동시에 미술표현력을 높이기 위해서는 지각의 세분화가 필요함을 시사한다. 그러나 아른하임의 개인 내적 발달론에 대해 맥피는 지각발달이론을 지지하면서 시지각 발달이 개인의 내적 발달에 의해서만이 아니라 문화에 의해 영향을 받는다는 보완적 관점을 제시하기도 한다(McFee, 1970: 149).

2) 미술과 인지

(1) 인지의 개념

인지에 대한 정의는 세부 학문 분야나 학자마다 차이를 지니고 있기긴 하지만 심리학 분야에서 인지란 능동적인 지적 과정으로서(이정모 외, 2009), 대상에 의도적으로 주의하고 인식하고 기억하고 학습하며 언어를 사용하고 생각하고 문제를 해결하는 행위를 포괄한다. 간단히 말해 인지란 자신과 환경에 대한 지식을 획득하고 판단하는 사고의 과정이자 정신적 과정이라 할 수 있다. 이러한 인지를 구성하는 요소에는 지각과 경험, 기억과 학습, 사고 등이 포함된다.

(2) 인지 발달과 미술

인지 발달론적 관점에서 볼 때 아동의 미술은 자신이 아는 것을 표현한 것이다(Goodenough, 1926; Harris, 1963). 가령 미네소타 대학교 심리학과 교수로서 아동발달심리를 연구하였던 구디너프(Florence, L. Goodenough, 1886~1959)는 1926년, 인체 그림으로 지능을 측정할 수 있는 DAM(Draw-a-Man) 검사를 개발하였다. 이 검사는 훗날 해리스(Dale B. Harris, 1914~2007)에 의해 보완되어 DAP(Draw-a-Person, 1963) 검사로 개정되는데, 해리스는 시각적으로 대상을 형상화하는 능력이란 아동이 아는 것의 반영이라고 보았다(Harris, 1963: 242-243).

아동이 그림을 그린다는 것은 주변의 다양한 소재에 대한 경험과 관찰, 이해를 바탕으로 표현 대상을 선택하고 해석하며 새롭게 재구성하는 인지적 활동이라 할 수 있다. 아동 발달과정에서 초기에는 알 수 없는 그림을 그리다가 점차 나이와 경험이 많아지면서 대상을 인식할 수 있게 되고 이에 따라 대상의 형태가 명료하게 되는 것에서 알 수 있듯이, 아동의 그림은 전반적인 인지 발달과 관련되어 있다고 볼 수 있다(Lewis & Livson, 1980).

(3) 심상과 기저선

연령에 따른 인지 발달의 독특한 양식이 있음을 발견한 피아제(Piaget, J., 1896~1980)는 인지 발달과 미술표현의 관련성을 심상(mental imagery) 개념으로 설명한다. 심상이란 대상의 개념에 대한 언어적 상징(verbal symbol)과 같이 이미지를 통한 개념으로서 심상적 상징(imaginal symbol)을 의미한다(Piaget & Inhelder, 1971). 심상이 형성되고 발전되어 가는 과정을 인지 발달과 연결한 피아제는 감각 운동기(sensorimotor stage, 출생~2세)의 그림과 전조작기(preoprational stage, 2~7세), 구체적 조작기(concrete operational stage, 7~11세), 형식적 조작기(formal operational stage, 11세 이상)의 그림이 다른 것은 인지 발달의 차이에 의한 것이라고 보았다. 그러므로 피아제에게 있어 아동이 그림을 그린다는 것은 아동이 대상과 공간을 어떻게 이해하고 있고, 세계를 어떻게 해석하고 있는지를 보여 주는 시각적 개념 체계(schema)가 된다. 이 점에서 아동이 환경과 대상을 인식하기 위해서는 언어적 상징과 심상적 상징을 효율적으로 활용한다는 것이 중요하다(Greeson & Zigarmi, 1985).

로웬펠드 역시 피아제의 인지적 상징체계 개념인 도식(schema) 개념을 미술 발달단계에 수용하는데, 도식이란 아동이 대상을 이해하는 상징(symbol)이라고 보았다(Lowenfeld & Brittain, 1987). 환경과 사물의 특징에 대한 상징적 표현이자 사고의 결과가 도식이라고 본 로웬펠드는 7~9세에 이르러 인간과 공간을 중심으로 시각적 도식이 형성된다고 보았다. 로웬펠드가 공간에 대한 인지 발달을 보여 주는 대표적인 개념이 바로 기저선(base line)이다(Efland, 2002/2006: 83). 기저선이란 땅이나 바닥에 어떤 대상이 서 있거나 올려져 있다는 개념을 상징하는 선을 말하는데, 이러한 선이 등장한다는 것은 곧 공간에 대한 질서 개념이 형성됨을 의미한다(Lowenfeld & Brittain, 1987). 그러므로 아동의 그림에 기저선이 등장하는 것은 미술 발달뿐만 아니라 인지 발달을 상징하는 중요한 시각적 지표(visual indicator)가 된다.

3) 미술과 정서

(1) 정서의 개념

정서(emotion)란 무언가에 대한 반응 작용으로 마음에서 일어나는 주관적이고 의식적인 느낌의 상태 또는 기분을 말한다(Dworetzky, 1991: 317). 감정이라는 말로도 불리는 정서는 어떤 행동에 대한 동기를 부여하거나 억제하기도 하는데, 기쁨, 슬픔, 사랑, 즐거움, 두려움, 불안, 분노 등으로 표현 양상이 매우 다양할 뿐만 아니라 복잡하고 미묘하다는 특징을 지닌다. 특히 정서는 인간 발달과 생존에 원초적 특성을 지니는데, 가령 다윈은 진화론적 관점에서 정서는 사회적 의사소통을 가능하게 하고 위협적 상황에서 공포를 느낌으로 인해 피신하게 하거나 이성에 대한 만족감을 주는 등 생존과 생식에 적응적 기능을 가진다고 보았다(Darwin, 1859/2019). 또한 정서는 다양한 환경 속에서 어떤 목표를 달성하거나 다른 사람과 관계를 형성하도록 함으로써 사회적 적응을 도모하는 역할을 하기도 한다(곽금주, 2016).

정서는 기본 정서와 자의식적 정서로 이루어진다(곽금주, 2016; 이성진, 2015). 기본 정서가 인간으로서 보편적으로 공유하는 기쁨, 슬픔, 혐오, 분노, 공포, 놀람과 같은 타고난 1차적 감정을 말하며, 자의식적 정서란 고차원적인 인지능력 발달과 함께 객관적인 자의식과 메타인지능력의 발달을 통해 개발되는 당혹감, 공감, 질투, 수치심, 자부심, 죄책감 등의 감정을 말한다.

(2) 정서 발달과 미술

정서 발달은 지각 및 인지 능력과 함께 상호적 영향을 주고받으면서 발달되는 인간의 핵심 역량으로서 정서가 발달한다는 것은 인간이 사회 속에서 성숙된 인간으로 성장함을 의미한다. 정서 발달은 정서표현, 정서 이해, 정서 조절의 측면에서 이루어진다(곽금주, 2016; 황매향, 2008). 정서표현이 자신의 의사를 전달하고 적응하는 반응하는 것을 말하며 정서 이해는 타인이나 자신의 정서 상태를 인지하고 특성을 구분, 추론하고 공감함으로써 그 의미를 이해하는 것이며, 정서 조절은 특정한 상황에 적절히 대응하거나 목표를 성취하기 위해 정서표현과 정서적 이해의 모든 과정을 감독하고 조절하는 것, 다시 말해 부정적이거나 과잉 감정을 조절함으로써 상황에 적절하게 대응하는 것을 말한다(황매향, 2008; Gross, 1998; Thompson, 1994). 발달심리학적 관

점에서 정서는 정서의 분화와 표현, 정서에 대한 이해, 그리고 정서 조절의 순서로 발달하는데, 특히 초등학령기 전후에 집중되는 특징을 지닌다(유경, 민경환, 2003; Izard, 1982). 따라서 아동이 좋은 정서를 경험하고 효과적인 정서표현 능력을 개발함으로써 자신에 대한 긍정적 가치관을 형성하고 세계와의 효율적인 상호작용 능력을 함양하도록 할 필요가 있다.

아동에게 미술표현은 복잡한 감정을 수용하고 탐색하는 하나의 방법으로서(Malchiodi, 1998/2001: 171), 색과 형태, 구성으로 표현된 미술은 아동의 정서를 이해하는 중요한 정보원이 된다. 특히 감정을 언어로 잘 표현하기 어려운 아동들에게 있어 미술표현은 복잡한 감정이나 힘든 감정을 표출할 수 있는 기회를 제공한다. 정서와 아동 미술의 관련성을 탐구한 대표적인 학자로 프로이트(Freud, S., 1856~1939)를 들 수 있다. 무의식이 동기의 진정한 원천이라는 점을 강조한 프로이트는 미술활동을 아동의 감정이 표현되고 억압된 감정이 순화된다고 보았다. 프로이트의 정신분석 이론은 알슐러(Alschuler, R.)와 해트윅(Hattwick, L.) 등에 영향을 주어 미술에 표현된 색과 형태, 구성 등을 통해 아동의 무의식과 정서, 심리를 파악하도록 하였다. 가령 기쁨을 표현할 때 구부러진 선으로 입꼬리가 올라가며 팔과 다리를 펼치는 등 표정과 신체를 표현한다. 이처럼 아동 미술에서 정서는 색채와 형태를 중심으로 표출된다(Malchiodi, 1998/2001).

(3) 정서와 색채 및 형태

아동들이 자신의 감정을 표현할 때 가장 주요하게 사용하는 것이 색이다. 색은 오래전부터 감정과 밀접한 관련이 있는 것으로 알려져 왔다. 갖가지 색은 저마다 의미를 지니고 있는데 개인적 혹은 사회문화적 맥락을 포함한다. 골롬에 의하면, 연령에 따라 선호 색에 차이가 있는데 연령이 어릴수록 빨간색이나 오렌지색과 같이 따뜻한 색을 좋아하며 연령이 올라갈수록 파랑이나 녹색과 같은 시원한 색을 좋아한다고 한다(Golomb, 1992). 물론 색의 정서적 의미를 이해하는 절대적 법칙이 있다고 보기는 어렵지만 색에 포함된 개인적 · 사회문화적 의미에는 상당한 보편성이 있는 것도 사실이다.

미술에서 정서는 형태를 통해서도 표현되는데, 크기와 위치, 디테일 등을 통해 나타난다. 화면에 그려지는 대상에 대한 상대적 크기는 대상에 대한 정서적 친근성이나 애착 정도를 암시한다. 대상에 대한 정서적 애착이 높을수록 크게 그려지는 반면, 부정적인 감정일수록 작게 그려지거나 왜곡 혹은 생략되는 것이다. 또한 사회관계의 친근 정도에 따라 대상이 주인공으로부터 가깝거나 멀게 그려지기도 한다.

(4) 자아 개념과 미술

아동의 미술은 그리는 이의 자아에 대한 인식을 보여 준다. 프로이트는 예술을 "작가의 심층의식 속에 있는 본능적 충동의 표출"이라고 하였는데 이는 미술표현 과정에서 자신의 특성이 반영됨을 시사한다(박동수, 1989: 54). 에릭슨에 따르면, 자아 개념(self identity)이란 '개인과 세상에 대한 단일하고 연속적인 주관적이고 관찰 가능한 의식', 즉 자기 자신에 대한 인식이자 내가 누구인가에 대한 일관된 믿음을 의미한다(Erikson, 1968).

자기(self)에 대한 이해는 어린 시기부터 서서히 발달해 가는데, 연구들에 의하면 약 2개월 유아도 자신의 신체 능력과 행도의 결과를 예측하는 능력을 지니며(Rochat & Striano, 2000), 20개월 정도 되면 거울에 비친 영상이 자기 자신이라는 것을 이해하게 된다고 한다(Asendorpf, Warkentin, & Baudonniere, 1996). 특히 자아 개념은 정서적 측면과 밀접한 관련을 지닌다는 점에서 아동의 미술표현에는 의식적이건 무의식적인 건 간에 자기에 대한 인식이 반영된다. 자아 발달 수준이 높을수록 보다 성숙된 정서적 표현이 이루어지는 것이다(정옥분, 김경은, 박연정, 2006). 그러므로 화면 중앙에 크게 그리거나 자신감 있는 형태로 그려진 인물은 자아존중감이 높은 자신을 상징하지만 왜소하거나 왜곡된 형태로 그려진 인물의 모습은 낮은 자존감의 표현으로 해석될 수 있다.

4) 미술과 창의성

(1) 창의성의 개념

창의성이란 새로우면서도 가치 있는 어떤 것을 생각하거나 만들어 내는 능력을 말한다(Guilford, 1950; Sternberg, 2006). 창의성이 사회적으로 중요한 의미를 갖게 된 이후 현재까지 창의성에 대한 의미와 가치는 천재적 창의성, 개인적 창의성, 맥락적 창의성, 집단 창의성으로 변화해 왔다(강병직, 2016). 천재적 창의성(genius creativity)

이란 19세기에서부터 20세기 초반에 걸친 패러다임으로서 천재 또는 뛰어난 인물이나 역사적 인물을 중심으로 창의성을 정의하는 방식을 의미한다. 개인적 창의성(individual creativity)이란 20세기 중반에 등장한 것으로서 신비하고 천재적 개인의 속성으로 보는 것이 아니라 일반인도 노력하고 교육을 받으면 창의적일 수 있다는 '일반적인 개인'을 중심으로 하는 개념이다.

맥락적 창의성(contextual creativity)이란 1980년대 중반에 등장한 것으로서 인지적 속성을 강조한 개인적 창의성과 달리 환경의 맥락과의 관련성을 강조하는 개념이다. 가령 환경과의 상호작용을 창의성에 포함한 애머바일(Amabile, 1996)의 요소 체제(componential framework)이론이나 창의성이 인정되는 체계적 특성을 규명한 칙센트미하이(Czikszentmihalyi, 1988, 1996)의 창의성의 체제 모형(system model of creativity) 등이 맥락에 기반한 대표적인 창의성 이론이다. 집단 창의성(group creativity)은 1990년대 이후 등장한 개념으로서 맥락적 창의성에 기반을 두면서도 개인 수준을 넘어 집단적 차원에서 정의되는 창의성 개념이다. 특히 집단 창의성은 집단의 기업이나 단체, 조직의 차원의 창의성을 설명하고자 하며 창의성을 존중하는 문화나 환경의 중요성이 강조된다는 점에서 이전의 개인 창의성과 차이를 지닌다.

(2) 창의성의 요소

창의성 개념에 관한 여러 이론을 종합할 때 창의성의 요소는 창의적 사고, 창의적 성격, 창의적 환경의 측면에서 살펴볼 수 있다.

첫째, 창의적 사고는 일반적인 사고와 구분되는 인지적 특성으로서 유창성, 유연성, 참신성, 독특성 등이 포함된다(Guilford, 1950; Torrance, 1966). 유창성(fluency)이란 다양하고 풍부한 아이디어를 산출하는 사고력으로서 독창성을 얻기 위한 준비라고 할 수 있다. 유연성(flexibility)이란 기존의 틀이나 고정 관념을 벗어나 다양한 관점과 맥락에서 생각하는 것을 말한다. 참신성(newness)이란 기존에 없거나 또래들 사이에서는 경험하기 어려운 새로운 아이디어를 말한다. 새로움 자체가 창의적 가치를 가지기에는 부족하지만 새로운 생각은 이전에 없던 방식으로 문제를 해결하는 가능성을 가진다는 점에서 창의성으로서의 잠재성을 가진다. 독특성(uniqueness)이란 새로우면서도 문제해결력을 지닌 아이디어를 말한다. 유연한 생각을 갖기 위해서는 자신의 관점이나 지식을 집착하기보다는 다른 사람의 관점과 상황에서 생각해 보는 것이 필요하다.

둘째, 창의적 성격은 사고 작용보다는 태도와 자세의 측면에서 다른 성격적 측면과 구분되는 요소들을 의미한다. 다수의 연구는 창의적인 사람들이 덜 창의적인 사람들에 비해 자아실현 욕구와 호기심, 도전심과 유머 감각이 높은 것으로 보고한다(Dacey, 1989; Eysenck, 1997; Maslow, 1954). 매슬로는 창의성이 발현될 때 인간 욕구의 가장 상위 단계인 자아실현이 이루어질 수 있다고 보았는데(Maslow, 1954), 자아실현(self-actualization) 욕구란 스스로 문제해결을 할 수 있다는 가능성을 신뢰하고 이를 통해 자아실현의 성취감을 경험하고자 하는 욕구를 말한다. 창의적인 사람은 평소 다양한 분야와 주제, 이슈에 대해 호기심이 많은 편이며, 자신의 생각을 실현하기 위해 새로운 것을 모험하며 그에 따른 실패와 위험을 피하지 않고 감수한다. 그리고 창의적인 사람은 복잡하거나 어려운 상황을 비관적으로 보는 것이 아니라 긍정적으로 보기 때문에 유머를 즐기는 편이다.

셋째, 창의성이 개발되고 발현되기 위해서는 민주적이고 수평적 상호작용이 가능하고, 다양한 감각 체험이 가능하며, 고정된 형태를 벗어나 자유롭게 재구성할 수 있는 자유롭고 융통적인 환경이 필요하다.

(3) 창의성과 미술

미술작품의 가장 중요한 가치 판단의 기준이 창의성이라고 해도 무방할 정도로 미술은 다른 어떤 분야보다 창의성과 밀접한 관련을 가지고 있다. 구체적으로 미술에서 창의적 사고가 발현되는 과정에 대해서는 아이스너가 제시한 미술에서의 창의성 유형을 참고할 수 있다. 그는 미술작품에 나타나는 창의성의 유형을 내용과 형태의 측면에서 네 가지 유형(style)으로 제시한 바 있다(Eisner, 1965: 126-127).

첫째, 경계 확장하기(boundary pushing)는 일상적이거나 기존의 사물들이 지닌 의미를 확장하거나 재규정하려는 것을 의미하며 주어진 기존의 것을 확장함으로써 가능성을 획득하는 능력을 말한다. 둘째, 발명하기(inventing)는 전통의 한계를 확장하는 데서만 끝나는 것이 아니라 기존의 지식을 적용하여 본질적으로 새로운 물체(질)를 만들어 내는 과정을 말한다. 셋째, 경계 허물기(boundary breaking)는 기존의 가정을 거부하거나 뒤집는 것으로서 가장 고차적인 인지 수준에 해당된다. 경계 허물기 단계에서 현재의 이론에 대한 한계를 보고, 그에 대한 새로운 가설을 만들게 되는데 이 과정에서 통찰과 상상이 특히 활용된다. 넷째, 미학적으로 조직하기(aesthetic

organizing)는 대상에서 높은 수준의 일관성과 조화를 보여 주는 미학적 질서를 말하는 것으로서 창의적 사고과정에서 이 단계는 대상에 질서와 통일성을 부여하게 된다. 아이스너는 미학적으로 조직하기 이전의 세 가지 유형은 '새로움(novelty)'을 가장 중시하는 반면, 미학적으로 조직하기는 미술작품에서 높은 수준의 일관성(coherence)이 이루어지는 것을 강조한다.

미술이 창의성 함양에 영향을 미치는 과정은 다음과 같은 특성을 통해 이루어진다.

첫째, 미술은 학생들의 상상력을 신장시킴으로써 창의성을 함양한다. 리쾨(Ricoeur, 1981)에 의하면 상상력은 기본적으로 연결 짓는(construct linkages) 마음의 과정이며, 심리학자인 쾨슬러(Koeslter, 1990)는 이전의 연관되지 않은 실체에 대해 bisociation 또는 juxtaposition(connection)을 통해 상상력이 이루어진다고 보았다. 이는 상상력을 강조하는 미술의 중요한 특성이 되는데, 이러한 상상력은 창의성의 중요한 요소라고 할 수 있다.

둘째, 미술은 자유롭고 다양한 자기표현의 기회를 제공함으로써 창의성을 신장한다. 창의적 사고가 이루어지기 위해서는 자유로움이 매우 중요하다. 그런 점에서 미술은 학습자로 하여금 자유롭고 다양한 생각을 할 수 있도록 격려하는데, 이는 평소 학교교육이나 사회적 영향으로부터의 억압에서 벗어나 자유롭게 생각할 수 있도록 하는 기회를 제공한다. 자유롭다는 것은 기존의 생각이나 관습적 사고로부터 벗어나 다양한 시점에서 생각하는 것이다.

셋째, 미술은 창작의 경험을 통해 창의적 태도와 습관을 갖도록 한다. 미술이 다른 교육활동과 다른 점 중의 하나는 무엇인가를 직접 만든다는 점이며, 만드는 것은 단순히 남의 것을 따라 하는 것보다는 스스로의 것을 만든다는 점에서 창작 행위가 강조된다. 이처럼 창작과정에 직접 참여함으로써 남과 다르면서 가치 있고 의미 있는 결과를 만들어 내는 경험을 하게 되는데, 이러한 경험의 지속은 교육적 측면에서 창의적으로 사고하고 창의적이 될 수 있도록 하는 태도를 함양하는 효과를 지닌다(Robinson, 1999; Root-Bernstein, 2003).

넷째, 미술은 미적 사고와 직관적 사유 능력을 함양함으로써 창의성을 신장한다. 과학 분야 노벨상 수상자들에 대한 한 연구를 살펴보면 노벨상 수상자들은 발견과정(discovery process)에서 직관적 느낌을 활용하였으며, 과학에서의 미적 특질과 아름다움을 느끼는 등, 미적 가치(aesthetic qualities)에 대한 인식능력이 과학에서의 성과에 중요한 영향을 주었던 것으로 보고한 바 있다(Root-Bernstein, 2003). 이는 미적 사유가 미술에만 국한되는 것이 아니라 과학 분야에서도 중요한 창의성 요소임을 시사한다.

다섯째, 미술은 탐구심과 진취적인 모험심을 갖게 함으로써 창의성을 신장한다. 미술은 특성상 과제에 대해 학생들의 흥미와 동기를 유발시키는 요소들이 강하며, 미술이 접목된 교육이나 활동 역시 일반적인 경우보다 흥미와 동기를 강화시키는 측면이 있다.

(4) 창의성과 미술교육

미술교육에서 창의성이 본격적으로 중요한 가치로 다루어지게 된 것은 20세기 초 로웬펠드를 중심으로 한 창의성 중심 미술교육론을 통해서이다. 1947년 출간된『창의적, 정신적 성장(Creative and Mental Growth)』을 통해 창의성 개발을 위한 체계적인 미술수업을 제시하였다. 그는 단순히 재료와 장소만 제공하는 차원이 아니라 아동의 특징과 발달단계에 맞는 재료와 주제 및 동기를 제공하여 스스로 자기를 표현하도록 하는 데서 창의성이 개발된다고 하였다. 로웬펠드가 제시한 창의적 미술활동에 필요한 요소를 제시하면 다음과 같다.

첫째, 학습자의 경험 기반을 들 수 있다. 창의적 미술활동의 출발은 자신을 둘러싼 환경과의 관계 맺음, 즉 아동 자신의 경험으로부터 시작된다. 경험은 또한 실제적인 아동의 삶이기도 하다는 점에서 자신이 공감하기 어려운 개념이나 주제는 창의적인 생각을 이끌어 내기 어렵다. 그러므로 창의적 미술활동은 아동 자신이 경험하고 이해하고 있는 실제적 삶을 기반으로 해야 한다.

둘째, 다양한 감각의 활용을 들 수 있다. 인간은 보고, 듣고, 만지고, 냄새와 맛을 보며, 움직이는 활동 등의 감각을 통해 배운다. 그러므로 배움의 과정은 다양한 감각을 활용한 체험과 경험의 과정이라고 할 수 있다. 그러나 학교에서는 보기와 듣기를 중심으로 한 감각이 제한적으로 활용되는데, 이는 풍부한 정서적 감수성은 물론 지적 감수성을 약화시키는 원인이 된다. 그러므로 오감을 풍부하게 활용하는 기회가 많을수록 감수성과 창의성을 키우게 되는 것은 물론 배움을 위한 기회도 많아지게 될 것이다.

셋째, 단순 모방의 탈피를 들 수 있다. 모방은 학습의 중요한 요소이기는 하나 모방 자체가 목적이 되는 단순한 모방이 되어서는 안 된다. 틀에 박힌 교재와 같은 것을 모방하도록 하는 것은 아동 자신의 자연스럽고 독창적인 표현을 방해하고 의존적인 사고를 하게 한다는 점에서 창의성 개발에 바람직하지 않다.

넷째, 자기표현을 들 수 있다. 자기표현이란 다른 사람의 생각이나 방법이 아닌 자기만의 생각과 방법으로 표현하는 것을 말한다. 특히 자기표현은 표현하는 방법에 중요한 의미를 지니는데, 같은 내용이라 하더라도 자신만의 방법으로 표현하는 것이 중요한데, 이 과정에서 다른 사람과 비교하여 자기의 표현방법을 드러내지 않는 경우가 있다. 이는 자신을 발견하는 데 방해가 되며 결과적으로 다른 표현을 모방하게 하여 창의적 표현을 억제하게 된다. 그러므로 창의성 개발을 위해서는 자신을 발견하는 과정으로서 자기표현의 가치를 존중하고 격려하는 것이 필요하다.

다섯째, 자아 동일화를 들 수 있다. 로웬펠드가 창의적 표현에서 가장 본질적인 요소라고 본 자아 동일화는 타인이나 대상 등과 굳은 정서적 유대를 맺고 자기와의 동일시하는 심리를 말한다. 이는 공감, 감정 이입과 유사한 것으로서 창의적 미술활동에서 자아 동일화는 표현하는 대상뿐만 아니라 사용하는 재료와 도구, 매체와 자신을 동일시하는 것을 포함한다. 자아 동일화가 일어나기 위해서는 아동 자신이 자신의 내적 욕구를 스스로 알고, 교사 역시 이를 인정하여야 한다.

4. 미술영재와 특수아동의 미술교육

1) 미술영재의 미술교육

(1) 미술영재의 특성

미술영재(the gifted in art)란 미술 분야에서 뛰어난 재능을 보이거나 그 잠재력을 가지고 있다고 판단되는 사람을 의미한다(김춘미 외, 2006). 미술영재에게서 관찰되는 미술적 · 심리적 · 행동적 · 지적 특성은 다음과 같다.

첫째, 미술영재는 뛰어난 사실적 표현능력을 지닌다(Golomb, 1992; Hurwitz, 1983; Kerchensteiner, 1905; Milbrath, 1998). 사실적 표현능력이 미술영재의 예후 중 하나로서 발현되는 시기에 대해 학자들은 대체로 10세 이전으로 지칭한다. 가령 일반 아동들의 경우는 3~4세경에서부터 인식할 수 있는 형태로 사물을 표현하지만, 미술영재 아동의 경우 2세경부터 인식할 수 있는 형태로 사물을 그리기도 하며(Golomb,

1992; Kellogg, 1969), 4~10세의 시기부터 인물의 형태를 비례에 맞게 그릴 줄 알게 된다(Milbrath, 1998). 실제 미술의 역사를 살펴볼 때에도 라파엘로(Raffaello Sanzio, 1483~1520), 지오토(Giotto di Bondone, 1266/7~1337), 로트렉(Henri de Toulouse Lautrec, 1864~1901), 피카소(Pablo Ruiz Picasso, 1881~1973) 등은 이미 7~8세경의 아동기부터 사실적 표현에서 남다른 재능을 보인 것으로 나타났다.

둘째, 미술영재는 뛰어난 시각 기억력을 지닌다(강병직, 2020; 서제희, 2003; 이용애, 2002; Hurwitz, 1983; Perdreau & Cavanagh, 2015). 시각 기억력(visual memory)이란 대상이나 현상에 대한 시각적 특성을 잘 지각하고 이를 기억 속에 저장하고 필요시에 이를 회상하는 능력을 말한다(Sternberg, 2004). 미술은 잘 보고 잘 기억하는 것에서부터 시작하며 이는 미술 수행의 기반이 되는데, 미술영재들은 일반 아동에 비해 높은 시지각 능력을 지닌다. 가령 퍼드로와 카바나(Perdreau & Cavanagh, 2015)의 실험 연구에 의하면, 수준 높은 미술가들은 미술 초심자들에 비해 복잡한 형태와 공간을 지각하고 기억하는 능력이 뛰어나다. 이는 섬세한 시각적 민감성과 기억력이 미술 수행에 중요한 영향을 끼친다는 것을 의미한다.

셋째, 미술영재는 미술에 대한 강렬한 흥미와 숙달에 대한 열망을 지닌다(Golomb & Haas, 1995). 미술에 대해 강렬한 흥미와 숙달에 대한 열망은 강력한 내적 동기와 열정을 의미하는 것으로 미술 창작에 몰입하고 지속적으로 많은 양의 작품을 제작하게 한다(Golomb, 1992; Milbrath, 1998; Pariser, 1997).

넷째, 미술영재는 특정한 주제의 탐구하는 경향을 지닌다. 많은 미술영재는 특정한 한두 가지의 주제를 열광적으로 탐색하며, 그것을 무수히 반복하는 경향을 지닌다. 가령 로트렉은 사람이나 새보다는 말에 열광한 것으로 유명하다. 한 연구에 의하면, 로트렉이 6세부터 16세의 시기에 그린 1,237점의 작품 가운데 64%가 동물이나 혹은 사람과 동물이 함께 그려진 것이라고 한다(Pariser, 1997).

다섯째, 미술영재는 뛰어난 화면 구성력을 지닌다. 특히 미술영재들은 평범하고 안정적 구도보다는 비대칭적 균형이나 복잡한 구도를 사용하는 경향을 지닌다(Golomb, 1992; Milbrath, 1998). 가령 골롬은 3~13세 일반 아동의 1,500여 점의 작품에 대한 분석을 통해 일반 아동은 어릴수록 수평이나 수직 축을 따라 대상을 배치하고 연령이 증가할수록 대칭적 구성으로 옮겨 가지만, 미술영재는 비대칭적 구도를 사용한다는 점을 발견하였으며, 밀브레스는 미술영재들이 비대칭적 구도뿐만 아니라

대칭구도 등 복잡하거나 수준 높은 구도를 사용하는 것을 발견하였다.

여섯째, 미술영재는 높은 창의성을 지닌다(김정희, 2005; Golomb, 1992; Hurwitz & Day, 1991; Lowenfeld & Brittain, 1964). 창의성은 미술영재의 특성을 구성하는 중요한 요소이다. 로웬펠드는 미술영재의 특성 중 하나로서 뛰어난 창의성, 그중에서도 유창한 사고력과 풍부한 상상력을 제시하였다(Lowenfeld & Brittain, 1964). 유창한 사고력과 상상력은 창의성 개념에 속하는 요소이며, 사고가 유창하다는 내적 속성은 그림에 표현된 상상력을 통해 확인된다는 점에서 서로 긴밀히 연결되어 있다. 이 점에서 창의성은 표현력과 매우 밀접한 관계를 지니고 있는데, 미술에서 창의성은 작품을 통해서뿐만 아니라 작품의 수행과정에서 행동으로 나타난다. 가령 문제를 해결할 때 다양한 방법을 시도하거나 재료를 혁신적인 방법으로 사용하기도 한다.

일곱째, 미술영재는 높은 수준의 공간지능과 자연친화지능 및 자기성찰지능을 지닌다. 다중지능이론의 측면에서 미술영재는 매우 높은 공간지능을 지니고 있으며 자연친화지능과 자기성찰지능이 강점을 지니는 반면, 논리수학지능은 약한 특성을 지닌다(강병직, 2010; Gardner, 1983/1993; Pariser, 1997).

공간지능(spatial intelligence)이란 시각-공간적 세계(visual-spatial world)를 정확하게 인식하고 재현하는 능력으로서 공간 지각력(spatial perception)과 그것을 마음속에

[그림 3-3] 미술영재성의 다중지능 구조

투영하고 조작할 수 있는 이미지 조작력(imagery manipulation)을 포함하는 개념이다(Checkley, 1997; Gardner, 1983/1993). 그러므로 공간지능이 뛰어나다는 것은 공간에 대한 지각력과 공간적 문제를 해결하는 능력인 시각적 사고력이 뛰어나다는 것을 의미한다. 자연친화지능(naturalist intelligence)은 동식물의 유기체의 특징을 잘 분별하고 자연세계에 대한 친화력과 민감성—가령 구름이나 바위의 형태 등—을 포함하는 지능이고, 자기성찰지능(intrapersonal intelligence)은 자신의 내면을 성찰하는 능력으로서 자기가 누구이고, 어떤 일을 할 수 있고 하고 싶은지, 자신의 관심과 적성은 무엇인지를 평가할 수 있는 능력을 의미한다(Gardner, 1983/1993). 이러한 미술영재의 지능 구성은 미술영재가 일반 아동에 비해 질적으로 다른 지능 특성을 지니고 있고 질적으로 다른 사고와 경험을 한다는 것을 의미하며(Pichowski, 1991), 지능 특성은 아동기뿐만 아니라 청소년기와 성인기에 이르러서도 일관되게 유지되는 특성을 지닌다(강병직, 2010).

(2) 미술영재를 위한 교육과정

미술영재의 특성을 고려한 미술교육으로 평행형 교육과정 모형(Parallel Curriculum Model: PCM)을 참고할 수 있다(Tomlinson, 2002). 평행형 교육과정 모형(PCM)은 영재를 위한 교육과정 개발에 있어 네 가지 측면이 균형 있게 구성될 것을 강조하는데, 핵심 교육과정, 연결 교육과정, 실행 교육과정, 정체성 교육과정이 그에 해당한다.

첫째, 핵심 교육과정(core curriculum)은 해당 학문 영역의 핵심적인 개념과 원리, 핵심 기능을 학습하도록 구성된 교육과정이다. 이 과정에서 해당 학문 영역의 지식의 구조를 이해하게 되는데, 먼저 학생들의 수준에 적합하고 학문 분야의 핵심이 되는 개념이나 원리, 기능을 찾아낸다. 그러고 나서 학생들이 좋아할 대표적인 소재를 찾아내며, 학생들이 가지고 있는 지식의 틀과 사전의 경험 정도를 파악하며, 학생들이 분석적이고 논리적으로 사고할 수 있도록 학습활동을 계획한다. 이와 같이 핵심 교육과정에서는 배워야 하는 핵심적인 내용, 주제, 원리, 개념을 중심으로 내용을 구성하면서 동시에 쉽고 효과적으로 학습활동이 이루어질 수 있는 방안을 고려하게 된다.

둘째, 연결 교육과정(connection curriculum)은 핵심 교육과정에서 배운 개념, 원리들이 다른 학문 분야 또는 다른 시대나 장소, 다른 대상에서는 어떻게 연결(connect)되는지를 탐구하는 것에 초점을 둔 교육과정이다. 이 과정을 통해 학생들은 핵심 교

육과정에서 배운 내용을 새롭게 경험하게 되는데, 이 과정에서는 간학문적 접근방법이 주로 사용되며, 비유와 유추, 창의적 사고를 통해 사고를 확장하게 된다. 연결 교육과정에서는 시간 간, 사건 간, 소재 간, 학문 간 등 다양한 연결방법이 활용된다.

셋째, 실행 교육과정(practice curriculum)은 학생들에게 해당 학문 영역에서 익힌 지식, 개념, 원리, 기능을 그 학문 영역이 사용되는 다양한 분야의 전문가들이 하는 것처럼 현실에서의 다양한 문제를 해결하는 데 사용해 보도록 하는 것이다. 이러한 경험을 통해 학생들은 그동안 익힌 지식과 기능을 실제의 맥락에서 적용하면서 자신감을 얻게 된다. 실행 교육과정에서는 학생들은 실제의 전문가들을 모델로 하여 그들이 어떤 문제를 접하고 어떻게 문제를 해결하며, 어떻게 조사와 연구를 수행하는지 등의 관점을 반영하여 자신이 과제를 구성하게 된다.

넷째, 정체성 교육과정(identity curriculum)은 자신의 능력, 적성을 알아보고 생각해 볼 수 있는 기회와 그 분야에 대한 관심과 헌신하고자 하는 마음을 증폭시킬 수 있는 일련의 기회를 제공한다. 이 과정에서 학생들의 약점보다는 강점을 강조하고 소외되지 않도록 배려하며 자아실현의 의미가 실현될 수 있도록 교육과정을 구성한다.

이러한 PCM은 비단 영재학생에게만 해당되는 것은 아니며 일반 학생들에게도 적용된다는 점, 그리고 각 교육과정을 다른 교사가 맡아서 진행할 수 있다는 점, 교육과정 개발에 비교적 원리가 쉽고 간단하다는 점, 학생의 정체성의 정의적 요소를 구체적인 교육과정으로 프로그램화하였다는 점에서 다른 영재교육과정과 차이를 보인다.

2) 특수아동의 미술교육

특수아동이란 다양한 장애로 인해 특별한 교육적 접근이 필요한 아동을 말한다. 이 장에서는 여러 장애나 어려움 중 미술 교육 장면과 연관성이 높은 사례로서 시각장애와 ADHD를 중심으로 이들의 미술적 특성과 지도방법을 살펴보고자 한다.

(1) 시각장애 아동과 미술교육

① 시각장애의 정의 및 발달적 특성

시각장애(blindness)란 시각계의 이상(disorder)이나 손상(impairment)에 의해 발생하는 다양한 시기능적 장애를 의미한다(Colenbrander, 1977). 이러한 시각장애에는 시각계의 손상이 심하여 시각 기능을 전혀 이용하지 못하는 전맹(legally blind)과 시각 기능이 부족한 저시력(low vision)이 포함되는데, 저시력인 경우 어느 정도 시각적으로 지각할 수 있으며 일반인이 보는 것과 다르게 볼 뿐이다. 그러므로 시각장애는 '시각의 소멸'이 아니라 '변화된 시각'이라고 할 수 있으며(Lusseyran, 1999), 완전히 안 보이는 상태라기보다는 무수히 많은 '다르게 보이는' 단계라고 할 수 있다(Lowenfeld, 1951).

우리나라의 「장애인 등에 대한 특수교육법 시행령」 제10조 별표에서는 시각장애인을 "시각계의 손상이 심하여 시각기능을 전혀 이용하지 못하거나 보조공학기기의 지원을 받아야 시각적 과제를 수행할 수 있는 사람"으로 정의한다. 시각장애는 실명 시기에 따라 선천성 시각장애와 후천성 시각장애로 분류되고, 선천성 시각장애는 출생 시 또는 출생 직후 장애가 발생한 경우로 사물이나 장소 등에 대한 시각에 의한 기억이 생기기 이전이며 주로 촉각으로 개념을 형성한다(박순희, 2014). 후천성 시각장애는 시각적 기억이 생긴 이후에 실명이 발생하는 것으로 한순간 발생하기도 하지만 수개월 혹은 수년 동안 점진적으로 발생하기도 하며 시각에 의한 개념 형성과 시각적 사고가 가능하다.

시각적 제한으로 인해 또래 집단과의 자연스러운 경험이 부족하며 자신의 장애에 대한 부정적 시각을 가지며 정서적 안정감이 부족할 수 있다. 또한 상대방의 표정과 같은 비언어적 표현을 관찰할 수 없으므로 다른 사람의 언어 사용이나 목소리 톤, 촉각, 냄새 등과 같은 비시각적인 다른 감각을 활용하여 상대방의 마음 상태를 파악하고 이미지를 연상한다(이병희, 2011). 이로 인해 자기를 표현함에 있어 억눌림이나 해결되지 못한 과거의 감정, 피해의식, 두려움 등을 부족한 의사소통기술로 표현하기 때문에 타인과 원활한 상호작용이 어려울 수 있다(김정원, 최경순, 2008).

② 시각장애 아동의 미술적 특성

첫째, 대상 인식에 있어 시각장애 아동은 시각보다는 촉각과 청각을 통해 사물의 형태, 공간 개념을 획득한다. 둥글다, 울퉁불퉁하다의 형태나 차갑다 등의 개념은 만지는 촉각을 통해 인식하고, 교실이나 운동장, 하늘 등의 공간에 대해서는 청각이나 언어적 연상을 통해 유추한다. 그러므로 촉각이나 청각이 미치지 못하는 색이나 구름, 하늘, 산이나 수평선 등에 대한 개념을 파악하는 데 어려움을 지닌다. 시각을 보완

하기 위해 청각, 촉각 및 언어나 정서적 연상을 통해 색채와 형태, 공간을 추측한다.

전맹인 경우 대상의 객관적 색과 관계없이 주관적인 색을 사용하며, 시각 기억이 남아 있거나 저시력인 경우는 대상의 색과 가까운 색을 사용한다. 한편, 시각장애로 앞을 전혀 못 보지만 화려한 색채로 표현하는 구상 회화를 하는 작가도 있다. 존 브램블릿(John Bramblitt, 1971~)은 색마다 다른 질감의 돌가루를 섞어 색마다 촉감이 다르게 만들어진 물감을 가지고 손의 감촉과 색의 배합에 대한 지식을 이용하여 인물화와 풍경화를 정확히 표현한다.

둘째, 표현방식에서 시각장애 아동은 사실적이고 객관적인 표현에 있어서 미숙한 측면이 있으며, 비시각장애 아동에 비해 형태가 단순하고 개략적이며 자신의 마음속 이미지를 주관적인 방식으로 표현한다(김동연, 이해균, 1990). 또한 비시각장애 아동에 비해 세부 표현과 장식적 표현이 약하며, 특히 전맹인 경우에는 대상이 서로 겹치지 않도록 화면 전체에 나열하듯이 표현하는 경향이 있다.

셋째, 재료 사용에서 시각장애 아동은 찰흙이나 한지 등과 같이 가소성이 풍부한 매체를 선호하는데 이는 억압된 감정을 분출하고 자신을 자유롭게 표현하게 함으로써 긴장 해소를 돕고 정서적으로 안정감을 주기 때문이다(김정완, 이숙정, 2009). 그리고 자유로운 자기표현은 스트레스를 해소하고 긍정적 자아상을 형성함으로써 자아존중감을 높이기도 한다(김현주, 박진영, 2005).

③ 심적 이미지

시각장애 학생들은 눈이 보이지 않아도 나름의 시각적 경험을 지속적으로 하고 있다. 시력이 없어도 내적인 시각활동(mental image activity)은 계속 가능하고, 그들의 머리와 마음속에 있는 심상은 아주 풍성하다(Nelson, 2003). 시각적 자극이 없더라도 언어나 촉각, 냄새 등의 정보를 통해 뇌는 심적 이미지를 만들어 낸다. 뇌의 시상에 있는 외측슬상핵(LGN)이 정보를 전달하면 시상침핵이 자극을 처리하여 뇌에 이미지를 만들고 저장한다(Cohen & Carr, 2008/2011). 후천적으로 시각장애를 가지게 된 경우는 기억 속에 남아 있는 이미지를 토대로 심적 이미지를 만들어 낸다(김경아, 1997).

가령 터키의 선천적 전맹 화가인 마르마겐(Esref Armagan)은 평생 눈으로 무언가를 본 경험이 없음에도 불구하고 35년간 유화로 시각적 세계를 그려 왔다. 그의 작품들을 보면 시각의 전유물인 원근감이라든가 앞으로 뻗어 있는 막대를 정면에서 보면 단축되어 보이는 현상(foreshortenings) 등 한 시야 내에서 왜곡되어 보이는 이미지의 특성까지도 개념적으로 제대로 이해하고 그리고 있음을 알 수 있다(Kennedy & Juricevic, 2006). 이 화가가 그림을 그릴 때 대뇌의 시각피질이 활성화된다는 fMRI를 이용한 실험으로 확인되기도 하였다(Amedi et al., 2003). 이처럼 시각장애인들이 촉각을 이용하여 이미지를 이해하는 과정을 연구하는 인지심리학자인 케네디 박사의 연구결과가 증명하듯 세상을 평생 한 번도 눈으로 지각하지 못했던 사람들의 뇌도 시각적 이미지를 이해할 수 있으며 그때 뇌의 시각정보를 담당하는 부분이 활성화된다. 물론, 모든 시각적 요소를 보지 않고 이해한다는 것이 불가능할 수 있으나, 미술을 하기 위해 모든 시각적 요소를 다 이해해야만 하는 것도 아니다. 따라서 시각을 보완하는 다양한 감각 및 언어적 · 정서적 연상의 활용이 중요하다.

④ 시각장애 아동을 위한 미술지도 방법

시각장애 아동들은 일반 아동에 비해 불편한 시각으로 인해 시각 외의 다른 감각에 많은 의존을 하게 된다. 이로 인해 시각장애 아동의 미술활동은 복합적인 감각이 요구된다. 시각장애 아동들이 각자 다른 방법으로 다른 정도로 보므로, 그 각각의 시각을, 그리고 인지 발달 정도를 제대로 이해하고 상호작용을 시도해야 미술교육이 이루어질 수 있다(박은혜 외, 2004).

첫째, 미술활동을 통해 자신의 생각과 감정이 자유롭게 표현되도록 한다. 시각장애 학생들과의 미술수업에서는 정확히 그리는 법이라든가 우리가 보는 방식을 가르쳐 주는 것이 아니라 먼저 학생들이 어떻게 보고 있는지를 교사가 물어보고 관찰하고 끊임없이 파악하는 것이 가장 큰 전제가 된다. 교사가 세상이 어떻게 생겼나를 그들에게 가르쳐 주는 것이 아니라 교사도 그들이 세상을 어떻게 보는지를 듣고 배우는 것이다. 즉, 모든 학생이 각각 다 다르고, 각자가 다 너무도 다르게 본다는 것이다. 그 각각의 시각을 그대로 인정함으로써 보는 관점이 풍부해진다.

둘째, 시각을 대체하는 다양한 감각을 활용한다. 시각손상을 대체하는 촉각이나 청각, 후각 등의 감각을 최대한 활용할 수 있도록 한다. 이러한 다양한 감각과 언어적 설명을 통해 경험한 후 어떠한 시각적 심상을 머릿속에 그리며 새로운 시각적 경험을 능동적으로 이끌어 내는가에 집중하는 것이다. 결국 눈이라는 감각기관의 기능보다 보는 대상과의 관계나 그것을 향한 태도와 관점이 바라보는 대상을 진정으로 잘 파악

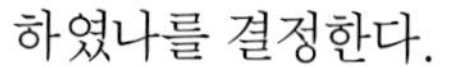

하였나를 결정한다.

셋째, 미술활동에 필수적인 조각 기능을 습득한다. 시각장애 학생들의 경우 시각 손상으로 인해 소근육 활동 경험이 제한되어 소근육을 활용한 활동에 어려움을 지닌다. 이를 고려하여 미술표현 활동에 필요한 필수 기능을 반복해서 기능을 숙달하게 함으로써 자신의 의도가 적절히 기술적으로 표현될 수 있도록 한다.

넷째, 부조 또는 입체 작품활동을 수행한다. 시각손상으로 인해 평면에서의 색채나 형태 파악이 어려우므로 촉각을 통해 인지가 가능한 부조나 입체적 작품 제작활동이 필요하다.

다섯째, 촉각을 활용한다. 채색이나 붙이기 등의 미술활동을 진행할 때 촉각이 느껴지는 표시로 경계를 구분하는 등 촉각을 적절히 활용한다.

여섯째, 작품감상 경험을 제공한다. 시각을 통한 감상이 아니더라도 촉각이나 청각 등의 다양한 감각을 활용하여 작품을 감상하고 이에 대한 자신의 감상을 언어로 설명하는 활동이 필요하다.

일곱째, 점자 활용 및 안전에 주의한다. 시각장애 학생들이 사용하는 물감이나 크레용 등에 라텍스로 점자를 찍어 색을 나타낼 수 있으며, 칼이나 가위의 사용 시 안전에 주의하고 물감을 엎거나 떨어뜨리는 경우가 발생하지 않도록 적절한 환경을 제공할 필요가 있다.

여덟째, 많은 대화를 활용한다. 미술활동은 학생들에게 다른 수업시간에 배울 수 없는 것들을 가르치고, 자아존중감을 높여 준다. 우선 미술시간에 교사들은 학생의 생각에 대해 많은 대화를 나눈다. 우리는 지금 표현하고 있는 사물에 대한 그들의 시각을 궁금해하기 때문에 그들이 부족한 시력으로 보고 있는 세상에 대해 알고 싶고 듣고 싶어 한다. 그리고 미술수업 시간에 학생들을 한 명의 예술가로 생각하고 대화하기도 한다. 예술작품 창조과정은 미술가에게 결정, 통제, 문제해결 등의 기회를 주는데, 그 과정은 한 시각장애 예술가에게 비시각장애인과 동등해질 것을 요구한다고 한다(Nelson, 2003). 다른 사람에게서는 볼 수 없는 독특한 화가들만의 풍경은 미술작품의 가장 중요한 요소이고, 미술수업 시간에 시각장애 학생들은 각자만의 특별한 내적인 시각활동을 아주 활동적으로 표현한다.

(2) 주의력결핍 과잉행동장애(ADHD) 아동과 미술교육

① ADHD의 개념

주의력결핍 과잉행동장애(Attention Deficit-Hyperactivity Disorder: ADHD)란 또래 아동에 비해 지속적으로 주의력이 부족하고 산만하며 과다활동과 충동성을 보이는 임상 증후군을 말한다. ADHD 아동은 주의집중 시간이 매우 짧고 활동 수준이 너무 심하거나 충동 통제가 전혀 이루어지지 않는 특징을 지닌다(이근매, 2003).

② ADHD의 진단적 특성

다음의 '부주의'와 '과잉행동 및 충동성' 항목 중 6개 이상이 6개월 동안 지속될 경우 ADHD로 진단된다(APA, 2022/2023).

㉮ 부주의

- 세심한 주의를 기울이지 못하거나 부주의한 실수를 자주 한다.
- 주의집중을 지속하는 데 어려움을 겪는다.
- 다른 사람의 말을 경청하지 않는다.
- 자주 지시나 임무를 완수하지 못한다.
- 과제와 활동을 체계화하지 못한다.
- 지속적인 정신적 노력을 요구하는 과제에 참여하기를 기피하고, 싫어하거나, 저항한다.
- 활동에 필요한 물건을 자주 잃어버린다.
- 외부 자극에 의해 쉽게 산만해진다.
- 일상적인 일을 자주 잊어버린다.

㉯ 과잉행동 및 충동성

- 손발을 가만두지 못하거나 의자에 앉아서도 몸을 꿈틀거린다.
- 가만히 앉아 있어야 하는 상황에서 자주 자리를 뜬다.
- 부적절한 상황에서 지나치게 뛰어다니거나 기어오른다.
- 조용하게 놀거나 여가활동에 참여하지 못한다.

- 끊임없이 활동하거나 태엽 풀린 자동차처럼 행동하는 경우가 많다.
- 지나치게 수다스럽게 말한다.
- 질문이 끝나기도 전에 성급하게 대답한다.
- 순서나 차례를 기다리지 못한다.
- 다른 사람의 활동을 방해하거나 침해한다.

② 정서적 · 사회적 특성

ADHD 아동은 학교에서 과잉행동적이고 충동적인 행동을 보이며 과제에 집중하지 않는 등 대인관계에 어려움을 겪는데, 이로 인해 친구나 교사, 부모 등 중요한 타인으로부터 반복적인 부정적 피드백을 받게 됨에 따라 자존감이 낮아지고 불안이나 무기력이나 우울감을 경험하는 등 정서 조절에 어려움을 가진다(서민정, 2022). 그리고 정서 조절의 어려움으로 인해 실수나 좌절 상황에서 과민하게 반응하고 감정 기복이 크며 불안해하거나 공격적 성향을 보이는 등 적절한 또래관계 형성에 어려움을 겪는 등 여러 문제가 야기된다(김영호, 2018).

또한 이들은 일반 아동에 비해 사회적 상황에 대한 이해나 공감, 고통에 대한 반응성이 부족한 경우도 있다. 이로 인해 사춘기에 부모나 교사에게 반항심을 보이거나 가정이나 학교생활에서 여러 문제를 일으키게 되는 반항성 행동이 6개월 이상 지속될 경우 반항성 장애(disruptive behavior disorders)로 진단될 가능성이 높다(최현정, 2013).

이러한 문제를 해결하기 위해 약물치료를 통해 충동성과 파괴적 행동을 감소시키는 데 효과를 얻기도 하지만, 자기조절 능력이나 사회적 기술 부족 등은 약물로 개선하는 데 한계를 지닌다(김춘경, 이정은, 2002). 이에 약물을 포함한 다양한 지원을 통해 ADHD 아동의 정서적 안정과 자아존중감 형성을 도움으로써 사회인으로서 바람직한 역할을 수행할 수 있도록 지원할 필요가 있다.

③ ADHD 학생들의 미술적 특성

ADHD 증상을 보이는 학생들은 일반 학생들에 비해 수업에 집중하기 어렵고 충동적인 감정과 행동을 조절하기 어려우며 쉽게 산만해지거나 좌절하는 등 학습에 어려움을 지닌다. ADHD 증상을 보이는 학생들의 미술에 나타나는 주요 특성은 다음과 같다(이근매, 2003; 이지현, 2012; 한준희, 2004).

첫째, 선 표현에서 일반 아동이 부드러운 선을 일정하고 안정되게 사용하는 것에 비해 ADHD 아동은 필압이 강한 선과 불안정하고 정리되지 않는 난잡한 선을 사용하는 경향이 높다.

둘째, 형태표현에서 일반 아동에 비해 세부 형태표현이 정확하지 않고 같은 형태를 반복하는 경향이 있다. 특히 인물표현에서 칼을 든 사람과 같이 공격적인 인물이 자주 표현되며, 신체의 일부가 생략되거나 비례에 맞지 않게 과도하게 팔이 길거나 자세가 기울어지게 표현한다.

셋째, 색채표현에서 일반 아동에 비해 배색에 대한 고려가 약하고 필요 이상으로 몇 겹이고 덧칠하는 경향이 높다. 또한 화면 전체에 대한 균형 있는 배색보다는 자기가 좋아하는 색으로 전체를 칠하기도 한다.

넷째, 화면 구성에 있어 일반 아동이 화면 전체에 서로 관계있는 공간을 만드는 것에 비해 ADHD 아동은 화면의 일부만을 이용하여 한쪽으로 치우치게 그리며 화면에서의 대상 특히 인물 간의 관계성이 낮은 경향이 있다.

다섯째, 미술행동에 있어 미술과제를 수행함에 있어 교사의 지시를 잘 따르지 않고 한 과제를 지속하지 못하고 성급하게 빨리 다른 과제로 바꾸고 싶어 한다.

④ ADHD 학생들을 위한 미술지도 방법

미술활동은 자신의 감정과 생각을 자유롭고 창의적으로 표현하게 함으로써 정서적 · 심리적으로 불안한 학생들에게 다른 어떤 활동보다도 정서적 · 심리적 안정감을 제공하는 데 도움을 준다. ADHD의 주요 특성인 주의력 결핍, 과잉행동, 충동성을 억제하고 완화하는 데 도움이 되는 미술지도 방법은 다음과 같다(최옥희, 2004; 최현정, 2013).

첫째, 자발적 참여를 유도한다. ADHD 증상이 있는 학생들은 일반적 학습과 자신의 관심 사항에 대해 주의력과 과제 지속력의 차이가 큰 편이다. 이 점에서 미술활동에 흥미를 갖게 함으로써 자발적으로 참여하게 할 필요가 있다. 이를 위해 기존에 사용했던 익숙한 방법이나 고정관념을 넘어서는 새로운 기법 또는 재료를 활용하거나 재미있는 주제나 내용을 통해 미술활동에 흥미와 관심을 가질 수 있도록 한다.

둘째, 높은 기술적 수준과 완성에 대한 부담을 완화한다. 주의집중력이 낮고 충동성이 강하며 성급한 특성으로 인해 세밀하고 높은 기술적 수준이 요구되는 재료와 과

제를 지양하고 완성에 대한 부담감을 갖지 않도록 할 필요가 있다. 또한 학습이 강조되는 경우 집중력이 약해질 수 있으므로 자신들이 좋아하는 것에 대해서는 집중력을 발휘한다는 점을 고려하여 즐거운 활동이 이루어질 수 있도록 미술 프로그램을 운영하는 것이 좋다.

셋째, 자연스러운 자기표현 활동을 제공한다. 미술표현 활동을 통해 자신의 경험이나 생각, 감정을 표현하게 함으로써 자신의 감정을 알고 다스릴 수 있도록 한다. ADHD 증상을 가진 학생들은 화가 나거나 심리적으로 불안할 때 밖의 행동으로 직접 표출하기 쉬운데, 이 경우 미술적 표현은 불안이나 충동을 대체하는 효과를 지닌다.

넷째, 자신감과 자존감 향상을 위한 격려를 제공한다. ADHD 학생들의 경우 산만하고 충동적인 행동 때문에 작품표현에 소극적이고 동료와의 원만한 상호작용을 맺기 어려운 특성을 지닌다. 이를 보완하기 위해 미술활동에서 칭찬과 격려를 충분히 제공함으로써 자신감을 회복할 수 있도록 한다.

앞의 방법들은 일반 학생들에게도 모두 해당되는 사항이라는 점에서 공통점을 지니지만 ADHD 증상을 지닌 학생들의 경우 미술활동 과정에서 내재된 욕구와 스트레스가 상징적인 방법으로 분출되고 해소되며 미적 체험에서의 정서적 만족감과 성취감을 갖게 되는 것의 치료적 효과가 크다는 점에서 차이가 있다. 미술교육의 이와 같은 특성을 고려하여 미술지도 시 교사가 ADHD 학생의 개별적 심리와 행동 특성 및 요구를 이해하고 섬세하게 반응하고 지도할 필요가 있다.

5. 치료적 미술교육의 이해

미술은 교육적 측면과 함께 치료적 측면을 동시에 지닌다. 미술교사들의 폭넓은 안목은 학생들의 정서 불안이나 긴장을 해소하고, 사회관계 능력을 발달시키며, 자아에 대한 긍정적 인식을 갖게 한다. 이러한 면들은 미술교육을 통해 이루어지는 효과들로서 학습자들은 미술교육을 통해 다양한 방식과 수준에서 치료적 효과를 경험하게 된다. 미술교육과 치료를 완전히 별개의 것으로 구분할 수 없는 것이 미술교육의 특성이기도 하다는 점에서 미술의 치료적 역할에 대한 적절한 안목과 지식이 필요하다.

미술치료(art therapy)라는 용어가 공식적으로 등장한 것은 1961년 『Bulletin of Art

Therapy』를 통해서였다(한국미술치료학회 편, 1996). 미술치료는 '치료'를 강조하는가와 '미술활동'을 강조하는가로 관점에 차이를 지닌다. 미술을 이용한 전문적 치료에 중점을 두는 대표적인 학자는 나움버그이며, '미술활동' 자체가 지니는 치료적 역할을 강조하는 대표적인 학자는 크래머이고, 미술의 치료적 역할을 학교 미술교육과 연계한 대표적인 학자로는 로웬펠드가 있다.

미술교육의 역사에서 미술의 치료적 역할이 반영될 수 있게 된 것은 20세기 전반기의 창의성 중심 미술교육을 통해서였다. 이전의 기능 중심 미술교육 작품에 대한 모사와 사실적 표현의 기능에 대한 학습을 추구하였던 것에 비해 자유로운 자기표현을 통한 창의적 미술교육은 미술의 치료적 역할에 문을 열게 된 것이다. 아동 미술(Child Art)이라는 용어를 만든 치젝이 아동은 느낀 대로 그리고 그림을 통해 자신을 표현하기 때문에 어른의 간섭이나 억압에서 벗어나 자유로운 표현을 할 수 있도록 보장해야 한다고 한 것은 당시에는 매우 급진적인 생각이었다(Rubin, 1999/2006). 치젝의 미술교육론을 이은 로웬펠드는 교실에서의 미술교육을 통해 아동이 자신을 발견하고 자신을 억누르는 정서적인 장애를 제거한다고 보았으며, 미술을 통해 정서적 · 지적 · 신체적 · 지각적 · 사회적 · 미적 · 창의적 성장이 이루어진다고 보았다(Lowenfeld & Birttain, 1969/2004).

특히 로웬펠드는 창의적 미술표현이 일반 아동뿐만 아니라 신체적 · 정신적 · 정서적 어려움을 지닌 아동들에게 치료적 가치와 효과를 지니고 있음을 인식한 선구자 중의 한 사람이었다(Michael, 1981). 자신이 시각장애 학생들에 대한 조각 수업을 진행한 경험과 심리학 공부를 바탕으로 로웬펠드는 미술교육의 치료적 역할을 확신하게 된다.

1) 나움버그의 관점

미국 뉴욕 출신의 미술교육자, 심리학자이자 미술치료사인 나움버그(Margaret Naumburg, 1890~1983)는 1940년대 미술치료 분야를 개척하고 치료 모델을 정립하였다. 미술이 진단과 치료에 유용한 도구가 될 수 있다고 본 그녀의 생각은 프로이트(Freud)와 융(Jung)의 정신분석학에 기반하는데, 프로이트에 따르면 인간에게는 감정이나 욕망과 같이 의식의 영역에 이르지 못하는 무의식이 있으며 인간의 정신을 전체적으로 파악하기 위해서는 의식뿐만 아니라 무의식 영역을 종합적으로 살펴보아야 한다고 주장하였다(Freud, 1917/1994).

이러한 관점에서 나움버그는 미술을 무의식으로부터 나오는 상징적 언어의 한 형태로 보고, 자유로운 연상으로 표현된 미술을 통해 무의식을 해석하고 의식화하는 과정을 통해 치료가 이루어지도록 하였다. 특히 언어적 표현에 비해 검열 기능이 약한 그림의 특성을 이용하여 억눌린 무의식이나 내재된 욕망, 꿈이나 환상이 투사되도록 하고 작품에 대한 해석을 강조하였다. 이 점에서 나움버그는 미술작품에 표현된 색이나 형태, 장면이 지니는 상징성을 해석하는 정신분석적 치료법에 중점을 두었다.

2) 크래머의 관점

오스트리아 비엔나에서 출생한 크래머(Edith Kramer, 1916~2014)는 미술가로서 활동을 시작했으며 뉴욕 대학교 대학원에 미술치료 과정을 개설하는 등 미술활동 자체가 가지는 치유적 특성에 주목한 대표적인 학자이다. 크래머는 미술은 기쁨을 주고, 기쁨은 무의식적인 근원으로부터 나온다고 보았으며(Kramer, 2000: 43), 특히 미술활동 자체에 내재된 '승화'의 치유적 역할에 주목하였다. 승화란 미술활동을 통해 자신의 파괴적이거나 반사회적 에너지를 분출함으로써 내재된 부정적 에너지를 감소하거나 전환하는 것을 의미한다. 미술의 상징성을 해석하는 정신분석적 접근보다는 미술 창작 과정에서 자기표현이 이루어지게 되며 이러한 과정 자체를 통해 내적 갈등이 해결되고 자아가 통합되고 성숙하게 된다고 보았다(한국미술치료학회 편, 1996). 창조적인 미술 행위 자체가 치료적 역할을 한다고 본 것으로 이러한 두 가지 입장은 서로 다르다기보다는 강조점의 차이로 볼 수 있으며, 결국 미술은 시각적 이미지를 활용한 독특한 표현활동을 통해 미술에 대한 역량을 함양함과 동시에 자아를 건전하게 정립하고, 불안을 해소하는가 하면 인격을 통합하는 등의 치료적 효과를 동시에 지닌다는 점에서는 공통된 입장을 지닌다(Wadeson, 1980).

미술의 치료적 특성과 관련된 주요 개념으로는 치환과 승화를 들 수 있다. 치환(displacement)은 본능의 에너지를 직접적으로 충족하는 활동이 아닌 대안적인 활동으로 전환하는 것을 의미하며, 이를 전위라고도 한다. 가령 상대방에 대한 분노를 직접적으로 표출하는 것이 아니라 주먹으로 책상을 치는 행위를 통해 분노를 발산하는 것이 치환에 해당한다. 승화(sublimation)란 반사회적인 충동이 사회적으로 유용한 방식이나 행동으로 변화되고, 그러한 사회적 행동에서 얻은 성취감이 본능적 충동이 주는 쾌락적 요소를 대신하게 되는 것을 말한다(Kramer, 2000). 미술치료에서 승화는 프로이트의 승화(subliierung)에 기반한 개념으로서 프로이트는 성적 본능이 욕구 만족을 위한 육체적 쾌락을 포기하고 다른 사회적 활동으로 전환됨으로써 직접적인 성적 만족이 아닌 다른 방향으로 전환되어 충족되는 과정을 승화라고 하였다. 이러한 승화 개념은 사회적으로 가치 있는 구성원이라는 자각을 갖게 한다는 점에서 부정적 감정을 완화하거나 해소하는 의미로서 카타르시스(catharsis)와는 다르다(Kramer, 2000).

3) 로웬펠드의 관점

로웬펠드는 장애를 포함한 모든 인간은 타고난 창의성을 개발할 권리를 가지고 있다고 믿었다(Lowenfeld, 1957: 430). 당시에는 장애 학생 대상 미술 프로그램이 진로 준비라는 관점에서 주로 따라 그리기 등과 같은 모방과 연습이 주를 이루고 있었는데, 로웬펠드는 모방적인 미술이 장애인의 창의성과 자신감을 방해하고 의존적인 경향을 증대시킬 뿐이라고 비판하였다. 이에 따라 그는 창의적 미술활동을 통해 장애 학생들의 감정 해소와 적응을 돕고 독립적이고 유연한 생각과 사회적인 상호작용을 증진하고자 했다. 특히 그는 『Creative and Mental Growth (3rd ed)』(1957)의 제7장을 '미술교육의 치료적 측면(Therapeutic Aspects of Art Education)'으로 할애함으로써 미술교육에서의 치료적 역할에 대해 70여 쪽에 걸쳐 서술한 바 있다.[1)]

로웬펠드는 미술교육에서 교사가 아동화의 특정 이미지가 지닌 상징성을 해석한다거나 진단하는 것은 적절한 접근이 아니며 심리 해석을 위한 치료 지식을 갖출 필요는 없다고 보았다. 중요한 것은 자유롭게 자신과 자신의 신체상을 표현하는 것이며 자유롭게 자신을 표현할 수 있도록 적합한 재료를 제공하는 것이 중요하며 장애를 지닌 학습자에게 적합한 재료를 파악해야 한다고 보았다. 왜냐하면 감정적 방어가 있는 아동의 경우 도식적인 형태를 반복하는 경향이 있는데, 적절한 재료 사용은 반

1) 로웬펠드가 1960년에 세상을 떠난 후 브리테인에 의해 출판된 제4판(1964)에서부터 미술교육의 치료적 측면이 내용에서 제외된다.

복되는 개념에 생동감을 불어넣을 수 있고 환경과 조화를 이루게 할 수 있기 때문이다(Lowenfeld, 1957: 436).

로웬펠드가 규정한 미술교육의 치료적 역할의 범주에는 시각장애, 청각장애, 언어장애 등과 같은 신체적 장애뿐만 아니라 정서불안이나 정신분열 등의 심리적 장애 및 지적장애 등과 같은 인지적 장애를 모두 포함한다. 로웬펠드는 전문치료가 아닌 미술교육에서의 치료적 접근에 대한 이론적 · 방법적 방안을 다음과 같이 제시한다.

- **개인사(case history)의 이해**: 장애의 정도와 관계없이 모든 치료는 한 개인과 개인의 장애에 대한 가능한 모든 사실에 대한 철저한 공부에서부터 시작해야 한다.
- **관찰(observation)**: 장애의 유형과 상황에 대한 가능한 한 많은 특성을 관찰할수록 정확한 이해가 가능하므로 장애의 특성과 반응에 대해 상세히 관찰하고 관찰한 바를 기록한다.
- **라포 형성(establishment of rapport)**: 대상자의 장애와 대상자가 장애에 대해 가지는 감정 등을 이해하고 공감한다.
- **미술재료의 이해(acquaintance with the art medium)**: 적절하지 못한 재료를 사용하는 것은 창의적 표현을 방해하고 치료방법으로서도 부적절하기 때문에 대상자의 장애에 맞는 적합한 미술재료를 활용한다.
- **창의적 과정 형성(establishment of relationship to creative process)**: 대상자의 신체적 기능과 관계된 자극을 활용하여 창의적 과정이 형성되도록 한다. 가령 하품을 할 때 입의 모양이나 혀의 위치, 하품할 때의 기분, 앉아있을 때의 자세 등과 같이 구체적인 신체 상황을 창의적으로 활용하며 창의적 과정이 형성될수록 치료 가능성이 높아진다.
- **자아동일화 형성(establishment of self-identification)**: 미술활동과 주제에 대해 정서적으로 몰입할 수 있도록 한다.
- **애착 발달(the development of an attachment)**: 치료가 진행되는 과정에서 억제가 풀리고 정서가 표현됨으로써 교사(치료사)에 대한 친밀감이 발달하게 된다.
- **즉흥적인 표현 욕구(the spontaneous desire for expression)**: 미술활동에서의 유연성과 자유도가 높아짐에 따라 즉흥적인 표현을 하고자 하는 욕구가 나타나는데 이는 성공적인 치료로 가는 길이 된다. 치료적 미술교육의 궁극적인 목표는 개

인으로 하여금 자신을 발견하도록 돕는 것이며, 이때 비로소 자신의 어려움을 직면하는 접을 배우게 된다. 그리고 자신의 장애를 객관화함으로써 자신의 능력과 한계뿐만 아니라 필요 사항을 인식하게 된다.

- **애착 해소(the dissolution of the attachment)**: 교사(치료사)와의 애착을 분리하여 장애 학생 자신의 장애를 극복하도록 한다. 이때 급격하지 않은 점진적인 방법으로 애착을 해소하는 데 다수의 교사(치료사)가 미술수업에 참여하도록 함으로써 애착을 분산(distribute)하는 것도 한 가지 방법이다.

이상에서 제시한 개인사의 이해, 관찰, 라포 형성, 미술 재료의 이해, 창의적 과정 형성, 자아동일화 형성, 애착 발달, 즉흥적인 표현 욕구, 애착 해소는 로웬펠드 자신이 비엔나 시의 맹아학교(Hohe Warte Institution for the Blind)에서 미술교사로 근무하면서 시각장애 학생들의 조각 수업을 지도한 경험과 심리학에 대한 체계적인 이론, 그리고 다년간의 연구를 바탕으로 도출되었다는 점에서 치료적 미술교육의 중요하고 현실적인 원리라 할 수 있다.

아동과 청소년의 미술표현 발달과정

- **평면표현의 발달과정**: 아동 및 청소년의 평면표현 발달과정은 여러 학자에 의해 연구되었고, 발달 단계별 명칭과 연령대는 다르지만 일반적으로 난화기, 도식기, 사실기의 발달과정을 거친다. 난화기(2~4세)는 소근육이 아직 덜 발달하여 낙서하듯이 마구 끄적거리는 단계이며, 도식기(5~9세)는 상징적 형상이 나타나면서 주관적인 도식적 표현이 강한 시기이고, 사실기(10세 이후)는 사물과 공간에 대한 인식이 발달하면서 객관적이고 사실적으로 표현하고자 하는 단계이다.
- **입체표현의 발달과정**: 입체표현은 재료가 매우 다양하고, 표현방법에 따라 난이도가 달라서 기준을 잡기가 어려워 주로 찰흙을 중심으로 많이 연구되고 있다. 입체표현은 평면표현과 유사한 발달과정을 거치는데, 평면표현의 발달보다 약간 늦게 발달하는 것이 일반적이다. 평면표현의 난화기처럼 찰흙을 주물럭거리며 알 수 없는 무언가를 만들다가 찰흙으로 동그랗게 머리를 만들고 가늘게 말아서 팔다리를 만들어 붙이는 도식적인 표현, 그리고 점차 비례와 양감 및 동세 등을 생각하며 사실적으로 표현하는 발달과정을 거친다.

미술감상의 발달과정

- **미술감상(art appreciation)**: 미술작품의 감각적인 형식과 정신적인 내용에 대한 미적 체험 활동
- **미적 인식(aesthetic awareness)**: 미술작품에 대한 능동적인 지각 과정이자 대상과의 상호작용

미술과 심리

- **시각적 사고(visual thinking)**: 본다는 것은 눈에 비치는 대상에 대한 수동적인 지각이 아니라 대상에 대한 적극적이고 능동적인 사고의 과정임
- **시지각 원리**: 시지각은 능동적인 사고의 과정임을 증명하는 원리로서 근접성의 원리, 연속성의 원리, 폐쇄성의 원리, 유사성의 원리, 대칭성의 원리 등이 있음
- **심상(mental image)**: 대상에 대해 이미지로 형성된 개념으로서 심상적 상징이라고도 함
- **기저선**: 땅이나 바닥에 어떤 대상이 서 있거나 올려져 있다는 것을 상징하는 선으로 공간에 대한 인지 발달을 보여 주는 상징적 표현임
- **자아(self identity)**: 자가 자신에 대한 인식으로서 내구 누구인지에 대한 일관된 믿음

미술영재와 특수아동의 미술교육

- **미술 영재(the gifted in art)**: 미술 분야에 뛰어난 재능을 보이거나 그 잠재력을 가지고 있다고 판단되는 사람
- **시각장애**: 시각계의 이상이나 손상에 의해 발생하는 시기능적 장애로서 저시력에서부터 전맹에 이르기까지 다양한 특성을 지님
- **내적 시각활동(mental image activity)**: 눈이 보이지 않아도 언어나 촉각, 냄새 등의 정보를 통해 머리와 마음속에서 일어나는 시각활동으로서 심적 이미지를 형성함
- **주의력결핍 과잉행동장애(ADHD)**: 또래 아동에 비해 지속적으로 주의력이 부족하고 산만하며 과다 활동과 충동성을 보이는 임상 증후군

치료적 미술교육의 이해

- **치환(displacement)**: 본능의 에너지를 직접적으로 충족하는 활동이 아닌 대안적인 활동으로 전환하는 것을 의미하며 전위라고도 함
- **승화(sublimation)**: 반사회적인 충동이 사회적으로 유용한 방식이나 행동으로 변화되고, 그러한 사회적 행동에서 얻은 성취감이 본능적 충동이 주는 쾌락적 요소를 대신하게 되는 것을 의미함

아동과 청소년의 미술표현 발달과정

1. 아동 또는 청소년의 평면표현 작품에서 특징적인 점을 찾아보고 어느 발달단계에 속하는지 이야기해 봅시다.
2. 아동 또는 청소년의 입체표현 작품에서 표현방법의 유형 및 특징을 찾아보고 어느 발달단계에 속하는지 이야기해 봅시다.

미술감상의 발달과정

1. 미술표현 발달과정에 비교하면서 미적 인식 발달과정의 특성이 무엇인지를 이야기해 봅시다.
2. 미적 인식 발달과정의 특성에 대한 이해가 미술감상 수업에 어떻게 적용될 수 있을지에 대해 이야기해 봅시다.

미술과 심리

1. 미술과 지각, 인지, 정서 및 창의성 발달과의 상호 관련성이 미술수업에서 어떻게 구체화될 수 있는지에 대해 이야기해 봅시다.

미술영재와 특수아동의 미술교육

1. 미술영재와 특수아동의 미술작품과 미술의 행동 특성이 일반 학생들과 어떻게 다르고, 미술수업에서 이들을 적절히 지도할 수 있는 방법에 대해 이야기해 봅시다.

치료적 미술교육의 이해

1. 치료적 미술교육이 일반적인 미술교육 및 전문적인 미술치료와의 공통점은 무엇이고 차이점은 무엇인지에 대해 이야기해 봅시다.

Chapter 04

미술감상교육과 미술관 교육

단원 개관

제4장에서는 미술감상교육과 미술관 교육에 관한 이론과 실천적 방안을 다룬다. 먼저 미술감상교육의 의미와 흐름을 살펴보고 감상교육의 의의를 미술의 여러 영역과 관련지어 논의하도록 한다. 이어서 미술감상교육의 방법을 미술비평과 미술사로 구분하고 다양한 감상 방법을 다룬다. 마지막으로 미술관 교육의 역사를 다루고, 미술관 교육의 주요 이론들을 통해서 미술관 교육의 기본적 입장을 살펴보도록 한다. 어린이미술관의 전시와 교육 사례를 통해 미술관 교육의 실천을 이해하고, 미술관 교육의 최근 연구 동향을 살펴봄으로써 앞으로 미술관 교육의 방향을 가늠해 볼 수 있도록 한다.

1. 미술감상교육

1) 미술감상이란

미술감상이란 미술작품의 조형적인 형식과 작품에 담긴 내용을 감각적으로 느끼고 즐기는 활동이다. 사전적 의미를 보면 감상이란 예술작품의 아름다움을 느끼고 이해하며 나아가 그 결과를 내면화하는 복합적으로 진행되는 과정이다. 감상의 appreciation은 라틴어의 appreciatus에서 온 용어로 평가하다, 감정하다 등의 의미를 갖고 있다(박휘락, 2003). 감상은 미술작품의 의미와 가치를 평가하는 것으로 생각할 수 있을 것이다.

감상교육은 흔히 정서 함양이나 심미적 안목 육성 등과 같이 교양적 소양으로 그 의의를 이야기하곤 한다. 그러나 보다 적극적인 의미에서 감상 교육은 세상에 대한 미적 시각 능력의 육성이나 조형적인 언어를 이해하고 해석하는 능력 그리고 나아가 시각 문화에 대한 비판적인 문해력 함양 등과 관련하여 그 중요성이 더해 가고 있다. 박휘락(2003)은 창작활동을 능동적인 것으로, 감상을 수동적인 활동으로 보는 것을 비판하며 감상이 수동적인 반성이나 추체험을 초월하여 직관으로 작품의 의미를 충실하게 탐구해 가는 능동적이고 적극적인 활동임을 주장하였다. 즉, 작품의 형식과 내용을 자료로 감성적이고 정신적인 소통에 따라 창작의 계기를 살펴보고 최종적으로 가치세계로까지 도달하는 것이 참다운 감상이라는 것이다. 감상활동은 분명히 적극성을 띤 창조적인 과정이라는 것이다. 감상은 자기 발견인 동시에 자신의 창조라는 점에서 바람직한 인간 창조를 위한 교육의 중요한 활동임을 알 수 있다.

박휘락은『미술감상과 미술비평 교육』에서 감상교육의 교육적 의의를 일곱 가지로 제시하였다(2003: 26-34).

첫째, 미술감상은 인간의 정서와 사상을 형성하는 '자기 창조'의 교육이다. 미술작품은 사람의 마음을 움직이고 이어서 특정한 생각을 불러일으킨다는 것이다. 이렇게 정서적 감동과 인지적 변화를 경험하며 작품감상자는 새로운 자기 창조의 경험을 하게 된다. 박수근 화가의 이야기를 예로 들었는데, 12세가 되던 해 밀레의 〈만종〉을 보고 감동하여 커서 밀레와 같은 훌륭한 화가가 되게 해 달라는 기도를 했다는 이야기이다. 이처럼 훌륭한 예술가와 작품은 한 인간의 삶에 지대한 영향을 미친다. 작품을 직접 제작하는 것은 아니지만 작품을 해석하는 것 역시 작품과 감상자의 정신이 만나 새로운 깨우침을 얻는다는 점에서 작품감상이 자기 자신을 새롭게 창조하는 것임을 알 수 있다.

둘째, 미술감상은 인간의 감성을 풍부히 하는 교육이다. 우리는 주변 자연의 아름다움을 보며 감동을 느끼게 된다. 이렇게 자연의 아름다움에서 미적 경험을 하는 것은 사람마다 미적 경험이나 가치를 서로 다르게 느끼도록 한다. 우리의 미감을 적극적으로 불러일으키며 경험하는 능력 역시 사람마다 다르다. 동시에 이러한 감성의 영역은 여타의 맥락이나 가치관 등과 깊이 관련된다. 이때 감성 역시 지성과 관련된 인지능력이라 하겠다. 즉, 감성은 외부 대상을 어떻게 느끼고 어떻게 수용하는가와 관련하며 그 경험에 대해 사고하고 구상하며 표현할 것인가를 탐구하는 내적 원동력이다. 따라서 자연과 작품에 대한 감동과 호기심을 환기하며 적극적으로 탐구하고 감상할 수 있도록 지도하고, 학생들의 개인적 느낌과 이미지를 소중하게 인식하고 계발하도록 해야 할 것이다.

셋째, 미술감상은 시각 매체에 대한 인식과 창조능력을 기르는 교육이다. 오늘날 학생들의 환경은 자연과 미술작품에만 국한되지 않는다. 여러 가지 시각 미디어가 새롭게 등장하고 변화하는 시기에 우리를 둘러싼 시각문화 환경으로부터의 영향은 매우 강력하다. 이에 이러한 생활 · 문화환경 속에서 정보를 바르게 수용하고 주체적이며 비판적으로 파악할 수 있는 능력이 중요할 뿐만 아니라 다양한 미디어의 특장점을 이해하고 이를 창조적으로 사용할 수 있어야 한다. 따라서 학생들에게 커다란 영향을 끼치는 만화, 애니메이션, 광고, 사진, 게임 등 다양한 미디어가 지닌 의미의 다양성을 비판적으로 해독하고 이러한 미디어를 활용하여 제작할 수 있는 능력도 함양해야 할 것이다.

넷째, 감상은 미술문화에 대한 이해와 새로운 문화 창조의 능력을 기르는 교육이다. 감상활동이 수용자의 정서적인 반응에만 머무르기보다는 이를 바탕으로 작품에 조형적 단서들을 근거로 작가의 의도를 해석하고, 작품의 배경 정보를 바탕으로 작품의 가치를 평가하는 것과 같은 인지적 탐구가 이루어져야 한다. 이러한 미술문화에 대한 이해를 바탕으로 인류의 문화유산을 계승 · 발전시켜 창조적인 단계로 나아가야 한다.

다섯째, 미술감상은 다양한 세계문화를 이해하도록 하는 교육이다. 여러 문화의 특징과 자국 문화와의 관계, 그리고 그들의 문화적 가치를 비교하고 이해하는 것은 인류 공동체성을 기르도록 할 뿐만 아니라 스스로의 삶과 정신을 함양해 나가는 주체적인 힘을 기르는 데에 중요한 의미가 있다. 즉, 여러 문화를 경험하고 이해하는 것은 궁극적으로는 자기 정체성의 확립에도 기여한다는 것이다. 이를 위해서 다양한 문화와 그 이면의 사람들을 이해하도록 함으로써, 문화에 담긴 가치관과 미적 인간상을 파악할 수 있도록 한다. 이러한 과정에서 자신과 자신이 속한 공동체의 미술 문화를 재확인하고 창조 발전시켜 나가도록 한다.

여섯째, 미술감상은 다양한 인간상의 이해와 삶의 방식을 자각하게 하는 교육이다. 미술작품은 예술가의 삶과 사상을 표현한 것이고 감상자는 작품을 감상하며 작품의 조형적 아름다움을 발견하고 작품에서 전달하는 메시지에 공감하게 된다. 작가의 전기적 이야기와 작가가 표현하려고 한 새로운 인간상과 가치관에 대한 깊이 있는 이해를 도모하게 되며 감상자 자신을 성찰하며 스스로의 모습을 발견하는 계기를 갖게 될 것이다. 즉, 감상은 타자에 대한 이해인 동시에 자신의 정체성을 이해하고 새롭게 형성하는 기회를 제공한다.

일곱째, 미술감상은 표현의 동기를 낳으며 창작의 질을 심화시키는 교육이다. 미술관에서 흥미로운 작품을 마주하고 난 후 무언가 작품을 제작하고 싶다는 마음이 드는 경우가 있을 것이다. 이처럼 감상과 표현은 상호 연결되어 작용하는 관계에 있다. 감상의 경험이 표현력을 발전시키고, 표현력은 감상능력을 심화시킬 수 있다. 따라서 감상을 통해 표현의 동기를 얻기도 하고 표현의 폭을 확장하고 깊이를 심화시킬 수 있다.

2) 미술감상교육의 흐름

근대 이후 학교교육에서 미술감상교육의 시작은 18세기 말 유럽 대학의 미술사 교육으로 거슬러 올라간다. 독일의 경우 미술품에 대한 역사적 분석과 해석을 중시하였다면 미술작품 속 정신성과 도덕성을 중시하는 영국의 경우로 구분할 수 있다(Efland, 1990/1996; 안혜리, 2012에서 재인용). 이후 미국 대학에도 이러한 두 가지 흐름이 도입되었다. 19세기 후반 중등학교에서도 감상이 도덕성을 높일 수 있다는 점에서 미술사 강의와 교재가 개발되었다(안혜리, 2012).

감상교육이 전인교육을 위한 중요한 수단으로 인식되었다. 예술교육의 목적이 예술 전문가 양성에 있는 것이 아니라 예술을 즐길 수 있는 교양인을 육성하는 데 있기 때문에 창작활동보다 감상교육에 그 중점을 두어야 한다는 주장이 형성된 것이다. 19세기 후반에 시작된 그림학습(picture study)운동은 유럽 명작에 나타난 가족애, 질서 등의 도덕적 가치를 배우고 유명한 미술가들의 천재성과 상상력을 탐구하도록 하였다(Stankiewicz, 2001/2011; 안혜리, 2012에서 재인용). 그림학습 수업에서 교사가 사용하는 커다란 크기의 이미지와 어린이들이 사용하는 작은 이미지가 있는 교재를 구입해서 사용한다. 흑백이나 모노톤의 이미지를 사용한 교재에는 작품에 대한 정보와 작가의 전기적 정보 등이 포함되어 있다. 이러한 그림학습운동은 1920년대 말 표현활동을 중심으로 한 감상교육이 시작되며 점차 사라졌다.

1920년대에서 1940년대까지 창의성 중심 미술교육자인 치젝의 영향을 받아 예술가 교사(The artist-teacher)의 역할이 중요하게 대두되었다(Efland, 1990/1996). 성인의 간섭에서 벗어나 학생들의 경험을 중심으로 한 동기유발을 중시하며 창조성 교육을 지향하는 표현중심 교육이 이루어졌다. 그러나 1930년대 미국의 경제적 상황은 미술교육의 사회적 역할을 강조하며 개인적 표현뿐만 아니라 사회학습의 일환으로 감상교육에 대한 관심을 갖도록 하였다.

1960년대에는 브루너의 학문중심교육의 영향으로 학문으로서 미술에 대한 열띤 논의가 있었다. 사회재건주의와 진보주의 교육의 영향을 받은 선구적인 미술교육자 마누엘 바칸(Manuel Barkan, 1913~1970)은 제작중심에서 벗어나 미술교육에 미술사와 미술비평, 표현활동을 결합한 미술교육 모델을 제안하였다(Barkan, 1966). 바칸은 학생들이 삶의 문제를 다루기 위하여 미술가, 비평가, 미술사가를 탐구 모델로 한 새로운 교육과정을 개발하고자 하였다.

학교교육에서 감상교육이 보다 체계적이며 학교현장에 본격적으로 확산되기 시작한 것은 1980년대 게티 센터(Getty Center)가 지원한 학문중심 미술교육(DBAE)의 시기에 해당한다. 과거 바칸이 제안한 영역에 미학을 더하여 미술 분야에서 학문 분야를 크게 네 가지, 즉 미술 제작, 미술비평, 미술사, 미학으로 구분하고 각 분야의 탐구 내용과 방법을 구축하기 시작하였다. 학문중심교육이 강조하는 바와 같이 미술사가처럼 미술작품에 대한 역사적 탐구를 하거나, 미학자처럼 혹은 미술비평가처럼 미술

에 대한 철학적 탐구와 작품의 의미를 해석하고 평가함으로써 미술에 대한 이해를 도모하는 것이다. 이러한 학문중심 미술교육의 영향은 감상교육의 체계를 보다 명확히 하는 계기를 제공할 뿐만 아니라 학교교육에서 실천적 사례에 대한 다양한 담론을 가져왔다.

학문중심 미술교육이 주로 순수미술을 탐구 대상으로 삼았다면, 이후 다문화 미술교육과 2000년대 시각문화 미술교육의 등장은 보다 다양한 미술문화를 다루며, 학습자 주변의 대중문화의 이미지로 탐구 대상을 확장하기에 이른다. 시각문화 미술교육은 대중문화에서 생산되는 시각적 이미지를 그 맥락 안에서 이미지를 읽어 내는 것을 중요하게 본다. 즉, 역사적 · 사회적 맥락 안에서 시각적 이미지를 해석하도록 하는 맥락주의적 관점이 강조되었다.

우리나라 미술교육에서 감상교육은 1945년 광복 이후 제1차와 제2차 교육과정을 거치면서 감상 영역의 내용 체계를 갖추게 되었다. 1963년 제2차 교육과정의 미술과 감상 목표는 "자연미와 조형품을 감상함으로써 미적 정서를 길러, 조형미에 대하여 이해하고 이를 아끼고 보존하는 마음과 태도를 기른다."라고 기술하였다. 이 시기 감상교육과 관련하여 학년별 지도 내용을 자연미와 조형미, 그리고 미술품의 감상 등과 같이 구분하여 제시하고 있으며 학년별 목표가 비교적 체계적으로 제시되었다(박휘락, 2003).

1973년 제3차 교육과정 시기에는 당시의 사회적 · 정치적 상황 속에서 민족주체성 교육을 강조하며 우리나라 전통미술의 강조와 이러한 전통문화를 애호하고 존중하는 태도를 중시하였다. 이에 따라 감상 내용으로 우리나라의 전통건축과 전통미술이 많은 비중을 차지하였다.

1981년 제4차 교육과정 시기 미술과 감상 목표를 "우리의 자연과 조형물의 아름다움을 즐기고 애호할 수 있는 감상능력을 기른다."라고 제시하였다. 전통미술이나 우리나라 미술을 중요시하고 있다는 점에서 제3차 교육과정 시기의 내용이 그대로 유지되고 있음을 알 수 있다(박휘락, 2003).

1987년 제5차 교육과정 시기 초등학교 감상교육에서는 서로의 작품, 자연과 조형품 감상으로 구성하였으며 중등학교에서는 자연과 조형품 감상의 내용으로 구성하였다. 초등학교의 경우 서로의 작품감상의 내용이 새롭게 나타났는데, 이와 관련하여 교육과정은 초등학교에서 작품제작을 위한 목적의 감상교육을 하는 것에 비교적 역점을 두었다. 즉, 서로의 작품감상이 작품 제작에 재투입될 수 있어야 함을 강조하였다(문교부, 1987).

1992년 제6차 교육과정 시기 미술과 교육과정에서는 학문중심 미술교육의 영향이 나타나기 시작하였다(김형숙, 2015; 안금희, 2002). 제6차 미술과 교육과정 해설서를 보면 미술교육의 흐름이라는 항목 아래 DBAE를 자세히 설명한 바 있다(안금희, 2002). 즉, 표현활동 이외에도 미학, 미술사, 미술비평 등의 감상 관련 활동을 조화롭게 가르쳐야 한다는 학문중심 미술교육의 영향에 따라 미술비평 방법이나 미술사에 대한 보다 체계적인 지도 내용들이 점차 확충되기 시작하였다.

1997년 제7차 교육과정 시기 감상교육에 대한 연구가 점차 활성화면서 미술비평 단계의 적용과 확산이 이루어지게 되었다. 미술과 교육과정에서도 미술품에 대한 개인적인 반응이나 판단 존중을 미술과 성격에서 기술한 점에서 알 수 있듯이 미술비평 단계에서 학습자의 개인적 반응의 중요성을 강조하였다. 또한 미술과 성격 중 "전통 미술에 대한 자긍심을 길러 미술문화 창조에 기여하도록 한다."에서 확인할 수 있듯이 전통 미술 문화유산의 이해와 존중을 반복적으로 제시하고 있다(교육부, 1997: 309).

2007 개정 미술과 교육과정에서는 미적 인식능력의 육성, 시각문화에 대한 이해 등을 주요 방향으로 하여 미술작품과 미술문화로 내용 체계를 제시하였다(교육인적자원부, 2007). 이어진 2009 개정 미술과 교육과정에서는 감상교육의 내용 체계를 미술사와 미술비평으로 크게 구분하였던 점이 특징적이다(교육과학기술부, 2011). 학교급별 성취 기준으로, 초등학교에서는 미술작품의 특징과 배경을 이해하고 감상하며, 중학교에서는 미술의 의미를 문화적 맥락에서 이해하고 미술작품의 가치를 판단한다는 성취 기준을 제시하였다.

2015 개정 미술과 감상 영역에서는 미술작품의 조형적 특징, 작가, 시대적 · 지역적 배경을 이해하고 해석하며 다양한 비평 관점에 따라 작품을 판단하고 평가하며 전통미술과 다양한 미술문화를 이해하고 존중하도록 한다(교육부, 2015: 4). 감상 영역의 핵심 개념을 이해와 비평으로 제시하고 학교급별 일반화된 지식과 내용 요소 및 성취기준을 제시하였다. 2009 미술과 교육과정에서 감상 영역을 미술사와 미술비평으로 구분하여 제시한 바 있었는데, 2015 개정에서는 이해와 비평으로 감상 영역을 구분함으로써, 감상활동의 구분이 다소 불분명하게 기술되었다.

2022 개정 미술과 교육과정에서는 감상의 핵심 아이디어를 다음과 같이 세 가지로 기술하였다(교육부, 2022a: 7).

- 감상은 다양한 삶과 문화가 반영된 미술과의 만남으로 자신과 공동체의 문화를 이해하게 한다.
- 작품의 내용과 형식에 관한 맥락적 이해와 비평은 미적 판단 능력을 높인다.
- 감상은 서로 다른 관점을 이해하여 삶에서 미술 문화의 다원적 가치를 존중하도록 한다.

초등학교와 중학교 감상 영역의 내용 요소를 지식 · 이해, 과정 · 기능, 그리고 가치 · 태도의 범주로 감상 내용을 구분함으로써, 학습 내용을 보다 체계적이며 명료하게 제시하고 있다. 내용 면에서 살펴보면 미술전시, 공동체의 미술문화 등에 참여할 뿐만 아니라 미술감상의 경험을 삶과 연결하고 나아가 공동체 문화에 기여한다는 내용은 감상이 단순히 지식적인 측면에만 머무는 것이 아니라 학생들의 삶과 연결되고 삶을 변화시키는 데 참여하도록 하였다. 이러한 점을 볼 때 감상교육의 의미가 확장되고 있음을 알 수 있다.

2. 미술의 제 영역과 관련된 감상교육의 의의

예술교육으로서 미술교육은 인간의 미적 생성에 영향을 미친다. 학생 한 사람 한 사람이 체험하는 종합적인 경험의 장으로서 미술감상은 성립한다. 이러한 종합적 측면에서 본 감상 교육의 의의에 대해 여기에서는 미술적 측면, 즉 미적 체험 · 표현 · 미술사 · 미술비평 · 미학과의 관계에서 검토한다. 미술의 각 분야와 연결하여 미술감상교육의 역할과 의의에 대해서 살펴본다.

1) 미적 체험과 감상

미적 체험이란 미를 궁극적인 가치 내용으로 하는 미적 가치의 체험이다. 이러한 체험은 미적 가치 대상에 대해서 이에 적합한 미적 태도를 가지는 주체와 객체와의 상관관계에 의해 성립된다. 이 경우 주체의 미적 직관, 즉 정감 작용에 의해 특유한 관조적 시공간을 가지게 되는데 이러한 시공간에서 향수되고 관상되며 나아가 예술작품을 해석하게 된다. 따라서 미적 체험이란 넓은 의미에서 감상 그 자체라고 볼 수 있다(류지영, 2011).

미적 체험의 문제는 주로 미학과의 관계에서 다루어진다. 경우에 따라서는 미적 체험을 미적 이해와는 별개의 범주에서 다루어져야 한다는 지적도 보인다. 파슨스는, 예술을 다루는 세 가지 차원을 예술에 대한 직접적 지각 혹은 창조, 예술에 대한 역사적 · 비판적인 접근인 해석, 우리의 해석에 대한 반성이라고 보았다(Parsons & Blocker, 1993/1998). 이 관점에서 미적 체험은 정서적이고 직관적인 반응이며 미적 이해는 비정서적이고 지적인 분석이라는 측면이 때때로 대두되는 것이다. 그러나 우리의 경험과 체험을 우리가 반영한다면 직접적인 반응과 비판적인 분석, 창조와 반영이 서로 다른 것이 아니라 서로 통하고 상호 영향을 주며 하나의 경험으로 합쳐지는 것을 본다. 그러한 복합성이 미술을 도전적이며 의미 있게 만드는 것이다(石川毅, 1985). 한편, 백기주에 따르면 미적 체험의 주된 연구대상은 다음과 같다. 즉, 심적 과정의 문제로서 체험을 위한 기본 전제인 미적 태도, 심적 과정의 문제로서 미적 직관, 즉 정감, 체험 형식의 문제로서 관조적인 시공간, 나아가 예술의 궁극적인 의미의 발견과 해명을 위한 지성적 활동으로서 예술 해석 등의 문제를 다루는 것이다. 예술가가 작품을 창작하는 활동 역시 예술가에 의한 미적 체험이며 논의의 대상이다(백기주, 1986). 우리나라 교육과정에서도 학습자의 총체적 경험이라는 의미에서 미술교육의 내용은 미적 체험의 성격을 가져야 하며 표현과 감상을 포괄하는 좀 더 넓은 경험의 차원으로 보았다(교육부, 2022a). 즉, 미적 체험은 넓은 의미에서 표현과 감상의 모든 미술활동과 생활 경험 등 미와 관련된 모든 대상, 환경, 사건을 포함하는 것이다(류지영, 2023).

이러한 미적 체험은 주체와 객체의 상호작용에 의해 이루어지는 것으로, 일반적인 경험보다 구체적이며 주체적인 것이다. 특히 미술활동을 통한 미적 태도와 미적 직관, 관조적인 시공간의 체험, 미적 가치와 의미를 이해하는 시각적 사고 등은 특히 감상과 관계가 깊다.

2) 표현과 감상

예술에 의한 표현활동은 내부에 있는 생각이나 사상 등을 표출하는 활동이고 감상은 외부에 있는 것을 받아들이는 활동이라고 흔히 말한다. 그러나 이것은 일방통행

이 아니다. 표현활동에서도 밖에서의 자극에 의해 촉발되어 내부의 것을 표현할 수 있으며, 감상활동도 단순한 수용이 아니라 표현된 작품으로부터 받는 사상이나 생명력과 서로 부딪치고 동화하며 이루어진다. 그리고 그 작품의 영향으로 자기의 사고나 인생관 등을 다시 돌아보게 된다. 표현의 실마리로 감상 수업을 하는 것은 표현의 동기, 의욕의 고취, 풍부한 발상 환기, 기술 · 기법 등 표현 면에서의 연구와 발전 등 여러 측면에서 표현의 버팀목이 된다. 제작을 동반하는 감상 수업에서, 그 주제에 맞는 미술의 제시는 수업의 내용을 심화시킬 뿐 아니라 표현과 결부된 감상이 가능하다(東山明, 1986). 즉, 미술교육에서 감상과 표현은 일체이며 감상과 표현이 서로 영향을 주고받아 조형이라는 창조 활동이 심화된다(류지영, 2011).

표현과의 관계에서 감상은 미의 직관, 미적 가치의 공유, 감동의 승화, 표현의 동기부여로 중요하다.

감상은 미적 대상에 관심을 가지는 것부터 시작되어, 감상자의 미적 가치, 미적 상상, 미적 감동 등의 감정 작용과 의지를 기초로 한다. 미적 감각이 지적 직관으로 발전하며 나아가 대상을 직관적이고 종합적으로 파악하는 창조활동인 것처럼, 직관력으로서 감상은 미적 대상을 '미적'으로 만드는 창조활동이다. 색이나 형, 구성을 아름답다고 느끼는 것은 직관에 의해 가능하게 된다. 작품에 어떤 깊은 아름다움이 숨겨져 있어도 그만큼의 감상의 깊이가 없으면 그 아름다움은 찾을 수 없다. 직관이라고 해도 무한한 깊이가 요구되며 그 직관과 관련하여 감상 교육은 의의가 있다. 아름다움은 미술에 의해 객관적 실체가 되지만 그것이 모든 사람에게 받아들여지는 것은 아니다. 거기에 감상의 어려움이 있다. 이때 직관력은 경험의 깊이에 의해 그 정도가 다르다. 어릴 때라도 직관력이 존재하지 않는 것은 아니지만 직관을 기르기 위해서는 어릴 때부터 뛰어난 작품을 보는 기회를 가질 필요가 있다(日本美育文化協会, 1972). 직관적 파악은 지적인 분석과 함께 작용하게 될 때 더 깊은 감상이 가능하게 된다. 아름다움을 직관하는 것은 미적 가치의 공유이며, 작가에 의해 그 가치와 판단은 다르지만, 형, 색과 재질, 구성, 필세, 공간, 빛 등 표현된 화면의 질서에 의해 미적 가치는 감상자에게 공유될 수 있다. 그리고 표현을 통해서 '미'에 다가서고 감동을 야기하고, 그 감동의 승화에 의해 새로운 생활의 활기를 되찾는 것도 가능하다.

또 감상은 보는 사람에게 표현 의욕을 북돋아 주고 창조에 대한 추(追)체험을 할 수 있도록 한다. 세잔느에서 피카소로, 다시 레제로 작품의 감상은 표현 의욕으로 연결되며 이는 미술사가 증명하는 것이다. 학습자에게도, 특히 내면 표출로서의 표현 의욕이 위기를 맞이하는 사춘기 시기에는 감상이 더욱 필요하다. 제작을 하지 않더라도 남의 표현에 접함으로써 감동을 상기하고, 감상을 깊게 하는 것이 가능하다면 언젠가는 자신의 가치관, 표현관을 이루는 계기가 된다. 감상에 의한 추(追) 체험이 추(追) 창조에까지 발전해 가는 것이다.

사회적 행동으로서의 표현은 그것을 수용하는 다른 사람의 활동을 항상 전제로 한다. 감상과 표현은 항상 상호 보완적이다. 따라서 미술적 가능성을 확대시키는 것은 '표현과 감상'을 통해서 가능하게 된다. 여기에 표현과 관계된 감상의 의의가 있다(류지영, 2011).

3) 미술사와 감상

일반적으로 감상은 개별적 경험으로서, 감상자 자신의 문제로서 받아들일 수 있는 부분이 많으며 특히 정서적 문제에 있어서 이러한 측면이 많다. 그러나 대상이 가진 조건이나 그 분류 등에 의해 작품의 개별적 문제에 그치지 않는, 감상의 분석적 측면이 주목받아 왔다. 그러한 분석의 기반에는, 미술작품의 역사적 변화나 그것에 관련되는 사회문화적 배경 등의 미술사적 관점이 존재한다. 분석의 방법이나 원칙을 합리적으로 응용하는 것은 미술에 대한 이해나 판단의 방법이 된다(류지영, 2011).

일반적으로 미술사는 자료나 개념으로 다루어지고, 그 경우에는 '정답'이 있는 지식으로 여겨지며 이런 경우 시대 분류나 개념 외에는 감상 수업에서 다루기 어려워진다. 한편, 감상은 감성의 문제로, 작품에 대한 개인의 감동이나 정취로 받아들여져 왔다. 따라서 미술사와 미술감상은 별개의 활동으로 여겨져 왔다. 그렇지만 감상은 지성과 감성의 측면을 동시에 가지고 있으며 양자의 관계는 밀접하고도 중요하다. 감상교육에 미술사를 받아들이는 것에는 지성과 감성의 관계를 유지함과 동시에 균형을 잡는다는 의의가 있다.

미술 연구는 작품의 연대나 재료 · 기법 · 작가 등이 중심이 되어 왔지만, 미술은 항상 그것을 형성하는 시대나 환경의 영향으로 벗어날 수 없다. 따라서 작품을 형성한 사회적 · 문화적 배경을 찾는 것에 의해 전체의 문화를 이해하는 것을 목적으로 한다(Kleinbauer, 1971). 작품은 항상 사회에 대해서 적극적 또는 소극적으로, 그리고 긍정

적 혹은 부정적 견해를 드러내며 하나의 가치 체계로서 감상자에게 인식되기 때문이다. 즉, 미술사 지도에서는 사회적 · 문화적 배경을 탐구할 필요가 있다. 미술사를 중심으로 하는 감상에서는 개별 작품의 이해보다, 미술이 그 시대에 있어서 어떤 역할을 해 왔는지를 추구하는 것을 목적으로 한다. 시대적 분류만이 아니라, 모든 범위에서 사회문화적 가치의 영향을 받는 것이 미술임을 염두에 두고, 작가와 시대의 사회적 · 문화적 배경의 관계에 주목하는 자세가 필요하다.

참된 미술사는 문자에 의한 지식의 체계만이 아니며 감상 없이는 성립하지 않는다. 감상에 대한 의식이 결여된 미술사 연구에서는, 자칫 '명작'을 교재로 하여 양식, 특히 구미를 중심으로 하는 서양미술사의 양식을 보편적인 것으로 보고 시대별로 분류하여 '정답'을 확인하는 정도로 감상이 끝나 버릴 우려도 있다. 감상의 본질에 대해서 인식하고 지적 체계로서 미술사를 이해하여 그에 바탕을 둔 미술감상이 요구된다.

4) 미술 비평과 감상

감상은 가치 판단을 특징으로 하며 감상의 의미에는 감정이나 비판의 작용도 있어서 예술비평의 근저를 이루는 점에서 중요하다(下中邦彦, 1971: 272).

미술비평은, 작품론 · 작가론을 포함한다면, 동양에서는 화담(畵談)이나 화론(畵論)이라는 형태로 오래전부터 존재하고 있었다. 유럽에서는 미학의 하나로 전개되어, '미술과 미학 사이의, 미술 이념과 미술적 직관 사이를 가로지르는' 그 어떤 것으로 여겨져 왔다. 작품을 여러 부분으로 나누어 바라봄과 동시에 작품 전체에서 각 부분이 가지는 의미를 이해하는 것으로, 이것은 작품 비평의 과정에서 '분석'과 '비평' 활동에 해당한다(류지영, 2011).

비평에서 판단의 진의는, 작품을 둘러싼 보편적인 이념과 자신의 직관과의 일치점을 찾아내는 것이다. 작품의 좋고 싫음은 비평의 원리이지만, 보편적인 이념이 빠져 있다면 이는 단순한 '취미'에 지나치지 않는다(藤江充, 1995). 기호의 문제가 되는 것이다. '해석'은 언어 이전의 현상을 언어화하는 학문적 인식 작업으로, '미술비평'에서는 '말로 표현'하는 것이다. 그러나 학교교육에서 미술비평은 학습자가 우선 '본다/느낀다'라는 것을 중요하게 여기고, '말로 표현'할 수 있는 것부터 시작한다. 그 교육적 미술비평은 이미 DBAE에서도 디시플린(discipline)의 하나로 받아들여져 교수법으로서 방법론적 체계화가 시도되었다. 교육적 미술비평에 대해 펠드먼은 "제작 지도와 마찬가지로, 감상에 있어서도 미술교사가 하는 것은 기본적으로 미술비평이다. 즉, 미술교사는 지도 사이사이에 미술작품에 대해 기술하고, 분석하고, 해석하고, 평가한다."고 말한다. 또 아이스너는 비평적 영역과 관련하여 경험적 · 조형적 · 상징적 · 주제적 · 재료적 · 사회적 비평이라는 다섯 가지 측면을 다룬다. 스미스는, 학교에서는 고도의 전문가적 비평을 기대하는 것이 아니며 준(準) 전문가적 기술에 의해 작품을 지적으로 해석할 수 있는 지평을 가지고, 작품을 수용 · 이해 · 감상하는 능력을 갖게 되는 것을 목표로 한다고 본다. 허위츠와 마데자에 따르면, 대상의 기술, 조형 요소의 분석, 해석 이후 평가나 판단 단계만을 제대로 다룬다면 초등학교에서도 미술비평은 가능하다. 이러한 비평의 궁극적 도달점은 인간적인 가치를 목표로 하는 인생을 비평하는 것이다(藤江充, 1995).

미술감상에서 미술비평은 우선 비평의 요소를 기술 · 분석하고, 그것을 근거로 지도한다. 감상은 언어에 의해 성립하는 활동이며, 특히 미술비평에 의해 미술품과 대화하고 그 대화의 과정을 통해서 작품을 이해하는 것이 교육적으로 유효하다. 특히 최후의 '판단'은 작품의 평가로서 학교교육에서 실천하기에는 어려움이 있지만 교육적으로는 중요한 의의를 가진다. 전문가에 의한 작품 평가가 아닌, 미술교육에서의 평가는 학습자 한 사람 한 사람의 감각과 인상을 살리는 교육적 활동이다. 학습자의 개별적인 인상이나 활동을 감상과정에서 어떻게 활용할 것인가 등 미술비평에서 교사의 전문적 능력에는 아직 과제를 안고 있지만 학교교육에서 미술비평은 중요한 의의가 있다. 개별적 작품의 평가 문제에 머무는 것이 아닌, 작품을 판단하는 안목을 기르고 그 토대 위에 학습자가 세계와 접할 때에 주체적인 태도를 유지하도록 발전시킬 수 있기 때문이다. 따라서 미술비평은 체계적인 단계를 기본으로, 작품의 해석이나 비평으로부터 시작하여 사회비평과 관련되는 교육적 활동으로 중요하게 다루어져야 한다.

5) 미학과 감상

다른 영역에 비해 미학은 연구 자료가 충분하지 않으며 일반적으로 난해하거나 높은 지적 수준이 필요하다고 하는 인식 때문에 학교교육에서는 받아들이기 어려운 부

분이 있었다. 한편, 미술에 관한 여러 가지 기술적 지식, 예를 들면 안료나 재료 등 재료의 성질이나 취급, 기법 또는 역사적 사실로서의 지식은 자신의 표현이나 감상에 도움이 되기 때문에 빠뜨리지 않고 다루어져 왔다. 그러나 기술이나 지식만으로 미술은 학습할 수 없다. 미술비평 이외에도, 감상교육은 미나 예술의 근본적 문제로서 미학과 관계 된다. 미학을 통해 미적 의미와 가치를 발견하는 능력, 미적 심미안을 기를 수 있기 때문이다. 여기서 미학은 감성 및 심미적 측면을 포함한다.

진정한 미술교육은 미의 이성, 예술의 근원에 끊임없이 돌아와 보다 아름답고 진실한 인간의 세계를 생산하는 것을 가르치고 배우는 것이다. 칸트(Kant, I.)는 "철학에 있어서, 그 모든 원칙 · 설명 · 증명 등을 암기하고 하나하나 열거할 수 있어도, 그것은 단지 철학 사상을 역사적 지식으로서 알고 있는 것뿐이며 실은 남의 모방에 지나지 않는다. 철학은 참된 의미로는 학습되지 않는 것으로, 철학하는 것만이 학습된다."라고 말하였다. 즉, 참된 미술교육은 '미술하는 것의 교육'이며, 미술하는 것에 의해 인간을 형성해 가는 활동인 것이다. 미학이란 단지 미나 예술에 관한 체계적 지식으로 암기의 대상이 아니라 모든 미술활동 안에 작용하는 이성적 · 주체적 · 보편적 의식으로 파악해야 한다. 그리고 이성이란 단순한 지적 능력뿐만 아니라, 인간성의 길에 의한 어떤 근원적 의미로 사용된다(山本正男, 1981). 즉, 미학을 '미술교육에 포함한다'는 것 자체가 오해이며, 미나 예술의 근본적 문제로서, 미학은 시작부터 이미 미술교육에 존재하고 있었던 것이다. 여기서 미학을 '미술하는 것'으로 본다면 이는 감상 교육에서도 마찬가지이다. 즉, 미술감상을 통해서 미학은, 작품에서 미의 이성에, 주체적 · 자각적으로 반성하는 질서로 작용하는 것이다.

미술감상에서 미학의 학습은, 미의 다양한 측면을 논리적으로 파악하고, 심미적 대응 · 심미적 경험을 충실하게 하는 것이다. 미학의 영역에서 본 감상의 의의는 다음과 같다.

- 미술품을 깊게 느끼고 미술과 교류하는 데에 도움이 된다. 예를 들면, 미술의 기능과 사회의 관계, 형식과 작자의 의도, 색채에 대한 우리의 반응 등을 이해할 수 있다.
- 우리를 고정된 시각에서 해방시킬 수 있다.
- 사고의 방법을 제공하고, 여러 가지 문제점을 탐구할 수 있도록 한다.

미학이 그 근본적인 의미에 있어서 미술의 이론적 관심을 충족시키는 지식일 뿐 아니라, 모든 미술작품에 잠재하는 이성적 의식이라고 한다면, 미학과 관계되지 않는 한 감상 교육의 성립 자체가 어렵다. 따라서 감상교육에 미학을 받아들여야 하며, 이를 위해서 교사의 인식과 끊임없는 자기계발이 필요하다(류지영, 2011).

이상의 내용을 정리하면 다음과 같다. 미술감상교육은 미술의 제 영역과 상호작용하며 깊이 관련된다. 미술교육에서는 제작에 의해 표현의 기술, 기법을 직접체험으로 획득하고 자신의 손과 미디어를 통해 표현할 수 있다. 미술비평은 비평의 과정을 통한 미적 경험으로 심미안과 감상의 능력을 발전시킨다. 문화 영역은 사회와 미술을 관련시켜 미술의 형식과 내용의 배경이 되는 사회의 영향을 파악함으로써 미술의 이해를 심화시킨다. 이들을 연계함으로써 종합적 미술교육 커리큘럼이 가능하게 되며, 특히 감상을 통해 통합적 문화교육으로서 미술교육이 가능하다.

감상은 주관적인 관조, 객관적인 감정, 평가나 비판 등의 제 활동이 동시에 혼합적으로 성립되어 대상을 보고 느끼거나 관찰하고 판단하는 종합적 활동이다. 종합적 교육으로서 감상의 행위는 창작활동처럼 물질의 생산이나 형성에는 관계되지 않더라도 그 내용은 삶의 태도나 세계의 발견, 그리고 드러내는 체험과 복합적으로 연결된다. 예술이 선험적 세계의 경험을 구성하는 것으로, 제작자와 향수자의 정취가 나타나며, 삶과 세계에 대한 다양한 체험의 실마리가 합쳐진 것이라는 지적처럼 감상은 표현과 마찬가지로 체험으로부터 출발하며, 창작에서 형성되는 주제, 제재의 나타남 이전에 체험에 기초를 두는 표출성을 전면적으로 인정한다. 이러한 체험의 표출적 의의는 이미 감상에 내재된 것이다. 지속되어 온 어떤 바람(願望)이 하나의 경험을 강렬한 체험으로 만들고, 그 과정에서 자신의 혼이나 '존재'가 나타날 가능성은 누구에게나 있을 수 있다. 그리고 그 체험은 지금까지의 인생 경험에 단속적인 것이 아니라 종합적으로 관계된다. 특히 미술교육에서 가치의 체험은 창작보다 감상과 더 관계가 깊다(東山明, 1986). 감상은 존재와 의식의 힘에 의해 나타나, 예술뿐 아니라 모든 것에 주체적으로 작용하는 것으로 그 대상을 미적 대상에까지 넓힐 수 있다. 미술감상은 교육적 측면에서 특히 넓은 체험의 실현이 가능하다. 자신의 경험적 세계를 선험적 세계의 경험으로 바꾸며 거기에 다시 자신을 긍정하며 의미를 찾아내는 것이다. 감상이 모든 것에 대한 주체성의 증거라고 한다면 미적 대상에까지 확대되

는 감상은 가치체험의 장으로, 그 체험의 가능성 전부를 감상이라고 할 수 있다(류지영, 2011).

3. 미술감상교육의 방법

1) 미술비평교육

(1) 펠드먼의 미술비평 모델

1960년대 후반부터 1970년대 초반 펠드먼(Edmun Burke Feldman, 1924~)의 미술비평 모델은 표현활동 중심의 미술수업에서 벗어나 미술 분야의 특정 학문 분야로서 미술비평의 교육적인 접근방법을 일찍이 체계적으로 제시하였다. 펠드먼의 미술비평 모델은 이후 많은 미술비평 연구의 출발점이 되고 있으며, 교육현장에서도 적용방법의 명료성과 간편성으로 인해 자연스럽게 수용되었다(박휘락, 2003). 펠드먼의 비평이론은 그의 저서 『시각적 경험의 다양성(Varieties of Visual Experience: Art as Image and Idea)』(1967)에서 자세히 다루고 있다. 펠드먼의 미술비평 모델 4단계의 단계별 특징은 〈표 4-1〉과 같다(박휘락, 2003; 손지현, 2012).

펠드먼의 미술비평 모델은 우리나라 제6차 미술과 교육과정시기부터 소개되어 널리 활용되고 있는 모델이다. 이 모델은 작품의 외적 요소들의 분석에 집중한다는 점에서 작품의 맥락적 이해를 간과한다는 지적이 있다. 또한 펠드먼의 미술비평 모델에서 각 단계를 명확하게 분리하여 제시하고 있지만, 실제 감상과정이나 비평문에서 작품에 대한 기술과 해석, 분석과 해석 혹은 작품의 해석과 평가를 명확하게 분리하기 어렵기도 하다. 이는 사람의 사고가 선형적이라기보다는 순환적이라는 점에서 각 단계가 혼용되기 때문에, 실제 교수·학습 과정에 맞지 않다는 의견도 있다. 또한 판단 단계에서 모방론과 같은 미술의 주요 이론을 배제하고 있는 점이 지적되기도 하였다(박휘락, 2003). 이에 따라 이러한 모델을 수정·보완한 연구들이 소개되며 여러 가지 미술비평 방법이 개발되기에 이르렀다.

표 4-1 펠드먼의 미술비평 모델

단계	내용	주요 질문
1단계 기술 (description)	충분한 시간을 갖고 작품을 관찰하고 작품에서 찾을 수 있는 것들을 목록을 작성하는 단계이다. 학습자의 개인적인 느낌이나 생각보다는 객관적으로 작품에서 찾을 수 있는 것을 최대한 살펴보는 단계이다. 이 외에도 작품의 재료와 용구의 활용 방법, 기법 등의 제작의 기술적인 측면에 대한 서술이 포함된다.	• 작품에서 무엇이 보이는가?
2단계 형식 분석 (formal analysis)	작품의 요소들이 어떻게 구성되었는지 발견하는 단계이다. 작품의 조형적 특징에 대한 질적 서술을 하는 단계로, 작품의 조형적 요소와 원리 등을 심층적으로 분석하는 단계이다. 학습자들이 작품의 전체와 부분을 비교하면서 분석할 수 있도록 지도한다. 다음의 해석과 판단 단계에서 활용할 증거를 수집하는 단계이다.	• 작품은 어떻게 구성되었는가? • 작품에서 두드러진 선, 형태, 색 등은 무엇인가?
3단계 해석 (interpretation)	작품에 대한 주제를 학습자가 구성하는 것으로 창의적인 단계이다. 작품의 다양한 특징을 통일되게 보여 줄 수 있는 개념을 찾는 단계이다. 이전 단계에서 찾은 자료 혹은 근거를 바탕으로 작품의 의미를 추론하는 것이다	• 작가가 말하려고 하는 것은 무엇인가?
4단계 판단 (evaluation)	미술이론에 근거하여 작품에 가치가 있는지를 판단하는 단계이다. 이 모델에서는 형식주의, 표현주의, 도구주의를 평가의 근거로 제시하였다.	• 작품에 대해 어떻게 생각하는가? 왜 그러한가?

출처: 박휘락(2003); 손지현(2012).

(2) 앤더슨의 교육적 미술비평 모델

앤더슨(Tom Anderson)은 펠드먼의 미술비평 모델을 근간으로 하여 감상자의 개인적 반응을 우선해야 함을 강조하며 교육적 미술비평 모델을 제안하였다. 1988년 본래 'pedagogial art criticism'이라고 명명했다가 1993년 'educational art criticism'이라고 하였다.

앤더슨의 교육적 미술비평 모델은 직관적 요소와 분석적 요소 간의 조화를 고려하였다(박휘락, 2003). 예를 들어, 감상자의 첫 반응으로 시작함으로써 감상자의 주도적 감상활동이 이루어질 수 있는 발판을 마련하였다. 또한 판단하기 단계에서 감상자의

표 4-2 앤더슨의 교육적 미술비평 모델

단계	조작	내용	발문
1단계 반응	반응	작품을 처음 보며 학습자의 기본적인 반응을 이끌어 내는 단계이다.	• 작품을 보고 어떻게 느껴지는가? 무엇이 생각나는가?
2단계 기술	명백하게 주제와 관련되어 보이는 형식적이며 기술적 특성	반응을 끈 눈에 띄는 특징을 말로 표현하는 단계이다.	• 작품을 보고 어떻게 느껴지는가? 무엇이 생각나는가?
	형태와 이미지 간의 형식적 관계	작품에서 명암이나 리듬, 확대 등과 같이 두드러진 조형적 특징을 찾아서 작품의 의미에 대한 단서를 찾는 단계이다. 즉, 조형 원리에 초점을 맞추어 감상한다.	• 작품 전체를 지배하는 색이 있다면 어떤 색인가? • 움직임을 느끼도록 하는 요소는 무엇인가?
	형식적 특성	앞 단계에서 발견한 것을 통해 의도된 효과인지를 파악함으로써 분석에서 해석으로 연결되도록 이끌어 주는 단계이다.	• 작가는 이 작품을 보고 어떤 분위기를 느끼도록 의도했는가? • 왜 가장 먼저 눈에 띄는 것이 이것일까?
	맥락의 검토: 역사적 · 문화적 맥락	작품이 제작된 시대적 배경이나 작가의 생애에 관한 정보를 알게 되는 단계이다. 교사의 제시 혹은 학생의 조사를 통해 정보를 수집할 수 있다.	• 누가 이 작품을 만들었는가? 작품의 제목은 무엇인가? 언제 어디서 이 작품이 만들어졌는가?
3단계 해석	해석	앞의 단계에서 자료를 창조적으로 종합하는 단계이다. 성공적인 해석은 개인적인 체험과 더불어 작품의 조형적 특징 너머의 의미를 해석하는 단계이다.	• 이 작품이 무엇을 의미한다고 생각하는가?
4단계 평가	개인적 경험, 미적 판단, 맥락적 판단을 종합하여 판단하기	작품의 가치와 작품을 마주할 때 갖는 경험의 가치에 대한 결론을 내는 단계이다. 개인적 경험, 미적 판단, 맥락적 판단은 가치를 평가하는 기준이 되며 이 세 가지 기준을 종합하여 최종 판단을 한다.	• 이 작품을 가지고 싶은가? • 이 작품은 아름다운가? • 이 작품은 인간의 중요한 문제에 관해 이야기하는가?

출처: 손지현, 김수진(2012: 184-185).

개인적 경험, 미술이론, 비평가들의 의견 등을 함께 살펴보고 종합하도록 한 점에서 감상자의 개인적 경험이 부차적이거나 소외되지 않도록 하였다.

(3) 대화중심 감상법

대화중심 감상법은 예술가이자 미술사가인 아레나스(Amelia Arenas)의 미술감상 지도법이다. 아레나스는 1984년부터 1996년 10년 동안 뉴욕현대미술관 교육부서에서 근무하며 VTS(Visual Thinking Strategies, 제4장의 '미술관 교육' 부분에서 다룸)의 이론적 근간을 제공한 인지심리학자 하우젠의 여러 연구에 참여하였다. 이러한 경험을 바탕으로 아레나스는 1995년 일본에서 전시 연계 대화형 감상 프로그램을 개발하였으며, 대화 중심 감상방법을 바탕으로 한 초등학교 학생 대상 교재를 개발하기도 하였다. 일본에서 2000년대 초반 아레나스의 대화중심 감상법에 대한 연구와 실천이 널리 소개되고 이에 대한 결과로 대화에 의한 감상교육이 일본 학교현장에 확산되기 시작하였다(류지영, 2018a; 이봉녀, 2009).

아레나스의 감상교육에 대한 생각은 매우 명확하다. 일반적으로 작품감상이 작가가 작품에 담은 의미를 읽어 내는 것을 중시했다면 아레나스는 초보 관람자 혹은 감상자들에게 그러한 것은 그다지 중요하지 않다고 생각하였다. 이러한 생각은 VTS와 맥을 같이하는 것으로, 일찍이 하우젠이 광범위한 관람자 연구를 통해서 다섯 단계의 미적 인식 발달단계를 주장한 바 있다. 이에 따르면, 1단계와 2단계의 초보 관람자에게는 작품과의 만남에서 개인적 반응을 중요시해야 한다는 것이다. 특히 아레나스는 작품의 의미가 작품 속에 있는 것이 아니며 고정된 것이 아니라는 점을 강조하면서 작품과 감상자 간의 상호작용을 통해 작품의 의미는 지속적으로 생산되는 것이라고 주장한다.

아레나스의 대화중심 감상교육의 원리는 하우젠의 VTS에서 주요 질문 세 가지를 중심으로 하는 점에서는 동일하다. 세 가지 개방적인 질문은 다음과 같다(류지영, 2014; 문혜자, 2011). 첫째는 작품에서 무엇이 일어나고 있나요?(작품의 내용에 대한 질문), 둘째는 왜 그렇게 생각하나요?(감상자의 반응에 대한 질문), 셋째는 그 밖에 무엇이 떠오르나요?(작품에 대한 관찰과 해석이 확장시키는 질문)이다.

질문에 대해 학생들은 자신의 생각을 이야기하며 그것을 뒷받침할 수 있는 근거를 제시하도록 한다. 아레나스는 전형적인 감상 질문, 예를 들어 작가가 장소나 인물 등을 통해 말하고자 하는 것은 무엇인가? 작가는 이런 작품을 왜 만들었는가? 등의 질문은 자칫 미술에 대한 지식을 강요하는 수업 방식이 될 우려가 있다고 생각한다. 따라서 이처럼 정답으로 이끄는 닫힌 질문이 아니라 왜? 어떻게 생각하는가? 등과 같이 자유로운 답을 요구하는 열린 질문을 사용함으로써 해석력을 기를 수 있다는 것이다(박휘락, 2003).

대화중심 감상을 지도할 때에는 감상자들이 작품을 주의 깊게 관찰하고, 관찰한 것에 대해서 말할 때 증거를 뒷받침하도록 한다. 또한 감상자들의 다양한 의견을 수용하도록 하며, 감상자 간의 상호 대화가 활발히 이루어질 수 있도록 한다. 이때 다른 사람들의 의견을 주의 깊게 듣고, 모든 의견에 대해 토의를 하도록 한다.

류지영은 상호 교수로서의 대화중심 감상수업의 시사점을 다음과 같이 제안하였다(류지영, 2014).

첫째, 대화중심 감상활동을 통해서 새로운 가치관의 인식에 따른 지식의 재구조화가 필요하다. 학습자의 기존 관점을 깨뜨리고 발전시킬 수 있는 대화중심 감상활동을 기획하는 것이 필요하다.

둘째, 대화를 통한 주체적 학습활동은 학습자의 개념 변화를 가능하게 한다. 예를 들어, 적극적인 대화를 유도하기 위해 모순이나 문제를 경험할 수 있는 작품을 다루는 경우, 개념 변화의 효과를 높일 수 있다.

셋째, 대화중심 감상활동을 통해서 학습자의 메타인지를 높이고 학습의 전이를 가능하게 한다. 학습자가 생각을 언어로 표현하고 상호 협력함으로써 학습과정을 인식하고 그 과정을 학습하는 메타인지를 높이게 되며, 궁극적으로 학습의 전이를 강화할 수 있다.

2) 미술사 교육의 다양한 접근

미술사는 특정 미술작품의 맥락적 관계에 주목하며, 특정 미술이 이전과 이후 미술에 어떠한 영향을 주었는지에 관한 내용을 다룬다. 다시 말하면, 미술이 누가, 언제, 어떻게 제작되었으며, 본래의 작품과 현재 상태, 그리고 미술가, 후원가, 수집가와 대중들에게 그러한 미술이 어떠한 의미를 갖는지를 탐구하는 것이다(Fitzpatrick, 1992).

미술사 관련 수업을 통해 학생들은 미술 용어와 미술사 개념 등을 명료하게 인식할 수 있고(Alexander, 1980), 미술작품 간의 공통점과 차이점을 지각할 수 있으며, 미술 양식을 비교하고 구별할 수 있고, 미술작품에 대한 미술사적 탐구 질문을 제기할 수도 있다. 결국 미술사적 접근은 미술작품에서 시각적으로 지각될 수 있는 특징과 그 의미를 관련짓고, 해석하고, 작품이 제작된 맥락의 여러 가지 요소를 작품과 연관 짓고, 종합하여, 적용하는 등의 인지적 사고를 요구한다. 이와 관련하여 미술사가들의 탐구 방법을 중심으로 한 미술사의 여러 접근과 그에 기반한 교육 사례를 제시한다.

또한 『삶을 위한 미술교육: 미술의 실제적 교수・학습을 중심으로(Art for Life: Authentic Instruction in Art)』라는 저서에서 앤더슨과 밀브란트는 실제적 교육(authentic instruction)을 강조하며 미술사 수업이 단지 미술가의 이름과 시대 등을 익숙하도록 하는 것에 머물기보다는 미술사 교육을 통해서 학생들이 자신과 타인의 문화를 이해하도록 도와주어야 한다고 강조한다(Anderson & Milbrandt, 2005/2007). 미술사 교육은 미술작품 속 문화적・국가적・인종적 이야기를 통해서 개인적・집단적 정체성을 형성하는 데 기초를 제공하기 때문이다(Anderson & Milbrandt, 2005/2007). 나아가 미술사 교육을 통해서 사회적 의식을 강화할 수 있다. 예를 들어, 사회적으로 논쟁적인 이슈를 다루는 작품을 통해서 학생들로 하여금 삶에 대한 자신의 가치관과 관련된 내용을 질문하고 새롭게 생각해 보도록 한다. 학생들의 현재의 삶이나 경험과 연계하고 학생들이 스스로 탐구할 수 있는 실제적 과제를 중심으로 한 미술사 교육, 즉 실제적 미술사 교육의 사례를 이어서 다루도록 한다.

(1) 미술사 방법론과 미술사 교육

미술사 연구자들은 작품을 탐색하는 데 여러 가지 관점을 활용하여 연구를 수행한다. 미술사를 떠올리며 주로 양식사 중심의 미술사를 생각하는 경우가 많다. 양식사적인 접근은 미술사의 여러 방법론 중 하나에 해당하며, 그 외에도 도상학, 사회맥락적 접근, 페미니즘 등 다양한 접근이 있다. 다음에서 각 방법론의 특징과 탐구 질문을 정리하였다.

미술사의 여러 가지 접근은 미술사가들의 탐구 방법과 내용을 보여 주는데, 이를 중심으로 미술사 교육이 가능하다. 미술사의 접근별로 미술사 교육의 사례를 제시하면 다음과 같다.

① 양식사와 미술사 교육

양식(style)은 미술작품의 형식 요소가 구성되는 방식에 따른 미적 차이에 의해 분류되고 범주화한 것이다. 마이어 샤피로(Meyer Schapiro)는 양식을 "개인 또는 집단의 미술작품에 나타나는 지속적인 형태 때로는 지속적인 요소, 특질, 표현"이라고 정의하였다(Adams, 2005: 38).

[주요 탐구 질문]

- 일련의 미술작품에서 공통적으로 중요하게 나타나는 조형 요소와 원리는 무엇인가?
- 개별 미술가 혹은 특정 지역이나 시대의 미술작품에서 양식은 어떻게 표현되었는가?

활동: 같은 양식을 찾아라

다음 작품은 쇠라의 신인상주의 작품이다. 예시 작품 중에서 신인상주의 양식에 해당하는 작품을 찾고, 그 특징을 이야기하는 활동이다. 이 활동을 통해서 학생들은 작품의 조형적 특징을 찾아봄으로써 양식의 특징을 파악하도록 한다.

[그림 4-1] 조르주 피에레 쇠라, 〈라그랑자데 섬의 일요일 오후〉(1884)

출처: https://www.artic.edu/artworks/27992/a-sunday-on-la-grande-jatte-1884

[발문예시]

- 쇠라의 작품에서 두드러지게 표현된 조형 요소와 원리는 무엇인가?
- 예시 작품에서 쇠라 작품의 특징과 유사한 것은 무엇인가?

〈예시 작품〉

[그림 4-2] 조르주 쇠라, 〈에펠탑〉(1889)

출처: https://www.wikiart.org/en/georges-seurat/the-eiffel-tower-1889

[그림 4-3] 빈센트 반 고흐, 〈별이 빛나는 밤에〉(1889)

출처: https://www.wikiart.org/en/vincent-van-gogh/the-starry-night-1889

[그림 4-4] 오귀스트 르느와르, 〈무도회〉(1876)

출처: https://www.musee-orsay.fr/fr/oeuvres/bal-du-moulin-de-la-galette-497

[그림 4-5] 폴 고갱, 〈시장〉(1892)

출처: https://kunstmuseumbasel.ch/en/collection/masterpieces#&gid=1&pid=17

활동: 화가의 방

화가의 방은 반 고흐의 작품과 팝업 북에서 영감을 받아서 자신이나 모둠이 정한 화가와 작품을 조사하고 작품의 소재, 조형적 특징 등을 다각도에서 탐색하여 화가의

작품세계를 화가의 방(팝업 북처럼 벽2개와 바닥 1개의 입체 구조)으로 표현하는 활동이다. 예를 들어, 화가가 즐겨 사용하는 색이나 형태 혹은 자주 등장하는 소재 등(양식)을 파악하고 이를 일정한 공간으로 구성하는 데 사용하는 것이다. 자신이 좋아하는 작가로부터 출발하면 활동의 동기부여가 수월하다.

[발문 예시]

- 모둠이 선택한 화가가 즐겨 사용하는 색, 형태, 소재 등은 무엇인가?
- 화가의 여러 작품을 활용하여 공간을 어떻게 구성할 수 있는가?

[그림 4-6] 반 고흐, 〈아를의 침실〉(1888)
출처: https://www.vangoghmuseum.nl/nl/collectie/s0047V1962

[그림 4-7] 허쉬, 〈반 고흐의 집〉(Hersey, 1998)

[참고 자료]

[그림 4-7]은 반 고흐의 〈아를의 침실〉 작품과 이 작품을 모티브로 한 팝업 북이다. 팝업 북은 반 고흐의 침실 작품을 소재로 공간을 재구성하고, 다른 공간도 반 고흐의 작품으로 구성하여 흥미로운 내용을 보여 준다. 창문 밖에는 반 고흐의 밀밭 그림과 같이 인물, 풍경, 정물의 다양한 소재를 다룬 반 고흐의 작품으로 공간을 재미있게 표현하였다. 또한 반 고흐의 〈아를의 침실〉 작품 자체도 화가의 침실이라는 일상 공간을 보여 줄 뿐만 아니라 화가의 작품세계를 이해할 수 있는 재미있는 단서를 주기도 한다. 예를 들어, 반 고흐가 그린 〈파이프가 있는 반 고흐의 의자〉 작품 속의 의자가 이 침실 공간에 놓여 있다.

② 도상학과 미술사 교육

도상학은 형식보다는 내용을 강조하며, 주제의 의미와 상징, 그리고 맥락 속에서 상징의 의미를 탐색하는 것을 중요시한다. 도상학이란 특정 주제나 관념과 관련된 문헌 기록을 바탕으로 도상의 의미를 읽는 것을 말하며, 이를 바탕으로 해당 시대의 보편적인 문화를 파악하는 것을 도상해석학이라고 한다(Adams, 1996/2005). 파노프스키는 미술작품을 통해 작품이 제작된 시대의 문화를 이해할 수 있다고 하였다. 즉, 특정한 시대정신이 작품에 담겨 있다는 것이다.

파노프스키의 도상해석학 3단계는 다음과 같다(Adams, 1996/2005).

- **전도상학적 단계**: 작품에 나타난 소재를 일상적 경험에 기반하여 파악하는 단계이다. 예를 들어, 십자가의 예수님 조형물에 대해 '십자가에 남자가 매달려 있다.'와 같이 소재를 자세히 관찰하며 파악하는 단계이다.
- **도상학적 단계**: 작품과 관련된 특정 주제나 개념과 관련한 문헌 기록에 대한 지식을 바탕으로 작품의 일화, 알레고리, 주제 등을 읽는 단계이다.
- **도상해석학적 단계**: 앞에서 다룬 특정 주제나 개념을 바탕으로 해석자의 종합적 직관에 따라 해당 시대의 보편적인 특성을 파악하는 단계이다.

[주요 탐구 질문]

- 미술작품에서 특정 대상은 어떠한 역사적 · 종교적 · 사회적 의미를 나타내는가?
- 미술작품과 관련된 역사적 증거 자료로는 어떠한 것들이 있는가?
- 미술작품에서는 그 시대의 문화를 어떻게 보여 주고 있는가?

활동: 나도 얀 반 에이크

얀반 에이크의 〈아르놀피니 초상〉을 감상하고 학생들이 새로운 도상을 넣어 작품을 재구성하여 표현하는 활동이다. 예시된 활동지처럼 작품에서 상징적 의미가 있는 사물의 이미지를 삭제한 후 학생들이 작품의 의미를 생각하며 학생들의 삶과 관련된 이미지들을 넣어서 작품을 완성하도록 한다. 이러한 활동은 작품의 이해에만 머무는 것이 아니라 현재 학생 자신의 삶과의 연계성을 살펴보도록 한다는 점에서 개인적으로 동기부여가 될 수 있는 활동이다.

[발문 예시]

- 〈아르놀피니 초상〉 작품에서 상징적 요소들은 무엇인가?
- 이 작품의 상징을 파악하기 위해 어떠한 역사적 자료를 사용하였는가?
- 작품의 상징적 요소를 통해 알 수 있는 1400년경 유럽의 시대상과 문화는 무엇인가?

[그림 4-8] 얀 반 에이크, 〈아르놀피니 초상〉(1434)

출처: https://www.nationalgallery.org.uk/paintings/jan-van-eyck-the-arnolfini-portrait

[그림 4-9] '내가 얀 반 에이크라면' 활동지

[참고 자료]

얀 반 에이크의 가장 유명한 초상화 중의 하나인 이 그림은 장사 차 네덜란드에 왔던 이탈리아의 상인인 조반니 아르놀피니와 그의 신부 잔느 드 쉬나니를 그린 것이다. 이 그림은 아마도 이들의 결혼을 묘사하고 있는 것 같다. 오른쪽 여인은 그녀의 오른손을 아르놀피니의 왼손 위에 얹었고 아르놀피니는 그의 오른손을 그녀의 왼손 위에 놓으려는 순간이다. 거울 위에 "얀 반 에이크 여기 있음, 1433년"이라고 그의 이름을 써넣은 것을 보면 마치 결혼식의 증인으로 이 자리에 있음을 이야기하는 것 같다. 또한 그림 속의 사물 하나하나가 얀 반 에이크에 의해 신중하게 계산된 상징적인 의미들을 내포하고 있다.

예를 들어, 결혼식에서 서약의 순간을 의미하는 듯한 남자의 오른손을 들어 맹세하는 자세, 충성이나 부부간의 믿음 등을 나타내는 강아지, 종교적인 공간에 들어갈 때 신발을 벗는 것처럼 신성한 공간임을 말하는 신발 등과 같은 여러 소재는 하나하나 그것이 의미하는 바가 담겨 있다. 이 외에도 두 인물이 입고 있는 옷이나 빨간색 의자와 침대는 이들의 경제적 수준을 말해 준다. 이 시기 플랑드르 지방에는 부유한 시민 계급이 등장하였고, 이들은 자신의 고상함과 신앙심을 보여 주기 위해 초상화를 제작하도록 하였으며, 이 작품에서도 이러한 사회경제적 배경을 읽을 수 있다.

③ 사회맥락적 접근과 미술사 교육

사회맥락적 접근은 주로 사회에 대한 미술의 정치경제적 역할과 관련지어 미술작품을 해석한다. 미술이란 보다 큰 사회적 맥락과 경제의 역사적 발전 과정에 속해 있다. 따라서 미술품의 제작, 후원, 향유 등의 과정을 사회적 · 종교적 · 정치적 · 경제적 맥락과 관련지어 해석한다. 미술에서 사회맥락적 접근은 형식주의에 대한 반동이며 문화적 맥락의 제 양상을 포함하는 도상학의 확장이라고 볼 수 있다.

이 작품은 들라크루아의 대표작이다. 이 작품에 대한 사회맥락적 해석 사례는 19세기 미술사를 연구한 미술사가 클라크(Clark, T. J.)의 서술에서 19세기 중엽 미술과 정치의 밀접한 관계를 다룬 것을 들 수 있다. 이 작품은 들라크루아가 1830년 프랑스에서

[그림 4-10] 들라크루아, 〈민중을 이끄는 자유의 여신〉(1830)

출처: https://collections.louvre.fr/en/ark:/53355/cl010065872

일어난 7월 혁명을 그린 것으로, 1831년 살롱에 전시된 〈자유의 여신〉은 혁명의 핵심을 제시한 것이라고 하였다. 클라크는 작품 속 인물들의 계층과 직업에 따라 신원을 알 수 있게 그려져 있으며, 노동자와 부르주아 계층 사람들이 이 혁명에 가담했다는 것을 보여 주고 있다고 주장하였다(Adams, 1996/2005). 즉, 클라크는 화면에 크게 보이는 다섯 사람 중 네 명이 서민임을 지적하였다. 또한 그는 작품 속 자유의 여신에 주목하여 여인의 모습에서 여성성이 결여되었으며 그 신분 또한 시골처녀에 가깝게 표현되었다고 강조하였다(Adams, 1996/2005).

이 외에도 다음 탐구 질문에서 알 수 있듯이 사회맥락적 접근은 계층뿐만 아니라 후원과 작품 간의 관계, 작품이 제작된 시기의 사회적 현상 등과 같이 작품의 화면 이면의 여러 맥락을 고려한다.

[주요 탐구 질문]

- 미술작품은 당시 어떠한 사회적 현상을 보여 주는가?
- 미술작품에는 어떠한 계층의 시각이나 관점이 강조되었는가?
- 미술작품에 어떠한 계층이 등장하였는가? 그들 간의 관계는 어떠한가?
- 미술작품을 후원한 사람은 누구이며, 어떠한 영향을 미쳤는가?

활동: 미술과 정치의 관계

2019년 국립현대미술관의 〈광장: 미술과 사회〉 전시에서 대규모의 민중미술을 전시하였다. 1970~1980년대 민중미술은 사회운동과 관련하여 검열의 대상이었던 점을 생각하면, 우리나라의 정치적 변화가 민중미술을 수용하는 방식에 많은 영향을 미쳤음을 알 수 있다. 이를 위해 신학철의 〈모내기〉를 사회맥락적 관점에서 감상하고 감상문을 작성해 보자. 이를 위해 유사한 미술작품 사례를 탐구하고 정치와 미술 간의 관계에 대해 이야기해 보자.

[발문 예시]

- 〈모내기〉는 어떠한 사회 현상을 보여 주는가?
- 작품에는 어떠한 계층의 시각이나 관점이 강조되었는가?
- 특정한 시대의 정치와 미술이 어떠한 관계를 갖는가?

[그림 4-11] 신학철, 〈모내기〉(1987)

출처: https://m.hankookilbo.com/News/Read/201801292145887977

[참고 자료]

민중미술은 1980년대 등장한 미술운동으로 추상미술이 현실 도피라고 비판하며 사회개혁에 참여하는 미술만이 참된 미술이라 하였다. 그러나 당시 정치적으로 삼엄한 상황 속에서 진보적인 미술인을 중심으로 사회에 대한 비판적 발언을 다루었던 민중미술은 검열의 대상이 되기도 하였다. 1990년대에 이르러서 우리 사회의 민주화와 더불어 민중미술의 운동적 성격이 약화되었고, 민중미술이 대형 미술관에 전시될 수 있었다.

④ 페미니즘과 미술사 교육

1960년대 말에 정치사회적으로 확산되었던 여성운동과 더불어 미술에서의 페미니즘 논의는 린다 노클린(Linda Nochlin)의 『위대한 여성미술가는 왜 존재하지 않는가(Why Have There Been No Great Women Artists?)』라는 책을 통해 남성본위, 천재중심, 형식위주의 서양미술사를 비판하면서, 본격적으로 대두하였다(Nochlin, 1971). 페미니즘적 접근은 미술의 역사를 통해 여성들의 위치를 결정지었던 사회적 구조와 이데

[그림 4-12] 자크루이 다비드, 〈호라시우스의 맹세〉(1785)
출처: https://collections.louvre.fr/en/ark:/53355/cl010062239

올로기를 살펴보고, 여성과 미술의 관계에 대한 이해를 도모한다.

린다 노클린은 미술 속에서 여성들이 일반적인 사회적 혹은 예술가들이 받아들이는 가정들에 의거하여 표현되는 방식을 밝히고자 하였다(Nochlin, 1989/1997). 이때 사회적 가정이란 여성들에 대한 남성들의 우월성, 권력, 차이 그리고 여성 통제의 필요성에 관한 가정을 말한다. 노클린은 이러한 가정들 중 여성의 나약함과 관련하여, 자크루이 다비드(Jacques-Louis David)의 〈호라시우스의 맹세〉는 강함과 무력함이라는 성차별을 표현하고 있음을 지적하였다. 이 그림에서 중앙에 서있는 힘찬 남성들과 대조되게 여성들이 구석에 나약하게 앉아 있는 모습은 남성과 여성의 이분법적 구분을 통해서 개인적 감정보다 숭고하고 우선하는 국가에 대한 의무를 강조하는 다비드의 시각이 명확하게 드러났다고 주장한다(Nochlin, 1989/1997).

[주요 탐구 질문]

- 미술작품에서 여성의 이미지는 어떻게 표현되었는가?
- 미술작품에서 이른바 여성적인 표현은 어떻게 평가되는가?
- 누가 제작했느냐에 따라 미술(작품)의 위계는 달라지는가?

활동: 디너파티에 초대합니다

주디 시카고의 〈디너파티〉를 통해서 사회와 여성의 관계를 생각해 보고, 자신의 삶과 연결 지어 생각해 보자. 디너파티와 같이 주변 인물 중에서 나의 디너파티에 초대하고 싶은 여성은 누구인지 생각해 보고, 그 여성을 어떠한 이미지로 표현할지 식탁 매트 크기의 종이에 스케치해 보자. 함께 테이블 위에 설치하고 전시하여, 각자 표현한 인물에 대해 이야기해 보자.

[발문 예시]

- 작가는 작품의 제목을 왜 디너파티라고 하였는가? 레오나르도 다빈치의 〈최후의 만찬〉이라는 작품의 제목을 생각하며, 주디 시카고가 디너파티라고 한 이유를 생각해 보자.
- 개별 인물의 디너파티 자리에 놓인 것들을 비교해 보고, 공통점과 차이점에 대해 이야기해 보자.
- 디너파티의 한 자리를 조사하여, 주디 시카고가 인물에 대해 어떠한 점을 이야기하고 있는지 살펴보자. 어떠한 색이나 형태 등을 사용하였는가?
- 주변 사람/환경으로 인해 그 업적이 가려진 사람은 누구인가? 업적은 무엇인가?
- 어떠한 상징물/색/형태 등으로 인물을 표현할까?

[참고 자료]

주디 시카고의 〈디너파티〉는 1974년부터 1979년까지 5년여 동안 제작되었으며, 역사적으로 중요했지만 그 업적이 가려졌던 총 39명의 여성을 조사하고 이들을 디너파티에 초대한다는 내용의 작품이다. 작가는 여러 분야에서 선정한 여성들의 삶과 행적을 연구하고 이를 바탕으로 도자기 접시 및 자수 식탁 매트 등과 같이 수공예 표현방법을 활용하여 수백 명의 협력자와 함께 공동 제작하여 작품을 설치하였다.

(2) 실제적 미술사 교육

실제적 미술사 교육은 삶을 중심으로 한 주제중심 교수법과 통합교육의 방법을 활용하여 학생이 미술작품을 보다 맥락적으로 탐구할 수 있도록 한다(Anderson &

Milbrandt, 2005/2007). 다양한 문화와 가치를 담고 있는 미술작품에 대한 맥락적 탐구는 학생들의 스스로의 정체성을 형성하고, 다른 사람과 문화에 대한 이해를 도모할 수 있다는 점에서 의미가 크다.

활동: 지역 미술 소개하기

학생들이 사는 곳의 지도를 준비하고, 이 지역의 장소와 연관된 과거에서 현재까지에 해당하는 미술작품을 탐색하도록 한다. 조사한 미술작품을 지도에 표시해 놓는다. 지역의 자연, 사회, 정치, 문화 등 다양한 요소가 어떻게 미술작품에 반영되었는지에 대해 조사한다. 동시에 미술작품이 해당 지역의 문화에 어떠한 영향을 주었는지도 조사한다. 예를 들면, 지역에서 활동하는 작가를 조사하고 인터뷰를 수행하며 지역의 장소성이 그들 미술에 어떠한 영향을 주었는지를 조사한다. 또는 지역의 미술 문화를 잘 알고 있는 주민들과 인터뷰를 통해서 그들에게 미술이 어떠한 영향을 주었는지에 대해서도 탐구한다. 이러한 내용을 바탕으로 조사한 내용을 함께 공유함으로써 미술에 담은 장소와 정체성의 연관성을 생각해 보도록 한다(Anderson & Milbrandt, 2005/2007).

활동: 내가 만든 미술사

자신이 좋아하는 소재나 주제 등을 생각한다. 예를 들어, 강아지나 고양이를 좋아한다면, 과거에서 현대 미술작품 중에 이러한 모티브를 다룬 작품을 조사한다. 자신의 미술사를 시대 순이나 양식 순으로 할지 혹은 문화 범주로 분류를 할지 등을 생각해 보도록 한다. 예를 들어, 시대 순으로 강아지를 다룬 작품을 모아서 시대양식별로 분류를 할 수 있다. 이때 양식적 특징에서 나타나는 변화를 탐구하도록 한다. 또는 다양한 문화권의 미술작품을 모아서 동일한 모티브가 어떻게 나타나는지를 탐구하도록 한다. 이렇게 여러 시대 혹은 문화에 해당하는 작품을 모으고 분류해 보는 활동을 통해서 작품과 맥락 간의 관계를 이해할 수 있다.

4. 미술관 교육

1) 미술관 교육의 역사[1)]

미술관 교육의 역사는 대중을 위한 공공 박물관 · 미술관의 설립과 함께 시작하였다. 공공 박물관 · 미술관은 18세기부터 설립되기 시작하여 19세기 많은 박물관 · 미술관이 생겨나면서 교육기관으로 인식되었다. 19세기 후반 산업화의 진행으로 박물관 · 미술관은 대중 교육을 제공할 수 있는 영향력 있는 기관으로 여겨졌다. 젤러(Zeller, T.)는 미술관의 철학적 입장을 크게 세 가지로 제시하였다(Zeller, 1989; 이주연 외 2020에서 재인용). 첫째는 미학적 입장으로, 관람자의 미적 경험을 제공해야 한다는 관점이고, 둘째는 교육적 입장으로, 관람자에 대한 이해와 더불어 대중 교화를 중시해야 한다는 관점이고, 셋째는 사회적 입장으로, 지역사회와 대중에 대한 공공의 임무를 중시하는 관점이다. 여기에서는 미술관 교육에 대한 입장을 크게 미학적 입장과 교육적 입장으로 구분하였다.

(1) 미학적 입장

1918년 보스턴 미술관의 벤저민 길먼(Gilman, B.)은 『미술관의 목적과 방법에 대한 고찰(Museum Ideals of Purpose and Method)』이라는 책에서 미술관의 미학적 입장에 관한 심도 있는 논의를 하였다(Gilman, 1923). 그에 따르면, 미술관은 문화기관으로 작품감상에 따른 즐거움을 가장 중요한 목적으로 여기며, 교육은 부차적이라는 것이다. 그는 또한 과학관과 미술관을 확연히 구분하는데, 과학관이 기본적으로 학교의 기능을 하게 된다면, 미술관은 일종의 종교적 장소라고 보고 미술작품에 대한 적극적인 감상을 강조하였다(Zeller, 1989).

미술관의 역할을 수준 높은 미술작품의 수집과 전시로 보고, 이러한 실천이 가장 효과적인 교육이라고 하였다. 또한 최고의 미적 우수성을 가진 작품을 전시하는 것이 바로 대중을 위한 미술관의 교육적 책임을 완수하는 것이라고 하였다. 이때 미술

1) 이주연 외(2020), 265~270쪽의 내용을 부분 발췌 및 수정하였다.

관 교육 프로그램은 단지 미술관에 전시된 작품에 대한 관람객의 기대를 높여 주는 데 그 역할이 있다고 보았다(Fairbanks, 1918).

미학적 입장에 따르면 문화 습득으로서 교육을 인식하며 개인은 문화(보통 고급문화를 의미) 습득을 통하여 정신적·도덕적으로 성장하게 된다는 점을 강조하였다. 그러나 이러한 도덕적·정신적 교양에 대한 관심은 이 시기의 도시 노동자 계급과 부르주아 계급 간의 갈등이라는 시대적 배경과 함께 이해되어야 할 것이다. 그것은 바로 지배 계급의 문화를 피지배 계급, 즉 당시의 이주민과 노동자들에게 동화시킴으로써 노동력을 높이고 그 당시 사회문제로 대두되었던 노동자들의 파업을 잠잠하게 하기 위한 것이었다. 따라서 이러한 미술관의 실천은 특정 계층의 문화적 헤게모니를 증진시키는 주요 수단으로 이해되었다(Cushman, 1983; Veblen, 1934; 이주연 외, 2020에서 재인용).

미학적 입장에 따르면 교육과 전시의 기능을 구분하고, 관람객들이 작품 자체에 집중할 수 있도록 작품에 대항 정보는 최소화하는 전시 방식을 추구한다. 이러한 유형의 전시에서 작품의 맥락적 정보는 전시장이 아닌 팸플릿이나 다른 교육적 자료에서 제공될 수 있다는 것이다. 즉, 이러한 전시과 교육에 대한 가치관은 미술작품 그 자체로 의미를 표현할 수 있다는 미술관의 오래된, 그리고 가장 영향력 있는 믿음을 잘 보여 주고 있다(이주연 외, 2020).

(2) 교육적 입장

미학적 입장이었던 길먼에서 비판을 가한 사람은 바로 같은 시기 보스턴 미술관에 있었던 에드워드 모스(Morse, E. S., 1838~1925)였다. 모스는 미술관이 사람들에게 감식안을 길러 주어야 한다는 것에 찬성하지만 아름다움의 감각적 향유만을 추구하는 자들의 만족만을 위한 미술품의 전시를 비판하였다. 또한 스미소니언 미술관의 조지 브라운 구드(Goode, J. B., 1851~1896)와 도서관 전문가이자 뉴워크 미술관의 관장인 존 코튼 다나(Dana, J. C., 1856~1929) 등은 도서관과 대학처럼 미술관도 대중 교화를 위한 중요한 장소임을 강조하였다. 미술관의 교육적 기능을 지지하는 미술관의 실천은 미술사적 접근, 학제간적 접근, 사회교육적 접근 등으로 나타난다.

① 미술사와 학제간적 접근

1940년대에는 미술작품을 역사적 맥락에 따라 가르치는 것이 여러 미술관에서 가장 선호하는 교육방법이었다(Zeller, 1989). 여기서 미술사적 접근은 미술사적 기여도, 상징성, 시대와 국가적 양식, 그리고 미술가의 전기적 정보를 주요 내용으로 다루었다. 1907년 메트로폴리탄 미술관의 첫 번째 교육행정가로 임명된 도서관 사서 출신 켄트(Henry W. Kent, 1866~1948)는 미술관이 학교 교육과정의 미술, 역사와 문학을 가르치는 데 보다 활발히 협력해야 하며, 이때 미술의 중요성을 강조하였다. 이 접근은 다양한 배경을 가진 관람객의 흥미를 이끄는 데 기여하였다(Zeller, 1989).

② 사회교육적 접근

사회교육적 접근의 기반은 미술과 미술사에 대한 지식과 개인적인 미적 감성의 신장보다는 일상 삶의 질을 개선함으로써 직접적이고 실질적인 변화를 만들려는 노력에 있다. 이러한 관점은 미적 취향의 개발이라는 점에서 미학적 입장과 비슷하지만, 미학적 입장이 중상류층의 미적 취향과 가치를 사회경제적 수준이 낮은 계층에 부과하려는 것이었다면, 사회교육적 접근은 사회경제적 수준이 낮은 계층의 사람들에게 보다 나은 삶을 살도록 도와주려는 데 관심을 기울이고 있다는 점에서 차이가 있다(Zeller, 1989).

사회교육적 기능을 중시했던 미술관으로 톨레도 미술관의 첫 관장인 스티븐스(George W. Stevens, 1866~1926)는 미술관의 사회적 의무를 강조하며, 보다 나은 지역사회를 건설하는 데 그 역할이 있다고 언급하였다(Zeller, 1989). 현재에도 톨레도 미술관은 "우리의 소장품과 프로그램을 통하여 우리는 사람들의 삶 속에 예술을 통합하기 위해 노력하고자 한다."라는 미션을 설정하고, 대중의 삶 속에서 미술관의 역할을 강조하고 있다(Rice, 1993). 20세기 초반부터 톨레도 미술관은 흑인 미술가들의 전시 참여, 장애 학생 대상의 교육 프로그램 등을 실천해 왔다.

지금까지 살펴본 두 가지 미술관 교육의 입장, 즉 미학적 입장(미술은 스스로 의미를 구현한다)과 교육적 입장(미술관은 지식을 전달하는 장소이다)은 미술관 교육의 실천에서 매우 다르게 나타난다(이주연 외, 2020). 최근 미술관 교육에 대한 미술관 교육자와 미술교육가들의 보다 광범위한 연구는 이러한 교육적 입장을 강화 · 발전시키는 방향으로 이루어졌다. 그것은 바로 미술관에서 관람자들의 총체적인 경험을 강조하는 방향으로 미술관 교육의 연구 영역을 확장한 점이다.

또한 이러한 변화는 미술관과 관람자의 관계에 대한 새로운 모색으로 이어졌다. 라이스(Danielle Rice)는 미술관 교육자의 역할을 문화적 매개자로 제시하며, 미술관 교육자는 미술관과 대중의 서로 다른 가치 체계 사이에 다리를 놓아 주는 역할을 해야 한다고 하였다(1993). 이를 위해서 미술관 교육자는 미술관뿐만 아니라 관람자의 문화를 연구해야 한다(이주연 외, 2020).

2) 미술관 교육의 주요 이론들

(1) VTS

1983년부터 1993년까지 뉴욕현대미술관(The Museum of Modern Art in New York: MoMA)의 교육 책임자로 일했던 필립 예나윈(Philip Yenawine)과 교육 평가 전문가인 애비게일 하우젠(Abigail Housen)은 공동으로 VTS(Visual Thinking Strategies) 교육과정을 개발하였다. 예나윈은 뉴욕현대미술관의 관람자에 대한 평가를 통해서 이들이 무엇을 학습하였는지를 알아보고자 하였다. 평가 전문가 하우젠은 관람자들이 미술관을 방문하고 프로그램에 참여한 뒤 관람자가 기억하는 것을 이야기해 달라고 했을 때 많은 관람자가 이미지를 기억하지 못할 뿐만 아니라 이에 대한 설명도 하지 못했다는 것을 결과를 얻게 되었다.

이러한 문제에 대해 하우젠은 예나윈에게 새로운 각도에서 바라보도록 하였다. 즉, 관람객이 무엇을 알고 있느냐보다는 관람객이 알고 있는 것을 사용하는 방법으로의 전환이 필요하다는 것이다. 하우젠의 전문적 식견은 심리학자 아른하임의 시각적 사고이론을 바탕으로 수많은 관람자의 미적 반응을 분석하고 이를 바탕으로 미적발달이론과 연결된다. 하우젠은 관람자의 행동과 4,000개 이상의 미술 이미지에 대한 인터뷰를 분석하는 방식으로 풍부한 경험적 증거를 기반으로 미적발달이론을 개발하였다. 인터뷰의 경우 이미지에서 보이는 것에 대해 말하면서 큰 소리로 생각하는 것처럼 말하도록 진행되었다. 이에 따라 총 5단계로 미적 발달 단계를 구분하였다. 특히 하우젠은 미술관에서 기존에 해 왔던 미술사적 지식을 제공해 오는 방식의 교육 프로그램은 미적 인식 발달단계의 초기 단계에 해당하는 관람자들에게는 부적절하다는 점을 주장하였다. 오히려 관람자들은 이미지를 깊이 들여다보며 단서들을 연결하고 의미를 추론하는 그러한 '시각적 문해력(visual literacy)'이 필요하다는 점이다(Yenawine, 1991). 이러한 능력을 자세히 기술하면 다음과 같다.

- **관찰력**: 시각적 정보를 관찰하고 설명하고 해석하는 능력
- **분석력**: 정확한 판단을 위해 감상하고 비교하며 지각, 사실, 그리고 의견들을 조정하는 경험
- **추리력**: 실마리를 모으고 증거를 세우며 결론을 만들어 내는 능력
- **독창적 표현**: 미술에 대한 자신의 생각을 말로 표현하고 자신의 어휘 수준을 확장시키는 표현
- **역사적 지식**: 특정 작품에 관한 사실적 지식 습득과 일차적인 자료로서 그러한 미술작품을 다루는 법을 익히기

VTS는 뉴욕현대미술관의 주요 미술작품을 이용하여 학생들이 미술과 상호작용함으로써 비평적인 사고와 반응을 자극하였다. 이때 학생들은 작품에 대한 시각적 단서를 발견하고 그것을 토대로 결론에 도달하는 체험을 하였다. 여기서 학생들이 다양하고 때로는 모순되는 정보를 경험하고 판단하기 위해 지각, 사실, 의견을 반성하고 문제해결을 해 봄으로써 고정적인 해석이나 정답보다 의미의 다양성에 대한 탐구를 중요하게 생각한다.

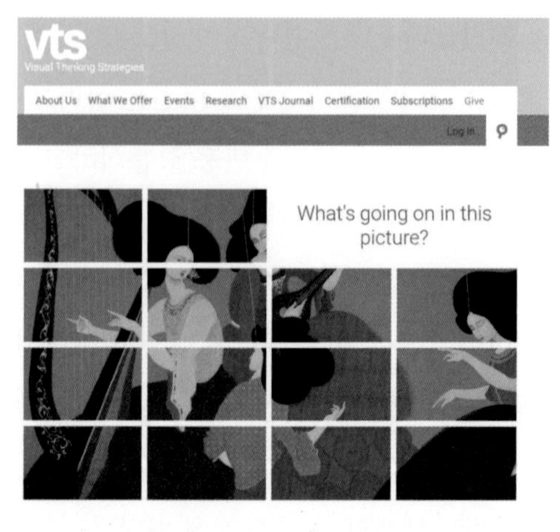

[그림 4-13] VTS 웹사이트

출처: https://vtshome.org

VTS에서 학생들은 작품을 자세하게 관찰하고, 진지하게 생각하고, 서로 다른 생각에 귀 기울이고 반응하는 활동으로 구성된다. 교사는 학생들의 이야기를 중립적으로 재진술하며 이미지에서 논의하는 부분을 손으로 가리키도록 한다. 서로 다른 의견을 대조하여 이야기함으로써 의미의 다양성을 살펴보도록 한다.

VTS에서 다루는 주요한 세 가지 질문은 다음과 같다.

- 작품에서 어떠한 것들을 볼 수 있는가? 좀 더 설명할 수 있는가?
- 무엇 때문에 그렇다고 생각하는가? 왜 그렇게 생각하는가?
- 그 외에 어떠한 것들이 그렇게 말하도록 하는가?

기타 질문은 다음과 같다.

- 다른 감상자들은 어떻게 생각하는가?
- 작품 속의 인물을 중심으로 무엇을 알 수 있는가? 그들의 나이와 성격 등을 추측할 수 있는가?
- 작품 속의 활동, 사건 등과 관련하여 무엇을 하고 있는가?
- 작품의 장소와 배경, 시간과 시대는?
- 미술가가 말하고자 하는 것은 무엇인가?
- 미술가는 왜 이러한 표현을 했다고 생각하는가?

작품을 선정할 때에는 쉽게 다가갈 수 있는 작품으로 사람, 행동, 배경 등의 요소가 무엇인지 알 수 있는 작품으로 선정한다. 또한 다양한 의미를 이야기할 수 있는 작품, 작품에서 여러 가지 이야기를 찾을 수 있는 작품 등을 선정하며, 한 작품에 대해 20여 분 정도 충분히 이야기를 나눌 수 있도록 한다.

VTS는 현재 VTS 웹사이트(https://vtshome.org)를 통해서 전 세계 미술관, 문화기관과 학교 등에서 VTS의 교육적 노력을 확장하고 있다. 예나윈은 2014년 『Visual Thinking Strategies: Using Art to Deepen Learning Across School Disciplines』라는 저서에서 초등학교의 다양한 과목에서 쓰기, 듣기, 말하기 등의 기술을 향상시키기 위하여 이미지를 어떻게 사용하고 있는지를 다루었으며 다양한 교과에서 리터러시를 신장시키기 위한 사례를 제시하였다.

(2) 맥락적 학습 모형

포크(John H. Falk)와 디어킹(Lynn D. Dierking)은 1992년 저서 『The Museum Experience』에서 뮤지엄의 학습과 행동에 대해 탐구하는 방식을 조직하기 위한 체계를 제안하면서 상호작용적 경험 모형(Interactive Experience Model)을 제안하였다(Dierking & Falk, 1992). 이후의 저서 『Learning from Museums』에서는 이전의 모형 이름을 맥락적 학습 모형(Contextual Model of Learning)이라고 수정하여 제안하였다(Dierking & Falk, 2000). 그들은 이 두 가지 저서가 상호 보완적인 방식으로 계획되었다고 이야기하며, 첫 번째 저서가 관람자의 경험에 대해 소개를 하고 있다면 두 번째 저서에서는 관람자의 학습과 의미 만들기와 같은 구체적인 경험에 초점을 맞추고 있다. 맥락적 학습 모형은 학습이 추상적인 경험이 아니라 실생활에서 일어나는 통합적인 경험으로 모든 학습이 일련의 상황 안에서 형성되는 것이라고 강조한다.

맥락적 학습 모형은 개인적 · 사회문화적 · 물리적 맥락이라는 세 가지 맥락 간의 상호작용의 과정이자 결과물이 바로 학습이라는 것이다(Dierking & Falk, 2000). 이러한 맥락들은 어느 것도 고정적이지 않으며 늘 변화한다. 학습은 이러한 맥락 간의 지

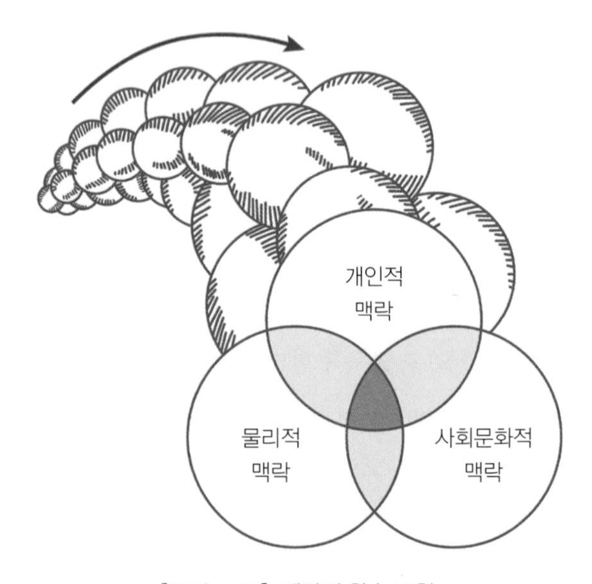

[그림 4-14] 맥락적 학습 모형

출처: Dierking & Falk (2000).

속적인 의미 구성을 위한 통합과 상호작용으로 인식해야 한다는 것이다. 물리적 맥락 속에서 개인적 맥락은 지속적으로 움직이며 이 모든 경험이 사회문화적 맥락을 통해 중재된다는 것이다. 즉, 시간이 흘러가며 이 세 가지 차원이 끊임없이 움직이는 것으로 이해할 수 있다는 것이다([그림 4-15] 참조).

뮤지엄에서 개인적 맥락은 뮤지엄 관람에 대한 개인의 동기와 기대, 개인으로 하여금 뮤지엄 관람으로 이끄는 지식이나 흥미, 그리고 신념, 뮤지엄에서의 학습의 개별화된 방법 등의 요소들로 구성된다(Dierking & Falk, 2000). 학습은 학습 동기와 감정적인 계기에 따라 형성되며, 개인적 흥미에 의해 촉진될 수 있으며, 새로운 지식은 이전의 경험과 지식에 바탕하여 구성된다고 볼 수 있다. 마지막으로 학습은 이를 표현할 적절한 맥락이 필요하다는 점을 생각하며, 뮤지엄에서 개인적 맥락을 고려해야 한다.

뮤지엄에서 사회문화적 맥락이란 관람을 함께 하는 다양한 사람과의 사회문화적 중재를 말하며, 사회문화적 중재는 관람 경험을 개인화하고, 학습을 촉진하는 데 결정적인 역할을 담당한다(Dierking & Falk, 2000). 뮤지엄은 관람자들이 학습 공동체에 참여할 수 있도록 지원할 필요가 있다는 것이다. 관람자들 간의 대화뿐만 아니라 정보를 얻고 전시와의 상호작용하는 방법을 파악하기 위하여 다른 사람들을 모델링한다는 것이다. 특히 하나의 실천 공동체로서 뮤지엄 사람들은 관람자들의 경험을 촉진하고 의미 있는 경험을 하도록 하는 데 중요한 역할을 담당한다.

뮤지엄에서 물리적 맥락이란 관람자가 뮤지엄의 공간에 적응시키고, 새로운 것을 탐구하고, 개념적으로 대비를 하거나 뮤지엄 환경에 감각을 익숙하게 하는 것과 관련된다(Dierking & Falk, 2000). 예를 들어, 뮤지엄은 오리엔테이션을 통해서 전시에 대한 개념적·공간적 미리보기를 제공함으로써 관람자들의 학습을 도와줄 수 있다는 것이다. 또한 전시 공간의 디자인은 전시에 집중하게 하고 주제를 탐구하게 한다.

디어킹과 포크는 앞의 세 가지 맥락과 관련된 여덟 가지 기본 요소를 제시하면서, 이 요소들이 뮤지엄 학습에 영향을 미친다고 주장하였다. 기본 요소들의 내용은 〈표 4-3〉과 같다(Dierking & Falk, 2000).

디어킹과 포크는 자유선택학습의 장인 뮤지엄에서 관람자의 경험과 학습의 폭을 확대하기 위한 세 가지 맥락을 논의함으로써 뮤지엄에서 경험과 학습을 다각도에서 바라보도록 하였다. 특히 자유선택학습의 공간으로서 뮤지엄은 다른 기관들과의 연합관계를 만들어 가고, 새로운 기술을 받아들여야 한다고 강조하였다.

표 4-3 디어킹과 포크의 맥락적 학습 모형

맥락	기본 요소	내용
개인적 맥락	동기와 기대들	뮤지엄에 대한 기대와 동기는 관람자의 학습을 강화한다.
	선행 지식, 흥미와 신념	뮤지엄 체험은 관람자의 선행지식, 흥미, 그리고 믿음 속에서 형성되고 영향을 받는다.
	선택과 조절	자유선택학습 장소로서 뮤지엄은 관람자에게 학습의 선택과 조절을 위한 풍부한 기회를 제공해야 한다.
사회문화적 맥락	집단 내에서의 사회문화적 중재	뮤지엄은 함께 방문하는 학습 공동체의 일원으로 정보를 공유하고 해석하며 의미를 만들어 가기 때문에 협력적 집단 학습을 위한 환경을 조성한다.
	타인에 의해 촉진된 중재	뮤지엄 관계자들과의 상호작용은 관람자의 학습 경험을 강화하거나 제한할 수 있다.
물리적 맥락	선행 조직자들과 오리엔테이션	일종의 선행 조직자인 오리엔테이션을 통해서 뮤지엄에 대한 개념적 · 공간적 미리보기를 제공함으로써, 관람자의 학습을 심화시킨다.
	디자인	전시공간 디자인은 전시에 집중하게 하고 주제를 탐구하게 한다.
	박물관 밖에서의 이벤트 및 체험의 강화	관람자의 뮤지엄 경험과 학습은 관람자의 연속적인 경험, 즉 관람의 전후 체험 속에서 강화될 수 있다.

(3) 구성주의와 미술관 교육

하인(Hein, G. E., 1932~)은 『Learning in the Museum』이라는 저서에서 여러 가지 학습이론의 관점에서 박물관에서 관람자의 학습을 연결 지어 설명하였으며, 특히 구성주의 견해를 중심으로 박물관과 관람자의 상호작용 양상을 심도 있게 설명하였다(1998). 학습에 대한 구성주의의 관점은 학습자가 이미 알고 있는 지식과 연결시킬 때 학습이 이루어진다는 것이다. 다시 말하면, 관람자가 자신의 경험을 바탕으로 작품을 바라보며 의미를 해석하고 교육활동에 참여하도록 해야 한다는 것이다. 하인은 구성주의적 접근에서 관람자가 알고 있는 것과 새로운 것을 연계시킬 수 있도록 몇 가지 구체적인 제안을 하였다(Hein, 1998).

첫째, 박물관이라는 장소와의 연결고리 만들기이다. 관람자에게 이동의 자유, 편안함, 자신감 등을 느낄 수 있도록 규모를 줄이거나 친숙한 환경을 제공하도록 한다.

둘째, 오리엔테이션 지원하기이다. 관람자들의 성공적 경험을 위해서는 오리엔테이션이 중요하며, 전시에 참여하기 전에 오리엔테이션을 제공함으로써 관람자들이 자신의 위치와 서비스의 상태, 그리고 어디로 향하는지 등에 대해 알도록 함으로써 뮤지엄 리터러시를 강화할 수 있다. 셋째, 개념적 접근성 높이기이다. 낯선 전시물을 낯익게 만들기 위하여 관람자들에게 익숙한 사물을 함께 전시하거나 일상의 삶과 연관된 자료나 프로그램을 전시함으로써 관람자들이 자신의 의미를 만들 수 있는 조건을 제공할 필요가 있다.

구성주의에 기반한 미술관 교육의 특징은 다음과 같다(안금희, 양윤정, 김재경, 2001).

첫째, 관람자의 선행 지식이나 경험과의 연계성을 강조한다. 선행 지식, 즉 한 상황에서 학습자가 갖고 있는 모든 생각, 의미, 개념의 중요성은 앞으로 일어나게 될 학습을 매개하는 중요한 요소이다. 익숙한 것과 관련짓지 않고 무엇을 배운다는 것은 매우 어려울 뿐만 아니라 거의 불가능할 것이다. 관람자가 지적 안락감을 갖도록 하기 위해서 관람자들이 이해할 수 있는 일상적인 용어와 자료를 사용하여 생소한 대상을 그들의 일상 삶이나 문화와 연관 지을 수 있도록 한다.

둘째, 관람자의 다양한 학습 양식의 수용을 강조하며, 다양한 자료나 매체를 사용한다. 가드너의 다중지능이론과 같이 관람자들의 다양한 학습 양식을 수용하기 위하여 관람자가 교육적 경험을 만들어 가는 데 적극적으로 참여할 수 있도록 한다. 예를 들어, 글로 쓰인 설명판뿐만 아니라 청각적인 정보를 사용하거나 전시물에 따라 조도를 달리하는 등 다양한 접근을 꾀할 수 있다.

셋째, 구성주의 미술관은 사회적 상호작용을 강조한다. 전시실에서 관람자들 간의 상호작용은 관람자들의 다양한 개인적 경험과 더불어 보다 풍부한 해석적 경험을 할 수 있도록 한다. 전시와 관련하여, 미술가와의 대화 시간을 갖는다거나 전시를 관람한 후 웹사이트와 같은 가상공간에서 관람자들이 서로의 의견을 공유할 수 있도록 하는 것도 중요하다.

넷째, 구성주의에 기반한 미술관은 반성적 사고 혹은 자아 성찰적 실천을 강조한다. 인간은 의미의 적극적인 구성자로서 당연한 것에 대해 질문하고 분석하고 대안을 찾아보고자 한다. 예를 들면, 전시를 보고 난 후 자신의 느낌을 표현할 수 있는 기회를 갖도록 함으로써, 자신의 학습과정과 경험에 대한 의미를 새롭게 구성하고 논리적으로 자신의 생각을 제시한다. 이러한 관람자나 학생들의 반응은 다음 전시나 교육 프로그램을 기획하는 데 매우 중요한 자료가 될 것이다.

(4) 참여적 박물관

니나 사이먼(Simon, N.)은 『The Participatory Museum』이라는 저서를 통해서 뮤지엄에서의 참여의 의미를 심도 있게 논의하였다(2010). 사이먼은 "박물관의 운영 프로세스에 직접 개입하는 능동적이고 창조적 생산으로서 적극적인 경험"을 제공하기 위해, 즉 대중을 문화적 참여자로 만들기 위해서 박물관이 그 기능을 수행해야 한다고 하였다(Simon, 2010: 23). 관람자의 능동적이며 창조적 생산자로서의 경험을 제공한다는 것은 미술관이 전시 콘텐츠를 완성된 형태로 제공하는 것이 아니라 전시의 준비와 수행 과정에 관람자들이 작품에 대한 자신의 느낌과 생각을 적극적이며 자발적으로 만들도록 하며, 다른 관람자들과 이를 공유하도록 하는 창조적이며 생산적인 맥락을 제공해야 한다는 것이다.

사이먼은 참여의 의미를 개인적 참여에서 사회적 참여로 단계를 구분하고, 참여적 박물관은 개인적 참여에서 사회적 참여로의 확장을 가능하게 한다고 주장하였다(Simon, 2010). 참여적 박물관에서 사회적 참여의 단계별 내용을 살펴보면 다음과 같다(Simon, 2010: 64).

- **1단계**: 개인 관람자가 원하는 콘텐츠를 제공한다. 관람자는 자신이 찾은 전시에서 관심 있는 작품을 보고, 작품 관련 정보를 읽으며 자신이 찾고자 하는 콘텐츠에 접근한다.
- **2단계**: 개인 관람자가 콘텐츠와 상호작용한다. 관람자가 작품에 대해 질문을 할 수 있는 기회를 제공하거나 특정한 활동을 하도록 기회를 제공한다.
- **3단계**: 관람자의 개인적 상호작용이 집합적으로 네트워킹된다. 관람자들의 관심과 행동이 사회적 집단 속에 포함되는지를 알 수 있도록 한다. 예를 들어, 전시와 관련하여 관람자들이 의견을 낼 수 있는 기회를 제공한다.
- **4단계**: 개별 상호작용이 사회적 활용을 위해 네트워킹된다. 더 나아가 관람자와 다른 관람자들이나 박물관 운영자를 연결하고 콘텐츠와 활동에 대한 관심을 공유하게 한다.
- **5단계**: 개인이 다른 이와 사회적으로 교류하게 된다. 박물관 · 미술관 전체가 사

표 4-4 참여적 박물관의 사회적 참여 5단계

단계	내용	
5단계	개인들이 서로 사회적으로 교류한다.	우리
4단계	개인적 상호작용들이 사회적 활용을 위해 네트워킹된다.	
3단계	개인적 상호작용들이 집합적으로 네트워킹된다.	↑
2단계	개별 관람자가 콘텐츠와 상호작용한다.	
1단계	개별 관람자가 콘텐츠를 소비한다.	나

출처: Simon (2010: 64).

회적 플랫폼으로 인식되며 다양한 흥미와 도전, 그리고 관점을 가진 사람들과 교류하는 사회적 장소로 느껴지도록 한다.

1~4단계를 제공함으로써 5단계의 경험을 제공하기 위한 환경을 일관되게 설계할 수 있다. 다만 관람자에 따라서 5단계로 쉽게 나아갈 수 있는 사회적인 관람자가 있는가 하면 어떤 관람자는 3단계를 넘지 않는 것이 가장 편안하게 느낄 수도 있다. 모든 전시와 교육이 상위 단계 경험만을 위해 설계되어야 한다는 것은 아니다. 대부분의 박물관과 미술관이 1~2단계의 경험을 제공하고 많은 관람자가 이러한 경험에 만족할 수 있지만 3~5단계의 경험을 도입함으로써 잠재적 관람자에게 또 다른 의미 있는 경험을 제공할 수 있을 것이다.

표 4-5 사회적 참여 단계 사례

가이드 투어로 역사적 가옥을 방문한 경험을 생각해 보자. 관람자가 물건을 보고 집에 대한 정보를 배울 수 있는 1단계 체험이 많이 있다. 관람자가 물건을 만지고, 질문하고, 개인적인 관심사를 파헤칠 수 있는 2단계 기회가 있다. 많은 관람자가 낯선 사람들과 함께 유서 깊은 가옥을 둘러보기 때문에 3~5단계에서 체험할 수 있는 가능성이 있다. 가이드는 개인에게 가장 살고 싶은 방에 투표하도록 요청하고 집단의 다른 사람들과 비교하도록 한다(3단계). 가이드는 예를 들어, 하인의 삶에 특별한 관심을 가진 사람들의 하위 집단이 해당 관심과 관련된 유물에 대해 서로 대화하는 데 시간을 보내도록 할 수 있다(4단계). 그리고 최고의 가이드는 집단이 긴밀한 팀처럼 느껴지도록 할 수 있다.

출처: Simon (2010).

사이먼(2010)은 역사적 가옥의 가이드 투어 이외에도 사회적 참여를 위한 방법을 제안하였다. 예를 들어, 3단계와 관련하여 가옥의 평면도를 준비하고 '가장 좋아하는 방에 투표하기' 활동의 일환으로 좋아하는 방에 핀을 꽂는 방법을 제공하거나, 4단계의 상호작용을 위해서 전시 공간에 오디오 녹음이나 편지 쓰기 스테이션을 제공하고 관람자들이 다른 관람자들과 개인적인 기억을 공유할 수 있도록 한다.

박물관의 사회적 기능을 강조한 사이먼은 사회학자 엥게스트롬(Engestrom, J.)의 활동이론(activity theory)에서 사회적 객체와 객체중심 사회성이라는 개념을 사용하며 전시에서 전시물을 사회적 객체로 활성화하기 위한 다섯 가지 설계기법을 제안하였다(Simon, 2010).

첫째, 관람자에게 질문하고 반응 공유하기이다. 관람자에게 전시물에 대한 개인적 몰입, 관람자 간의 대화 장려, 운영자가 전시에 대한 관람자의 반응이나 정보를 얻기 위한 질문 등 다양한 유형의 질문이 가능하며 이러한 반응을 공유하도록 한다. 둘째, 투어와 보조원을 활용한 사회적 경험 활성화하기이다. 관람자와 작품 간의 사회적 경험을 독려하기 위해서 투어, 시범, 퍼포먼스 등의 상호작용을 제공하는 것이다. 셋째, 자극적인 전시 설계하기이다. 전시를 통해서도 전시물의 사회적 상호작용을 높일 수 있다. 대조적인 혹은 서로 다른 작품을 비교 전시함으로써 사회적 대상으로 활성화시킬 수 있다. 넷째, 관람자의 사회적 참여를 명확하게 지시하기이다. 관람자가 어떠한 방식으로 참여할지를 구체적이고 명확하게 지시함으로써, 관람자의 사회적 참여를 높일 수 있다. 다섯째, 사물을 온·오프라인에서 공유 가능하게 만들기이다. 전시물의 공유를 활성화하기 위해 온·오프라인 영역으로 확장할 필요가 있다.

사이먼의 참여적 박물관에서 기존의 전통적인 박물관과 관람자 간의 관계에 대한 대안적 관점을 잘 드러내 주는 '참여'라는 개념을 제안하였다. 즉, 미술관이 지식이나 정보를 일방향적인 방식으로 관람자들에게 제공하거나 전달하는 것이 아니라 참여적 박물관이라는 개념을 통해서 관람자들의 능동적·자발적 참여를 강조하고, 관람자들과 미술관 혹은 관람자들 간의 소통, 그리고 의미 창출자와 생산자로서 관람자를 인식하도록 한다는 점에서 시사하는 바가 크다.

3) 어린이미술관의 전시와 교육 사례

2022 전국 문화기반시설 총람(문화체육관광부, 2022)에 따르면, 2015년 202개의 미술관에서 2022년 285개의 미술관으로 시설이 꾸준히 증가되고 있다. 대다수의 미술관이 전시뿐만 아니라 체험, 강좌, 답사 프로그램 등을 운영하고 있다. 미술관은 학교라는 제도적 교육기관과는 달리 독특한 특징을 지닌 기관이다. 여타의 교육 혹은 문화기관과 비교해 볼 때, 박물관 · 미술관만이 가진 교육의 특성은 다음의 세 가지로 정리할 수 있을 것이다(양지연, 2002: 37-39; 이주연 외, 2020에서 재인용: 271-272).

- **평생교육으로서의 박물관 · 미술관 교육**: 박물관 · 미술관 교육 프로그램은 평생교육 기관으로서의 박물관의 의미를 반영해야 한다. 현대사회에서는 평생교육의 중요성을 문화교육에서 찾는데, 박물관 · 미술관은 양질의 문화예술교육을 제공할 수 있다는 점에서 평생교육에서 핵심적 역할을 할 수 있다. 특히 박물관 · 미술관의 비형식적인 학습환경은 학교교육과는 다른 학습을 촉진시킬 수 있다는 것이다. 여기서 비형식적인 학습이란 학습자의 자유롭고 자발적인 참여, 교육 방식 및 과정의 비정형성, 기관에 따른 융통성, 학습의 시공간적 제약이 없는 점 등을 특징으로 한다. 따라서 박물관 · 미술관 교육은 놀이와 학습의 융합, 학습자의 주체적 자세와 태도 확립, 통합적 사고 등과 같은 특성을 기반으로 하여 보다 자유롭고 융통성 있는 학습이 이루어질 수 있는 환경을 제공한다.
- **여가 활용 차원의 박물관 · 미술관 교육**: 대부분의 박물관 · 미술관 관람은 여가 활용을 위한 동기에서 출발하는 경우가 많다. 동시에 관람자들은 박물관 · 미술관에서의 여가활동을 통해 새로운 것을 배우는 교육적인 경험을 추구하는 성향이 있다(Hood, 1983; 양지연, 2002에서 재인용). 즉, 박물관 · 미술관에서의 교육과 여가는 별개의 것이 아니라 서로 밀접히 결합된 것으로 에듀테인먼트(edutatinment)이어야 한다는 것이다.
- **실물기반 학습**: 박물관 · 미술관이 다른 교육 및 문화 기관과 구분되는 점은 바로 사물(object)을 수집하고 이를 기반으로 전시, 연구 및 교육을 하는 기관이라는 점이다. 박물관 · 미술관에서 여러 감각기관을 통해 실물/원작을 체험하고 이를 기반으로 학습을 하는 것은 박물관 · 미술관만의 독특한 특징이자 장점이라 할 수

있다. 실물/원작을 감상하면서 새로운 지식을 발견하고 의미를 해석하는 과정에서 여러 가지 학문 영역은 자연스럽게 통합된다. 따라서 박물관 · 미술관의 교육 프로그램은 소장품과 전시를 기반으로 한 교육으로 그 특색을 살려야 한다.

미술관 교육이 이제는 교육 프로그램에만 국한되는 것이 아니라 전시와 교육을 통합적으로 접근하는 사례에서도 찾아볼 수 있다. 특히 국내 어린이미술관 사례는 전시와 교육의 통합적 접근을 보여 주는 대표적인 사례라고 할 수 있다.

(1) 국립현대미술관 어린이미술관

1995년 국립현대미술관에서는 어린이를 대상으로 한 교육 프로그램을 시범적으로 운영하기 시작하였으며, 1997년 국립 기관 최초로 어린이미술관을 개관하였다. 2007년부터는 어린이미술관에서 전시와 체험이 공존하는 체험형 공간으로 운영하기 시작하였다. 특히 2016년 '미술관을 멋지게 즐기는 5가지 방법' 전시에서는 미술관의 대

표 4-6 국립현대미술관 어린이미술관 '미술관을 멋지게 즐기는 5가지 방법' 전시 내용

구성		내용
수집	미술관 작품의 이야기를 듣다	미술관의 소장품이 무엇인지 이해하고 수집의 과정과 기준을 살펴본다. 전시실에 준비된 다양한 일상 물건을 작은 박스에 담아 사진으로 찍어 커다란 스크린에 올리는 체험활동을 제공한다.
조사와 연구	작품 속 이야기와 만나다	작가의 작품을 감상하며 작품이 제작되기까지의 과정과 아이디어, 제작방법, 재료 등을 감상하는 공간이다.
전시	전시의 의미를 이해하다	전시는 큐레이터의 기획에 따라 같은 작품이라도 다른 주제와 내용으로 기획될 수 있다. 같은 작품이 다른 주제의 전시에 기획된 사례를 제공한다.
보존	오랫동안 작품을 감상할 수 있는 방법	작품의 본래 모습을 지키기 위한 미술관의 노력을 이해하고 보존과 복원 경험을 직접 체험해 볼 수 있는 공간이다.
즐기는 방법	우리가 미술관을 즐기는 방법	미술관을 즐길 수 있는 여러 가지 탐색 도구(공간과 시간, 색과 모양, 어둠과 빛, 소리와 냄새 등)를 가지고 전시에서 새롭게 알게 된 내용을 기록하는 활동을 제공한다. 공간을 보는 다양한 방법을 경험해 보도록 한다.

출처: 국립현대미술관 웹사이트(https://www.mmca.go.kr/exhibitions/exhibitionsDetail.do?exhFlag=3).

[그림 4-15] 국립현대미술관 어린이미술관 수집 전시 공간
출처: https://www.mmca.go.kr/exhibitions/exhibitionsDetail.do?exhFlag=3

표적인 기능인 수집, 보존, 조사, 연구, 전시, 교육 등의 미술관 활동을 이해할 수 있도록 체험 공간을 함께 제공하였다. 2016년 전시에 이은 2017년 전시의 구성은 앞의 〈표 4-6〉과 같다.

'미술관을 멋지게 즐기는 5가지 방법' 전시가 갖는 의미는 미술관의 전시와 교육이 작품중심에서 벗어나서 미술관의 여러 기능에 대한 이해를 기반으로 미술관 문화를 이해하고 체험할 수 있도록 한 점이 특징적이라는 것이다. 작품 이면의 수집, 전시, 보존 등의 여러 가지 이야기는 미술관을 보다 총체적인 각도에서 이해할 수 있도록 한다.

(2) 서울시립 북서울미술관 어린이갤러리

서울시립 북서울미술관 어린이갤러리는 2013년 개관하여 중견작가의 개인전을 중심으로 어린이를 위한 전시와 체험 프로그램을 진행하고 있다. 동시대 미술에 대한 시각적 문해력을 중시하며 작가와 협업하여 체험적 요소를 개발해 왔다. 어린이갤러리 전시의 특징은 다음과 같다.

첫째, 작업과정을 중심으로 작가와 협업하는 교육 전시를 들 수 있다. 작가의 작업과정과 결과물이 일종의 교육적 모델로서의 역할을 하며, 작가뿐만 아니라 다양한 분야의 전문가와의 협업을 통해서 교구와 프로그램을 제작한다.

둘째, 체험형 작품으로서 전시 공간의 활용으로 전시와 교육의 융합적 경험 강화를 들 수 있다. 어린이갤러리는 공간 자체가 체험형 작품으로 보이도록 함으로써 전시

[그림 4-16] 잭슨홍의 사물탐구놀이 중 〈사과동산〉 전시 전경
출처: https://sema.seoul.go.kr/kr/whatson/exhibition/detail

와 교육이 융합된 새로운 공간을 제공하고 있다. 잭슨홍의 사물탐구놀이 전시 중 〈사과동산〉에서는 어린이들이 커다란 크기, 색과 질감이 다양한 사과를 감각적으로 체험할 수 있도록 하였다([그림 4-16] 참조).

(3) 현대어린이책미술관

국내 최초로 책을 주제로 한 어린이미술관으로, 6,000여 권의 국내외 우수 그림책이 있는 열린 서재 공간을 갖고 있으며 기획전시와 전시 연계 프로그램을 제공하고 있다. 현대어린이책미술관의 특징은 다음과 같다.

첫째, 그림책을 매개로 문학과 예술의 융합교육을 들 수 있다. 구성주의와 레지오 에밀리아 교육이론을 바탕으로 세계시민으로 성장하기 위해 필요한 교육 콘텐츠를 개발하고 있다. 책이 지닌 문학적 요소(linguistic literacy)와 예술적 요소(visual literacy), 미술관 총체적 경험(cultural literacy)에 따른 미술관 교육철학을 중심으로 어린이가 다양한 리터러시를 경험할 수 있는 교육을 기획하고 있다. 전시 연계 교육은 어린이의 연령에 맞추어 놀이, 체험, 감상, 탐구, 비평, 표현 등의 활동으로 개발한다. 또한 전시실 옆 MOCA랩 공간은 어린이들의 창작 공간으로 운영되고 있다.

둘째, 어린이 친화적인 공간 디자인으로 전시와 교육의 융합을 들 수 있다. 〈얼굴〉 전시에서는 얼굴 모양의 전시장 입구를 만들어 이곳을 통과하며 새로운 전시 공간으로 들어가는 느낌을 주어, 전시에서의 신선한 경험을 자극하도록 하였다. 이처럼 어린이미술관에서 공간은 단순히 작품이 걸리는 공간이 아니라 어린이들의 미술관 경

[그림 4-17] 〈얼굴〉 전시 전경
출처: https://www.hmoka.org/diary/albums/view.do?st_cd=480&seq=132&page=1

험이 시작되고 강화하는 중요한 요소 중 하나임을 잘 보여 준다([그림 4-17] 참조).

(4) 경인교육대학교 대학미술관 지누지움[2)]

오래전부터 대학교의 박물관은 유물 발굴과 연구뿐만 아니라 지역사회를 위한 전시와 교육 프로그램을 제공해 왔다. 대학 박물관 수에 비해 많지는 않지만 대학 미술관 역시 연구와 전시뿐만 아니라 교육을 확대해 나가고 있다. 다음은 대학교가 지닌 전문성을 바탕으로 지역 주민의 문화예술 경험을 확대한 사례이다.

지누지움에서는 참여와 소통이라는 키워드를 중심으로 2018년부터 기획전시를 통해서 지역의 학생들을 대상으로 단체관람 및 주말 프로그램을 운영하고 있다. 2018년 5월에 열린 〈프롬 더 비기닝(From the Beginning)〉 전시는 경인교육대학교와 인천문화재단 공동기획 전시로 지누지움 개관을 기념하며 새로운 시작이라는 주제로 기획되었다. 안금희(2018a)는 교내 구성원과 지역 주민들이 예술을 함께 나누고 참여와 소통을 하는 교육적 플랫폼으로서 대학 전시의 새로운 역할을 강조하였다. 이 전시에서 특징적인 점은 대학교의 구성원과 지역 주민의 참여와 소통을 위해서 "우리들의 이야기, '시작'"이라는 일반인들의 감상문을 작품 설명으로 함께 전시하는 프로젝트이다(안금희, 2018a). 지역 초등학생, 지역 주민, 그리고 대학교의 학생과 교수 및 직

2) 이주연 외(2020), 273~276쪽의 내용을 부분적으로 발췌 및 수정하였다.

담벼락 넘어 놀이동산의 기쁘고 즐거움이 가득한 세상과 담 하나 사이를 둔 반대편 풍경은 어지러움과 슬픔, 노여움으로 비친다. 하늘을 날아 돌아가는 놀이기구에 가슴 깊이 담긴 욕망을 담고 높이 올랐다가 내려오면 뜻을 이루지 못한 허무함과 공허함, 슬픔이 밀려오는 듯하다. 다람쥐 쳇바퀴 돌 듯 살아가며 전깃줄처럼 이리 엉키고 저리 엉킨 어지러운 우리의 두 삶을 대조적으로 조용히 표출해 내는 것 같다(지역 주민 S, 2018).

[그림 4-18] '프롬 더 비기닝' 전시의 우리들의 이야기, '시 작' 사례

원 등 총 200여 명이 참여하였으며, 그중에서 17명의 비평문이 선정되었다. 참여자들은 작품을 자세히 감상하고 개인적인 경험과 느낌을 연결하여 작품의 의미를 작성하였다. 일반인들의 비평문은 전시실에 작품과 나란히 전시됨으로써 미술, 참여자, 그리고 관람자 간의 흥미로운 소통의 기회를 제공하였다. [그림 4-18]은 이영욱 작가의 작품 〈도시가 꿈꾸었던 그 꿈은 무엇인가〉의 전시 장면으로 지역 주민의 글이 제시되어 있다(안금희, 2018a).

이렇게 일반인들의 텍스트를 전시에 들여온 것은 미술관과 관람객 간의 관계를 새롭게 보여 주고 있는 것이다. 미술관이 하나의 해석, 즉 미술관의 해석만을 보여 주는 것이 아니라 일반인들의 해석을 나란히 붙여 놓음으로써 작품에 대한 다양한 관점을 제공하였다는 점에서 의의가 크다.

(5) 영국 내셔널 갤러리의 〈Take One Picture〉 프로젝트[3)]

영국 내셔널 갤러리에서는 매년 〈Take One Picture〉 프로젝트를 통해 초등학교를 대상으로 국가 교육과정에 기반한 융합적 프로젝트를 제안하고 있다. 매년 내셔널갤러리의 소장품 중에서 한 작품을 선정하고 교사들이 다양한 교과 융합적 접근으로 프로젝트를 수행하고 프로젝트의 결과물을 제출하여 전시하는 과정으로 진행된다([그림 4-19] 참조).

3) 내셔널 갤러리 〈Take One Picture〉(출처: https://www.nationalgallery.org.uk/learning/take-one-picture)

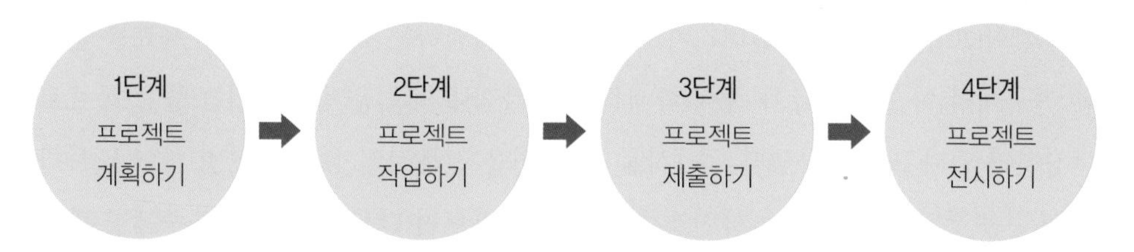

[그림 4-19] 〈Take One Picture〉 프로젝트 단계

1단계 프로젝트 계획하기에서 교사들은 내셔널 갤러리에서 제공하는 교사 대상의 온라인 교육 프로그램에 자발적으로 참여할 수 있으며, 교사 워크숍이 어려운 경우, 작품에 대해 제공하는 온라인 교재를 제공하고 있다.

2단계 프로젝트 작업하기에서는 아동이 주도적으로 탐구하도록 하며, 이러한 과정에서 학생들이 작품으로부터 영감을 받는 새로운 과정을 학습하는 기회를 제공한다. 특히 이 프로젝트는 여러 교과과정을 의미 있게 연결 짓는 방식으로 수행하며 지역사회의 사람들과 장소를 연계하도록 한다. 프로젝트 결과를 제출하고자 하는 경우 진행과정을 문서화하고 작업 사진과 학생들의 글이나 말을 기록하여 함께 제출한다.

3단계 프로젝트의 결과물을 제출하여 전시하고자 하는 경우, 프로젝트의 과정과 결과에 관한 자료를 제출하며, 전시회의 선정 여부에 따라 전시될 수 있다.

4단계 프로젝트의 전시는 내셔널 갤러리에서 매년 여름 열린다([그림 4-20] 참조).

[그림 4-20] 2023년 〈Take One Picture〉 프로젝트의 전시 장면: 베르네, 〈폭풍우 치는 바다의 난파선〉 작품에서 어린이들이 어떠한 영감을 받았는지를 보여 주는 전시 장면

출처: https://www.nationalgallery.org.uk/exhibitions/past/take-one-picture-2023/explore-the-2023-exhibition

최성희(2015)는 내셔널 갤러리가 온라인으로 제공하는 작품감상 활동 자료를 분석한 연구에서 이 프로젝트가 참여 학생들의 시각적 문해력을 증진시키는 중요 목표로 설정하고 있다고 분석하였다. 즉, 작품 속 장면을 전문적인 용어와 설명 없이 묘사하는 훈련을 통해서 학생들이 자연스럽게 그림을 읽으며 단서를 발견하고 주제를 파악할 수 있는 시각적 문해력을 기를 수 있도록 설계되었다고 이야기한다. 또한 이 프로젝트가 학생들의 상상력과 창조성의 발현에 지속적인 관심을 갖고 있다고 파악하였다. 주관적인 반응을 요구하는 질문의 확장을 통해서 창조성을 높이도록 했다는 것이다.

4) 미술관 교육의 연구 동향

미술관 교육의 연구는 유럽과 미국 미술관들에 의해서 20세기 초부터 활발히 진행되면서 점차 미술관의 교육적 입장을 강조하는 방향으로 미술관 교육의 실천이 변화하고 있다. 미술관 교육을 미술관의 독특한 문화 안에서 이루어지는 경험의 총체로 인식하고, 미술관에서 관람자의 경험을 연구하기 시작하였다. 아이즈너와 도브의 연구(Eisner & Dobb, 1986)가 대표적이며, 미술관 교육의 관점에서 관람자 연구를 수행하였다. 또 다른 예로는 1987년 게티 센터와 게티 미술관(The J. Paul Getty Museum)의 지원으로 진행된 흥미로운 실험연구(Walsh & Duke, 1991; 이주연 외, 2020에서 재인용)가 있다. 11곳의 미술관이 참여하여, 관람자들이 어떻게 미술관에서 미술에 대한 경험을 구성해 나가는가에 관한 정보를 수집하였다. 일반적으로 관람객들의 인구통계적 연구를 강조했던 1970년대와는 달리, 이 연구는 실험 집단 연구방식을 통해 11곳의 미술관에서 10명의 관람객 집단과 10명의 비관람객 집단을 대상으로 연구하였다. 먼저 관람객의 미술관 경험과 비관람객의 미술관에 대한 기대에 관하여 토의하고 난 후 모든 참여자가 미술관을 관람하고 다시 모여 토론을 하였다. 인터뷰에서 모든 참여자는 미술관 경험이 의미 있었다고 하였으나 미술관의 정보와 그 배치가 혼란스러웠으며, 내용이 부족하다고 이야기하였다. 또한 미술관을 관람하지 않는 데는 한 가지 이유만 있는 것은 아니라는 점 등을 알 수 있었다. 결론적으로 미술관은 미술관의 사람들과 관람자의 미술에 관한 관점이 매우 다르다는 점을 인식하게 되었다. 이를 계기로 미술관들은 관람자의 경험과 앎의 방식을 새롭게 인식하게 되었으며, 실제적으로 미술관에 변화를 가져오는 계기가 되었다(Walsh & Duke, 1991; 이주연 외, 2020에서 재인용).

국내 미술관 교육에 관한 연구들 중에는 미술관과 관람자 간의 관계와 관람자의 역할을 새롭게 도모하고자 하는 연구들이 눈에 띈다. 도슨트와 관람자, 그리고 관람자 간 대화에 주목하고 이러한 상호작용에서의 특징을 분석하는 연구는 미술관과 관람자 간의 관계를 재인식하도록 한다. 신지혜와 손지현(2016)은 초등학생 관람자의 대화 분석을 통해 작품을 지각하고 의미를 형성하는 과정에서 대화의 특성과 미적 발달 단계를 파악하는 것을 목적으로 분석하였다. 이 연구에서 초등학생 관람자들은 정서적 대화와 지각적 대화를 주로 하였으며, 작품의 난이도에 따라 이들이 개념적 대화와 평가적 대화로 나아가기 위해서는 조력이 필요하다고 하였다. 관람자를 도와주는 방법으로는 감상방법에 대한 안내, 해석적 라벨, 관람자 참여 공간, 게임 등을 제안하였다.

이혜진(2016)은 우리나라 미술관 중 15개 미술관을 대상으로 도슨트와 관람객, 관람객과 작품, 관람객들 사이에서 이루어지는 상호작용을 분석하였다. 도슨트와 관람객 간의 대화중심 분석을 위해서는 도슨트의 질문 횟수와 질문의 유형을 분석하였다. 관람객 간의 상호작용을 위해서는 관람객 간의 의견 교환 시간 등이 주어지는지를 관찰하였다. 작품과 관람객 간의 상호작용을 위해서는 도슨트가 관람객에게 작품을 보며 혼자 생각할 시간을 주는지 여부 등을 관찰하였다. 연구 결과로는 성인 도슨트 프로그램에서 상호작용의 부족, 개방형 질문을 통한 관람자의 다양한 사고 진작 필요, 성인과 어린이 프로그램 간의 차이 등을 논의하였다. 이 연구에서는 개방적 질의를 통해서 관람자의 자유로운 해석을 진작시키기 위한 대화중심교육이 더 많이 이루어져야 함을 강조하였다.

정혜연(2023)은 미술관의 라벨에 관한 흥미로운 연구를 통해서 라벨의 역할에 대해 논의하였다. 미술관은 관람자들이 자신을 발견하고 상호작용을 하도록 하기 위해 소장품과의 연결고리를 제공하고자 노력하고 있다. 이를 위한 기본적인 방법이 바로 작품의 라벨이라는 것이다. 이탈리아의 브레라 회화관의 가족 라벨의 사례를 분석하였는데, 미술사적 · 사회문화적 맥락을 제공하는 일반 라벨과 달리 가족 라벨은 작품을 해석하도록 자극하기 위하여 작품의 사물이나 사람에 주목하도록 한다는 것이다. 가족 라벨은 관람자가 자신의 정체성을 성찰할 수 있는 문장과 정답이 없는 질문을 제공하고 이러한 과정에서 가족들이 스스로의 내러티브를 만들어 가도록 한다.

밸런스(Vallence, 1995; 이주연 외, 2020에서 재인용)는 미술관에서 제공하는 모든 것이 일종의 '체계적 이미지의 공공 교육과정(The Public Curriculum of Orderly Images)'이라는 포괄적인 개념으로 미술관 교육을 바라보았다. 다시 말하면, 미술관이 제공하는 모든 것—전시작품, 전시된 순서, 전시실, 강연회, 투어, 워크숍과 그 외 프로그램을 통한 정보, 출판물—이 바로 '체계적 이미지의 공공 교육과정'이라는 것이다. 먼저 공공 교육과정이란 시각적 이미지로 표현되고, 미술관에 들어서는 모든 사람에게 작용하는 비형식적이며 임의적으로 경험하게 되는 지식의 구조라는 것이다. 또한 이러한 공공 교육과정에 노출되는 사람들은 다양한 연령과 배경을 가진 관람자들이며, 이들은 전혀 예상할 수 없는 방식으로 미술관 전시 공간이 제시하는 '텍스트'를 '학습'한다는 것이다. 즉, 미술관이 제공하는 다양한 설명판, 투어, 특정 강연회, 팸플릿을 통하여 관람객들의 경험을 제한하게 된다. 그렇지만 미술관이 관람자들의 경험을 일방적으로 통제해야 한다는 것은 아니다. 다만 미술관 교육자는 미술에 관해 가능한 한 많은 관점을 제공하고 관람자 자신의 관점이나 경험 등을 바탕으로 관람자들이 스스로 해석할 수 있는 능력을 키우도록 도와주어야 한다는 것이다(Vallence, 1995; 이주연 외, 2020에서 재인용).

2020년 코로나19 위기는 미술관의 전시와 교육에 있어서 획기적인 변화를 요구하기에 이르렀다(이주연, 2020). 미술관에서 소장품의 디지털 자료를 제공할 뿐만 아니라 전 세계 사람들이 온라인 커뮤니티를 조성할 수 있는 환경이 펼쳐졌다(강인애, 설연경, 2010).

구보경(2018)은 소셜플랫폼과 인터넷 기술의 발전에 따라 미술관은 관람객들의 참여를 이끌어 내기 위하여 놀이와 학습을 함께할 수 있는 콘텐츠 기반의 프로그램과 환경을 제공하고 있다고 언급하며, 이러한 모바일 기반 소통이 미술관 관람의 질적 다양성을 제공하며 나아가 의미 있는 미술관 경험을 제공할 수 있다는 점을 강조하였다. 예를 들어, 미술관에서 사진찍기와 셀피라는 현대의 대중문화를 이해하고 이를 활용한 가이드라인을 제공함으로써 청소년 관람자에게 다가갈 수 있는 방법을 제안하였다.

2020년 코로나19 이후 국공립미술관을 중심으로 다양한 온라인 교육 프로그램이 활발하게 이루어졌다. 심영옥(2020)은 국립 박물관과 미술관의 온라인 플랫폼 사례

를 분석하여 국가 수준의 운영기준과 지원 체계가 필요하다고 강조하였다. 이은적(2020)은 코로나19에 따른 학교와 미술관의 변화된 디지털 환경 속에서 학교 연계 미술관 교육의 구체적인 방안을 제안하였다. 즉, 교과역량과 관련지어 학교와 미술관 연계 교육의 활성화 방안을 다음과 같이 제안하였다.

- **미적 감수성을 위한 미술관 교육**: 학교와 미술관 연계 교육은 디지털 문화 콘텐츠의 활용과 디지털 감성을 확장할 수 있어야 한다.
- **미술문화 이해능력을 위한 미술관 교육**: 학교와 미술관 연계 교육은 미술관의 디지털 아카이브 활용을 통해 미술문화의 맥락적 지식을 제공할 뿐만 아니라 접근의 용이성을 제공해야 한다.
- **시각적 소통능력을 위한 미술관 교육**: 학교는 미술관의 디지털 교육 자료와 프로그램을 활용하여 시각적 소통능력을 향상해야 한다. 관람자가 스스로 해석하고 자신의 관점에서 의미 만들기를 구현할 수 있도록 해야 한다.
- **창의 · 융합 능력을 위한 미술관 교육**: 미술관의 디지털 기술과 환경을 조사하고 현대 창조산업의 중요성, 디지털 전시 방식과 기술적 · 미학적 특징 등을 이해할 수 있도록 한다.

이제 미술관의 디지털 콘텐츠를 제공할 수 있는 플랫폼으로서 가상미술관은 많은 미술관에서 운영 중에 있다. 김은희와 박재연(2023)은 미술관 온라인 콘텐츠를 학습 형태에 따라 〈표 4-7〉과 같이 구분하고 사립 미술관 온라인 콘텐츠를 분석한 결과, 지식전달형이 대부분을 차지하였다는 것을 파악하였다. 온라인 콘텐츠가 지닌 소통과 공유를 통한 학습이라는 특징은 한 건도 없음을 지적하며 참신한 프로그램 제작이 필요함을 강조하였다.

김수진(2023)은 디지털이 일상적인 문화로 재편성된 이후의 문화, 즉 포스트디지털 시대 온 · 오프라인 학습 사례를 중심으로 미술관 교육의 담론을 새롭게 제안하였다. 김수진(2023)은 미술관 모델의 변천을 세 가지로 설명하였다. 첫째, 작품을 디지털 이미지로 만날 수 있는 온라인 미술관, 둘째, 다양한 미디어 플랫폼으로 존재하며 많은 관람자가 소통할 수 있는 분산된 미술관, 셋째, 탈중심화된 네트워크를 기반으로 여러 관람자가 미술관의 통제에서 벗어나 상호소통하며 함께 콘텐츠를 생성한다

표 4-7 **미술관 온라인 콘텐츠의 학습 유형**

구분	유형	특징과 사례
감상형	실감형: 사용자의 몰입감을 증대하여 주변 환경이 현실이라고 느낄 정도로 실감을 제공하는 기술, VR 콘텐츠	실제 전시장 공간을 온라인에서 관람할 수 있도록 공간을 구현한 방식(예: 미술관의 VR 전시)
	증강형: 스마트폰, 태블릿PC 등의 기기를 통해 현실의 이미지에 가상의 부가 정보를 실시간으로 덧붙여 향상된 현실을 보여 주는 기술로 제작된 콘텐츠, AR 콘텐츠	사용자의 공간으로 가상미술관을 불러오는 방식(예: 구글 아트 앤 컬처 AR미술관 콘텐츠)
지식 전달형	강의형: 강의나 전시 소개 등을 일방향으로 송출하고 학습하는 콘텐츠	학습자의 흥미를 끄는 요소는 약하지만 기술적인 면이나 기획의 면에서 제작이 용이함
	게이미피케이션형: 게임적 사고방식, 기법, 요소 등을 넣어 제작하는 콘텐츠	학습자의 흥미와 몰입도를 높일 수 있는 방법을 활용(예: 메트로폴리탄의 어린이를 위한 MetKids)

출처: 김은희, 박재연(2023).

는 점에서 어디에나 있는 미술관 모델이다. 이 연구에서는 어디에나 있는 미술관 학습을 각각의 사례를 중심으로 설명하고 있다. 첫 번째는 teamLab 사례로 시공간의 재편성을, 두 번째는 메트로폴리탄 미술관의 청소년 인턴 SNS, @meteens 사례로 권위의 중심 이동을, 그리고 세 번째는 온라인 에듀-큐레이션 프로젝트 사례를 중심으로 번역을 통한 새로운 학습 연결망의 생성이라는 세 가지 측면에서 논의하였다. 김수진(2023)은 온라인과 오프라인의 방식을 다양하게 활용하며 다양한 주체가 미술관과 여러 방식으로 관계를 맺을 수 있도록 함으로써 미술관 학습이 궁극적으로 어디에나 있어야 함을 강조하였다.

미술관 교육은 최근 어린이와 청소년뿐만 아니라 시니어, 장애인 등 다양한 요구를 가진 여러 유형의 관람자들을 위한 교육에 대한 관심이 커가고 있다. 장애 아동을 위한 미술관 교육 프로그램 개발은 문화예술교육에서 소외되었던 새로운 관람자들을 위한 미술관 교육의 실천이라는 점에서 시사하는 바가 크다(심효진, 2013; 이양희 외, 2019).

서울시립미술관(2023)은 2021년부터 2022년까지 진행된 미술관 접근성 향상 프로그램의 결과집을 발간하였다. 시각장애인을 위한 전시과 음성 해설과 촉각키트를 활용한 온라인 전시감상 프로그램, 파킨슨 환자와 시니어를 위한 무용 통합 작품감상 프로그램 등과 같이 장애인, 환자 및 시니어를 위한 다양한 프로그램으로 미술관의 접근성을 향상시키고자 하였다. 특히 이 책에서 흥미로운 내용은 추여명 학예사가 기획한 쉬운 글 해설과 전시실의 사적인 대화 프로그램이었다. 2022년과 2023년의 여러 전시의 작품들을 대상으로 발달장애인과 모두를 위한 쉬운 글 해설을 협력적으로 제작하고 전시실에 제공하였다. 또한 2022년 청소년 프로그램으로 진행된 〈전시실의 사적인 대화〉 프로그램에서는 10대의 삶이 반영된 시선으로 작품을 바라보고 새로운 의미를 부여하도록 한 것이다. 이들의 작품에 대한 생각이나 대화를 기록하고 작품에 대한 해설을 작성하며 그 과정과 결과물을 전시하였다. 이러한 미술관의 새로운 시도는 관람자를 수동적인 역할이 아니라 능동적으로 의미를 만들어 내는 주체자로 인식한다는 점에서 중요한 의의를 갖는다. 즉, 미술관이 유일무이한 의미와 해석의 주체로서의 역할을 하는 것에서 벗어나 미술관은 다양한 관람자가 상호 소통하며 여러 가지 생각과 의미를 공유할 수 있는 일종의 플랫폼으로서 역할을 담당하는 것임을 보여 준다.

이렇듯 미술관이 관람자들의 다양한 관심과 요구에 귀 기울이게 되면서, 미술관에는 다양한 관람자의 방문이 활발히 이루어지고 있다. 최근 젊은 층의 관람 문화가 활발해진 것은 유명인의 관람 문화나 전시의 참신성 등의 이유도 있지만 SNS의 영향으로 설명하기도 한다. 이러한 미술관의 변화하는 관람 문화는 새로운 문화를 만드는 계기가 되기도 한다. 지금까지의 미술관 교육 관련 연구 동향을 살펴보면서, 미술관이 일방적으로 관람자에게 전달하는 방식에서 벗어나 관람자가 정체성이나 내러티브를 만들어 갈 수 있도록 하는 관람자와 미술관, 그리고 관람자 간의 소통이 주요하게 언급되기도 하였다. 최근 미술관 교육에서의 새로운 접근은 관람자의 목소리가 무엇인지 관심을 기울이는 방향으로 변화하고 있음을 감지할 수 있다. 21세기 미술관은 관람자들에게 어떠한 장소가 되어야 할까? 이를 위해서 미술관 교육은 어떠한 방향으로 나아가야 할지 진지한 담론들을 만들어 갈 때이다.

핵심 개념

미술감상 교육

- **미술감상**: 작품의 조형적인 형식과 내용을 감각적으로 느끼고 즐기는 활동이다.
- **미술비평**: 미술작품에 담긴 내용을 기술하고, 조형적으로 분석한 것을 기반으로 그 의미를 해석하고 중요성을 평가하는 활동이다.
- **대화중심 감상법**: 먼저 감상자의 의견을 수용하며, 감상자 간의 상호 대화를 촉진하고 감상자의 의견을 종합하는 과정으로 진행한다.
- **미술사**: 미술사는 특정 미술작품의 맥락적 관계에 주목하며, 특정 미술이 이전과 이후 미술에 어떠한 영향을 주었는지에 관한 내용을 다룬다.

미술관 교육

- VTS: 1980년대 인지심리학자 하우젠과 뉴욕현대미술관의 교육자 예나윈이 함께 주창한 프로그램으로 미술관에서 기존에 해 왔던 미술사적 지식을 제공해 오는 방식의 교육에서 벗어나 관람자들이 이미지를 깊이 들여다보며 단서들을 연결하고 의미를 추론하는 '시각적 문해력(visual literacy)'을 중요하게 다룬다. 관람자들의 작품에 대한 고정적인 해석이나 정답보다 의미의 다양성에 대한 탐구를 중요하게 생각한다.
- **맥락적 학습 모형**: 포크와 디어킹이 제안한 맥락적 학습 모형은 뮤지엄에서 개인적 · 사회문화적 · 물리적 맥락이라는 세 가지 맥락 간의 상호작용의 과정이자 결과물이 바로 학습이라는 것이다. 포크와 디어킹은 자유 선택 학습이 이루어지는 뮤지엄에서 관람자의 경험과 학습의 폭을 확대하기 위해서 세 가지 맥락을 논의함으로써 뮤지엄에서 경험과 학습을 다각도에서 바라보도록 하였다.
- **구성주의 미술관 교육**: 1998년 하인이 구성주의 학습이론을 바탕으로 관람자 학습을 설명한 이론이다. 구성주의 미술관 교육에서는, 첫째, 관람자의 선행 지식이나 경험과의 연계성을 강조한다. 둘째, 관람자의 다양한 학습 양식의 수용을 강조하며, 다양한 자료나 매체를 사용한다. 셋째, 구성주의 미술관은 사회적 상호 작용을 강조한다. 넷째, 구성주의에 기반한 미술관은 반성적 사고 혹은 자아 성찰적 실천을 강조한다.
- **참여적 박물관**: 사이먼은 2010년 뮤지엄에서의 참여의 의미를 중시하며 참여적 박물관이라는 개념을 제안하였다. 박물관의 전반적인 운영과정에 관람자들을 적극적인 문화적 참여자로 만들기 위하여 박물관이 창조적이며 생산적인 맥락을 제공해야 한다.

미술감상 교육

1. 미술감상의 교육적 의미를 자신의 개인적 경험과 관련지어 이야기해 봅시다.
2. 미술감상이 미적 체험, 표현, 미술사, 미술비평, 미학 등 미술의 다른 분야와 어떤 관계를 가지는지 이야기해 봅시다.
3. 대화중심 감상법을 활용하여 감상 활동을 진행하고, 새롭게 알게 된 점에 대해 이야기해 봅시다.
4. 진정한 미술교육의 특징을 고려하여 진정한 미술사 교육활동을 개발하고 이야기해 봅시다.

미술관 교육

1. VTS 방법을 활용하여 집단이 작품감상을 함께 해 봅시다. 작품 정보 기반의 감상과 어떠한 차이가 있는지 이야기해 봅시다.
2. 관람자의 관람 사례, 예를 들어 자신의 관람 사례를 맥락적 학습 모형의 관점에서 분석하고 그 특징을 이야기해 봅시다. 다른 사람들의 관람 경험과 비교해 봅시다.
3. 구성주의 미술관 교육의 관점에서 특정 미술관의 교육 프로그램을 분석하고 그 특징에 대해 이야기해 봅시다.
4. 미술관의 여러 가지 참여적 사례를 조사하고, 사이먼이 제안한 참여 단계에 따라 분석하고 이에 대해 이야기해 봅시다.

Chapter 05

미술과 교육과정의 이해

1. 미술과 교육과정의 흐름
2. 2022 개정 미술과 교육과정 이해하기

단원 개관

교육과정이란 학교를 비롯한 교육기관에서 교육 목표 달성을 위해 교육활동의 기준을 선정하고 조직한 문서를 말한다. 따라서 교육과정은 무엇을 어떻게 가르치고 배우는가가 중요하며 어떤 기준에 따라 과정과 결과의 성과를 확인할 것인지 평가의 문제까지 고려되어 구성되어야 한다. 교육과정은 편성 및 운영 방식에 따라 국가 수준, 지역 수준, 학교 수준의 교육과정으로 구분된다. 우리나라는 정부가 정한 운영 기준과 지침에 따른 국가 수준의 교육과정을 채택하고 있다. 교육과정 개정 체제로 구분해 보면 제1차부터 제7차 교육과정까지는 전면적 · 주기적으로 일시에 개정하는 방식을, 2007 개정 교육과정부터 지금까지는 부분, 수시로 개정하는 방식을 택하고 있다. 우리나라의 교육과정은 총론과 각론으로 나뉘며, 총론에는 해당 교육과정이 추구하는 인간상과 교육의 큰 방향(교육 목표 등), 틀(설계, 편성 및 운영의 기준 등)이 제시되고, 각론에는 각 교과목별 교육 내용이 제시된다. 각 교과목의 명칭과 적용 학년 등은 교육과정 시기마다 차이가 있다. 1954년에 공포된 「교육과정 시간배당 기준령」과 1955년에 공포된 '교과과정'으로 시작된 제1차 교육과정을 필두로 열한 번째 교육과정인 현재의 2022 개정 교육과정까지 우리나라의 교육과정은 교육환경 변화에의 대응과 국가 · 사회적인 요구의 반영을 통해 개정을 단행해 왔다. 여기에서는 제1차부터 현행 2022 개정 교육과정까지 교육과정의 변천 속에서 미술과 교육과정의 흐름과 변화를 면면히 살펴보고자 하였다. 이후 지속적으로 이루어질 교육과정의 개정 속에서 미술교육이 지향해야 할 가치와 학교 교육과정으로서의 방향과 성격 등을 어떻게 설정해 나가야 할 것인지를 함께 고민해 볼 일이다.

1945년 해방 이후 우리나라는 개인의 성장과 국가 발전의 근간이 교육에 있다고 보고 국가 교육체제의 기본 틀 마련을 위해 노력하였으며, 이러한 노력은 1949년 12월 31일 「교육법」의 제정으로 이어졌다. 1997년 12월 13일(시행 1998년 3월 1일) 「교육기본법」의 제정 · 공포로 기존 「교육법」은 폐지되었으며, 새로운 「교육기본법」에 따라 「유아교육법」「초 · 중등교육법」「고등교육법」이 제정되었다. 국가 수준의 교육과정[1]을 운영하는 우리나라 초 · 중등학교 교육과정은 바로 「초 · 중등교육법」에 의거하여 고시된다. 현재 적용되는 2022 개정 교육과정 총론(교육부, 2022b) 문서에는 "2022년 12월 22일 「초 · 중등교육법」 제23조 제2항, 제48조 및 「국가교육위원회법」 부칙 제4조에 의거하여 초 · 중등학교 교육과정이 고시되었다."라고 적혀 있다.

한 나라의 교육과정은 시대적 · 교육적 요청에 부응하여 사회, 정치, 경제, 문화 등 제반 여건의 변화에 따라 이를 반영하는 개정을 필요로 한다. 교육과정의 개발 권한이 어디에 있는가에 따라 중앙집권적 · 지방분권적 체제로 구분할 수 있으며, 교육과정의 개정 방식에 따라 전면적 · 부분적 · 주기적 · 수시적 개정 등으로 구분할 수 있다. 우리나라는 지금까지 일정한 시간이 경과한 후 개정하는 '주기적 개정', 모든 학교급의 모든 교과가 일괄적으로 개정하는 '전면적 개정', 개정을 단행한 이후 개정할 사안이 발생해도 다음 개정까지 기다려야 하는 '일률적 개정', 그리고 교육과정 개정과 관련된 모든 권한과 업무를 국가가 갖는 '중앙집권적 개정'을 단행해 왔다.[2] 교육과정의 개발 주체와 개정 방식은 국가마다 차이를 보이는데, 우리나라는 다양한 상황과 교육 정책적 책략의 하나로 2007 개정 교육과정부터는 기존의 주기적 · 전면적 · 일률적 개정 방식에서 벗어나 수시적 · 부분적 개정을 단행하고 있다.[3]

우리나라의 국가 교육과정은 '교수요목'(1946~1954) 시기를 거쳐 '제1차 교육과정'

1) 국가 수준의 교육과정(국가 주도의 교육과정)은 교육과정의 편성 및 운영의 권한을 중앙 정부가 주도하는 것을 말한다. 우리나라의 경우 국가 수준의 교육과정을 운영하나, 학교 및 교사의 교육과정 자율성 강화를 위하여 중앙 정부의 강력한 권한이 점차적으로 분권화, 지역화, 다양화해 나가는 추세에 있다. 교육과정 분권화와 관련해서는 박순경 등(2009)을 참조한다.

2) 엄밀한 의미에서 볼 때 기존의 교육과정 개정 시기가 주기적이라고 보기는 어려우며, 전면적이고 일률적(혹은 일시에 바꾼다는 의미에서의 일시적) 개정이라는 것도 학교급, 교과별로 부분, 수시 개정의 특징을 지니고 있어 이 명칭이 적절하지 않다는 주장(김재춘, 2003)도 있다.

3) 수시적 · 부분적 교육과정은 교육과정 개정이 필요한 경우 수시로 부분적 개정을 한다는 의미이다.

(1954~1963), '제2차 교육과정'(1963~1973), '제3차 교육과정'(1973~1981), '제4차 교육과정'(1981~1987), '제5차 교육과정'(1987~1992), '제6차 교육과정'(1992~1997), '제7차 교육과정'(1997~2007), '2007 개정 교육과정'(2007~2009), '2009 개정 교육과정'(2009~2015), '2015 개정 교육과정'(2015~2022), '2022 개정 교육과정'(2022~)에 이르기까지 변화를 거듭해 왔다. 교수요목기부터 현행 교육과정까지 사회적 흐름과 변화에 따른 교육적 배경/이슈와 미술과 목표, 학교급별 내용 체계 및 내용 요소는 〈표 5-1〉 〈표 5-2〉와 같다.

표 5-1 교육과정 시기별 교육 배경/이슈 및 미술과 목표

구분	기간	발표 시점 정부	사조	교육적 배경/이슈	미술과 목표
교수요목기	1946~1954	군정청/이승만	요목중심, 교과중심	• 홍익인간	• 예술을 통한 품위 있고 조화로운 인간 양성 • 미술을 통한 여가시간 활용과 생활을 조화롭게 이끄는 능력
제1차 교육과정	1954~1963	이승만	교과중심, 생활중심	• 사회재건 • 진보주의 교육 • 창조주의적 미술교육	• 조형예술 · 기술에 대한 일반적인 이해와 기초 기능, 개인으로서 사회인으로서 평화적이며 문화적인 생활(초 · 중) • 고등의 경우 그리기(조형교육), 공작, 서예 과정별 목표 개별 진술
제2차 교육과정	1963~1973	박정희(국가재건 최고회의 의장)	경험중심, 생활중심	• 민족주의적 국민정신교육 • 경험중심교육 • 창조주의적 미술교육	• 창의적인 표현능력, 생활에의 활용, 아름답고 합리적으로 꾸미는 능력과 태도, 용구와 재료 사용, 미적 정서, 조형미 이해, 아끼고 보존하는 마음과 태도(초) • 창의적인 구상과 표현, 생산하는 즐거움, 미술에 대한 이해와 감수성, 창의적인 표현능력, 생활에의 활용, 미화 개선, 조형미 이해, 미적 정서, 아끼고 보존하는 마음과 태도(중) • 미술의 이해, 미적 정서, 문화국민으로서의 교양과 인격, 미적 감각과 기능, 생활에의 활용, 사회 환경 미화 개선, 미술의 경제적 가치 이해, 산업발전에 기여, 미술문화의 전통과 동향 이해(고)

제3차 교육과정	1973~1981	박정희	학문중심	• 국민적 자질 함양 • 주체성 교육 • 학문중심교육 • 인간중심교육 • 창조주의적 미술 교육	• 미적 정서, 창조적인 표현능력, 생활에 활용하는 태도, 기초적인 기법, 조형품 감상, 애호하고 보존하는 마음과 태도(초) • 조형능력, 풍부한 정서, 품위 있는 인격, 미적 직관력과 상상력, 표현의 기초적인 능력과 태도, 생활에 활용하는 태도와 습관, 심미성, 미술문화 애호 · 보존, 민족문화 발전에 이바지(중) • 미술의 이해, 미적 정서, 중견 국민으로서의 교양, 미적 직관력과 구상력, 창의적 표현, 생활에의 활용, 환경미화 개선, 조형품의 가치와 전통의 동향 인식, 민족문화 발전에 이바지, 미술문화 애호 · 존중(일반계고)
제4차 교육과정	1981~1987	전두환	인간중심, 교과중심, 경험중심, 학문중심	• 전인교육 • 학습자의 발달단계와 경험 고려 • 학문중심, 인간중심, 이해중심 미술 교육 • 미래지향적 교육과정	• 조형의 즐거운 표현 및 감상 활동을 통해 미적 정서와 창조성, 주변 환경을 아름답게 하는 능력, 애호하는 태도(초) • 조형의 기초적인 표현 및 감상 활동을 통해 미적 정서와 창조성, 품위 있는 인격 함양, 환경을 아름답게 꾸미고 애호하는 능력과 태도(중) • 조형의 탐구적인 표현 및 활동을 통해 미적 정서와 창조성, 높은 인격 함양, 문화 창달에 기여하는 국민적 자질 육성(고)
제5차 교육과정	1987~1992	전두환	인간중심	• 정보화 사회 대응 교육 • 학문중심, 교과중심, 경험중심, 인간중심 교육 • 통합중심교육	• 조형활동의 경험을 통해 표현 및 감상 능력, 창조성, 정서 함양(초 · 중 · 고 동일)
제6차 교육과정	1992~1997	노태우	인간중심	• 전인교육 강조 • 지방분권형 교육과정	• 표현 및 감상 능력, 창조성, 정서 함양(초 · 중 · 고 동일)
제7차 교육과정	1997~2007	김영삼	구성주의	• 학습자중심교육 • 교육의 공통성과 다양성 추구 • 수준별 교육과정	• 표현 및 감상 능력, 창의성, 심미적 태도(초 · 중 · 고 동일)
2007 개정 교육과정	2007~2009	노무현	구성주의	• 학습자중심교육	• 미적 감수성, 창의적 표현능력, 비평능력, 미술문화 향수 및 태도 육성(초 · 중 · 고 동일)
2009 개정 교육과정	2009~2015	이명박	구성주의	• 창의 · 인성교육 • 미래형 교육과정 • 창의적 교육과정	• 미적 감수성과 직관으로 대상을 이해, 창의적 향유, 미술문화 계승 발전을 통한 전인적 인간(초 · 중)

2015 개정 교육과정	2015~2022	박근혜	역량중심	• 문 · 이과 통합 교육과정 • 창의 · 융합형 인재 육성	• 대상의 인식, 창의적 표현, 미술작품의 가치 판단, 미술문화 향유(초 · 중 · 고 동일)
2022 개정 교육과정	2022~	윤석열	역량함양	• 고교학점제 교육과정 • 국민과 함께하는 교육과정 • 개별 성장 맞춤형 교육	• 미적 체험을 바탕으로 표현 및 감상 활동을 통해 자신과 세계를 이해하고 미술문화 창조에 주도적 참여(초 · 중 공통) • 심미적 지각 및 성찰로 자신과 세계의 관계 인식, 비판적 사고, 매체의 활용과 창의적 표현, 삶과 연결된 미술문화를 비판적으로 수용하고 향유(고 일반선택)

* 미술과 목표는 학교급별 총괄 목표 중심으로 서술함.

표 5-2 교육과정 시기에 따른 학교급별 미술 교과목 내용 체계 및 내용 요소

구분	교육과정 시기에 따른 학교급별 미술 교과목 내용 체계 및 내용 요소		
	초등학교 '미술'	중학교 '미술'	고등학교 '미술'
제1차 교육과정	그리기, 만들기, 쓰기	표현[묘사, 의장(意匠), 배치배합, 공작, 기타 공작, 제도, 서예], 감상, 이해, 기술숙련	그리기, 공작, 서예
제2차 교육과정	그리기(1, 2, 3, 4, 5, 6), 꾸미기(1, 2, 3, 4, 5, 6), 만들기(1, 2, 3, 4, 5, 6), 쓰기(4, 5, 6), 감상(5, 6)	묘화, 조소, 디자인, 공작, 도법, 서예, 감상	[미술I, 미술II] 회화, 조소, 공예, 도법, 서예, 감상
제3차 교육과정	회화(1, 2, 3, 4, 5, 6), 조소(1, 2, 3, 4, 5, 6), 디자인(1, 2, 3, 4, 5, 6), 공예(1, 2, 3, 4, 5, 6), 서예(4, 5, 6), 감상(1, 2, 3, 4, 5, 6)	회화, 조소, 구성, 디자인, 공예, 서예, 감상	[인문계고] 회화, 조소, 디자인, 서예, 감상
제4차 교육과정	표현[조형놀이(1−2, 3−4), 회화로 표현하기(1−2, 3−4, 5−6), 조소로 표현하기(1−2, 3−4, 5−6), 꾸미기와 만들기(1−2, 3−4, 5−6), 서예로 표현하기(3−4, 5−6)], 감상(1−2, 3−4, 5−6)	표현(회화, 조소, 디자인, 서예), 감상	회화, 조소, 디자인, 서예, 감상(감상, 이해)
제5차 교육과정	표현(경험한 것 나타내기, 상상하여 나타내기, 보고 나타내기, 모양을 생각하여 꾸미기, 환경 꾸미기, 쓸모를 생각하여 만들기, 붓글씨로 나타내기), 감상	표현(관찰표현, 구상표현, 디자인표현, 서예표현), 감상	[보통교과] 표현(회화, 조소, 디자인, 서예), 감상(자연미 및 조형품 감상, 이해)
제6차 교육과정	미술과 생활, 느낌 나타내기, 상상하여 나타내기, 보고 나타내기, 꾸미기와 만들기, 붓글씨로 나타내기, 작품감상	미술과 생활, 보고 나타내기, 느낌과 상상 나타내기, 꾸미기와 만들기, 붓글씨로 나타내기, 작품감상	미술과 생활, 회화, 조소, 디자인, 서예, 감상

제7차 교육과정	미적 체험(3-4: 자연미 발견, 조형미 발견, 5-6: 자연미와 조형미의 특징 이해, 자연과 조형물의 관계 이해)	미적 체험(자연미와 조형미의 조화 이해, 미술과 생활의 관계 이해)	미적 체험(자연과 조형물의 미적 가치 이해, 미술과 문화의 관계 이해)
	표현(주제표현, 표현방법, 조형 요소와 원리, 표현 재료와 용구)	표현(주제표현, 표현 방법, 조형 요소와 원리, 표현 재료와 용구)	표현(주제표현, 표현방법, 조형 요소와 원리, 표현 재료와 용구)
	감상(서로의 작품감상, 미술품 감상)	감상(미술품 감상, 미술문화유산 이해)	감상(미술품 감상, 미술문화유산 이해)
2007 개정 교육과정	미적 체험(자연환경, 시각문화 환경)	미적 체험(자연환경, 시각문화 환경)	미적 체험(자연환경, 시각문화 환경)
	표현(주제표현, 표현방법, 조형 요소와 원리, 표현과정)	표현(주제표현, 표현방법, 조형 요소와 원리, 표현과정)	표현(주제표현, 표현과정)
	감상(미술작품, 미술문화)	감상(미술작품, 미술문화)	감상(미술작품, 미술문화)
2009 개정 교육과정	체험(지각, 소통)	체험(지각, 소통)	
	표현(주제표현, 표현방법, 조형 요소와 원리)	표현(주제표현, 표현방법, 조형 요소와 원리)	
	감상(미술사, 미술비평)	감상(미술사, 미술비평)	

2015 개정 교육과정

영역	핵심개념	3~4학년	5~6학년	영역	핵심개념	중학교 '미술'	영역	핵심개념	고등학교 '미술'
체험	지각	자신의 감각	자신과 대상	체험	지각	자신과 환경	체험	지각	자신과 세계
		대상의 탐색							
	소통		이미지와 의미		소통	이미지와 시각문화		소통	시각문화의 가치와 역할
	연결	미술과 생활	미술과 타 교과		연결	미술과 다양한 분야		연결	미술을 통한 사회참여
						미술 관련 직업			직업세계와 미술
표현	발상	다양한 주제	소재와 주제	표현	발상	주제와 의도	표현	발상	주제의 확장
		상상과 관찰	발상방법						
	제작	표현 계획			제작	표현과정과 점검		제작	조형 요소와 원리의 응용
		조형 요소	조형 원리						
		표현 재료와 용구	표현방법			조형 요소와 원리의 효과			표현 매체의 융합
			제작 발표			표현 매체			성찰과 보완
감상	이해	작품과 미술가	작품과 배경	감상	이해	미술의 변천과 맥락	감상	이해	미술문화의 교류
	비평	작품에 대한 느낌과 생각	작품의 내용과 형식		비평	작품 해석		비평	작품 비평
		감상 태도	감상방법			작품 전시			

2022 개정 교육과정	미적 체험	(지식 · 이해, 과정 · 기능, 가치 · 태도 범주별 내용 요소)	미적 체험	(지식 · 이해, 과정 · 기능, 가치 · 태도 범주별 내용 요소)	미적 체험	(지식 · 이해, 과정 · 기능, 가치 · 태도 범주별 내용 요소)
	표현	(지식 · 이해, 과정 · 기능, 가치 · 태도 범주별 내용 요소)	표현	(지식 · 이해, 과정 · 기능, 가치 · 태도 범주별 내용 요소)	표현	(지식 · 이해, 과정 · 기능, 가치 · 태도 범주별 내용 요소)
	감상	(지식 · 이해, 과정 · 기능, 가치 · 태도 범주별 내용 요소)	감상	(지식 · 이해, 과정 · 기능, 가치 · 태도 범주별 내용 요소)	감상	(지식 · 이해, 과정 · 기능, 가치 · 태도 범주별 내용 요소)

* 제5차 교육과정(통합적 교육과정)부터 초등학교 1, 2학년에 통합교과가 적용되고 3학년부터 미술교과가 시작됨.
* 2009 개정 미술과 교육과정에는 고등학교 〈미술〉 과목이 없음.
* 2022 개정 미술과 교육과정 내용 체계별 학교급별, 학년군별 내용 요소는 〈표 5-6〉 〈표 5-7〉 〈표 5-8〉 참조.

1. 미술과 교육과정의 흐름[4)]

1) 제1차 미술과 교과과정(1954~1963)

(1) 특징

1949년에 제정된 「교육법」에 근거하여 마련된 첫 교육과정(법령상 명칭은 '교과과정')[5)]으로, 미국에서 도입된 생활중심 교육 이념의 창조주의 미술교육을 실현하는 데 바탕을 두고, 일상생활과 산업에 필요한 조형감각과 기술을 이해하고 초보적인 기능을 길러 개인이 평화적이며 문화적인 생활을 할 수 있는 자질을 기르는 데 주안점을 두었다. 시기적으로는 미국의 진보주의 교육의 영향을 받았으나 이것이 교육과정에 뚜렷이 반영된 흔적을 찾기는 어렵다고 판단된다(교육부, 2023). 「교육법」의 제정 후 교육과정을 곧바로 시작하지 못한 것은 한국전쟁(6 · 25) 때문이다. 교육과정상에 1954년 각급학교(초등학교, 중학교, 고등학교 및 사범학교) '교과목 편제'와 「교육과정 시간배당 기준령」이 먼저 나오고, 이후 1955년 각급학교 교육과정이 제정 · 공포되었

4) 제1차 교육과정부터 2015 개정 교육과정까지의 서술 일부는 이주연 외(2020), 류재만 외(2021)에서 필자가 작성한 내용을 수정 · 보완한 것이다.
5) 제1차 교육과정을 교과과정(교과중심 교육과정)이라고 하는 이유는 문교부령으로 공포된 교육과정 명칭이 '교과과정'으로 명시되었기 때문이다.

다. 따라서 교과목 편제와 「교육과정 시간배당 기준령」을 고려하면 1954년부터 시작되는 것으로 볼 수 있으며, 각급학교 교육과정의 제정을 기준으로 보면 1955년부터 시작되는 것으로 볼 수 있으나, 교육과정에서 편제는 중요하기 때문에 1954년을 시작점으로 본다.

(2) 초등학교

초등학교 미술과 목표는 "일상생활과 산업에 필요한 조형예술과 기술에 대하여 일반적인 이해와 기초적인 기능을 얻어 생활을 명랑하고 여유 있게 영위할 수 있는 능력과 태도를 길러, 개인으로서 또는 사회인으로서 평화적이며 문화적인 생활을 할 수 있는 자질을 기르는 데 있다."라고 제시되어 있다. '그림 그리기' '만들기' '쓰기'의 초보적인 표현능력과 판별능력을 길러 실제 생활에 도움이 되는 흥미, 의욕, 습관, 태도를 기르는 데 중점을 두었으며, 각 영역별 지도 목표는 조형활동을 통하여 개인의 인격 완성을 돕는 조형표현과 사회인, 공민으로서의 문화 의식을 가지는 인간 양성에 주안점을 두었다. '그림 그리기' '만들기'의 경우 '개인으로서' '사회인 또는 공민으로서' 달성해야 할 초등학교 미술과의 목표를 제시하고, 이를 다시 1~6학년까지 학년별로 '지도 목표' '구성방법' '지도 내용'으로 제시하였다. 제1차 교육과정에 따른 초등학교 미술교과서는 [그림 5-1]을 참조한다.

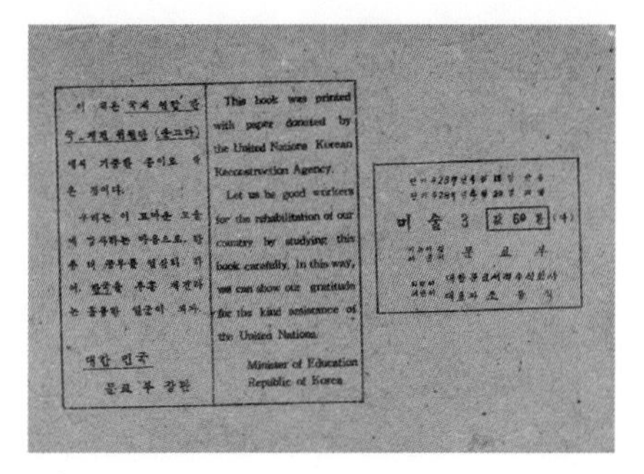

3학년 미술교과서 표지(왼쪽)와 서지정보(오른쪽)(총 69쪽)

미술교과서의 크기는 모두 210(가로)×150(세로)mm로 동일하다. 단기 4287년(1954년) 문교부에 의해 발행되었다. 값은 60환이다. 환은 1953년부터 1962년까지 사용되던 통화 단위이다. 1962년에는 화폐 단위를 '환'에서 '원'으로 바꾸면서 교환 비율을 10:1로 단행하였다.

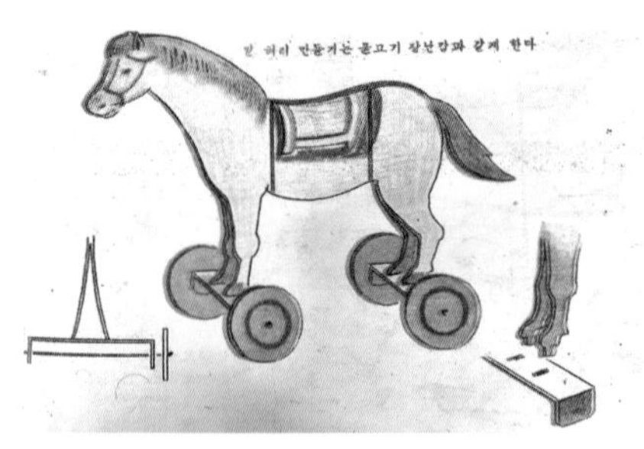

3학년 미술교과서 8단원 〈카아드 만들기〉 중 '썰매'(왼쪽)(p. 52)와 '움직이는 장난감'(오른쪽)(p. 53)

교과서 펼침면 좌우가 관련 활동으로 배치되어 있다.

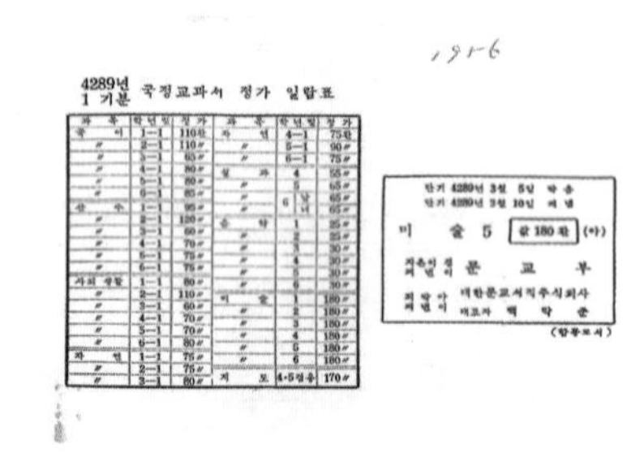

4289년 1 기분 국정교과서 정가 일람표

과목	학년및	정가	과목	학년및	정가
국어	1—1	110환	자연	4—1	75환
〃	2—1	110〃	〃	5—1	90〃
〃	3—1	65〃	〃	6—1	75〃
〃	4—1	80〃	실과	4	55〃
〃	5—1	80〃	〃	5	65〃
〃	6—1	85〃	〃	6 남	65〃
산수	1—1	95〃	〃	6 녀	65〃
〃	2—1	120〃	음악	1	25〃
〃	3—1	60〃	〃	2	25〃
〃	4—1	70〃	〃	3	30〃
〃	5—1	75〃	〃	4	30〃
〃	6—1	75〃	〃	5	30〃
사회생활	1—1	80〃	〃	6	30〃
〃	2—1	110〃	미술	1	180〃
〃	3—1	60〃	〃	2	180〃
〃	4—1	70〃	〃	3	180〃
〃	5—1	70〃	〃	4	180〃
〃	6—1	80〃	〃	5	180〃
자연	1—1	75〃	〃	6	180〃
〃	2—1	75〃			
〃	3—1	80〃	지도	4·5합용	170〃

단기 4289년 3월 5일 발행

미술 5 값 180환

문교부

대한문교서적주식회사

5학년 미술교과서 표지(왼쪽)와 서지정보(오른쪽)(총 76쪽)

단기 4289년(1956년) 문교부에 의해 발행되었다. 값은 180환이다. 3학년 교과서에 비하여 가격이 3배인 것을 알 수 있다.

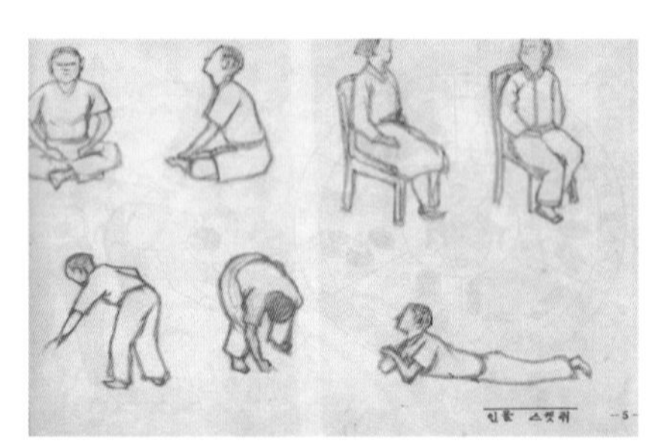

5학년 미술교과서 1단원 〈우리 학교〉 중 '동무들'(왼쪽)(p. 4)과 '인물 스켓취'(오른쪽)(p. 5)

교과서 펼침면 좌우가 서로 관련된 활동으로 배치되어 있다.

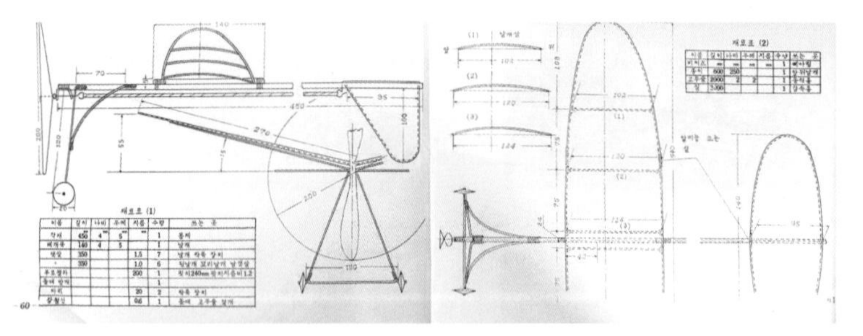

5학년 미술교과서 15단원 〈항공일〉 중 '비행기'(pp. 60–61)

제도에는 재료표 (1), (2)가 포함되어 있다.

[그림 5-1] 제1차 교육과정에 따른 초등학교 3학년 미술교과서(문교부, 1954)와 5학년 미술교과서(문교부, 1956)

(3) 중등학교

중학교 미술과 목표는 '일반 목표'와 '목표'로 구분된다. '일반 목표'는 초등학교 미술과의 목표와 동일하게 제시되었으며, '목표'는 "학생을 개인으로서 가급적 완성시키는 데 도움이 되게 한다." "학생을 사회인 또는 공민으로서 길러 가는 데 도움이 되도록 한다."라는 제시 아래 구체적인 하위 목표를 두었다. 중학교 미술과 내용 체계는 '표현' '이해' '기능'으로 나누었으며, '표현'의 경우 '묘사' '의장' '배치 · 배합' '공작' '기타 공작' '제도' '서예' '감상'으로 구성하였다.

고등학교 총괄 목표는 "학생이 개인으로서 또는 사회의 공인으로서 자기완성을 기한다."라고 제시되어 있으며, 그 아래 4개의 하위 목표를 제시하였다. 내용 체계는 '그리기' '공작' '서예'로 구분하였으며, '그리기'에는 '회화' '조각' '도안' '색채' '도법 및 제도' '감상' '생활의 미화' '미술개론'이 포함되어 있다.

2) 제2차 미술과 교육과정(1963~1973)

(1) 특징

제2차 교육과정은 당시의 시대적 요구인 사회 재건의 필요성과 교육사절단이 권고한 진보주의 교육, 생활중심교육의 영향을 받아 구성되었다. 제1차 교육과정과 달리 제2차 교육과정에서는 교육의 일반 목표를 제시하여 개정의 기본 방향을 제시하였으며, 「교육과정 시간배당 기준령」과 '교과과정'을 합쳐 공포한 것이 특징이다. 이러한 기본 방향에 따라 미술과 교육과정의 기본 목표는 학생들의 생활과 경험을 중심으로 한 경험주의 교육에 바탕을 두고 일상생활과 관련된 미적 경험을 표현하고 감상하며 이를 생활과 관련시켜 조형적 능력과 태도를 기르는 데 중점을 두었다. 이 교육과정에서는 자기 감정을 아름답게 창의적으로 표현할 수 있는 능력을 길러서 풍요로운 인간상을 지닌 자주적 민주시민을 양성할 것을 교육 이념으로 제시하고 있다.

(2) 초등학교

초등학교 미술과의 목표는 일상생활과 관련된 미적 경험을 표현하고 감상하며, 이를 다시 적용하여 생활을 미화하고 합리적으로 꾸며 가려는 능력과 태도를 기르는 데 두었으며, 생활에 필요한 미술 경험을 중심으로 학년 목표를 신설하여 체계적인 지도를 꾀하였다. 초등학교 미술과 교육과정의 구성 체제는 '목표' '학년 목표' '지도 내용' '지도상의 유의점'으로 제시하였으며, 내용 체계인 '지도 내용'은 '표현'과 '감상'의 2개 영역으로 나누고, '표현' 영역은 다시 학년별로 '그리기' '꾸미기' '만들기' '쓰기' '감상'으로 제시하였다. '그리기'의 경우 '상화' '판화' '협동 제작'으로 구분하였으며, '꾸미기'는 '색, 형 모으기와 늘어놓기' '여러 가지 무늬' '구성'으로, '만들기'는 '여러 가지 만들기' '찰흙과 수수깡놀이'(1학년)/'찰흙, 수수깡으로 만들기'(2학년)/'찰흙으로 만들기'

4학년 미술교과서 1단원 〈우리 학교〉 중 '선생님과 동무'(pp. 4–5)

4학년 미술교과서 6단원 〈마을의 광경〉 중 일부(pp. 30–31)

4학년 미술교과서 9단원 〈광복절〉 중 일부(pp. 48–49)

[그림 5-2] 제2차 교육과정에 따른 초등학교 4학년 미술교과서(문교부, 1963)

(3~4학년, 6학년)/'찰흙, 석고로 만들기'(5학년), '자연물로 만들기'(1~3학년)/'폐물, 자연물로 만들기'(4~6학년)로 구분하여 제시하였다. '쓰기'(4~6학년)는 '정자 쓰기'(4학년)/'정자 쓰기 및 흘림 쓰기'(5학년)/'정자와 흘림 쓰기'(6학년), '필법' '용구'로 나누었으며, 5·6학년부터 지도하게 되어 있는 '감상'은 '자연미의 감상' '조형미의 감상' '미술작품의 감상'으로 구분하여 제시하였다. 제2차 교육과정에 따른 초등학교 미술교과서는 앞의 [그림 5-2]를 참조한다.

(3) 중등학교

중학교와 고등학교의 경우 구상 및 표현, 감상과 관련된 네 가지 목표 아래 중학교(1, 2, 3학년의 내용 요소에 차이가 있으며 여기에서는 3학년에 중점을 둠)는 '묘화(描畵: 소묘, 회화, 판화)'[6] '조소(부조, 환조, 석고형 뜨기)' '디자인(배색연습, 구성, 도안, 배치배합)' '공작(여러 가지 공작, 연모와 기능)' '도법(투상도, 설계도)' '서예(서사, 감상)' '감상(다른 나라의 미술, 작가와 작품에 대한 이해)'으로 나누었으며, 고등학교는 '회화(구상적 표현, 추상적 표현)' '조소(표현, 입체-면-양감-질감)' '공예(디자인, 재료와 제작)' '도법(기능, 표시)' '서예(표현, 감상)' '감상(회화-조각-공예-건축의 감상, 미술이론, 미술의 동향)'으로 나누어 제시하였다. '묘화'와 '회화' 용어가 공존하고 '공예' 안에 '디자인'이 포함된 것이 특징이다.

3) 제3차 미술과 교육과정(1973~1981)

(1) 특징

제3차 교육과정의 큰 특징으로는 국민교육헌장의 이념 구현, 유신교육의 강화 등으로 인한 국민정신교육이 강조되었으며, 기존의 생활중심 교육과정이 학생들의 생활 경험이나 흥미를 강조함으로써 교육의 질적 저하를 초래했다는 반성으로 이러한 교육과정을 지양하고 1960년대 미국 교육개혁을 주도했던 학문중심 교육과정(각 학문 간에 내재해 있는 지식 연구과정의 체계적인 조직에 중점을 둠)을 도입함으로써 각 교과별 내용 조직에서 지식 구조의 체계화에 의한 계열성과 교과의 탐구과정이 강조되었다. 학문중심 교육과정은 축적된 기존 지식의 전수만으로는 급격한 사회 변화 속에

6) 사생표현과 구상, 추상표현의 또 다른 용어로서, 오늘날의 회화라고 볼 수 있다.

서 증가되어 가는 지식을 이해하고 발전시켜 나가는 데 한계가 있음을 인식하고 지식의 구조를 가르치고 이를 바탕으로 학생 스스로가 발견하고 탐구하도록 하는 데 핵심을 둔다. 제3차 미술과 교육과정에서는 심상표현과 적응표현을 강조하였으며, 특히 디자인 · 공예 교육을 중시하였다. 또한 미적 정서, 창의적 표현과 함께 기초적 기법 및 용구 사용능력을 기르며 우리나라 미술품 및 문화재를 감상하고 보존 · 애호하는 태도를 기르는 데 중점을 두었다.

(2) 초등학교

초등학교 미술과 교육과정의 구성 체제는 '목표' '내용' '지도상의 유의점'으로 이루어져 있다. '목표'는 '일반 목표' 아래 구체적인 '학년 목표'로 제시하였으며, 일반 목표

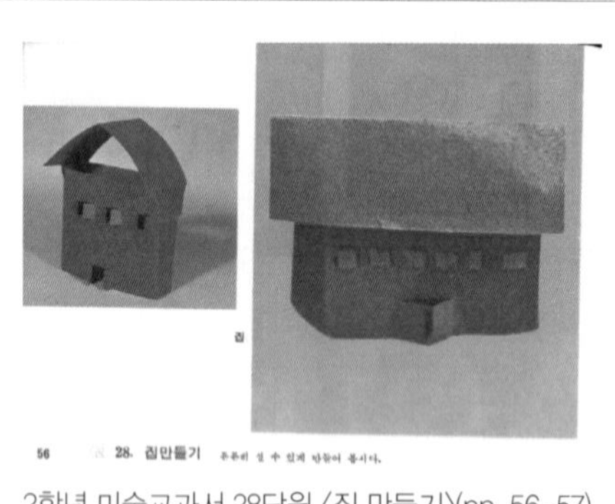

2학년 미술교과서 28단원 〈집 만들기〉(pp. 56–57)

4면만 있고 위아래가 없는 육면체 형태 위에 삼각형 지붕을 얹는 형식으로 집 등 건물을 완성하여 거리를 꾸몄다. 집의 형태나 색을 다양하게 하여 조화를 고려하였다.

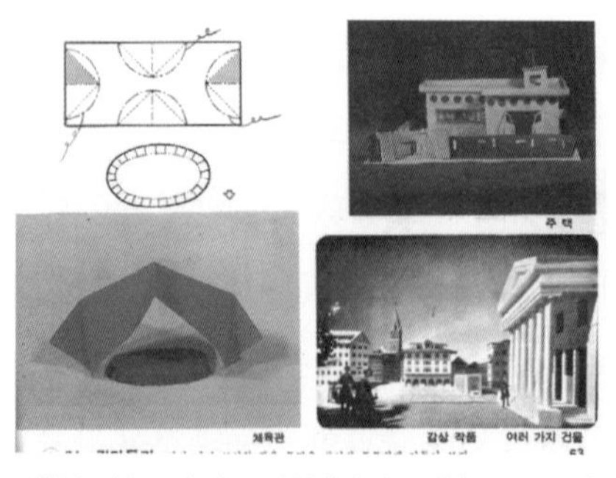

4학년 미술교과서 24단원 〈집 만들기〉(pp. 63–64)

2학년의 〈집 만들기〉와 달리 원 위에 지붕을 얹는 방법이 간단한 도면으로 제시되어 있다. 지붕 위 굴뚝, 벽면과 지붕의 이음새 등이 보다 정교하게 구성되어 보인다.

[그림 5-3] 제3차 교육과정에 따른 초등학교 2학년 미술교과서(문교부, 1978)와 4학년 미술교과서(문교부, 1974)

로는 조형 욕구 충족과 미적 정서 함양, 조형활동을 통한 미적 감각의 발달과 창조적 표현능력 신장, 조형활동의 생활화, 기초적인 표현기법 이해와 재료 · 용구의 사용능력 배양, 조형품 감상 및 애호하고 보전하는 태도 함양이 제시되었다. 학년 목표는 교과 목표의 5개 항목에 대해 학년별로 행동 목표와 표현 목표로 나누어 발달단계에 따라 구체적으로 체계화하였다. 내용 체계는 '표현'과 '감상' 영역으로 나누고, 하위 영역으로 1학년부터 6학년까지 '회화' '조소' '디자인' '공예' '서예(4~6학년)' '감상'을 제시하였다. 디자인과 공예의 서술이 명확하게 구분되지는 않으나, 영역을 구분한 것이 특징이다. 제2차 교육과정에 따른 초등학교 미술교과서는 앞의 [그림 5-3]을 참조한다.

(3) 중등학교

중학교와 고등학교의 경우 정서 및 교양, 표현, 감상과 관련한 네 가지 목표를 제시하였다. 중학교의 내용 체계는 '회화' '조소' '구성'[7] '디자인' '공예' '서예' '감상'으로, 고등학교(인문계)는 '회화' '조소' '디자인' '서예' '감상'으로 제시되었다. 중학교와 고등학교 회화와 조소의 경우, 대상을 관찰하고 자기 구상을 표현하며 표현 기능을 높이고 재료와 용구의 특성을 살려 표현하는 등 하위 내용의 구분으로 제시되어 있어 기존의 영역별 종류를 제시한 것과 차별된다. 고등학교에서는 공예가 별도로 제시되지 않았다.

4) 제4차 미술과 교육과정(1981~1987)

(1) 특징

제4차 교육과정은 1980년의 교육 개혁 조치를 배경으로 한다. '검인정교과서 파동'(1977)으로 교육과정의 연구 · 개발이 문교부에서 한국교육개발원으로 이양되어 위탁되었다. 기존 교육과정에서는 경험중심, 학문중심 교육과정을 강조했던 것과 달리 특정 사조나 이념이 부각되지 않는 종합적인 견지에서의 교육과정 개발이 이루어졌다. 전인적인 인간을 기르고자 하는 인간중심 교육과정이 강조되면서 학습량 과다,

7) '색의 구성을 한다' '형의 구성을 한다' '재질의 구성을 한다' '표현 기능을 높인다' '표현 의도에 따라 재료를 선택하고 이에 맞는 용구를 사용한다'로 구분하여 제시되어 있다. 조형 요소와 원리가 적용되기 전 단계로 보인다.

학습하기 어려운 교육내용, 교과목 위주의 분과교육, 전인교육의 미흡, 인간성 회복 문제 등이 지적되었으며, 학습자의 부담 경감을 위한 교과목 수와 연간 수성 시수의 축소가 이루어졌다. 따라서 '건강한 사람, 심미적인 사람, 능력 있는 사람, 도덕적인 사람, 자주적인 사람'을 기르기 위한 전인교육이 강화되었다. 미술과 교육과정에서는 미적 경험을 통한 국민 정신교육의 강조와 미술과의 표현을 통한 창의성 발달에 주안점을 두고, 자율성, 상상력, 탐구적 태도를 강조하는 등 심미적 태도를 개발하는 데 중점을 두었다.

(2) 초등학교

초등학교 미술과의 목표는 느낌과 생각을 즐겁게 표현하는 조형능력을 기르고 자연과 조형품을 애호·감상하는 능력을 기르는 데 두었다. 제3차 교육과정에서 구체적으로 기술되었던 학년 목표와 내용을 저학년, 중학년, 고학년으로 묶어 제시함으로써 교육의 효율성을 높이려 하였다. 초등학교 미술과 교육과정의 구성 체제는 '교과목표' '학년 목표 및 내용(1~2학년, 3~4학년, 5~6학년의 학년군별 제시)' '지도 및 평가상의 유의점'으로 이루어져 있다. 내용 체계는 '표현'과 '감상'으로 구분하고, '표현'은 다시 '조형놀이(1~4학년)' '회화로 표현하기' '조소로 표현하기' '꾸미기와 만들기' '서예로 표현하기(3~6학년)'로 구분하였으며, 감상'은 '서로의 작품 감상하기(1~6학년)'와 '자연 및 조형품 감상하기(3~6학년)'로 구분하여 제시하였다. '조형놀이'는 다시 '표현놀이'와 '관찰놀이'로, '회화로 표현하기'는 '경험한 것 그리기' '보고 그리기' '상상하여 그리기' '판화로 나타내기' '재미있는 방법으로 나타내기'로, '조소로 표현하기'는 '경험한 것 나타내기' '상상하여 나타내기' '재미있는 방법으로 나타내기'로 제시하였고, '꾸미기와 만들기'는 '여러 가지 꾸미기' '환경 꾸미기' '물건 만들기'로, '서예로 표현하기'는 '정자 쓰기(3~4학년)'와 '정자 쓰기, 흘림 쓰기(5~6학년)'로 제시하였다. '지도 및 평가상의 유의점'은 '지도'와 '평가'로 구분하였다.

(3) 중등학교

중학교의 경우 "조형의 기초적인 표현 및 감상 활동을 통하여 미적 정서와 창조성을 길러 품위 있는 인격을 함양하고, 우리의 환경을 아름답게 꾸미며 애호하는 능력과 태도를 지니게 한다."라는 총괄 목표를 두고 2개의 하위 목표를 제시하였다. 중학

교의 내용 체계는 '회화(구상표현, 관찰표현, 판화표현)' '조소(구상표현, 관찰표현)' '디자인(구성, 시각 디자인, 환경 디자인, 공예)' '서예(서사표현, 서각표현)' '감상(감상, 이해)'으로 제시되었다.

고등학교의 경우 "조형의 탐구적인 표현 및 감상 활동을 통하여 미적 정서와 창조성을 길러 높은 인력을 함양하고 우리의 문화 창달에 기여하는 국민적 자질을 육성한다."라는 총괄 목표 아래 2개의 하위 목표를 제시하고 있다. 고등학교의 내용 체계는 '회화(구상표현, 관찰표현, 판화표현)' '조소(구상표현, 관찰표현)' '디자인(구성, 시각 디자인, 환경 디자인, 공예)' '서예(서사표현, 서각표현)' '감상(감상, 이해)'으로 중학교와 동일하게 제시되었다.

5) 제5차 미술과 교육과정(1987~1992)

(1) 특징

제5차 교육과정은 교육과정 개정 주기를 제도적으로 정착시키고 기존의 교육과정 기간 중에 나타난 학문과 사회의 변화와 교육 내용을 보완하기 위한 원칙하에 제시된 교육과정이다(교육부, 2023). 이에 따라 교육과정의 적정화, 내실화, 지역화를 개정 방침으로 하고 부분 개정의 원칙, 지속성의 원칙, 점진적인 개정, 효율성의 원칙에 기본을 두었다. 따라서 제5차 교육과정은 교과중심 교육과정, 생활중심 교육과정, 학문중심 교육과정, 인간중심 교육과정의 장점을 조화 있게 체계화한 것이 특징이다. 제4차 교육과정의 기본 정신을 계승하면서 건강하고 자주적 · 창조적 · 도덕적인 인간을 육성하기 위해 창조성 개발을 강화함으로써 민주화된 미래사회에 대비하는 교육을 중시하였다. 제5차 교육과정도 한국교육개발원이 연구 · 개발을 맡았다. 제4차 교육과정에서는 초등학교 통합 교과서만 개발되었지만, 제5차 교육과정에서는 초등학교 1, 2학년의 통합 교과가 편성되어 미술과는 초등 3학년부터 적용되었다.

(2) 초등학교

초등학교 미술과 목표는 아름다움을 느끼고 가꿀 줄 알며 경험과 느낌을 창의적으로 표현할 수 있게 하는 데 두었다. 제4차 교육과정과 비슷하나, 내용을 보강하여 구체적으로 제시하고 발달과정을 체계화하였다. 내용 체계는 '교과 목표' '학년 목표 및 내용' '지도 및 평가상의 유의점'으로 종전과 같으나, 학년군별 목표 및 내용을 제시하지 않고 미술과가 있는 3학년부터 6학년까지 학년별로 제시한 점이 다르다. 내용 체계는 '표현'과 '감상'의 2개 영역으로 나누고, '표현'은 다시 '경험한 것 나타내기' '상상하여 나타내기' '보고 나타내기' '모양을 생각하여 꾸미기' '환경 꾸미기' '쓸모를 생각하여 만들기' '붓글씨로 나타내기'로 제시하였으며, '감상'은 '서로의 작품감상하기' '자연 및 조형품 감상하기' 등으로 구성하였다. '지도 및 평가상의 유의점'은 제4차 교육과정과 마찬가지로 '지도'와 '평가'로 구분하여 제시하였다.

(3) 중등학교

중학교와 고등학교의 경우 "조형 활동의 경험을 통하여 표현 및 감상 능력을 길러 창조성을 계발하고 정서를 함양하게 한다."라는 총괄 목표 아래 2개의 하위 목표가 제시되었다. 중학교의 내용 체계는 '표현(관찰표현, 구상표현, 디자인표현, 서예표현)'과 '감상(자연 및 조형품 감상)'으로 제시되었다. 고등학교는 '회화(관찰표현, 구상표현)' '조소(관찰표현, 구상표현)' '디자인(기초 디자인, 시각 디자인, 환경 디자인, 공예)' '서예(서사표현, 서각표현)' '감상(자연미 및 조형품 감상, 이해)'으로 제시하였다. 중학교와 고등학교 모두 회화에서 판화가 제시되지 않았다.

6) 제6차 미술과 교육과정(1992~1997)

(1) 특징

기존의 중앙집권적 교육과정이 분권 지향적인 교육과정으로 변화된 것이 특징이라고 할 수 있다. 학교 교육과정이라는 개념의 등장과 더불어 시 · 도 교육청의 역할 분담 체제가 보다 명확해지게 되었다. 초등학교에 '학교 재량 시간'을 신설하여 학교에 교육활동의 편성 · 운영을 위한 재량권을 부여한 것이 특징이다.

제6차 미술과 교육과정은 미적 교육의 정신을 반영한 교육과정으로, 미술의 본질적 기능을 회복시키면서 미술을 통한 인간 형성이라는 입장이 강조되어 있다. 특별히 주변 환경 안에서 미적인 특성을 지각하고 반응하며 이를 응용하여 생활을 변화시킬 수 있는 인간을 기르는 데 주안점을 두었다. 제5차 교육과정의 창조, 개성, 교육적인 측면을 더욱 강조하면서 보다 생활에 밀접한 미술교육을 강화하고자 하였으며, 전

통미술과 감상교육에 비중을 두었다.

(2) 초등학교

초등학교 미술과의 목표는 초·중·고등학교의 경우 제5차 교육과정과 그 맥락을 같이하고 있으며, 표현 및 감상 능력, 창조성, 정서성으로 총괄 목표를 제시하고, 하위목표는 내용과 관련된 실천적인 목표로 구체화하였다. 미술과 교육과정의 구성 체제는 '성격' '목표' '내용' '방법' '평가'로 이루어졌으며, 교과의 성격을 제시하여 이에 따른 목표 및 내용, 방법, 평가가 일관성과 체계성을 유지하도록 하였다. 초등학교 미술과의 내용은 '미적 체험활동' '표현활동' '감상활동'으로 나누고, '미술과 생활' '느낌 나타내기' '상상하여 나타내기' '보고 나타내기' '꾸미기와 만들기' '붓글씨로 나타내기' '작품감상'으로 구성하였다. '평가'에서는 각 내용 영역별 평가의 유의점을 상세히 제시하여 학습의 태도, 과정 및 결과를 고루 반영할 수 있는 평가 관점 및 기준, 방법 등에 대한 관심이 반영되었음을 보여 준다.

(3) 중등학교

중학교는 미술과 초등학교의 내용 체계와 유사하게 '미술과 생활' '보고 나타내기' '느낌과 상상 나타내기' '꾸미기와 만들기' '붓글씨로 나타내기' '작품감상'으로 구성하였으며, 고등학교는 '미술과 생활'은 초등학교 및 중학교와 동일하게 제시하였으며, 그 외에는 종전의 고등학교 내용 체계와 동일하게 '회화' '조소' '디자인' '서예' '감상'으로 제시하였다.

7) 제7차 미술과 교육과정(1997~2007)

(1) 특징

제7차 교육과정은 대통령 자문 교육개혁위원회의 '新교육 체제 수립을 위한 교육개혁 방안(新교육 체제 수립을 위한 교육개혁보고서)'(1996)에 기초하여 이루어졌다. 이 보고서에 제시된 '주요 교육개혁 과제' 중 '교육 정보화의 청사진과 개혁 방안'에 '21세기 첨단 학교 운영' '가상 대학 운영' '정보기술 활용 교육의 도입 및 환경 구축' '학교정보관리 종합시스템 구축' '소외지역에 대한 정보기술 관련 교육환경의 정비' '학교 도서관의 멀티미디어화' '정보 소양 인증 체제 도입' '교육 정보화 자원 재분배 · 재활용 체제 구축' '지역교육정보지원센터 지정 · 운영' '한국적 멀티미디어 교육 자료 · 정보의 개발 · 보급 촉진' '교사를 위한 전자 및 멀티미디어 자료 · 정보의 개발 · 보급 촉진' '우리의 역사와 문화를 살릴 수 있는 정보화 기반 기술의 개발 촉진' '교육정보산업의 지원' 등이 제시되어 있는데, 교육 개혁을 위한 추진 상황 점검과 과제들이 명확하게 제안된 점이 흥미롭다. 제7차 교육과정의 특징은 수요자 중심의 교육과정이라고 할 수 있다. 이에 기초하여 제시된 것이 '국민 공통 기본 교육과정(초등학교 1학년부터 고등학교 10학년까지의 10년을 기본 교육 기간으로 삼음)' 도입, '수준별 교육과정'의 도입, 재량활동의 도입, 고등학교 2 · 3학년 '선택중심 교육과정'의 도입, 교과별 학습량의 최적화와 수준의 조정, 질 관리 중심의 교육과정 평가 체제 확립, 정보사회에 대비한 컴퓨터 교육의 강화 등이다.

제7차 미술과 교육과정은 21세기의 세계화 · 정보화 시대를 주도할 자율적이고 창의적인 한국인을 육성하고자 목표 면에서는 건전한 인성과 창의성을 함양하는 기초 · 기본 교육의 충실, 내용 면에서는 세계화 · 정보화에 적응할 수 있는 자기주도적 능력의 신장, 운영 면에서는 학생의 능력, 적성, 진로에 적합한 학습자중심교육의 실천, 그리고 제도 면에서는 지역 및 학교 교육과정 편성 · 운영의 자율성 확대를 기본 방향으로 설정하여 제정하였다. 국민 공통 교육 기간을 하나의 체제로 보고 성장을 도울 수 있는 부분을 보다 강조하고자 하였으며, 이와 같은 미술과의 성격과 특징에 따라 미술과가 지향하는 최종 상위 목표 및 하위 목표를 구분하여 제시하였다. 21세기를 맞이하여 다양한 교수 · 학습 방법이 요구됨에 따라 멀티미디어를 활용하여 학습 효과를 높이는 데 중점을 두었으며, 평가 시에는 평가의 기준을 제시하여 객관성을 높이도록 하였고, '미적 체험' '표현' '감상' 영역을 모두 평가하도록 하였다. 교육과정의 질 관리를 위한 국가 수준의 평가 실시와 더불어 교육과정의 정신을 구현한 학교에서의 평가활동의 중요성이 강조되었으며, 초 · 중 · 고등학교의 미술과 성취기준과 평가기준, 수행평가(performance assessment), 평가도구 등이 개발 · 보급되었다.

(2) 초 · 중등학교

학교급별 목표를 따로 구분하지 않고 하나의 총괄 목표로 제시하였으며, 미술활동을 통하여 달성하고자 하는 목표를 표현 및 감상 능력, 창의성, 심미적인 태도로 함축하였다. 이는 심동적 · 인지적 · 정의적인 면들을 함께 고려한 것으로, 미술활동에서의 심동적인 측면인 표현 및 감상 능력, 인지적인 측면인 창의성, 정의적인 측면인 심미적인 태도를 강조하였다. 내용 체계는 '미적 체험' '표현' '감상'으로 구분하여 제시하였으며, 각 내용들은 초등학교 3 · 4학년과 5 · 6학년, 중학교 1 · 2 · 3학년, 고등학교 1학년의 학교급별로 함께 묶어 제시하였다. 미적 인식능력과 시각문화에 대한 중요성이 부각되어 미적 체험 영역이 새롭게 제시되었으나, 이의 도입은 평가가 강조되는 교육과정 시기와 맞물려 평가의 실제적 어려움과 개념상의 용어 이해에 대한 문제점이 제기되면서 현장의 저항을 받아 교육과정으로의 도입에 난항을 겪기도 하였다. 미적 체험은 삶 전반에 걸친 미의 체험이므로 표현 및 감상 영역과의 밀접한 연계를 지니지만 교육과정의 한 영역으로 도입되면서 원래의 포괄적인 의미는 축소되었다.

'미적 체험'은 초등학교 3 · 4학년에서 '자연미 발견' '조형미 발견', 5 · 6학년에서 '자연미와 조형미의 특징 이해' '자연과 조형물의 관계 이해', 중학교 1 · 2 · 3학년에서 '자연미와 조형미의 조화 이해' '미술과 생활의 관계 이해', 고등학교 1학년에서 '자연과 조형물의 미적 가치 이해' '미술과 문화의 관계 이해'로, '표현'은 초등학교 3 · 4학년, 5 · 6학년, 중학교 1 · 2 · 3학년과 고등학교 1학년 모두 '주제표현' '표현방법' '조형요소와 원리' '표현 재료와 용구'로 동일하며, '감상'은 초등학교 3 · 4학년과 5 · 6학년 모두 '서로의 작품감상' '미술품 감상'으로 동일하며, 중학교 1 · 2 · 3학년과 고등학교 1학년 모두 '미술품 감상' '미술문화유산 이해'로 동일하게 제시되었다.

8) 2007 개정 미술과 교육과정(2007~2011)

(1) 특징

2007 개정 교육과정부터는 급변하는 사회문화적 환경 변화를 효율적으로 반영하기 위한 목적으로 '교육과정 수시 체제'가 도입되었다. 이를 위하여 교육인적자원부는 '교육과정 수시 개정 체제 운영 활성화 방안'(2005. 2.)을 발표하고, 교육과정 개정에 교사 및 학부모, 일반 국민의 의견을 적극적으로 반영하기 위하여 에듀넷(edunet.net)과 교육부 홈페이지에 '인터넷 교육과정 제안 마당'을 신설하여 교육과정 관련 의견을 상시로 제안할 수 있도록 하였다. 그러나 부분 수시 개정을 표방했음에도 2007 개정 교육과정에서는 전체 교과 교육과정이 모두 전면 개정되었다. 2007 개정 교육과정부

터는 국정 도서의 검정 전환 확대가 이루어졌다. 따라서 초등학교 미술 3~6학년 미술교과서가 검정으로 전환되어 큰 전기를 맞이하게 되었다.

제7차 미술과 교육과정과 2007 개정 미술과 교육과정의 목표를 비교하면 다음과 같다. 첫째, 제7차 미술과 교육과정의 경우 총괄 목표로 제시한 반면, 개정된 교육과정에서는 학교급별 및 초등학교의 경우 학년군별로 구분하여 제시하였다. 둘째, 개정된 교육과정에서는 기존의 세 가지 내용 체계 영역인 '미적 체험' '표현' '감상'을 그대로 유지하고 있으나, 하위 내용에서의 지향점이나 내용 요소는 다르다. 제7차 미술과 교육과정과 비교하여 달라진 내용은 '미술문화' '시각문화 환경' '표현과정'으로, '미술문화'는 기존의 중·고등학교 '감상' 내용 체계의 하위 요소인 '미술문화유산 이해'보다 확장된 개념으로 변화된 것으로, 초·중·고등학교의 학교 미술교육을 통해 미술문화에 관심을 갖고 그 특징과 중요성을 이해함과 동시에 우리의 미술문화를 계승·발전시킬 수 있는 힘을 기르고 방안을 모색하는 데 중점을 두었다. '시각문화 환경'은 인간을 둘러싼 환경을 자연 및 조형으로 나누었던 기존의 구분을 좀 더 확대한 것으로, 시대·문화적 변화에 따른 미술 환경의 변화 및 이의 중요성을 '미적 체험'의 내용에 적극 반영한 것이다. 또한 제7차 교육과정 시기에 부각된 시각문화에 대한 관심이 교육과정에 보다 구체적으로 반영된 것이라고 할 수 있다. '표현과정'은 기존의 결과 중심으로 이루어졌던 미술 학습의 폐단을 근본적으로 제거하고 학습자에게 의미 있는 경험을 제공하기 위한 의도에서 제시된 것으로, 현재의 미술에서도 미술품의 완성도나 가치보다는 의도 및 아이디어가 어떻게 구체화되었는가에 의미를 더 두는 현상이 반영된 것이라 할 수 있다.

21세기를 맞이하면서 새로운 패러다임의 변화와 더불어 e-러닝 시대를 대비하여 교과서를 보충하기 위한 멀티미디어 자료 개발 등이 이어졌는데, 교육인적자원부는 2002년부터 학교현장에 실험적으로 적용되어 온 디지털 교과서를 2015년에 상용화하기로 계획하기도 하였으나, 전체 교과를 대상으로 적용되지는 못하였다. 디지털 교과서는 문서 자료뿐만 아니라 동영상, 애니메이션, 가상현실, 하이퍼링크 등 첨단 멀티미디어 기능을 통합 제공할 수 있으며, 더 나아가 사회 각 기관의 학습 자료 데이터베이스와 연계하여 폭넓은 학습 자료를 제공할 수 있다는 장점을 지닌다.

(2) 초 · 중등학교

미술과의 총괄 목표를 제시하고 초등학교 3 · 4학년, 5 · 6학년, 중학교, 고등학교별로 하위 목표를 제시하였다. 초 · 중등학교의 내용 체계는 '미적 체험' '표현' '감상'으로 구분된다. '미적 체험'은 초등학교 3 · 4학년, 5 · 6학년, 중학교와 고등학교에서 '자연환경' '시각문화 환경'으로 동일하며, '표현'은 초등학교 3 · 4학년, 5 · 6학년과 중학교에서 '주제표현' '표현방법' '조형 요소와 원리' '표현과정'으로 동일하며, 고등학교 1학년(10학년)에서만 주당 수업 시수를 고려한 내용의 적정화를 이루기 위하여 '주제표현'과 '표현과정'으로만 제시되었다. '감상'은 초등학교 3 · 4학년, 5 · 6학년, 중학교와 고등학교 모두에서 '미술작품' '미술문화'로 동일하게 제시되었다.

9) 2009 개정 교육과정에 따른 미술과 교육과정(2011~2015)[8]

(1) 특징

과목 수를 줄여 학습 부담을 경감시키기 위한 목적으로 교육과정 편제의 조정이 불가피하게 되자, 2009년 12월 23일에 다시 교육과정이 개정되었다. '미래형 교육과정' '창의 융합 인재 양성 교육'으로 알려진 2009 개정 교육과정은 학기당 이수 과목을 최대 5과목으로 줄이고 교과 집중이수제[9]를 도입하여 학교 자율에 따라 교육과정을 20% 범위 내에서 증감 운영할 수 있도록 하였다. 2009 개정 교육과정의 큰 특징으로는 '공통 교육과정' 이수 기간 조정(초등학교 1학년부터 중학교 3학년까지 9년) 및 선택 교육과정 기간 확대, 교과군 · 학년군 도입, 교과 집중 이수를 통한 학년 · 학기당 이수 교과목 수 축소, 교과별 수업 시수 증감 운영, 배려와 나눔의 창의 인재 육성을 위한 창의적 체험활동의 도입 등을 들 수 있다. 학년군 · 교과군의 도입으로 미술은 음악과 함께 '예술(음악/미술)'로 표기되었다.

2009 개정 교육과정의 고시 이후 교육과학기술부는 2012년에 '총론' '국어과 교육과정' '도덕과 교육과정' '사회과 교육과정'의 일부를 개정하고, '한국어 교육과정'을

8) 제1차 교과과정을 제외하고 제2차 교육과정부터 총론과 각론이 동시에 고시되어 왔으나, 2009 개정 교육과정에서는 총론이 먼저 고시되고 2011년 각론이 고시되었다. 따라서 2009 개정 교육과정과 2009 개정 교육과정에 따른 미술과 교육과정은 고시 연도에 차이가 있다.

9) 예체능 과목의 집중이수제는 2012년 폐지되었다.

신설하였다. 국가 · 사회적으로 제기되는 교육적 요구 사항들에 보다 적극적이고 신속하게 대응하고 이를 교육과정에 반영하기 위한 취지의 수시 개정 체제에 따라 수시 · 부분적 개정이 지속적으로 뒤따를 것으로 예견되었다.

2009 개정 교육과정에 따른 미술과 교육과정에서는 미술과 총괄 목표를 제시하고, 초등학교 및 중학교의 학교급별, 영역별 성취기준을 제시하였다. 고등학교 단계가 선택 교육과정으로 전환됨에 따라 공통 교육과정이 중학교 3학년까지로 축소되어 학년군별 수준과 내용의 조정이 뒤따랐다. 따라서 미술과의 최종 도달 단계인 중학교 3학년에 '비판적 사고력'이 포함되면서 기존의 고등학교 수준의 내용 학습이 전개됨에 따라 교과 내용이 어려워지게 되었다. 2009 개정 교육과정에 따른 미술과 선택 교육과정에는 일반 과목으로 '미술문화' '미술창작', 심화 과목으로는 '미술이론' '미술사' '드로잉' '평면조형' '입체조형' '디자인 · 공예' '미술 전공 실기' '영상미술'이 제시되었다. 2009 개정 교육과정에 따른 초등학교 및 중학교 교과서 개발은 초등학교 미술교과서의 경우 검정교과서 제도, 중학교 미술 및 고등학교 선택 교육과정에 따른 과목들은 모두 인정교과서 제도로 이루어졌다.

(2) 초 · 중등학교

기존 교육과정에서의 '미적 체험'은 '체험'[10]으로, 중영역인 '자연환경'과 '시각문화 환경'[11]은 각각 '지각'과 '소통'으로 변경되었다. '체험'의 중영역은 초등학교 3 · 4학년, 5 · 6학년, 중학교 1~3학년 모두 '지각' '소통'으로 통일되었다. '표현'의 중영역은 초등학교 3 · 4학년, 5 · 6학년, 중학교 1~3학년 모두 '주제표현' '표현방법' '조형 요소와 원리'로 통일되었다. '표현'에서는 미술표현에서 중요하고도 기본이 되는 필수

10) '미적 체험'이 '체험'으로 변경된 이유를 보면, '미적'으로 한정되는 경험이 아닌, 학습자와 괴리되지 않고 모든 영역에서 미적 인식이 다루어질 수 있도록 '미적'을 제외한 '체험'으로 바뀌게 되었다고 설명하고 있으며 이러한 기조는 2015 개정 미술과 교육과정에서도 유지된다. 체험의 확대라는 점에서 환영할 만하나, 모든 체험이 가능해지면서 2015 개정 미술과 교육과정에 가서는 창의 · 융합과 연계된 '연결'도 포함되어 원래의 의도와는 다르게 다양한 개념이 포진하게 되는 결과를 낳았다. '체험'은 2022 개정 미술과 교육과정에서 '미적 체험'으로 다시 전환되었다.

11) 2009 개정 미술과 교육과정 '미적 체험'의 중영역인 '자연환경'과 '시각문화 환경'은 단지 미적 체험이 이루어지는 대상이나 현상, 배경일 뿐 '미적 체험'을 실질적으로 설명해 주는 하위 요소가 되지 못한다는 이유로 '지각'과 '소통'으로 변경되었다.

학습 요소들이 그대로 유지되었으나, 2007 개정 미술과 교육과정에서 제시된 표현의 중영역인 '표현과정'을 '표현방법'에 포함시킴으로써 하위 요소의 수를 줄일 수 있었다. 기존의 '표현과정'은 과정을 중시하는 시대적 미술 경향을 반영한 것이며, 또한 결과 중심으로 이루어지는 학교 미술교육에서 과정의 중요성을 강조하는 데 일조하였으나, 미술교육의 필수 학습 요소의 일반적인 구분과는 유리된 것이었기 때문에 다른 필수 학습 요소들과 중복적인 면이 없지 않다. 2009 개정에서의 '표현방법'은 제7차 미술과 교육과정에서의 '표현 재료와 용구', 2007 개정 미술과 교육과정에서의 '표현과정'을 모두 포괄하는 의미로 활용되었다. '감상'의 중영역은 초등학교 3 · 4학년, 5 · 6학년, 중학교 1~3학년 모두 '미술사' '미술비평'으로 통일되었다. 기존의 '미술작품'이 '미술비평'으로, '미술문화'가 '미술사'로 변경된 것이다. 2007 개정 미술과 교육과정에서 '미적 체험' 영역의 '시각문화 환경'은 '감상' 영역의 '미술문화'와 내용 범주가 중복된다는 지적이 끊임없이 있어 왔다. 따라서 '미술사'와 '미술비평'으로의 전환은 이러한 문제점도 해결할 뿐만 아니라 '감상'의 전통적인 구분인 '역사 · 문화적 맥락에서 미술에 대한 이해'와 '종합적인 감상을 통한 미적 판단'으로서의 '미술사' 및 '미술비평'으로서 '감상' 본연의 내용 구성으로 자리매김한 것이라고 할 수 있다.

10) 2015 개정 미술과 교육과정(2015~2022)

(1) 특징

문 · 이과 통합에 대한 사회적 요구에 부응하여 교육부가 2013년 교육과정 및 수능제도 개편, 2014년 '2015 문 · 이과 통합형 교육과정 총론의 주요 사항'을 발표함에 따라 포럼, 공개토론회, 현장 의견 수렴 등을 거쳐 새로운 교육과정의 기본 방향이 마련되었다. 2015 개정 교육과정을 '문 · 이과 통합 교육과정'이라고 하지만, 이전에도 문 · 이과 통합이 추진되었다가 공식적으로 폐지되었음에도 문 · 이과 구분이 수능에서 심화되었기 때문에 다시 문 · 이과의 통합이 주장된 것이라 할 수 있다. 그러나 2015 개정 교육과정을 문 · 이과 통합형 교육과정이라고 부르기에는 미술처럼 이에 해당하지 않는 교과도 있을 뿐만 아니라, 수능 및 대입제도 등과 관련하여 고등학교에만 무게를 둔 것이라 전체 학교교육의 관점에서 본다면 적절한 명칭이 아니라고 할 수 있다. 그보다는 2009 개정 교육과정에서의 '창의적인 인재 양성'의 기본 정신을 유지하면서 미래사회가 요구하는 창의 · 융합형 인재 양성에 기본을 둔 '창의 · 융합형 인재 양성을 위한 교육과정' '미래사회가 요구하는 역량 함양을 위한 교육과정'으로 부르는 것이 더 적절하다. 창의 · 융합형 인재는 인문학적 상상력, 과학기술 창조력을 갖추고 바른 인성을 겸비하여 새로운 지식을 창조하고 다양한 지식을 융합하여 새로운 가치를 창출할 수 있는 사람을 말한다. 2015 개정 교육과정에서는 이러한 창의 · 융합형 인재가 갖추어야 할 핵심 역량으로 '자기관리 역량' '공동체 역량' '의사소통 역량' '창의적 사고 역량' '지식정보 처리 역량' '심미적 감성 역량'이 요구됨을 제시하였다.

총론 개정의 주요 방향으로 제시된 기본 원칙은 '인문 · 사회 · 과학기술에 대한 기초 소양 함양' '학생의 꿈과 끼를 키우는 학생중심의 교육과정 운영' '미래사회가 요구하는 역량 함양이 가능한 교실 수업 개선 및 평가 체제 확립' '교육과정과 연계하여 교육정책을 전반적 · 종합적으로 개선'의 네 가지로, 이 중에서도 2015 개정 교육과정의 주요 특징을 든다면 창의 · 융합형 인재의 강조와 중학교 자유학기제[12]의 운영이라고 할 수 있다. 2015 개정 교육과정에서는 예술교육의 활성화를 통한 감수성 및 정서 함양을 목적으로 고등학교 예술교과 선택 과목에 '연극'이 개설되어 고등학교 미술 및 음악과 마찰을 빚기도 하였다. 앞으로 중학교 자유학기제의 효율적 운영을 위하여 예술 관련 프로그램을 적극 개발 · 운영하는 데 중점을 두는 만큼 프로그램이나 활동이 아닌 교과로서의 연극이 학교급별 예술교육에 어떤 영향을 끼칠지 지켜볼 일이다.

미술과 선택 교육과정에는 일반선택 과목으로 '미술', 진로선택 과목으로 '미술창작' '미술감상과 비평', 예술계열 미술과 전문과목으로 '미술이론' '미술사' '드로잉' '평면조형' '입체조형' '매체미술' '미술전공실기'가 제시되었다. 초 · 중등학교 교과서 개발에서 초등학교는 검정교과서 제도, 중학교 미술 및 고등학교 선택 교육과정에 따른 일반선택 과목은 인정교과서 제도로 이루어졌다. 초등학교의 경우 기존의 학년군별

12) 자유학기제는 2013년 처음 도입되어 2016년 모든 중학교에서 전면 실시되었는데, 1-1학기, 1-2학기, 2-1학기 중 한 학기를 '자유학기'로 운영할 수 있게 하는 것이다. 자유학기제 운영 시간에는 지필평가가 아닌 과정중심평가를 실시하도록 하여 학생들이 시험 부담에서 벗어나 참여형 수업을 통해 체험중심의 교과활동과 더불어 진로 탐색을 할 수 있도록 하였다. 2018년에는 자유학기제를 연계 및 확대하여 1년 동안 실시할 수 있는 자유학년제를 도입하였으며 2020년에는 전국에 실시되었으나 학력 격차 등의 비판으로 현재는 지역에 따라 축소 운영되기도 한다.

로 묶어 개발했던 것을 학년별 개발로 변경되었으며, 중학교의 경우 기존의 통권으로 묶어 한 권으로 개발했던 것을 1 · 2권의 두 권을 개발하는 것으로 변경되었다.

2015 개정 미술과 교육과정은 총론의 구성 체제에 기초하여 '성격(역량 포함)' '목표(교과 총괄 목표, 학교급별 목표)' '내용 체계 및 성취기준' '교수 · 학습 및 평가의 방향' 순으로 제시되었다. 성격에는 총론이 제시한 여섯 가지 핵심 역량에 기초하여 미술과의 특성을 고려한 다섯 가지 교과 역량, 즉 '미적 감수성' '시각적 소통능력' '창의 · 융합 능력' '미술문화 이해능력' '자기주도적 미술학습 능력'이 제시되었다.

(2) 초 · 중등학교

'체험'에는 기존의 '지각' '소통' 외에 '연결'[13]이 핵심 개념으로 추가되었다. '표현'에는 제7차 교육과정부터 유지되어 온 '주제표현' '표현방법' '조형 요소와 원리', 기타 ['표현 재료와 용구(제7차 미술과 교육과정)' '표현과정(2007 개정 미술과 교육과정)']의 구분에서 벗어나 표현을 위한 아이디어의 중요성을 고려하여 '발상'과 '제작'으로 제시되었다. 그러나 '발상'의 학교급별 내용 요소에 여전히 주제표현과 관련된 요소가 남아 있어, 앞으로 '발상'이 무엇이며 이를 학교급별 내용 요소로 어떻게 풀어 나가야 하는지에 대한 숙제가 남아 있다. '감상'은 기존의 '미술사' '미술비평'에서 '미술사 이해하기' '미술비평하기'의 의미로서 '이해'와 '비평'으로 제시되었다. '이해'와 '비평'이 블룸(Bloom)의 분류 체계(기억하기 → 이해하기 → 적용하기 → 분석하기 → 평가하기 → 창조하기)의 단계적 절차로 이해될 수 있겠으나, 이는 빅 아이디어(big idea), 빅 콘셉트(big concept), 핵심 아이디어로서의 핵심 개념으로 환원시키기 위하여 미술 영역의 개념인 '미술사' 대신 '이해'로 대체한 것이라 할 수 있다.

13) '연결'은 '체험'을 '표현' '감상'과 관련시키는 영역별 연계뿐만 아니라, 타 교과, 타 분야로 내용의 확장을 가능하게 하는 개념으로 볼 수 있다. 이런 의미를 지녔다면 '체험'에 포함하는 것이 적절하지 않을 수 있겠으나, 교육과정에서 연계를 강조하기 위해 제시해야 한다면 '표현' '감상'보다는 상대적으로 포괄적 접근이 가능한 '체험'에 제시하는 것이 더 타당할 수 있다고 보았다. 그러나 '체험'의 핵심 개념으로 '지각' '소통' '연결'이 적절한지에 대한 문제는 해결되지 않은 채 계속 남아 있다. 2015 개정 교육과정 개발 초기 '핵심 개념'은 '간학문적이고 전이 가능성이 큰 영속적인 이해'로서의 '빅 아이디어'였다. 하지만 교육과정 개발이 진행되면서 교과 특성에 따라 교과 내 기초 개념, 영역, 주제, 소재 등의 의미가 더해지면서 핵심 개념의 의미가 교과별로 다르게 이해되었으며, 결과적으로 핵심 개념의 의미가 통일되지 않은 채 상이한 양상을 띠게 되었다.

2. 2022 개정 미술과 교육과정 이해하기

1) 2022 개정 교육과정 총론

교육부의 '모두를 아우르는 포용교육 구현과 미래 역량을 갖춘 자기주도적 혁신 인재 양성'이라는 비전하에 2021년 '2022 개정 교육과정 추진 계획'이 발표되었으며, 이에 기초하여 '2022 개정 교육과정 총론 주요 사항'(교육부, 2021. 11. 24.)[14]이 발표되었다. 이에 의하면 디지털 전환, 기후환경 변화, 학령인구 감소 등에 대응하여 미래사회에 필요한 역량을 함양하고 학습자 맞춤형 교육을 강화할 수 있도록 미래교육 비전의 정립과 수업 및 평가 개선을 포함하는 교육과정 체제로의 전환이 시급함을 제시하면서, 개정의 중점으로 '미래사회가 요구하는 역량 함양이 가능한 교육과정' '학습자의 삶과 성장을 지원하는 맞춤형 교육과정' '지역 · 학교 교육과정 자율성 확대 및 책임교육 구현' '디지털 · AI 교육환경에 맞는 교수 · 학습 및 평가 체제 구축'을 제시하였다. 교과 교육과정의 개발과 관련해서는 역량 함양 교과 교육과정 개발을 위하여 '깊이 있는 학습' '교과 간 연계와 통합' '삶과 연계한 학습' '학습과정에 대한 성찰'이 강조되었다([그림 5-4] 참조).

이러한 구상하에서 출발한 2022 개정 교육과정 총론(교육부, 2022b)에서는 '포용성과 창의성을 갖춘 주도적인 사람'이라는 비전하에 '추구하는 인간상'으로 '전인적 성장을 바탕으로 자아정체성을 확립하고 자신의 진로와 삶을 스스로 개척하는 자기주도적인 사람' '폭넓은 기초 능력을 바탕으로 진취적 발상과 도전을 통해 새로운 가치를 창출하는 창의적인 사람' '문화적 소양과 다원적 가치에 대한 이해를 바탕으로 인류 문화를 향유하고 발전시키는 교양 있는 사람' '공동체 의식을 바탕으로 다양성을 이해하고 서로 존중하며 세계와 소통하는 민주시민으로서 배려와 나눔, 협력을 실천하는 더불어 사는 사람'의 네 가지를 제시하고 있다. 2022 개정 교육과정의 핵심 역량

14) 총론 주요 사항의 기초 연구는 황규호 등(2021)을 참조한다. 이 연구에서 제시한 네 가지 중요한 점은, 첫째, 미래사회 변화에 대응하기 위한 교육과정 발전 방향의 모색, 둘째, 사회의 다양성 확대로 자신의 삶을 이끌 주도성 함양과 공동체 의식 함양, 셋째, 맞춤형 교육 체제 구축, 넷째, 국민 모두의 관점과 의견을 반영 및 교육과정 분권화와 자율화에 대한 요구 반영 등이다.

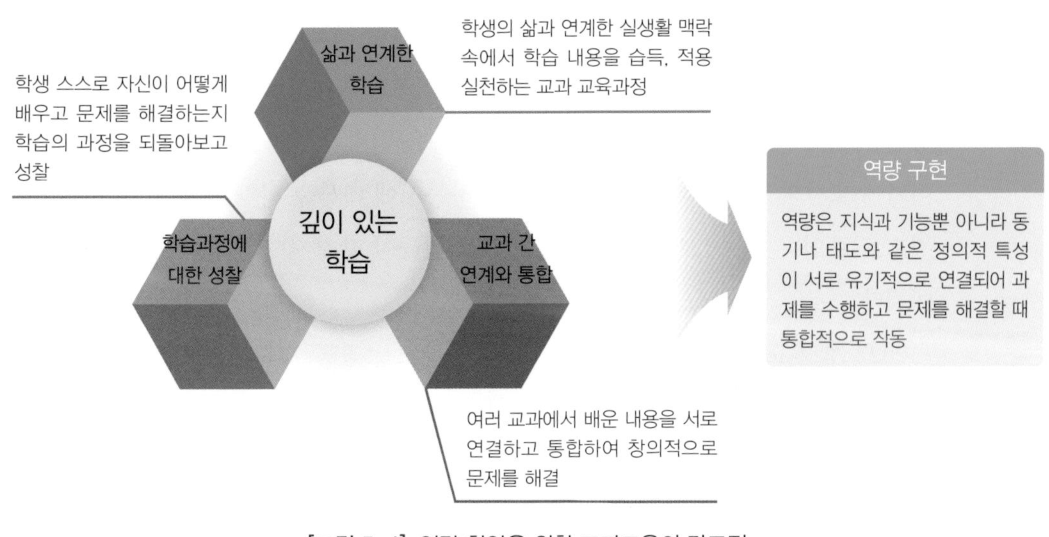

[그림 5-4] 역량 함양을 위한 교과교육의 강조점

출처: 교육부(2021. 11. 24: 33).

으로는 '자아정체성과 자신감을 가지고 자신의 삶과 진로를 스스로 설계하며 이에 필요한 기초 능력과 자질을 갖추어 자기주도적으로 살아갈 수 있는 자기관리 역량' '문제를 합리적으로 해결하기 위하여 다양한 영역의 지식과 정보를 깊이 있게 이해하고 비판적으로 탐구하며 활용할 수 있는 지식정보처리 역량' '폭넓은 기초 지식을 바탕으로 다양한 전문 분야의 지식, 기술, 경험을 융합적으로 활용하여 새로운 것을 창출하는 창의적 사고 역량' '인간에 대한 공감적 이해와 문화적 감수성을 바탕으로 삶의 의미와 가치를 성찰하고 향유하는 심미적 감성 역량' '다른 사람의 관점을 존중하고 경청하는 가운데 자신의 생각과 감정을 효과적으로 표현하며 상호 협력적인 관계에서 공동의 목적을 구현하는 협력적 소통 역량' '지역 · 국가 · 세계 공동체의 구성원에게 요구되는 개방적 · 포용적 가치와 태도로 지속 가능한 인류 공동체 발전에 적극적이고 책임감 있게 참여하는 공동체 역량'의 여섯 가지가 제시되었다.

2022 개정 교육과정 개정의 배경이나 필요성, 개정의 이유 등에서 언급된 시대적 · 사회적 요구와는 다르게 또 다른 특징으로 꼽는 것이 바로 고교교육 혁신을 위한 고교학점제[15]의 도입이다. 이의 구체적 실천을 위한 제반 사항으로 고등학교 선택 과

15) 고교학점제는 2020년 마이스터고(Meister school/산업수요 맞춤형 고등학교/51개교)에의 도입을 시작으

목이 다양해짐에 따라 융합선택 과목이 추가되었다. 고교학점제에서 중요한 것이 학생의 참여라고 볼 때, 앞으로 학생의 요구를 학교 교육과정에 반영하기 위해서는 학생 스스로가 자신의 진로 및 적성에 따라 과목을 선택할 역량을 어떻게 갖춰야 하며 여기에 교사의 개입이 어떻게 이루어져야 하는지에 대한 논의가 함께 이루어져야 할 것으로 보인다. 이는 보다 정책적인 제반 요건들이 갖춰지며 본격화할 것이라고 기대된다.

2022 개정 교육과정에서는 초등학교와 중학교를 공통 교육과정으로 묶고 고등학교는 선택중심 교육과정(일반선택, 진로선택, 융합선택)으로 운영한다. 미술과의 경우 공통 교육과정인 초등학교와 중학교에 '미술', 고등학교 일반선택 과목으로 '미술', 진로선택 과목으로 '미술창작' '미술감상과 비평', 융합선택 과목으로 '미술과 매체', 예술계열 진로선택 과목으로 '미술이론' '드로잉' '미술사' '미술 전공 실기' '조형탐구', 예술계열 융합선택 과목으로 '미술매체 탐구' '미술과 사회'가 〈표 5-3〉과 같이 제시되었다.[16]

로 2022년에는 특성화고, 2023년에는 일반계고에 단계적으로 시행되고 있으며, 2025년에는 전체 고등학교에 전면적으로 시행된다. 고교학점제에서 학생들이 졸업을 위해 이수해야 하는 학점은 192학점으로, 1학점은 50분을 기준으로 한 학기에 16회를 이수해야 하는 수업량이다. 각 과목은 학기당 기본 4학점으로 배정되어 있다. 학생의 진로에 따라 다양한 과목을 이수하고 누적 학점을 졸업으로 인정받기 때문에 선택 수강의 기회가 넓고 다양화되어 융합 및 심화 교육의 활성화를 기대할 수 있다는 게 기본 취지이다. 그러나 이를 위한 공간 이용이 실질적으로 이루어지지 않고 선택과목 수업을 지도할 교원 수급의 문제, 교육과정의 서열화를 통한 계층 불평등 구조의 고착화 등 비판적인 목소리도 있다. 그러나 고교학점제가 변화를 이끌고 있다는 긍정적 반응도 커지고 있어 학교 및 시·도교육청 단위에서 문제해결을 위한 노력들이 필수적으로 요구된다.

16) 기존의 '평면조형' '입체조형'은 2022 개정 미술과 교육과정에서 '조형탐구'로 통합하여 재구성된 과목으로 새롭게 제시되었다. '미술매체 탐구'는 다양한 미술매체를 이해하고 활용 가능성을 탐색할 수 있도록 기존의 '매체 미술'에서 변환된 것이다. 이 과목에서는 신기술의 발전으로 등장하는 다양한 매체를 탐색하고 실험하여 창작에 적용할 수 있는 능력을 함양하는 데 중점을 두었다. '미술과 매체'는 매체의 변화를 이해하고 매체의 다양성과 타 분야와의 융합 가능성을 발견하여 창의적으로 표현하고 소통하는 능력을 기르는 데 중점을 두었다. '미술과 사회'는 미술의 사회적 역할과 소통방식이 점차적으로 중요해지면서 인간, 사회, 환경과의 관계 속에서 미술을 통합적으로 이해하고 사회에 적극적으로 참여하며 협력하는 능력을 함양하는 데 중점을 두었다.

표 5-3 2022 개정 미술과 공통 교육과정 및 고등학교 선택중심 교육과정(예술계열 포함) 교과목

공통 교육과정 (초등학교 · 중학교)	고등학교 선택중심 교육과정		
미술	선택 과목	일반선택	• 미술
		진로선택	• 미술 창작 • 미술감상과 비평
		융합선택	• 미술과 매체
		진로선택 (예술계열)	• 미술이론 • 드로잉 • 미술사 • 미술 전공 실기 • 조형탐구
		융합선택 (예술계열)	• 미술매체 탐구 • 미술과 사회

출처: 이주연 외(2022: 6).

2) 2022 개정 미술과 교육과정

(1) 개정의 중점 사항 및 역량을 포함한 목표

2022 개정 미술과 교육과정은 2022 개정 교육과정 총론의 지향점과 비전, 추구하는 인간상, 핵심 역량을 미술과의 본질과 역할에 적합하도록 설정하여 개발되었다. 2022 개정 미술과 공통 교육과정은 "대상과 현상에 대한 미적 체험을 바탕으로 느낌과 생각을 표현하고 감상하는 활동을 통하여 자신과 세계를 이해하고 미술문화 창조에 주도적으로 참여할 수 있다."라는 총괄 목표 아래 역량과 내용 체계를 [그림 5-5]와 같이 제시하였으며, 이에 따른 중점 사항은 [그림 5-6]과 같다.

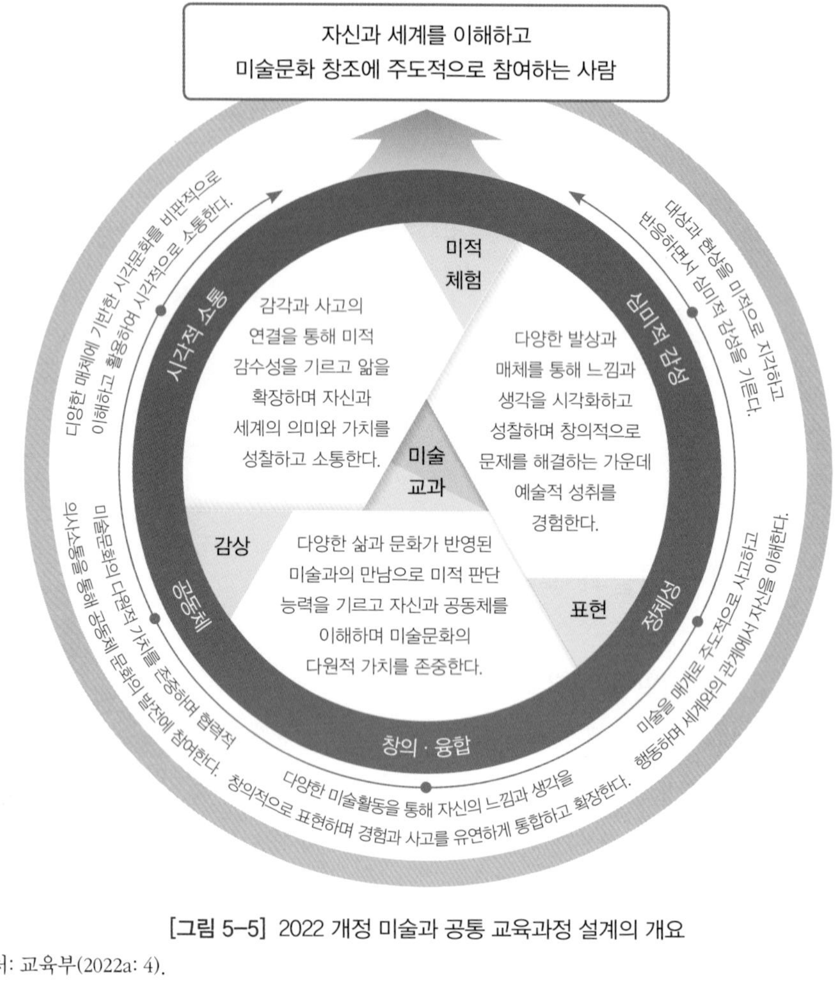

[그림 5-5] 2022 개정 미술과 공통 교육과정 설계의 개요

출처: 교육부(2022a: 4).

자신과 세계를 이해하고 미술문화 창조에 주도적으로 참여하는 사람		
미적 체험	표현	감상
감각적 인식 및 시각적 소통	창의적 사고 및 융합	작품 이해 및 비평

공통 교육과정		공통 교육과정
초등학교	중학교	고등학교
기초 능력	활용 능력	융합 · 심화 능력
• 감각을 활용한 대상의 탐색과 상호작용	• 감각을 활용한 미적 인식과 감수성 함양	• 자신의 삶과 환경에 미적 경험의 연결 및 심미적 가치의 내면화
• 자유로운 발상 및 창의적 표현	• 새로운 표현 도전 및 주제와 의도에 적합한 표현 탐구	• 다양한 매체를 활용한 융합과 창의적 표현
• 다양한 매체 경험과 생활 속 이미지의 활용	• 이미지의 비판적 해석과 이미지를 활용한 소통	• 이미지와 정보의 비판적 분석과 해석 및 시각적 활용과 소통
• 미술을 통한 사고 및 자신과 환경 간의 관계 이해	• 미술 경험 성찰과 삶과의 연결	• 미술을 매개로 한 사고와 행동으로 자신에 대한 성찰과 세계 속 주도적 삶
• 미술작품의 이해와 공동체 미술문화에 참여	• 자신과 타인의 문화 존중과 공동체 문화에 기여	• 문화적 다양성 존중과 공동체 문제해결에 참여

[그림 5-6] 미술과 총괄 목표 및 학교급별 중점 사항

출처: 이주연 외(2022: 97).

2022 개정 교육과정에서는 교과 역량이 선언적으로만 제시되었다고 지적하면서 역량을 목표와 통합하여 진술할 것이 요구됨에 따라 미술과 교육과정의 역량도 교과 목표를 반영하여 〈표 5-4〉와 같이 제시되었다.

표 5-4 2022 개정 미술과 교육과정 공통 및 일반선택 교육과정 미술과 목표에 반영된 역량

2022 개정 미술과 교육과정 목표			핵심 역량
공통 교육과정 '미술'	총괄 목표	대상과 현상의 미적 체험을 바탕으로 느낌과 생각을 표현하고 감상하는 활동을 통하여 자신과 세계를 이해하고 미술문화 창조에 주도적으로 참여할 수 있다.	
	세부 목표	(1) 대상과 현상을 감각적으로 지각하고 반응하면서 심미적 감성을 기른다.	심미적 감성 역량
		(2) 미술활동을 통해 자신의 느낌과 생각을 창의적으로 표현하며 경험과 사고를 유연하게 통합하고 확장한다.	창의 · 융합 역량
		(3) 다양한 매체에 기반한 시각문화를 비판적으로 이해하고 활용하여 시각적으로 소통한다.	시각적 소통 역량
		(4) 미술을 매개로 주도적으로 사고하고 행동하며 세계와의 관계에서 자신을 이해한다.	정체성 역량
		(5) 미술문화의 다원적 가치를 존중하며 협력적 의사소통을 통해 공동체의 문화 발전에 참여한다.	공동체 역량
일반선택 교육과정 '미술'	총괄 목표	대상과 현상을 심미적으로 지각하여 성찰하며 자신과 세계의 관계를 인식한다. 삶의 경험을 다양한 관점에서 비판적으로 사고하고 미술매체를 활용하며 창의적으로 표현한다. 나아가 삶과 연결된 미술문화를 비판적으로 수용하며 향유한다.	
	세부 목표	(1) 대상과 현상에 대한 미적 경험을 자신의 삶과 환경에 연결함으로써 심미적 가치를 내면화한다.	심미적 감성 역량
		(2) 대상과 현상에서 발견한 미적 특징을 다양한 매체의 활용과 융합을 통해 창의적으로 표현한다.	창의 · 융합 역량
		(3) 이미지와 정보를 비판적 사고로 분석 · 해석하고 시각적으로 활용하여 소통한다.	시각적 소통 역량
		(4) 미술을 매개로 사고하고 행동하며 세계 속에서 자신을 성찰하고 주도적으로 삶을 살아간다.	정체성 역량
		(5) 다양한 미술문화를 존중하고 공동체의 문제해결에 참여하여 풍성하고 지속가능한 문화 발전에 기여한다.	공동체 역량

출처: 이주연 외(2022: 100)에서 일반선택 교육과정을 추가함.

2022 개정 미술과 교육과정의 역량을 2015 개정 미술과 교육과정 역량과 비교해 보면 〈표 5-5〉와 같다.

표 5-5 2015 개정 미술과 교육과정(박소영 외, 2015: 34) 및 2022 개정 미술과 교육과정 역량 비교

2015 개정 미술과 교육과정 역량		하위 역량
미적 감수성	다양한 대상 및 현상에 대한 지각을 통해 자신의 감정을 이해 · 표현하고, 미적 경험에 반응하면서 미적 가치를 내면화하여 삶의 질을 높일 수 있는 능력	미적 지각, 미적 반응, 직관, 감정 표현, 자기이해, 자아 정체성, 미적 가치 내면화 등
자기 주도적 미술학습 능력	미술활동에 자발적이고 주도적으로 참여하면서 자기를 계발 · 성찰하며, 그 과정에서 타인의 생각과 느낌을 이해하고 존중 · 배려하며 협력할 수 있는 능력	자율성, 자기개발, 진로개발 능력, 자기성찰, 공감, 존중, 배려, 협력 등
창의 · 융합 능력	자신의 느낌과 생각을 정보와 자료, 매체를 활용하여 창의적으로 표현할 수 있으며, 미술과 다양한 분야의 지식, 기술, 경험 등을 연계 · 융합하여 미술활동 과정에서 직면하는 다양한 문제를 합리적으로 해결할 수 있는 능력	상상력, 창의적 사고능력, 창의적 표현능력, 연계 · 융합 능력, 매체 활용능력, 문제해결 능력 등
시각적 소통능력	변화하는 시각문화 속에서 이미지와 정보, 시각 매체를 이해하고 비판적으로 해석하며, 이를 활용한 창작 및 비평을 통해 시각적으로 소통할 수 있는 능력	시각화 능력, 시각적 문해력, 비판적 사고력, 의사소통 능력 등
미술문화 이해능력	우리 미술문화에 대한 이해를 바탕으로 정체성을 확립하고, 유연하고 개방적인 태도로 세계 미술문화의 다원적 가치를 이해하고 존중하며 공동체의 발전에 참여할 수 있는 능력	미술문화 정체성, 문화적 감수성, 다원적 가치 존중, 공동체 의식, 세계시민의식 등

2022 개정 미술과 교육과정 역량		하위 역량
심미적 감성 역량	대상과 현상에 대한 미적 감수성을 바탕으로 인간의 삶과 문화에 대해 공감적으로 이해하고 심미적 가치를 발견하여 내면화할 수 있는 능력	미적 지각, 미적 반응, 미적 감수성, 직관, 공감, 감정 표현, 심미적 가치 내면화 등
정체성 역량	미술활동을 통해 독립적인 개인으로서 또한 자신이 속한 집단의 일원으로서 개인과 집단의 개별성과 고유성을 인식하고 성찰하여 자아상과 세계관을 형성해 나갈 수 있는 능력	자아정체성, 자아존중, 자율성, 자기개발, 자기성찰, 자기탐구, 자기이해, 자기주도성, 주체성 이해 등
창의 · 융합 역량	상상력을 바탕으로 다양한 매체를 활용하여 자신의 느낌과 생각을 창의적으로 표현하고, 미술활동 과정에 타 분야의 지식, 기술, 경험 등을 융합하여 새로운 가능성을 발견하고 삶과 연계한 문제를 해결할 수 있는 능력	상상력, 창의적 사고, 융합적 사고, 창의적 표현능력, 매체 활용능력, 문제해결 능력, 연계 · 융합 능력, 개방적 사고, 실험적 태도, 도전하는 용기 등
시각적 소통 역량	다양한 매체에 기반한 시각문화를 비판적으로 이해하고 해석하며 이를 활용하여 시각적으로 소통할 수 있는 능력	이미지 시각화 능력, 시각적 문해력, 비판적 사고력, 의사소통 능력 등
공동체 역량	전통에서부터 동시대까지 미술문화에 대한 이해를 바탕으로 다양한 미술문화를 존중하며 개방적이고 포용적인 태도로 인류 공동체 발전에 적극적이고 책임감 있게 참여할 수 있는 능력	문화적 감수성, 다원적 가치 존중, 공동체 의식, 세계시민의식, 민주시민의식, 책임감, 배려, 포용성, 협력적 소통능력, 공감 등

2015 개정 미술과 교육과정과 2022 개정 미술과 교육과정의 역량을 비교해 보면, '미적 감수성'은 '심미적 감성 역량'으로, '자기주도적 미술학습 능력'은 '정체성 역량'[17]으로, '미술문화 이해능력'은 '공동체 역량'으로 변화되었으며, '시각적 소통능력'은 '시각적 소통 역량'으로, '창의 · 융합 능력'은 '창의 · 융합 역량'으로 유지된 것을 알 수 있다. '심미적 감성 역량'은 보다 적극적인 의미에서 삶의 의미와 가치를 발견하고 향유하는 능력으로 개선될 필요에 의해 변경되었다. '정체성 역량'은 OECD(2019)에서도 강조하고 있는 미래사회 대비 학습자의 주도성을 더욱 확대한 것으로, 개인 간, 개인과 세계 간, 개인과 기술 간의 상호 연결과 협업이 가능한 주도적인 학습자로서, 또한 디지털 전환(Digital Transformation: DX) 시대 등 변화하는 사회 속에서 집단의 개별성과 고유성을 인식하여 개인의 정체성과 더불어 집단의 정체성, 자아상, 세계관을 형성해 나갈 수 있는 능력을 포괄한다(이주연, 2023a, 2023c). '공동체 역량'은 세계시민성의 함양이 중요하게 고려되는 시대를 맞아 기존의 '미술문화의 '이해'에서 한 걸음 더 나아가 '포용성' 및 '시민성'과 관련된 배려, 소통, 협력, 공감, 존중 등 공동체의 가치들을 중요하게 인식하면서 공동체가 지닌 미술문화의 발전을 이끄는 데 중점을 둔 역량이라고 할 수 있다.

(2) 내용 체계: 공통 교육과정부터 고등학교 일반선택 교육과정

학습 내용의 범위와 수준을 나타내는 내용 체계에는 '영역' '핵심 아이디어' '세 가지 범주('지식 · 이해' '과정 · 기능' '가치 · 태도')에 따른 내용 요소, 성취기준(성취기준 해설, 성취기준 적용 시 고려 사항)'이 포함된다. 미술과의 영역은 '미적 체험' '표현' '감상'의

17) '정체성 역량'은 차기 교육과정 개발을 위한 2015 개정 교육과정 개선 방안 관련 연구(주형미 외, 2021)에서 개선 방안 ③ 중 '자기주도적 미술학습 능력'의 대안으로서 '자발적이고 주도적으로 미술활동에 참여하여 자신에 관한 미술적 탐구를 수행하고, 자신에 대한 이해를 확장 · 심화하며, 이를 자기개발 및 성찰의 계기로 삼을 뿐만 아니라 그 과정에서 타인의 생각과 느낌을 이해하고 존중 · 배려함으로써 타인과 협력할 수 있는 능력'이라고 제시하였다. 여기에서는 이 '정체성 역량'이 캐나다 B. C.주 교육과정(British Columbia Ministry of Education)에 제시된 '개인적인 인식과 책무성(Personal Awareness and Responsibility)' 역량과 유사하다고 밝히고 있다. 결과적으로 볼 때 이 연구에서의 '정체성 역량'은 2022 개정 미술과 교육과정에서의 '정체성 역량'보다 협소한 의미로 제시되었지만, 미술과 역량으로서 '정체성 역량'에 대한 요구가 기존에 있어 왔다는 것을 알 수 있다. 정체성 역량과 관련해서는 이주연(2023)을 참조한다.

세 가지로 제시되었다.

'표현'과 '감상'도 다양한 내용 변화가 있으나, 2022 개정 미술과 교육과정 내용 영역에서 가장 큰 변화는 역시 '미적 체험'이다. '미적 체험'은 이미 제6차 미술과 교육과정부터 목표를 달성하는 활동으로 등장한 용어이나, 그 당시에는 초 · 중 · 고 미술과 내용 체계로 제시된 것도 아니었고, 유사한 성격의 내용 영역인 '미술과 생활'과의 연계도 정확하게 제시되지 않았다. 이러한 실험 단계를 거쳐 보다 본격적으로 하나의 내용 체계로 도입된 것은 제7차 미술과 교육과정부터이다. 2009 개정 미술과 교육과정에서는 좀 더 문화 속으로 확대된 체험을 강조함으로써 영역명에 변화를 주어 '체험'으로 변화를 주었으며, 2015 개정 미술과 교육과정에서는 생활에의 활용 및 타 영역, 활동, 분야와의 융합 등 '연결'을 포함하기 위한 포괄적인 영역명으로 '체험'이 다시 채택되었다. 2022 개정 미술과 교육과정에서는 기존의 자연과 조형, 시각문화 환경 등 미적 체험의 대상이나 범위, 영역의 의미로서 제한되어 이해된 '미적 체험'이 아닌, 보다 '미적'인 특성을 강조하면서 미술에 대한 질문을 통해 사고의 학습과 이론을 결합하여 감성, 인지적 능력, 사고력, 비판적 능력을 기르는 데 중점을 두는 '미적 체험'을 내용 체계로 채택하였다.[18)]

초등학교부터 고등학교까지 학교급별 미술과의 미적 체험, 표현, 감상 영역의 핵심 아이디어, 3범주(지식 · 이해, 과정 · 기능, 가치 · 태도)에 따른 내용 요소를 살펴보면 〈표 5-6〉 〈표 5-7〉 〈표 5-8〉과 같다.

18) 2022 개정 교육과정 개발을 위한 1차 연구(정옥희 외, 2022)에 따르면, 기존 교육과정에서의 '체험'이라는 용어가 불분명하고 광범위하여 현장에서의 오해와 혼란을 불러일으켰으며, 또한 타 영역과 중복되는 내용이 포함되었기 때문에 미적 경험, 심미적 체험 등 미학적 근거가 되면서도 미술과의 특성을 드러낼 수 있는 보다 명확한 용어 사용에 대한 요구가 많았다. 2022 개정 미술과 교육과정 개발 당시 델파이 조사, 전문가협의회 및 자문회의, 핵심교원 워크숍 등을 통해 수합된 의견들은 체험에서 미적 체험으로의 변경에 대한 의견보다는, 미적 체험 영역으로 제시된 지식 · 이해, 과정 · 기능, 가치 · 태도의 세 가지 범주에 따른 내용 요소에 대한 의견이 더 많았다. 예를 들면, 미적 체험 학습 자체의 내용에 중점을 둔 내용 요소로 인식될 수 있도록 서술을 보다 명료화할 것(이주연 외, 2022) 등이 요구되었다.

표 5-6 2022 개정 미술과 교육과정 '미적 체험' 영역 핵심 아이디어 및 내용 요소

<table>
<tr><td rowspan="9">미적 체험</td><td rowspan="2">핵심 아이디어</td><td>공통 교육과정 (초등학교, 중학교)</td><td colspan="4">• 미적 체험은 감각을 깨워 미적 감수성을 풍부하게 하며 미적 가치를 발견하도록 한다.
• 대상과 현상을 관찰하고 지각하는 경험은 앎을 확장하고 자신을 성찰하게 한다.
• 이미지에 대한 비판적 이해는 시각적 소통과 문화적 참여의 토대가 된다.</td></tr>
<tr><td>고등학교 일반선택 교육과정</td><td colspan="4">• 미적 체험은 대상과 현상의 미적 가치를 발견하게 하고 새로운 지각으로 확장된다.
• 이미지의 관찰과 탐색은 미적 안목을 형성하고 자신과 사회, 환경과의 소통으로 이어진다.</td></tr>
<tr><td rowspan="4">구분 / 범주</td><td colspan="5">내용 요소</td></tr>
<tr><td colspan="3">공통 교육과정</td><td rowspan="3" colspan="2">고등학교 일반선택 교육과정 미술</td></tr>
<tr><td colspan="2">초등학교 미술</td><td>중학교 미술</td></tr>
<tr><td>3~4학년</td><td>5~6학년</td><td>1~3학년</td></tr>
<tr><td>지식 · 이해</td><td>• 자신의 감각
• 대상의 특징
• 생활 속 미술</td><td>• 감각과 매체의 역할
• 자신과 환경의 관계
• 이미지와 의미</td><td>• 감각을 활용한 미적 인식
• 시각문화의 의미와 역할
• 삶과 미술의 관계</td><td colspan="2">• 자신과 세계에 대한 미적 관점
• 시각문화의 다양성과 의미 전달방식
• 삶과 연결된 미술</td></tr>
<tr><td>과정 · 기능</td><td>• 감각을 활용하여 탐색하기
• 대상에 반응하여 느낌과 생각을 나타내기
• 미술의 특징과 역할을 발견하기</td><td>• 감각과 매체를 활용하여 탐색하기
• 대상과 상호작용하며 의미 발견하기
• 이미지를 해석하고 활용하기</td><td>• 이미지를 비판적으로 해석하기
• 이미지를 활용하여 소통하기
• 미술과 다양한 분야 연결하기</td><td colspan="2">• 대상과 현상의 미적 가치 분석하기
• 이미지를 활용한 소통방식 탐구하기
• 미술을 공동체와 생태환경으로 확장하기</td></tr>
<tr><td>가치 · 태도</td><td>• 미적 탐색에 대한 호기심
• 미술의 역할에 관한 관심</td><td>• 주변 환경에 대한 민감성
• 비판적으로 이해하는 태도</td><td>• 자신과 환경에 대한 감수성
• 다양한 문화 존중과 참여</td><td colspan="2">• 시각문화에 대한 비판적 수용과 향유
• 삶 속 미술의 의미에 대한 공감</td></tr>
</table>

출처: 교육부(2022a: 6, 34).

표 5-7 2022 개정 미술과 교육과정 '표현' 영역 핵심 아이디어 및 내용 요소

<table>
<tr><td rowspan="9">표현</td><td rowspan="2">핵심 아이디어</td><td>공통 교육과정 (초등학교, 중학교)</td><td colspan="3">• 표현은 자신의 느낌과 생각을 시각화하는 창의적 사고와 성찰의 순환과정으로 이루어진다.
• 다양한 발상은 아이디어와 주제를 발전시키고 표현의 토대가 된다.
• 작품제작은 표현 재료와 방법, 조형 요소와 원리 등을 선택하고 활용하여 창의적으로 문제를 해결하는 과정을 통해 예술적 성취를 경험하게 한다.</td></tr>
<tr><td>고등학교 일반선택 교육과정</td><td colspan="3">• 표현은 창의적 사고와 순환적인 성찰의 과정을 포함한다.
• 작품제작은 창의적 문제해결 과정으로 예술적 성취 경험을 수반한다.</td></tr>
<tr><td rowspan="3">구분 / 범주</td><td colspan="4">내용 요소</td></tr>
<tr><td colspan="3">공통 교육과정</td><td rowspan="2">고등학교 일반선택 교육과정 미술</td></tr>
<tr><td>초등학교 미술 3~4학년</td><td>초등학교 미술 5~6학년</td><td>중학교 미술 1~3학년</td></tr>
<tr><td>지식·이해</td><td>• 표현 주제
• 기본적인 표현 재료와 용구
• 조형 요소의 특징</td><td>• 표현 주제와 발상
• 표현 재료와 용구, 디지털 매체
• 조형 요소와 원리의 관계</td><td>• 표현 주제와 의도
• 다양한 표현 재료와 방법
• 조형 요소와 원리의 효과</td><td>• 발상과 표현 주제 심화
• 적용과 융합을 위한 표현방법
• 주제에 적합한 표현매체</td></tr>
<tr><td>과정·기능</td><td>• 관찰과 상상으로 아이디어를 떠올리기
• 표현방법을 익히기
• 의도를 가지고 작품을 제작하기
• 타 교과와 관련짓기</td><td>• 다양한 방법으로 아이디어를 연결하기
• 표현방법을 탐색하여 활용하기
• 과정을 돌아보며 작품을 발전시키기
• 타 교과와 융합하기</td><td>• 주제에 적합한 표현 계획하기
• 새로운 표현을 실험하고 작품 제작하기
• 작품을 공유하고 소통하기
• 미술표현 경험을 삶과 연결하기</td><td>• 주제의 확장을 통한 작품 계획하기
• 표현 매체와 방법을 실험하고 융합하기
• 새로운 표현 효과를 적용하고 활용하기</td></tr>
<tr><td>가치·태도</td><td>• 표현에 대한 흥미
• 자기 작품을 소중히 여기는 태도</td><td>• 주제표현의 의지
• 자유롭게 시도하는 태도</td><td>• 표현과정에서의 주도성과 성찰
• 자신과 타인의 작품 존중</td><td>• 미술활동에 대한 관심과 참여
• 표현과정에서의 집중과 자기성찰</td></tr>
</table>

출처: 교육부(2022a: 7, 35).

표 5-8 2022 개정 미술과 교육과정 '감상' 영역 핵심 아이디어 및 내용 요소

<table>
<tr><td rowspan="8">감상</td><td rowspan="2">핵심 아이디어</td><td>공통 교육과정(초등학교, 중학교)</td><td colspan="3">• 감상은 다양한 삶과 문화가 반영된 미술과의 만남으로 자신과 공동체의 문화를 이해하게 한다.
• 작품의 내용과 형식에 관한 맥락적 이해와 비평은 미적 판단능력을 높인다.
• 감상은 서로 다른 관점을 이해하여 삶에서 미술문화의 다원적 가치를 존중하도록 한다.</td></tr>
<tr><td>고등학교 일반선택 교육과정</td><td colspan="3">• 감상은 다양한 삶과 문화가 반영된 미술과의 만남으로 자신과 공동체의 문화를 풍요롭게 한다.
• 작품의 내용과 형식에 대한 맥락적 이해와 비평은 미적 판단능력을 높이고 미술문화의 다원적 가치를 이해하게 한다.</td></tr>
<tr><td rowspan="4">구분 / 범주</td><td colspan="4">내용 요소</td></tr>
<tr><td colspan="3">공통 교육과정</td><td rowspan="3">고등학교 일반선택 교육과정 미술</td></tr>
<tr><td colspan="2">초등학교 미술</td><td>중학교 미술</td></tr>
<tr><td>3~4학년</td><td>5~6학년</td><td>1~3학년</td></tr>
<tr><td>지식·이해</td><td>• 미술작품과 미술가
• 미술작품의 특징
• 미술전시</td><td>• 미술작품의 배경
• 미술작품의 내용과 형식
• 공동체의 미술 문화</td><td>• 미술의 시대적·지역적·사회적 맥락
• 미술 용어와 지식
• 다양한 감상방법과 관점</td><td>• 미술의 시대적·지역적·사회문화적 변천
• 미술 감상과 비평을 위한 관점과 방법
• 전시의 목적과 유형</td></tr>
<tr><td>과정·기능</td><td>• 자세히 보고 질문하기
• 미술작품에 관한 느낌과 생각을 설명하기
• 미술 전시 및 행사에 참여하기</td><td>• 작품과 배경을 연결하기
• 다양한 방법으로 분석하기
• 미술문화 활동을 경험하고 공유하기</td><td>• 미술작품의 내용과 형식 분석하고 설명하기
• 미술작품을 해석하기
• 미술감상 경험을 삶과 연결하기</td><td>• 미술과 시대, 사회, 환경과의 상호 관련성 분석하기
• 작품에 대한 자신의 견해와 가치 판단을 논리적으로 표현하기
• 전시를 기획하고 참여하기</td></tr>
<tr><td></td><td>가치·태도</td><td>• 자신의 감상 관점 존중
• 미술문화에 관한 관심</td><td>• 서로 다른 관점의 존중
• 공동체 문화에 참여</td><td>• 미술의 다원성 존중
• 공동체 문화에 기여</td><td>• 감상을 통한 소통
• 미술문화의 다원적 가치 이해와 존중</td></tr>
</table>

출처: 교육부(2022a: 7, 35).

2022 개정 미술과 교육과정의 적용 시기는 〈표 5-9〉와 같다.

표 5-9 2022 개정 교육과정에 따른 학교급별 미술교과서 개발 및 적용 시기

<table>
<tr><th>학교급</th><th>학년</th><th>2021년</th><th>2022년</th><th>2023년</th><th>2024년</th><th>2025년</th><th>2026년</th><th>2027년</th></tr>
<tr><td rowspan="2">초등학교</td><td>3, 4</td><td rowspan="5">총론 주요 사항 발표 (2021. 11. 24.)</td><td rowspan="5">2022 개정 교육과정 고시 (2022. 12. 22.)</td><td>개발</td><td>검정/선정</td><td>적용 →</td><td></td><td></td></tr>
<tr><td>5, 6</td><td>개발</td><td>개발</td><td>검정/선정</td><td>적용 →</td><td></td></tr>
<tr><td>중학교</td><td>1, 2, 3</td><td>개발</td><td>인정/선정</td><td colspan="3">적용 →</td></tr>
<tr><td colspan="2">고등학교</td><td>개발</td><td>인정/선정</td><td colspan="3">적용 →</td></tr>
</table>

(3) 교수 · 학습 및 평가

교수 · 학습 및 평가에는 '교수 · 학습(교수 · 학습의 방향, 교수 · 학습 방법)'과 '평가(평가의 방향, 평가방법)'가 포함된다. 우선 교수 · 학습 방법을 살펴보면 미술과 교육과정의 변천에 따른 많은 변화가 발견된다. 그러나 중요한 것은 교사의 자율성을 우선적으로 배려하면서 미술과 교육의 목표와 내용에 근거하여 교수 · 학습 방법이 제안되어 왔다는 것이다. 이주연 등(2022)에서 제안한 미술과 교육과정에 적용할 수 있는 교수 · 학습 방법은 〈표 5-10〉과 같다.

표 5-10 미술과 교육과정에 적용 가능한 교수 · 학습 방법

<table>
<tr><th>구분</th><th>분류</th><th>중점</th><th>교수 · 학습 방법</th></tr>
<tr><td>1</td><td rowspan="4">내용</td><td>문제해결</td><td>창의적 문제해결 방법, 실천적 문제해결 방법, 프로젝트 학습방법, 과제 연구방법, 문제중심 학습방법 등</td></tr>
<tr><td>2</td><td>개념 탐구</td><td>관찰학습 방법, 지식 탐구 학습방법, 개념 분석 학습방법, 개념학습 방법, 원리 탐구 학습방법, 개념중심 학습방법, 탐구활동중심 학습방법, 귀납적 학습방법 등</td></tr>
<tr><td>3</td><td>가치 탐구</td><td>가치 탐구 학습방법, 가치 분석 학습방법, 가치 갈등 해결방법, 가치 명료화 방법 등</td></tr>
<tr><td>4</td><td>사회 · 정서 · 인성</td><td>사회 · 정서 학습방법, 관계중심 학습방법, 봉사 학습방법 등</td></tr>
</table>

5	형식	직접 교수	강의식 교수 · 학습 방법, 직접 교수 · 학습 방법 등
6		토의 · 토론	토의 · 토론 학습방법, 논쟁 문제해결 방법, 반응중심 학습방법 등
7		서사	역할 놀이 학습방법, 역할 수행 학습방법, 극화 학습방법, 이야기 학습방법, 서사중심 학습방법, 비주얼 저널 학습방법, 인물 학습 방법 등
8		협동	협동학습 방법, 전문가 협동학습 방법(직소 모형), 집단 탐구방법, 집단 성취분담 방법, 동료교수 방법 등
9		경험과 실습	경험학습 방법, 실습중심 학습방법 등
10		맞춤형	개별화 수업방법, 과제식 학습방법, 스테이션 수업방법, 모듈 학습방법, 홈 프로젝트 학습방법 등
11		디지털	게임기반 학습방법, 디지털 포트폴리오 방법, VR 기반 학습방법, 메타버스 기반 학습방법 등

출처: 이주연 외(2022: 35).

이러한 방법들에 기초하여 2022 개정 미술과 공통 교육과정 교수 · 학습 방법에는 기존의 '귀납적 사고법' '창의적 문제해결 방법' '직접 교수법' '반응중심 학습방법' 외에 '프로젝트 학습방법' '토의 · 토론 학습방법' '협동학습 방법' 등이 제시되었다. 또한 학습자의 특성을 고려한 개별화, 맞춤형 교수 · 학습 방법을 비롯하여 미술학습 환경의 변화를 고려한 온 · 오프라인 연계가 가능한 '디지털 기반 교수 · 학습 방법'의 활용도 권장하고 있다. 고등학교 일반선택 교육과정 미술과에는 기존의 '귀납적 사고법' '창의적 문제해결 방법' '직접 교수법' '반응중심 학습방법' 외에 '실천적 문제해결 방법' '프로젝트 학습방법' '관찰학습 방법' '지식 탐구 학습방법' '토의 · 토론 학습방법' '논쟁 문제해결 방법' '맞춤형 수업방법' '협동학습 방법' '동료교수 방법' '가상현실 기반 학습방법' '메타버스 기반 학습방법' 등이 제시되었다.

이러한 교수 · 학습 방법과 연계하여 평가 또한 제시되어야 하는데, 2022 개정 미술과 공통 교육과정 평가 방법에는 '서술형 및 논술형 평가' '관찰법' '발표 및 토의 · 토론법' '자기평가 및 동료평가' '연구보고서법' '감상문' '포트폴리오법' '프로세스폴리오법' '실기평가' 등이 제시되었다. 고등학교 일반선택 교육과정 미술과에는 '토의 · 토론법' '실기평가' '관찰법' '프로세스폴리오법' '포트폴리오법' '보고서법' '발표법' '자기평가 및 동료평가' '서술형 평가' '논술형 평가' 등이 제시되었다.

특별히 교육에서의 평가는 인간 행동에 대한 결정을 내리기 위하여 유용한 정보나 자료를 체계적으로 수집하여 활용하는 절차라고 말할 수 있다. 평가에는 교육과정 평가, 수업 평가(교수 · 학습 계획, 목표, 방법, 학습 성과, 결과 처리 및 활용 등), 학업성취도 평가, 학생 이해도 평가, 교사 평가, 교육환경 평가 등을 포괄하기 때문에, 미술과의 평가도 어떤 관점에서 평가를 보는가에 따라 평가의 의미와 내용은 다르다. 학교에서의 미술과 평가는 미술학습 내용 및 활동에 대한 학생들의 성취도를 파악함으로써 학습 목적의 달성도를 확인하고 그 결과를 반영함으로써 미술교육의 질을 관리하는 데 목적이 있다. 일반적으로 미술과 평가가 어렵다고 하는 것은 미술수업의 일부 활동 영역인 학생의 실기 제작물에 대한 평가에 평가자의 주관적인 견해가 개입될 수 있기 때문이겠지만, 단위 수업의 목적에 따라 이론과 실기, 학생의 학습 태도, 과정, 결과 등이 모두 균형 있게 평가되어야 하기 때문에, 평가의 계획과 방법을 다양화할 경우 보다 질 높은 평가를 수행할 수 있다.

2022 개정 교육과정 총론(교육부, 2022b)에 제시된 평가 시 유의 사항 중 눈여겨 볼 것은 '평가' 외에 '모든 학생을 위한 교육 기회의 제공' 항목이 따로 제시되어 있다는 것이다. 즉, 남녀의 역할이나 학력과 직업, 장애, 종교, 이전 거주지, 인종, 민족, 언어 등에 대한 고정 관념이나 편견을 경계하고 학습부진 학생, 특정 분야에서 탁월한 재능을 보이는 학생, 특수교육 대상 학생, 귀국 학생, 다문화가정 학생에 대한 배려 및 지원과 더불어 종교 과목 개설에 있어서도 선택의 기회가 제공되어야 한다는 제시에 추가적으로 학생 맞춤형 평가의 활성화, 개별 학생의 발달 수준 및 특성에 대한 고려, 특수교육 대상 학생의 평가에 대한 언급이 추가적으로 제시되었다는 점이다. 미술과 교육과정 또한 이러한 원칙들과 유의 사항에 중점을 두고 평가 항목을 개발하였다. 미술과의 평가 관련 연구는 제4차 교육과정 시기 초등학교 미술과 실기평가 관련 연구를 시작으로 평가 체제, 절대평가 및 실기평가, 성취기준 및 평가기준에 대한 연구가 이어져 왔다. 제7차 교육과정 시기에는 수시 평가의 개념 확대로 미술과 수행평가가 본격적으로 연구되기도 하였다. 그러나 지금까지 이루어진 대규모의 미술과 평가 관련 연구들은 대부분 한국교육과정평가원을 중심으로 그 명맥을 유지해 왔을 뿐 학업성취도 평가가 시행되는 교과와 비교하면 평가에 대한 관심이나 연구는 여전히 부족한 실정이다. 앞으로 교육과정의 목적별, 역량별, 내용 체계별, 학교급별, 내용 요소별, 평가방법별 평가 관련 연구들이 수행되어 학생의 성장과 발달에 구체적인 도움

을 주는 평가가 제안되어야 할 것이다.

2022 개정 교육과정의 평가 방향에 기초한 2022 개정 미술과 교육과정 교과목별 평가의 중점과 평가방법(〈표 5-11〉 참조)을 살펴보면 각 교과목별로 무엇에 중점을

표 5-11 2022 개정 미술과 교육과정의 교과목별 평가의 중점 및 평가방법

교과목			평가의 중점	평가방법
초·중 (공통 교육과정)		미술	• 미술과 목표와 성취기준을 근거로 도달 정도를 파악할 수 있는 평가 목표, 내용을 설정하고 계획한다. • 학습자가 성취기준 도달 과정과 학습 결과를 고려하여 성장과 발달을 지원하는 과정 중시 평가를 계획, 실행한다. • 원격수업 상황을 위한 디지털 도구 활용평가 방법을 계획, 실행한다. • 학습자의 성장과 발달, 교수·학습의 개선을 위해 평가 결과를 활용한다.	(학습과정: 계획서 평가, 스케치 평가, 제작 또는 탐색 과정 보고서 평가, 발표, 체크리스트) 서술형 및 논술형 평가, 관찰법, 발표 및 토의·토론법, 자기평가 및 동료평가, 연구보고서법, 감상문, 포트폴리오법, 프로세스폴리오법, 실기평가
고등학교 (선택 교육과정)	일반선택	미술	• 내용 체계 영역의 특성에 맞는 다양한 평가방법을 선택한다. • 결과와 성장과정을 중시하는 평가를 실시한다. • 수행과정 평가에서 지식·이해, 과정·기능, 가치·태도가 고루 평가되도록 계획한다. • 평가 결과는 학습자의 성장과 발달, 교수·학습의 개선이 도움이 되도록 활용한다. • 다양한 학습자를 위해 학습자 맞춤형 평가 방안을 마련한다. • 최소 성취수준에 도달하지 못한 학생을 위한 보충 기회를 제공한다.	연구보고서법, 토의·토론법, 실기평가, 관찰법, 프로세스폴리오법, 포트폴리오법, 보고서법, 발표법, 자기평가 및 동료평가, 서술형 및 논술형 평가
	진로선택	미술 창작	• 내용 체계 영역의 특성에 맞는 평가방법을 선택하여 과정평가가 이루어지도록 한다. • 표현기법과 매체의 종류에 대한 이해, 표현매체와 방법을 선정하여 창작하는 과정, 창작과정에서의 문제해결 태도 등 지식·이해, 과정·기능, 가치·태도가 고루 평가되도록 계획한다. • 평가 결과는 학습자의 성장과 발달, 교수·학습의 개선에 도움이 되도록 활용한다. • 다양한 학습자를 위해 학습자 맞춤형 평가 방안을 마련한다. • 최소 성취수준에 도달하지 못한 학생을 위한 보충 기회를 제공한다.	서술형 및 논술형 평가, 연구보고서법, 실기평가, 관찰법, 자기평가 및 동료평가, 프로세스폴리오법, 포트폴리오법, 토의·토론법

	미술 감상과 비평	• 내용 체계 영역의 특성에 맞는 평가방법을 선택하여 과정평가가 이루어지도록 한다. • 평가 목표와 내용은 성격, 목표, 내용 체계, 성취기준을 근거로 감상 및 비평 활동 경험과 성취기준을 고려한다. • 결과와 수행과정을 평가하되 지식 · 이해, 과정 · 기능, 가치 · 태도가 고루 평가되도록 계획한다. • 온 · 오프라인을 연계한 평가를 실시한다. • 학습자의 성장과 발달, 교수 · 학습의 개선을 위해 평가 결과를 활용한다. • 다양한 학습자를 위해 학습자 맞춤형 평가 방안을 마련한다.	서술형 및 논술형 평가, 실기평가, 관찰법, 토의 · 토론법, 자기평가 및 동료평가, 연구보고서법, 포트폴리오법, 프로세스폴리오법
융합선택	미술과 매체	• 내용 체계 영역의 특성에 맞는 평가방법을 선택하여 과정을 중시한 평가가 이루어지도록 한다. • 아날로그와 디지털 매체에 대한 이해, 타 분야와 연결하여 융합하는 과정, 매체에 대한 개방적 태도 등 지식 · 이해, 과정 · 기능, 가치 · 태도의 세 범주가 고루 평가되도록 한다. • 평가 결과는 학습자의 성장과 발달, 교수 · 학습의 개선에 도움이 되도록 활용한다. • 다양한 학습자를 위해 학습자 맞춤형 평가 방안을 마련한다. • 최소 성취수준에 도달하지 못한 학생을 위한 보충 기회를 제공한다.	연구보고서법, 서술형 및 논술형 평가, 발표법, 실기평가, 포트폴리오법, 프로세스폴리오법, 자기평가 및 동료평가, 토의 · 토론법, 관찰법
진로선택 (예술계열)	미술 이론	• 과목의 성격, 특성에 기반하여 평가 내용의 균형, 평가방법 및 평가도구의 타당성, 신뢰성, 적절성을 고려한 계획을 수립, 운영한다. • 특정 영역에 편중되지 않게 지식 · 이해, 과정 · 기능, 가치 · 태도의 세 범주가 고루 평가되도록 한다. • 과정과 결과가 균형 있게 평가되도록 다양한 평가방법을 활용한다. • 다양한 개인차를 고려한 평가가 이루어지도록 한다. • 디지털 학습환경에 맞게 이의 활용과 온라인 평가가 활용될 수 있도록 평가 계획을 수립한다.	서술형 및 논술형 평가, 연구보고서법, 감상문, 발표 및 토의 · 토론법

드로잉	• 과목의 성격, 특성에 기반하여 평가 내용의 균형, 평가방법 및 평가도구의 타당성, 신뢰성, 적절성을 고려한 계획을 수립, 운영한다. • 특정 영역에 편중되지 않게 지식 · 이해, 과정 · 기능, 가치 · 태도의 세 범주가 고루 평가되도록 한다. • 과정과 결과가 균형 있게 평가되도록 다양한 평가방법을 활용한다. • 다양한 개인차를 고려한 평가가 이루어지도록 한다. • 디지털 학습환경에 맞게 이의 활용과 온라인 평가가 활용될 수 있도록 평가 계획을 수립한다.	실기평가, 서술형 및 논술형 평가, 연구보고서법, 감상문, 발표 및 토의 · 토론법, 포트폴리오법, 프로세스폴리오법, 관찰법
미술사	• 과목의 성격, 특성에 기반하여 평가 내용의 균형, 평가방법 및 평가도구의 타당성, 신뢰성, 적절성을 고려한 계획을 수립, 운영한다. • 특정 영역에 편중되지 않게 지식 · 이해, 과정 · 기능, 가치 · 태도의 세 범주가 고루 평가되도록 한다. • 과정과 결과가 균형 있게 평가되도록 다양한 평가방법을 활용한다. • 다양한 개인차를 고려한 평가가 이루어지도록 한다. • 디지털 학습환경에 맞게 이의 활용과 온라인 평가가 활용될 수 있도록 평가 계획을 수립한다.	서술형 및 논술형 평가, 연구보고서법, 감상문, 발표 및 토의 · 토론법
미술 전공 실기	• 과목의 성격, 특성에 기반하여 평가 내용의 균형, 평가방법 및 평가도구의 타당성, 신뢰성, 적절성을 고려한 계획을 수립, 운영한다. • 특정 영역에 편중되지 않게 지식 · 이해, 과정 · 기능, 가치 · 태도의 세 범주가 고루 평가되도록 한다. • 과정과 결과가 균형 있게 평가되도록 다양한 평가방법을 활용한다. • 다양한 개인차를 고려한 평가가 이루어지도록 한다. • 디지털 학습환경에 맞게 이의 활용과 온라인 평가가 활용될 수 있도록 평가 계획을 수립한다.	실기평가, 서술형 및 논술형 형가, 연구보고서법, 감상문, 발표 및 토의 · 토론법, 포트폴리오법, 프로세스폴리오법, 관찰법
조형 탐구	• 과목의 성격, 특성에 기반하여 평가 내용의 균형, 평가방법 및 평가도구의 타당성, 신뢰성, 적절성을 고려한 계획을 수립, 운영한다. • 특정 영역에 편중되지 않게 지식 · 이해, 과정 · 기능, 가치 · 태도의 세 범주가 고루 평가되도록 한다. • 표현 특성 이해, 재료 및 용구의 선택과 활용에 대한 물성적 특성, 주제와 관련된 표현력, 관찰력, 창의적 태도 등 시각적 특성에 기반한 평가가 이루어지도록 계획한다.	실기평가, 서술형 및 논술형 평가, 연구보고서법, 감상문, 발표 및 토의 · 토론법, 포트폴리오법, 프로세스폴리오법, 관찰법

			• 다양한 개인차를 고려한 평가가 이루어지도록 한다. • 디지털 학습환경에 맞게 이의 활용과 온라인 평가가 활용될 수 있도록 평가 계획을 수립한다. • 작품 창작과 감상 활동 과정에서 반성적 판단에 따른 성찰과 비판적 태도, 산출물 기록과 유지를 통한 지속적 성장 가능성 및 자기탐색에 중점을 두고 전공실기와 연계되도록 한다.	
	융합선택 (예술계열)	미술 매체 탐구	• 과목의 성격, 특성에 기반하여 평가 내용의 균형, 평가방법 및 평가도구의 타당성, 신뢰성, 적절성을 고려한 계획을 수립, 운영한다. • 특정 영역에 편중되지 않게 지식 · 이해, 과정 · 기능, 가치 · 태도의 세 범주가 고루 평가되도록 한다. • 과정과 결과가 균형 있게 평가되도록 다양한 평가방법을 활용한다. • 다양한 개인차를 고려한 평가가 이루어지도록 한다. • 디지털 학습환경에 맞게 이의 활용과 온라인 평가가 활용될 수 있도록 평가 계획을 수립한다.	실기평가, 서술형 및 논술형 평가, 연구보고서법, 감상문, 발표 및 토의 · 토론법, 포트폴리오법, 프로세스폴리오법, 관찰법
		미술과 사회	• 과목의 성격, 특성에 기반하여 평가 내용의 균형, 평가방법 및 평가도구의 타당성, 신뢰성, 적절성을 고려한 계획을 수립, 운영한다. • 특정 영역에 편중되지 않게 지식 · 이해, 과정 · 기능, 가치 · 태도의 세 범주가 고루 평가되도록 한다. • 과정과 결과가 균형 있게 평가되도록 다양한 평가방법을 활용한다. • 다양한 개인차를 고려한 평가가 이루어지도록 한다. • 디지털 학습환경에 맞게 이의 활용과 온라인 평가가 활용될 수 있도록 평가 계획을 수립한다.	서술평 및 논술형 평가, 연구보고서법, 감상문, 발표 및 토의 · 토론법, 관찰법

두는가를 파악할 수 있다.

〈표 5-11〉에서 알 수 있듯이 대부분의 평가 방향, 평가방법은 이론중심의 교과목을 제외하고는 거의 대부분 동일하거나 유사하다는 것을 알 수 있다. 특별히 평가방법의 경우 미술과에서 일반적으로 활용되는 것들이 제시되었으나, 이제는 다양성이 고려될 필요가 있다. 참고로 미술과 교육과정에 적용 가능한 평가방법을 역량별로 제안하면 '심미적 감성 역량'의 평가방법으로는 관찰법(체크리스트), 발표 및 토의 · 토론법, 연구보고서법, 저널기고문(평가), 프로젝트 보고서가 가능하며, '정체성 역량'

의 평가방법으로는 일화기록(평가), 태도평가, 성찰적 글쓰기(평가), 비평문 쓰기(평가), 저널기고문(평가), 프로젝트 보고서, 연구보고서법, 토의 · 토론법 등이 활용 가능하다. '창의 · 융합 역량'의 평가방법으로는 실기평가, 관찰법, 자기평가 및 동료평가, 포트폴리오법, 프로세스폴리오법, 성찰적 글쓰기(평가), 프로젝트 보고서가 활용 가능하며, '시각적 소통 역량'의 평가방법으로는 자기평가 및 동료평가, 구술평가, 논

표 5-12 2022 개정 미술과 교육과정에서 적용 가능한 교수 · 학습 방법 및 평가 제안

역량	교수 · 학습 방법	평가
심미적 감성 역량	체험학습 방법, 관찰학습 방법, 조사학습 방법, 반응중심 학습방법, 시뮬레이션 방법, 스토리텔링 교수법 등	관찰법, 발표 및 토의 · 토론법, 연구보고서법, 저널기고문(평가), 프로젝트 보고서, (자기회상검사)
정체성 역량	긍정적 자아 개념 방법, 프로젝트 학습방법, 협력학습 방법, 협동학습 방법, 탐구학습 방법, 지식 탐구 학습방법, 자기조절학습(SRL), 맞춤형 수업방법 등	일화기록(평가), 태도평가, 성찰적 글쓰기(평가), 비평문 쓰기(평가), 저널기고문(평가), 프로젝트 보고서, 연구보고서법, 토의 · 토론법, (자기회상검사)
창의 · 융합 역량	창조적 사고법, 탐구학습 방법, 주제학습 방법, 프로젝트 학습방법, 예술기반 러닝, 블렌디드 러닝, 시뮬레이션, 액션러닝, 플립러닝, 디자인 싱킹, 퍼실리테이션 활용방법, 협동학습 방법, 동료교수 방법, 창의적 문제해결 방법, 직접 교수법 등	실기평가, 관찰법, 자기평가 및 동료평가, 포트폴리오법, 프로세스폴리오법, 성찰적 글쓰기(평가), 프로젝트 보고서
시각적 소통 역량	디자인 싱킹, 체험학습 방법, 탐구학습 방법, 조사학습 방법, 토의 · 토론 학습방법, 프로젝트 학습방법, 시뮬레이션, 블렌디드 러닝, 퍼실리테이션 활용, 가상현실 기반 학습법, 메타버스 기반 학습방법 등	자기평가 및 동료평가, 구술평가, 논술평가, 자료해석형 평가, 저널기고문(평가), 프로젝트 보고서, 성찰적 글쓰기(평가), 조사보고서, 창작보고서(평가)
공동체 역량	스토리텔링 교수법, 비교 감상 학습방법, 토의 · 토론 학습방법, 귀납적 사고법, 반응중심 학습방법, 극화, 현장 견학, 블렌디드 러닝, 퍼실리테이션 활용, 논쟁 문제해결 방법 등	관찰법, 감상문, 조사보고서, 서술형 및 논술형 평가, 연구보고서법, 성찰적 글쓰기(평가), 발표 및 토의 · 토론법, 비평문 쓰기(평가), 태도평가, 자기평가 및 동료평가, 구술평가, 자료해석형 평가, 저널기고문(평가), 프로젝트 보고서

* 장연자, 이주연(2019: 148)의 〈표 6〉을 2022 개정 미술과 교육과정에 적합하게 수정함.
* 밑줄 친 교수 · 학습 방법과 평가방법은 2022 개정 미술과 교육과정[공통 교육과정(초등학교 및 중학교)의 미술+고등학교 일반선택 교육과정의 미술]에 제시된 교수 · 학습 방법과 평가방법을 말함. 다만 2022 개정 미술과 교육과정의 교수 · 학습 방법 및 평가방법은 내용 체계(미적 체험, 표현, 감상)와 더 긴밀하게 연계되어 있으므로 위와 같이 역량과의 연계는 하나의 제안임.

술평가, 자료해석형 평가, 저널기고문(평가), 프로젝트 보고서, 성찰적 글쓰기(평가), 조사보고서(평가), 창작보고서(평가)를 제안해 볼 수 있다. '공동체 역량'의 평가방법으로는 관찰법(체크리스트), 감상문, 조사보고서법, 서술형 및 논술형 평가, 연구보고서법, 성찰적 글쓰기(평가), 발표 및 토의 · 토론법, 비평문 쓰기(평가), 태도평가, 자기평가 및 동료평가, 구술평가, 자료해석형 평가, 저널기고문(평가), 프로젝트 보고서 등을 제안해 볼 수 있다(장연자, 이주연, 2019; 〈표 5-12〉 참조).

미술과 평가는 학생들의 학습능력을 점검하고 이를 다시 교사의 교수 · 학습 계획에 환류할 수 있는 실질적인 기능을 해야 한다는 데 핵심이 있기 때문에, 이를 위해서는 교육과정 내에서 연계적 특성이 고려되어야 할 필요가 있다. 앞으로 미술과의 특성을 살린 평가방법에 대한 제안과 더불어 성취기준과의 연계성 또한 긴밀하게 고려되어야 할 것으로 제안되었다. 미술과의 평가는 학생들의 삶의 맥락에서 실제 활용될 수 있는 다양한 능력을 계발하는 데 도움이 되도록 교수 · 학습 및 평가 결과의 체계적인 환류 모색이 요구된다.

- **교육과정 구성 체제**: 교육과정 총론 혹은 각론의 틀을 말한다. 2022 개정 교육과정 각론의 구성 체제는 교육과정 설계의 개요, 성격 및 목표(성격, 목표), 내용 체계 및 성취기준[내용 체계(영역, 핵심 아이디어, 내용 요소), 성취기준(성취기준 해설, 성취기준 적용 시 고려 사항)], 교수 · 학습 및 평가[교수 · 학습(교수 · 학습의 방향, 교수 · 학습 방법), 평가(평가의 방향, 평가방법)]를 말한다.
- **2022 개정 교육과정에서의 핵심 아이디어**: 영역을 아우르면서 해당 영역의 학습을 통해 일반화할 수 있는 내용을 핵심적으로 진술한 것이다. 이는 해당 영역 학습을 가능하게 하는 토대가 된다.
- **2022 개정 교육과정에서의 성취기준**: 영역별 내용 요소(지식 · 이해, 과정 · 기능, 가치 · 태도)를 학습한 결과 학생이 궁극적으로 할 수 있거나 할 수 있기를 기대하는 도달점을 말한다.

논의할 문제

1. 제1차 교육과정부터 2022 개정 교육과정까지의 변천을 통해 미술교육에서 중요한 방향이나 개념, 의미는 무엇이며, 미술교육의 정의를 어떻게 내릴 수 있는지에 대하여 이야기해 봅시다.
2. (예비)교육자로서 교육과정을 잘 이해하면 교과서를 참조하지 않더라도 자신만의 독창적인 교육을 펼칠 수 있습니다. 교과서에서 볼 수 없는 자신만의 독창적인 교육 내용이자 방법을 발표해 봅시다.
3. 교육과정 총론의 정신을 교과 교육과정에 반영한다고 할 때 이것이 어떤 의미로 해석될 수 있는지 이야기해 봅시다.

참고문헌

강병직(2010). 미술영재의 다중지능 특성에 관한 연구. 미술교육논총, 24(2), 1-43.

강병직(2016). 창의성. 류지영, 이은적, 안혜리, 이주연, 김선아 공저, 미술교육의 기초(pp. 30-33). 경기: 교육과학사.

강병직(2018). 한국 근 · 현대 미술사에서 '미술' 개념의 전개와 의미. 인물로 보는 한국의 근현대미술. 2018학년도 제3회 계명대학교 행소박물관 가을문화강좌, 7-27.

강병직(2020). 초등미술영재 선발을 위한 미술소양검사의 문항 개발 연구. 예술영재교육, 3, 5-40.

강윤정, 노용(2013). 지역사회를 위한 미술관 교육 프로그램 사례: 영은미술관의 작가참여 어린이 교육 프로그램을 중심으로. 조형교육, 45, 1-35.

강인애, 설연경(2010). 온라인 학습환경으로서 가상박물관(Virtual Museum)의 가능성에 대한 탐구. 한국콘텐츠학회 논문지, 10(4), 458-470.

강현석, 이자현 (2005). Arts PROPEL 프로젝트 학습에 기초한 미술 감상 교육과정의 분석적 탐구. 중등교육연구, 53(3), 165-199.

고경화(2018). 예술교육의 역사와 이론. 서울: 학지사.

곽금주(2016). 발달심리학: 아동기를 중심으로. 서울: 학지사.

교육개혁위원회(1996). 新교육 체제 수립을 위한 교육 개혁 방안(新교육 체제 수립을 위한 교육개혁 보고서).

교육과학기술부(2011). 미술과 교육과정. 교육과학기술부 고시 제2011-361호 [별책 13].

교육부(1997). 미술과 교육과정. 교육부 고시 제1997-15호.

교육부(2015). 미술과 교육과정. 교육부 고시 제2015-74호 [별책 13].

교육부(2021. 11. 24.). (더 나은 미래, 모두를 위한 교육) 2022 개정 교육과정 총론 주요 사항.

교육부(2022a). 2022 개정 미술과 교육과정. 교육부 고시 제2022-33호 [별책 13].

교육부(2022b). 2022 개정 초 · 중등학교 교육과정 총론. 교육부 고시 제2022-33호 [별책 1].

교육부(2022. 8. 30.). '2022년 교육기본통계조사 결과 발표' 보도자료.

교육부(2023). 2022 개정 교육과정에 따른 교과용도서 개발을 위한 편수자료 I(편수 일반 편).

교육부, 한국교육학술정보원(2021). 인공지능(AI) 기본 역량 강화-중등.

교육인적자원부(2007). 미술과 교육과정. 교육인적자원부 고시 제2007-79호 [별책 13].

구보경(2017). 디지털 기술 활용과 뮤지엄 체험 연구. 미술교육논총, 31(1), 61-80.

구보경(2018). 소셜플랫폼과 IT기술기반의 미술관의 역할과 관람객 체험. 예술교육연구, 16(4), 139-154.

구보경(2020). 뮤지엄에서의 IT기술 활용의 발전과 의미. 예술교육연구, 18(1), 47-68.

김경아(1997). 선천성 맹학생, 후천성 맹학생, 약시 학생 사이의 평면과 입체 표현의 특징 비교 연구. 동국대학교 대학원 석사학위논문.

김광명(2004). 칸트 미학의 이해(pp. 159-160). 서울: 철학과현실사.

김동연, 이해균(1990). 시각장애아 미술의 치료적 입장. 시각장애연구, 6, 39-58.

김병구(1990). 교육철학과 교육사. 서울: 재동문화사.

김석수(2010). 칸트에 있어서 자연미와 예술미. 철학논총, 61, 181-202.

김선아, 오형균(2015). 사회참여미술(SEA)의 개념과 미술교육적 함의. 9회 한국박물관국제학술대회 박물관연합춘계학술대회 발표집. 문화, 예술, 사회: 미술교육을 통합, 9-17.

김선영(2018). 예술로 읽는 4차 산업혁명. 경기: 별출판사.

김성숙(1997). R. 슈타이너의 교육사상에 있어서의 미술교육. 조형교육, 13, 3-16.

김성숙(1999). 피바디(Peabody) 사절단에 관한 연구 I : 미술교육학의 관점에서 한국의 Peabody Project의 성립과정과 Don Sudlow에 대한 고찰. 조형교육, 15, 39-58.

김성숙(2002). 피바디(Peabody) 사절단에 관한 연구 II: Peabody의 미술교육활동 사례 및 영향. 조형교육, 20, 1-27.

김성숙(2013). 미술교육과 문화. 서울: 학지사.

김성숙(2020). 한국 미술교육의 변화. 이주연 외 공저, 미술교육과 문화(4판, pp. 71-85). 서울: 학지사.

김성숙, 이주연, 안금희(2020). 미술교육의 이해와 관점. 이주연 외 공저, 미술교육과 문화(4판, pp. 11-68). 서울: 학지사.

김수경(2024). 디지털 소양 함양을 위한 인공지능 미술교육 프로그램. 류지영 외 공저, 미래교육 미술교육: 미래, 세계, 디지털, 인공지능, 가상현실, 메타버스, NFT, 예술, 교육. 경기: 교육과학사.

김수진(2023). 어디에나 있는 미술관 교육에 관한 연구: 포스트디지털 시대 네트워크 효과로서의 온오프라인 학습 사례 분석. 조형교육, 86, 51-78.

김수현(2015). 바움가르텐의 미학과 미적 교육론. 민족미학, 14(2), 287-314.

김시내(2023). 메타버스의 경험적 특성과 미술교육: 인지 학습이론과 경험적 특성 분석을 중심으로. 미술교육연구논총, 73, 1-34.

김영호(2018). 짝 미술치료가 ADHD 아동의 문제행동과 또래 관계에 미치는 영향. 명지대학교 사회교육대학원 석사학위논문.
김용권(2006). 신개념 미술교육론. 서울: 학지사.
김용섭(2020). 언컨택트. 서울: 퍼블리온.
김용철(2005). 근대 중국의 '美術' 개념과 1929년 전국미술전람회. 한림대학교 개념과 소통, 제9호, 183-208.
김은희, 박재연(2023). 미술관 온라인콘텐츠의 교육적 효용에 관한 연구: 『2021년 사립 박물관 · 미술관 온라인 콘텐츠 제작 지원 사업』 선정 사례를 중심으로. 미술교육논총, 37(1), 131-152.
김재춘(2003). 국가 수준 교육과정의 부분 · 수시 개정 담론에 대한 비판적 분석. 교육과정연구, 21(3), 303-320.
김정완, 이숙정(2009). 점토를 이용한 소조활동이 시각장애학생의 자기표현력 및 미술표현력에 미치는 영향. 조형교육, 35, 113-138.
김정원, 최경순(2008). 의사소통 훈련 프로그램이 초등학생의 자기표현 및 공감에 미치는 영향. 아동교육, 17(1), 107-117.
김정현(2018). 포스트휴먼 시대의 예술, 어디로 가는가? 열린정신 인문학연구, 19(1), 31-59.
김정희(1998). 미술교육입문. 서울: 형설출판사.
김정희(2005). 미술 영재 이야기. 서울: 학지사.
김정희(2020). 아동 · 청소년 미술의 이해. 이주연 외 공저, 미술교육과 문화(4판, pp. 103-140). 서울: 학지사.
김진숙(2020). 포스트 코로나 시대 중요해진 역량, '디지털 시민성'. 월간 공공정책, 176, 22-25.
김진엽(2002). 대중매체 시대의 시각문화, 대학 예술교육의 현황과 개선방안에 관한 연구(II). 미학, 32, 191-206.
김철(2011). 발도르프 학교 교육론에 나타난 '전인적 인간 형성'의 원리에 대한 연구. 발도르프 교육연구, 3(1), 1-20.
김춘경, 이정은(2002). 사회기술향상 프로그램이 ADHD 아동의 사회기술과 ADHD 주요증상 변화에 미치는 효과. 정서 · 행동장애연구, 18(2), 207-224.
김춘미 외(2006). 예술영재교육 발전 방안 연구. 서울: 한국예술영재교육연구원.
김해성(1968). Herbert Read 예술교육론에 관한 고찰. 서울대학교 대학원 석사학위논문.
김향미(1995). 한국 근대교육에 있어서의 학교 미술교육에 관한 연구. 미술교육논총, 4, 141-150.
김현주, 박진영(2005). 청소년의 자기표현 욕구와 자존감의 관계. 사회과학연구, 17, 69-88.
김형숙(2014). 한국전쟁기(1950~1953) 미술교육 고찰. 미술교육논총, 28(3), 43-70.
김형숙(2015). 미술과 교육과정에서 감상영역의 변천과 미술비평방법론 개선방안. 미술교육연구논총, 42, 77-101.

김효정(2024). 창의적인 미래를 위한 디자인교육. 류지영 외 공저, 미래교육미술교육. 경기: 교육과학사.

노재우(1995). 한국학교미술교육의 회고와 전망, 노재우교수정년퇴임기념논문집.

류재만(2001). 구성주의 미술교육의 이론 정립을 위한 기초 연구. 사향미술교육논총, 8, 101-137.

류재만, 강주희, 김정선, 류지영, 안금희, 안인기, 이은적, 이재영, 이주연, 최명숙, 허정임, 황연주(2021). 미술과교수법. 경기: 교육과학사.

류지영(2011). 미술감상교육. 서울: 미진사.

류지영(2014). 미술 감상교육에서의 대화: 협조를 통한 상호 교수의 관점을 중심으로. 조형교육, 49, 147-179.

류지영(2018a). 커뮤니케이션 미술감상. 경기: 교육과학사.

류지영(2018b). 미술감상: 중층적 네트워크와 커뮤니케이션의 구축. 경기: 교육과학사.

류지영(2021a). 뉴노멀 시대의 미술교육: 포스트휴먼 시대의 감성과 기술적 상상력으로서의 미술교육. 미술교육연구논총, 66, 103-131.

류지영(2021b). 미래교육으로서의 물질적 상상력과 미술교육 미술교육에서 물질과 시각성의 재개념화: 바슐라르의 이론을 중심으로. 조형교육, 79, 103-129.

류지영(2022). 미술과 교육과정에서 미술교과 역량 탐색을 위한 미술 이론과 실천 연계의 재개념화. 조형교육, 80, 87-113.

류지영(2023). 미술교육의 재개념화: 미술, 미술하기, 경험. 미술교육연구논총, 75, 27-49.

류지영, 안혜리, 이주연, 장연자(2019). 미술교육으로 삶 · 사회 가로지르기. 경기: 교육과학사.

류지영, 이은적, 안혜리, 이주연, 김선아(2016). 미술교육의 기초. 경기: 교육과학사.

류지영, 장연자(2021). 포스트코로나 시대의 미술교육. 미술교육연구논총, 64, 161-188.

문교부(1954). 미술 3. 서울: 대한문교서적주식회사.

문교부(1956). 미술 5. 서울: 대한문교서적주식회사.

문교부(1963). 미술 4. 서울: 국정교과서주식회사.

문교부(1974). 미술 4. 서울: 고려서적주식회사.

문교부(1978). 미술 2. 서울: 고려서적주식회사.

문교부(1987). 국민학교 교육과정 해설서.

문부성(1943). 초등과도화(6학년, 여자용, 남자용).

문혜자(2011). Amelia Arenas의 대화형 미술 감상법 연구. 상명대학교 교육대학원 석사학위논문.

문화체육관광부(2022). 2022 전국 문화기반시설 총람.

박규환(2015). 생태주의, 생태민주주의, 법치주의: 변화하는 정치 · 사회질서의 입법정책적 의미. 법제, 56-85.

박동수(1989). S. Freud에 있어서 Eros와 예술. 홍익대학교 대학원 석사학위논문.

박소영, 양윤정, 김정효, 박정유, 이주연, 임종삼, 손지현, 김은숙, 김선아, 조우호, 조은정(2015). 2015 개정 교과 교육과정 시안 개발 연구 I: 미술과 교육과정. 한국교육과정평가원 연구보고 CRC 2015-11.

박순경, 이근호, 백경선, 권미애, 이희영, 정지영(2009). 교육과정 분권화의 실태 및 개선 방안 연구. 한국교육과정평가원 연구자료 ORM 2009-15.

박순희(2014). **시각장애아동의 이해와 교육**. 서울: 학지사.

박유신, 조미라(2017). 미래사회를 위한 포스트휴먼 교육. **미술교육논총**, 31(2), 179-216.

박은혜, 김미선, 김수진, 강혜경, 김은숙, 김정연, 이명희(2004). **장애아동을 위한 미술교육**. 서울: 학지사.

박이문(1996). **문명의 위기와 문화의 전환: 생태학적 세계관을 위하여**. 서울: 당대.

박정애(2019). 미술교육의 근대화에 대한 고찰과 재해석. **미술과 교육**, 20(4), 1-16.

박중희(1994). 시각장애아의 색채 선호도와 연상언어에 대한 연구. **시각장애연구**, 1, 93-118.

박휘락(1995). 한국미술교육의 내용과 방법에 관한 사적 고찰. **미술교육연구논총**, 7, 43-44.

박휘락(1998). **한국미술교육사**. 서울: 예경.

박휘락(2003). **미술감상과 미술비평 교육**. 서울: 시공사.

박휘락(2006). **미술감상과 미술비평교육**. 서울: 시공아트.

방경란(2004). 프뢰벨 은물의 시각적 조형원리에 대한 연구. **디자인학 연구**, 17(3), 393-402.

배진희, 류재만(2018). 질문생성전략을 활용한 미술관 작품 감상 활동이 미술 감상 능력에 미치는 영향. **미술교육논총**, 32(3), 79-113.

백기주(1986). **미학**. 서울: 서울대학교출판부.

서민정(2022). ADHD아동의 소조 중심 미술치료에 관한 현상학적 사례 연구. 차의과학대학교 미술치료대학원 석사학위논문.

서울시교육청(2020. 6. 16). 사대문 안의 학교들-그 100년을 돌아보다. 브런치스토리, https://brunch.co.kr/@seouledu/348 (2023. 4. 1. 검색)

서울시립미술관(2023). **미술관에 다가갈 수 있나요?**

서제희(2003). 미술영재의 발달과정에 관한 연구. 서울대학교 대학원 석사학위논문.

손인록(1971). **한국근대교육사**. 서울: 연세대학교출판부.

손지현(2008). 시각문화 미술교육에 대한 오해와 미술 교육적 의미. **미술교육논총**, 22(1), 27-48.

손지현(2012). 미술 감상 비평 교육의 교수법 비교 연구. **미술교육연구논총**, 33, 1-28.

손지현, 김수진(2012). 미술 비평 교수 · 학습 모델적용을 위한 발문 연구. **초등교육연구**, 25(3), 181-206.

신수범, 박남제, 김갑수, 김철, 정영식, 성영훈(2017). 정보과 교육과정에서 컴퓨팅 사고력과 연계한 디지털소양 교육과정 프레임워크 개발. **정보교육학회논문지**, 21(1), 115-126.

신용하(1974). 우리나라 최초의 근대학교 설립에 대하여. **한국사연구**, 10.

신정원(2019). 시각예술에서 인공지능과 빅데이터의 역할. 한국예술교육연구, 25, 65-89.

신지혜, 손지현(2016). 초등학생 미술관 관람자 간의 미술작품에 관한 대화유형과 미적 발달 단계. 미술교육연구논총, 44(2), 1-36.

심영옥(2007). 한국 근대 초등미술교육 변천사 연구: 1895~1945년의 교육령 및 미술교과서를 중심으로. 조형교육, 29, 261-320.

심영옥(2020). 온라인박물관 · 미술관 플랫폼 사례 분석 및 시사점 국립기관을 중심으로. 조형교육, 76, 51-67.

심효진(2013). 국내외 장애아동을 위한 미술관교육프로그램 사례조사 연구. 조형교육, 45, 203-232.

안금희(2001). 고등사고력 신장을 위한 미학과 미술 비평 통합 미술과 교수-학습 원리와 사례 연구. 미술교육논총, 12, 69-90.

안금희(2002). 제6차와 제7차 미술과 교육과정 목표에 관한 연구. 조형교육, 20, 277-292.

안금희(2018a). 프롬 더 비기닝. 월간 전시가이드, 145, 64-65.

안금희(2018b). 환경을 향한 시선들: 상상과 공감전. 월간 전시가이드, 150, 64-65.

안금희, 양윤정, 김재경(2011). 미술관과 학교 연계 미술관 교육의 원리와 사례에 관한 연구: 구성주의를 중심으로. 미술교육논총, 제12집, 157-178.

안상미(1997). 유럽의 근대교육이 바우하우스 미술교육에 미친 영향 연구: 19세기 유럽(영국, 프랑스, 독일, 미국)의 사상과 교육을 중심으로. 이화여자대학교 교육대학원 석사학위논문.

안인기(2008). 시각문화교육의 담론 연구. 서울대학교 대학원 박사학위논문.

안인기(2021). 미술교육, 무엇을 어떻게 왜? 류재만 외 공저, 미술과 교수법. 경기: 교육과학사.

안혜리(2012). 미술사교육의 관점으로 본 초 · 중학교 미술교과서의 한국현대미술 도판 분석. 미술교육연구논총, 32, 99-124.

안휘준(1980). 한국회화사. 서울: 일지사.

양은희, 진휘연(2017). 22개 키워드로 보는 현대 미술. 서울: 키메이커. (ebook)

양지연(2002). 박물관 · 미술관의 교육프로그램 운영 현황과 개선방안. 예술경영연구, 제2집, 36-53.

연세대학교 교육철학연구회(1999). 위대한 교육사상가들 Ⅲ. 서울: 교육과학사.

오마이뉴스(2017. 7. 7.). 한 반에 100명, 운동장 수업까지...뜨거운 교육열. https://www.ohmynews.com/NWS_Web/View/at_pg_w.aspx?CNTN_CD=A0002338844 (2023. 4. 1. 검색)

오병남(1985). 미학강의. 서울: 서울대학교출판부.

오재호(2020). 코로나19가 앞당긴 미래, 교육하는 시대에서 학습하는 시대로. 이슈&진단, 421, 1-25.

오종숙(2005). 레지오 에밀리아 교육사상에 관한 연구. 미술과 교육, 6(2), 115-137.

오천석(1979). 한국 근대교육사. 서울: 고려서림.

월간미술 편(1989). 세계미술용어사전. 서울: 중앙M&B.

유경, 민경환(2003). 학령전기 아동의 정서 이해 발달: 정서 원인과 정서 조절에 대한 이해. 심리과학, 12(1), 13-29.

유길준(1995). 서유견문: 조선 지식인 유길준, 서양을 번역하다. (허경진 역). 서울: 한양출판. (원저는 1899년에 출판).

유승호(2015). 바우하우스의 장인과 디자인 민주주의: 예술과 기술의 충돌과 협력. 한국콘텐츠학회 논문지, 15(12), 61-72.

윤미경, 장현주, 조원상, 이정현, 이주연(2022). 학교교육에서 바라본 동시대 미술의 쟁점과 미술교사의 역할. 미술교육연구논총, 69, 213-249.

윤민희(2020). 100주년을 맞이한 바우하우스 조형교육의 재조명과 현대적 의미. 조형교육, 74, 207-227.

윤선구, 이경희, 조경식, 하선규, 한진이 공역(2015). 프리드리히 실러의 미적 교육론. 서울: 대화문화아카데미.

윤희경(2012). 생태주의로 본 보이스의 미술. 서양미술사학회논문집, 37, 229-262.

이가희, 양은주(2016). 교사를 위한 교육철학적 반성의 의미와 실제. 교육철학연구, 38(1), 103-132.

이규선, 김동영, 전성수(1995). 미술교육학개론. 서울: 교육과학사.

이규선, 김동영, 류재만, 전성수, 최윤재, 권준범, 김정선, 손지현, 류지영, 강병직, 김정효, 이지연, 강주희, 최명숙, 고홍규, 이은적(2019). 미술교육학(4판). 경기: 교육과학사.

이근매(2003). 정서 · 행동장애 아동을 위한 미술치료의 실제. 서울: 교육과학사.

이길종(1981). 아동미술에 있어서 소조의 발달과정. 춘천교육대학논문집, 21, 95-112.

이남미(2000). 포스트모더니즘과 리오따르의 숭고론. 부산외국어대학교 대학원 석사학위논문.

이미선(2016). 바우하우스 선언문 번역과 분석: 그로피우스의 이상과 시대정신의 표현. 유럽문화예술학논집, 13, 103-119.

이미희, 이주연(2019). 학교교육에서 지역사회 연계 미술교육을 위한 실천적 방안 모색. 미술교육연구논총, 57, 1-32.

이병종(2012). 독일 공작연맹과 바우하우스의 디자인 과학화 운동의 특성. 기초조형학연구, 2(50), 353-364.

이병희(2011). 시각장애인의 타인에 대한 이미지 연상방법에 관한 연구. 울산대학교 정책대학원 석사학위논문.

이봉녀(2009). 일본 초등학교 미술교과과정에 도입된 대화형 미술 감상법의 이론적 배경 및 실천방법 고찰. 한국디자인포럼, 24, 225-242.

이성도(2017). 한국 근대미술교육의 형성과 그 고찰. **학습자중심교과교육연구**, 17(22), 491-514.

이성도, 임정기, 김황기(2013). **미술교육의 이해와 방법: 미적 체험의 과정 인간교육으로서의 미술교육을 위하여**(개정판). 서울: 학지사.

이성진(2005). **한국인의 성장 · 발달: 30년 종단 연구**. 서울: 교육과학사.

이승만(1968). 아동화를 통해 본 인격 심리학적 연구. 연세대학교 대학원 석사학위논문.

이양희, 김상원, 엄문설, 안새미, 조준동(2019). 시각장애인의 전시예술품 관람 욕구조사. **예술인문사회 융합 멀티미디어 논문지**, 9(1), 457-466.

이용애(2002). 초등학교 아동의 시각예술영재성 판별 준거 개발에 관한 연구. 한국교원대학교 대학원 박사학위논문.

이은경, 권영락, 박지현, 백종호, 이주연, 전성균, 이화영, 김아름(2021). 디지털 리터러시 함양을 위한 교육과정 개선 방안 연구. 한국교육과정평가원 연구자료 ORM 2021-95.

이은적(2020). 포스트 코로나, 디지털 미디어 시대에서의 학교와 미술관 연계 교육 활성화 방안 연구. **미술교육연구논총**, 62, 203-225.

이재현(2016). 시간, 기억, 기술. 이광석 외 공저, **현대기술 · 미디어철학의 갈래들**. 서울: 그린비.

이정모, 강은주, 김민식, 감기택, 김정오, 박태진, 김성일, 신현정, 이광오, 김영진, 이재호, 도경수, 이영애, 박주용, 곽호완, 박창호, 이재식(2009). **인지심리학**(제3판). 서울: 학지사.

이정재(2013). 근대 이후 숭고미의 역사적 전개. 원광대학교 대학원 박사학위논문.

이주연(2020). 포스트 코로나 시대 학교 연계 미술관교육의 미래와 방향: 대전시립미술관 2020 어린이 미술 기획전을 중심으로. **조형교육**, 76, 117-136.

이주연(2023a). 21세기 학교미술교육에서 왜 정체성 역량이 중요한가. **전시가이드 5월호**, 32-33.

이주연(2023b). 2022 개정 미술과 교육과정 정체성 역량 고찰. **조형교육**, 88, 227-254.

이주연(2023c). 정체성 역량 함양을 강조하는 2022 개정 미술과 교육과정에 거는 기대. **전시가이드 1월호**, 26-27.

이주연, 강래형, 김경순, 김은주, 김정선, 김지영, 김혜경, 김효희, 노진영, 류지영, 서예식, 안지연, 이은영, 이진희, 정옥희, 정회진(2022). 2022 개정 미술과 교육과정 시안(최종안) 개발 연구 II: 미술과 교육과정. 교육부 용역 2022-12/교육부 용역 2022-15.

이주연, 김성숙, 김정희, 김형숙, 김혜숙, 안금희, 이성도, 정여주, 황연주(2020). **미술교육과 문화**(4판). 서울: 학지사.

이지언(2014). 18세기 근대미학에서 울스턴크래프트의 '정의의 미'와 버크의 '미' 개념 비교고찰. **미학**, 79, 163-193.

이지현(2012). 투사적 그림검사를 통한 ADHD 아동의 상담도구로서의 가능성 연구. 경인교육대학교 교육대학원 석사학위논문.

이혜진(2016). 한국의 미술관에서 대화 중심 교육 프로그램의 운영 실태. **미술과 교육**, 17(1),

109-126.

장연자(2006). 미술교육의 생태학적 접근 방향. 미술교육논총, 29(2), 87-112.

장연자(2017). 지속가능한 삶을 위한 생태미술교육: '살아있는 생명 표현하기' 수업을 중심으로. 미술교육연구논총, 51, 63-87.

장연자, 이주연(2019). 차기 교육과정 개발을 위한 미술과 평가 연구. 조형교육, 70, 127-152.

정다영(2020). 숭고 개념의 형성사: 롱기누스에서 칸트까지. 전남대학교 대학원 박사학위논문.

정옥분, 김경은, 박연정(2006). 청소년의 창의성과 자아존중감 및 자기효능감과의 관계. 인간발달연구, 13(1), 35-60.

정옥희, 강래형, 김경순, 김정선, 김지영, 김혜경, 김효희, 류지영, 서예식, 안지연, 이은영, 이주연, 이진희, 정회진, 홍인선(2022). 2022 개정 예술교과 교육과정 시안 개발 연구 I: 미술과 교육과정. 교육부 용역 2021-21.

정원석(1997). 포스트모더니즘과 숭고의 미학: 칸트, 쉴러, 리오타르의 숭고의 개념에 대한 분석적 고찰. 연세대학교 대학원 석사학위논문.

정윤경(2004). 발도르프 교육학. 서울: 학지사.

정윤경(2011). 발도르프 학교 수업의 특징. 발도르프교육연구, 3(1), 49-67.

정윤경(2020). 레지오와 발도르프 유아교육 비교: 교육혁신을 위한 시사점을 중심으로. 영유아교육지원연구, 5(2), 43-67.

정재승(2003). 미적체험 계발을 통한 아동미술교육의 창의성에 대한 연구. 교육연구, 11, 127-154.

정정숙(1995). 허버트 리드와 아이스너의 미술교육 정당화 비교. 미술교육논총, 4, 2-16

정정숙(2003). 다문화 미술교육. 한국미술교과교육학회 저, 현대 미술교육의 사상과 역사: 미술교육 이론의 탐색(pp. 46-74). 서울: 예경.

정태진(1987). 한국미술교육의 변천에 관한 연구: 초중고등학교의 교육과정을 중심으로. 홍익대학교 교육대학원 석사학위논문.

정혜연(2023). 관람객에게 말을 거는 미술관 라벨: 브레라 회화관의 가족 라벨. 미술과 교육, 24(1), 113-132.

조선총독부(1926). 보통학교도화첩(3, 4, 5, 6학년).

조선총독부(1943). 초등공작(4학년 여자용).

주형미, 박진용, 김상범, 김현미, 변희현, 임윤진, 서지영, 이경언, 박소영, 배주경(2021). 초·중학교 교과 교육과정 개선 방안 탐색: 실과/기술·가정, 체육, 음악, 미술. 한국교육과정평가원 연구보고 RRC 2021-6-2.

진휘연(2018). 참여의 미학: 참여 담론과 현대미술교육의 과제. 미술교육논총, 32(3), 1-22.

천경록(2021). 국어교육에서 이론적 지식과 실천적 지식. 국어교육, 173, 1-28.

최성희(2015). 영국 내셔날 갤러리 통합교육 프로그램 "Take One Picture" 연구: 한국의 미술

중심 융합인재교육과 초등교사 연수 프로그램의 시사점을 중심으로. **미술교육연구논총**, 40, 115-146.

최옥희(2004). 집단미술치료가 ADHD 아동의 문제행동과 자기존중감에 미치는 효과. 동아대학교 교육대학원 석사학위논문.

최윤재(2003). 창의성 중심 미술교육. 한국미술교과교육학회 저, **미술교육 이론의 탐색**. 서울: 예경.

최윤재(2011). 맥피의 미술교육 사상. 서울교대미술교육연구회 저, **미술교육 이론과 사상**(pp. 177-187). 경기: 교육과학사.

최인욱(2013). 지역 문화 활성화를 위한 어린이 미술관 교육에 관한 연구: 포항시립미술관 "어린이 미술디자인 체험교실" 중심으로. **기초조형학연구**, 14(5), 649-661.

최준호(2015). 바움가르텐 미학과 행복한 미학적 인간. **철학탐구**, 40, 95-125.

최현정(2013). ADHD 청소년의 미술교육과 창의성 증진 미술교육 프로그램 연구. 숙명여자대학교 교육대학원 석사학위논문.

태혜신, 김선영(2019). 인공지능과 예술의 융합 양상에 관한 탐색적 고찰. **한국무용과학회지**, 36(2), 27-42.

학부편찬(1907). **도화임본 교과서(1, 2권)**.

학부편찬(1908). **도화임본 교과서(3, 4권)**.

한국교육연지사, 대한교육연합회, 새한신문사(1971). **한국교육연감 1971년 판 부록**.

한국문교사(1994). **교육평론**, 3(18), 통권 19호. 서울: 주간교육신문사.

한국미술치료학회 편(1996). **미술치료의 이론과 실제**. 서울: 동아문화사.

한국조형교육학회(2014). **꼭 읽어야 할 한국미술교육 40선**. 서울: 미진사.

한국조형교육학회(2016). **미술교육의 기초**. 경기: 교육과학사.

한준희(2004). 주의력결핍 과잉행동(ADHD) 아동과 정상아동의 그림에 나타난 특성 분석. 조선대학교 교육대학원 석사학위논문.

함종규(2003). **한국교육과정변천사연구**. 서울: 교육과학사.

황규호, 소경희, 백남진, 유영식, 손미현, 장은경, 홍원표, 이승미, 김종훈, 손민호, 온정덕, 정혜승, 맹은경, 김선희, 차조일, 신영준(2021). 2022 개정 교육과정 총론 주요 사항 설정 연구. 교육부 · 이화여자대학교.

황매향(2008). 한국인의 정서적 발달과업 탐색: 정서발달에 영향을 미치는 경험을 중심으로. **인간발달연구**, 15(3), 163-189.

황미경(2006). 은물 놀이를 통해서 본 프뢰벨의 교육방법. 강원대학교 교육대학원 석사학위논문.

황연주(2000). *Vermittlung von 'Visual Literacy' durch Computeranimation im Kunstunterricht*. Berlin: Freie Universität Doktorarbeit (http://www.diss.fu-berlin.

de/2000/137).

황연주(2001). 정보화 사회에서의 미술교육의 역할과 과제. 조형교육, 18, 153-171.

황연주(2006). 시각문화교육과 국가 경쟁력에 대한 고찰. 청주교대 초등교육연구, 제17호, 165-178.

황연주(2020). 시각문화교육과 영상교육. 이주연 외 공저, 미술교육과 문화(4판, pp. 295-326). 서울: 학지사.

황연주(2023). 서구의 미술교육 변천에 관한 연대기적 고찰. 청주교육대학교 교육대학원 논문집, 제28집, 80-103.

황연주(2024). 한국의 미술교육 변천에 관한 고찰. 학생생활연구, 제30집, 39-64.

廣瀨俊雄(1990). シュタイナーの人間観と教育方法. 東京: ミネルヴァ書房.

宮協理 外 編(1992). 新版 · 美術科教育の基礎知識. 東京: 建帛社

東山明(1986). 美術教育と人間形成. 東京: 創元社.

藤枝充(1995). 教育的美術批評の可能性と諸問題. 大學美術教育學會誌, 28, 75-84.

木田元, 野家啓一, 村田純一, 鷲田清一(2011). 현상학사전 (現象學事典). (이신철 역). 서울: 도서출판b. (원저는 1994년에 출판).

山本貴光(2023). 그 많은 개념어는 누가 만들었을까: 서양 학술용어 번역과 근대어의 탄생 (「百学連環」を読む). (지비원 역). 서울: 메멘토. (원저는 2016년에 출판).

山本正男(1981). 美術教育学への道. 東京: 玉川大学出版部.

山本朝彦(1991). リードの芸術による教育. 宮協理 外 編, 造形教育事典. 東京: 建帛社.

石川毅(1985). 価値の体験とその扱い. 美術教育の現像. 東京: 玉川大学出版部.

神林恒道 外(2018). 美術教育ハンドブック. 東京: 三元社.

王文純(1993). 中学校の美術鑑賞教育カリキュラムに関する研究. 筑波大学博士論文.

日本美育文化協会(1972). 美術教育のすべて. 東京: 造形社.

佐藤道信(1998). 日本美術誕生. 東京: 講談社.

竹內敏雄(1989). 미학 예술학 사전 (美學 藝術學 事典). (안영길 외 공역). 서울: 미진사. (원저는 1974년에 출판).

下中邦彦(1971). 哲學事典. 東京: 平凡社.

海後宗臣(1966). 日本近代美術教科書大系(近代編)(p. 397). 東京: 文信社.

Adams, L. S. (2005). 미술사방법론 (*The methodologies of art*). (박은영 역). 서울: 조형교육. (원저는 1996년에 출판).

Almeida-Rocha, T., Peixoto, F., & Jesus, S. N. (2020). Aesthetic development in children, adolescents and young adults. *Analise Psicologica*, *38*(1), 1-13.

Amedi, A., Raz, N., Pianka, P., Malach, R., & Zohary, E. (2003). Early 'visual' cortex activation correlates with superior verbal memory performance in the blind. *Nat Neurosci*, *6*(7), 758-766.

Anderson, T., & Milbrandt, M. K. (2007). **삶을 위한 미술교육: 미술의 실제적 교수 · 학습을 중심으로** (*Art for life: Authentic instruction in art*). (김정희, 최정임, 신승렬 공역). 서울: 예경. (원저는 2005년에 출판).

Anttila, E., & Doan, W. J. (2013). Key dimensions of a multicultural art education curriculum. *International Journal of Education & the Arts*, *14*(4). Retrieved from http://www.ijea.org/v14n14

APA (2023). **DSM-5-TR 정신질환의 진단 및 통계 편람(제5판 수정판)** [*Diagnostic and statistical manual of mental disorders* (5th Edition Text Revision)]. (권준수, 김붕년, 김재진, 신민섭, 신일선, 오강섭, 원승희, 이상익, 이승환, 이헌정, 정영철, 조현상, 김민아 공역). 서울: 학지사. (원저는 2022년에 출판).

Apple, M. (1979). *Ideology and curriculum*. London: Routledge & Kegan Paul.

Arnheim, R. (1974). *Art and visual perception: A psychology of the creative eye*. Berkley, CA: University of California Press.

Arnheim, R. (2004). **시각적 사고** (*Visual thinking*). (김정오 역). 서울: 이화여자대학교 출판문화원. (원저는 1969년에 출판).

Asendorf, J. B., Warkentin. V., & Baudoniere, P. (1996). Self-awareness and other-awareness II: Mirror self-recognition, social contingency awareness, and synchronic imitation. *Developmental Psychology*, *32*, 313-321.

ASF (2007). *Metaverse roadmap: Pathways to the 3D web*. Retrieved from https://metaverseroadmap.org

Banks, A. (1993). Multicultural education: Characteristics and goals, In J. A. Banks & C. A. McGee Banks (Eds.), *Multicultural education issues and perspectives* (2nd ed., pp. 3-28). Boston, MA: Allyn and Bacon.

Banks, J. A. (1996). African American roots of multicultural education. In J. A. Banks (Ed.), *Multicultural education transformative knowledge and action, historical and contemporary perspective* (pp. 30-45). New York: Teachers College Press.

Barkan, M. (1963). Is there a discipline of art education? *Studies in Art Education*, *4*(2), 4-9.

Barkan, M. (1966). Curriculum problems in art education. In E. Mattil (Ed.), *A seminar in art education for research and curriculum development*. University Park, PA: The Pennsylvania State University Press.

Becker, H. S. (1982). *Art worlds*. Los Angeles, CA: University of California Press.

Blandy, D., & Congdon, K. G. (1991). Art and culture collections in art education: A critical analysis. *Journal of Multicultural and Crosscultural Research in Art Education*, *9*(1).

Braden, R. A., & Hortin, J. A. (1982). Identifying the theoretical foundations of visual literacy. *Journal of Visual Verbal Languaging*, *2*(2), 37-42.

Bruner, J. (1960). *The process of education*. Cambridge, MA: Harvard University Press.

Bruner, J. (1985). *Actual minds, possible worlds*. Cambridge, MA: Harvard University Press.

Brunner, C. (1975). *Aesthetic judgement: Criteria used to evaluate representational art at different ages*. Unpublished doctoral dissertation, Columbia University.

Burt, C. L. (1921). *Mental and scholastic tests*. London: P.S. King and Son.

Cathy, J. (2017). *Giacometti art lesson: Sculpture project for kids*. https://nurturestore.co.uk/giacometti-sculpture-art-project-for-kids (그림 I: 앉아 있는 사람 도판).

Castro, S. J. (2021). On surprizing beauty. Aquinas's Gift to Aesthetics. *Religions*, *12*(9), 779-792.

Chapman, L. H. (1994). *Adventures in art* (Teacher's edition). MS: Davis Publications, Inc.

Checkley, K. (1997). The first seven. The eight: A conversation with Howard Gardner. *Educational Leadership*, *55*(1), 8-11

Chen, J. C. (1997). An examination of theories of aesthetic development with implication for future research. *Journal of Taiwan Normal University: Humanities & Social Science*, *42*, 13-27.

Clark, T. J. (1974). The conditions of artistic creation. *The Times Literary Supplement*, *11 May*, 561-562.

Clayton, J. R. (1974). *An investigation into the possibility of development trends in aesthetics: A study of qualitative similarities and differences in the young*. Unpublished Doctoral Dissertation, University of Utah.

Coffey, A. W. (1968). A developmental study of aesthetic preference for realistic and nonobjective paintings. *Dissertation Abstracts International*, *29*(12b), 4248. Unpublished Doctoral Dissertation, University of Massachusetts.

Cohen, N. H., & Carr, R. (2011). **미술치료와 임상뇌과학** (*Art therapy and clinical neuroscience*) (김영숙, 원희랑, 박윤희, 안성식 공역). 서울: 시그마프레스. (원저는 2008년에 출판).

Cole, M. (1996). *Cultural psychology: A once and future discipline*. Cambridge, MA: The Belknap Press of Harvard University Press.

Cole, M., & Scribner, S. (1974). *Culture and thought*. New York: Wiley.

Colenbrander, A. (1977). Dimensions of visual performance. *Transactions Section on Ophthalmology, American Academy of Ophthalmology and Otolaryngology*, *83*(2), 332-337.

Cook, E. T., & Alexander, W. (1912). *The works of John Ruskin*(Vol. 39). London: George Allen.

Csikszentmihalyi, M. (1988). Motivation and creativity: Toward a synthesis of structural and energistic approaches to cognition. *New Ideas In Psychology*, *6*(2), 159-176.

Csikszentmihalyi, M. (1996). Assessing aesthetic education. *Grantmakers In The Arts*, *8*(1), 22-26.

Curtiss, D. C. (1987). *Introduction to visual literacy*. NJ: Prentice Hall.

Cushman, K. (1983). Jane Addams and the labor museum at Hull House. *Museum Studies Journal, 1*, Spring.

Dacey, J. S. (1989). *Fundamentals of creative thinking*. Lexington, KY: Lexington Press.

Danto, A. C. (1997). *After the end of art*. NJ: Princeton University Press.

Darwin, C. (2019). **종의 기원** (*On the origin of species*). (장대익 역). 서울: 사이언스북스. (원저는 1859년에 출판).

Davydov, V. V., & Radziknovskii, L. A. (1985). Vygotsky's theory and the activity-oriented approach in psychology. In J. V. Wertsch (Ed.), *Culture, communication and cognition* (pp. 35-65). Cambridge: Cambridge University Press.

Debes, J. L. (1969). The loom of visual literacy. *Audiovisual Instruction*, *14*, 25-27.

Delacruz, E. M. (1996). Approaches to multiculturalism in art education curriculum products: Business as usual. *The Journal of Aesthetic Education*, *30*(1), 85-97.

DeSantis, K., & Housen, A. (2000). A brief guide to developmental theory and aesthetic development. *Visual Understanding in Education*.

Dewey, J. (1934). *Art as experience*. New York: Perigee books.

Dierking, L., & Falk, J. (1992). *The museum experience*. Washington DC: Howells House.

Dierking, L., & Falk, J. (2000). *Learning from museums: Visitor experiences and the making of meaning*. New York: Altamira Press.

Dionisio, J. D. N., Burns, III, W. G. B., & Gilbert, R. (2013). 3D virtual worlds and the metaverse: Current status and future possibilities. *ACM Computing Surveys(CSUR)*, *45*(3), 1-38.

Dobbs, S. M. (1992). *The DBAE handbook: An overview of discipline-based art education*. Los Angeles, CA: The Getty Center for Education in the Arts.

Dobbs, S. M. (1997). *A guide to discipline-based art education: Learning in and through art*. Los Angeles, CA: Getty Publications.

Dretske, F. I. (1969). *Seeing and knowing*. Chicago, IL: University Of Chicago Press.

Dumbadze, A., & Hudson, S. (Eds.). (2015). **라운드 테이블** (*Contemporary art: 1989 to the present*). (서울시립미술관 학예연구부 역). 서울: 도서출판 예경. (원저는 2013년에 출판).

Duncum, P. (1999). A case for an art education of everyday aesthetic experiences. *Studies in Art Education*, *40*(4), 295-311.

Duncum, P. (2002). Clarifying visual culture art education. *Art Education*, *55*(3), 6-11.

Duncum, P. (2003). Visual culture in the classroom. *Art Education*, *56*(2), 25-32.

Duke, L., & Walsh, J. (1991). *Insights: Museums, visitors, attitudes, expectations: A focus group experiment*. Los Angeles, CA: J. Paul Getty Trust.

Dworetzky, J. P. (1991). *Psychology* (4th ed.). MN: West Publishing Company.

Ecker, G. (Ed.). (1985). *Feminist aesthetics*. London: The Women's Press.

Edwards, C., Gandini, L., & Forman, G. (Eds.). (2001). **어린이들의 수많은 언어: 레지오 에밀리아의 유아교육** (*The hundred languages of children: The Reggio Emilia approach to early childhood education*). (김희진, 오문자 공역). 서울: 정민사. (원저는 1993년에 출판).

Efland, A. D. (1984). Curriculum concepts of the Penn State Seminar: An evaluation in retrospect. *Studies in Art Education*, *25*(4), 205-211.

Efland, A. D. (1996). **미술교육의 역사** [*(A) history of art education: Intellectual and social currents in teaching the visual arts*]. (박정애 역). 서울: 예경. (원저는 1990년에 출판).

Efland, A. D. (2004). The entwined nature of the aesthetic: A discourse on visual culture. *Studies in Art Education*, *45*(3), 234-251.

Efland, A. D. (2006). **인지중심 미술교육론 탐구: 교육과정 개발의 새 접근** (*Art and cognition: Integrating the visual arts in the curriculum*). (강현석, 김선아, 김혜숙, 안금희, 이은적, 이자현, 황연주 공역). 경기: 교육과학사. (원저는 2002년에 출판).

Efland A. D., Freedman, K., & Stuhr, P. (1996). *Postmodern art education-An approach to curriculum*. Reston, VA: National Art Education Association.

Eisner, E. W. (1963). In reveiw: Preparation for art, June King McFee. *The Elementary School Journal*, *63*(4), 227-230.

Eisner, E. W. (1965). Children's creativity in art: A study of types. *American Educational Research Journal*, *2*(3), 125-136.

Eisner, E. W. (1968). Curriculum making for the wee folk: Stanford University's Kettering project. *Studies in Art Education*, *9*(3), 45-56.

Eisner, E. W. (1972). *Educating artistic vision*. New York: Macmillan Pub, Co.

Eisner, E. W. (1976). *The arts, human development and education*. Berkeley: McCutchan.

Eisner, E. W. (1988). Discipline-based art education: Its criticism and its critics. *Art Education*, *41*(6), 7-13.

Eisner, E. W. (1995). **새로운 눈으로 보는 미술교육** (*Educating artistic vision*). (서울교육대학교 미술교육연구회 역). 서울: 예경. (원저는 1972년에 출판).

Eisner, E. W., & Dobbs, S. (1986). *The uncertain profession: Observations on the state of museum education in twenty American art museums*. Los Angeles, CA: The Getty Center for Education in the Arts.

Engestrom, Y. (1993). Developmental studies on work as a testbench o activity theory. In S. Chaiklin & J. Lave (Eds.), *Understanding practice: Perspectives on activity and context* (pp. 64-103). Cambridge: Cambridge University Press.

Erikson, E. H. (1968). *Identity: Youth and crisis*. New York: Norton & Company.

Eysenck, H. J. (1997). Creativity and personality. In M. A. Runco (Ed.), *The creativity research handbook* (pp. 41-66). Cresskill, NJ: Hampton Press.

Fairbanks, A. (1918). Museum standards and responsibility. *American Magazine of Art*, *IX*, *May*, 270-275.

Falk, J. H., & Dierking, L. D. (2007). **박물관교육의 기본** (*Learning from museums: Visitor experiences and the making of meaning*). (이주연, 노용, 류지영, 이선아 공역). 서울: 미진사. (원저는 2000년에 출판).

Fichner-Rathus, L. (2005). **새로운 미술의 이해**[*Understanding art* (4th ed.)]. (최기득 역). 서울: 예경. (원저는 2004년에 출판).

Fitzpatrick, V. L. (1992). *Art history: A contextual inquiry course*. VA: NAEA.

Foster, D. (2019). **미술관에 GAN 딥러닝 실전 프로젝트: GAN으로 쓰기, 그리기, 게임하기, 작곡하기** (*Generative deep learning: Teaching machines to paint, write, compose, and play*). (박해선 역). 서울: 한빛미디어. (원저는 2019년에 출판).

Freedberg, D. (1989). *The power of images: Studies in the history and theory of response*. Chicago, IL: The University of Chicago Press.

Freedman, K. (2003). Recent shifts in US art education. In N. Addison & L. Burgess (Eds.), *Issues in art and design teaching* (pp. 8-18). London: Routledge Falmer.

Freud, S. (1994). **정신분석 입문** (*Einführung in die Psychoanalyse*). (손정수 역). 서울: 배재서관. (원저는 1917년에 출판).

Friche, V. (1986). **예술사회학** (*Kunst Soziologie*). (김휴 역). 서울: 온누리. (원저는 1926년에 출판).

Freie Waldorfschule Pforzheim(Goetheschule), https://www.waldorfschule-pforzheim.de/paedagogik/faecher/malen/Kunst_zeichnenundmalen.php (2023. 4. 1. 검색)

Gardner, H. (1989). Zero-based arts education: An introduction to ARTS PROPEL. *Studies in Art Education*, *30*(2), 71-83.

Gardner, H. (1990). *Art education and human development*. Los Angeles, CA: Getty Publication.

Gardner, H. (1993). **마음의 틀** (*Frames of mind*). (이경희 역). 서울: 문음사. (원저는 1983년에 출판).

Getty Center for Education in the Arts (1993). Discipline-Based Art Education and Cultural Diversity, August 6-9, 1992, Austin, Texas. *Seminar Proceedings*. Santa Monica, CA: The J. Paul Getty Trust.

Gilman, B. I. (1918). *Museum ideals of purpose and method*. Boston, MA: Museum of Fine Arts.

Gilman, B. I., & Museum of Fine Arts, Boston (1923). *Museum ideals of purpose and method* (2nd ed.). Cambridge, MA: Harvard University Press.

Goldstein, E. B. (2004). **감각과 지각** (*Sensation & perception*). (정찬섭, 김정오, 도경수, 박권생, 박창호, 김유진, 남종호 외 공역). 서울: 시그마프레스. (원저는 1996년에 출판).

Golomb, C. (1992). *The Child's creation of a pictorial world*. Berkely, CA: University of California Press.

Golomb, C. (2002). The development of drawing. In C. Golomb (Ed.), *Child art in context: A cultural and comparative perspective* (pp. 9-49). Washington DC: American Psychological Association.

Golomb, C., & Haas, M. (1995). Varda: The development of a young artist. In C. Golomb (Ed.), *The development of artistically gifted children: Selected case studies* (pp. 71-100). Hillsdale, NJ: Lawrence Erlbaum.

Gombrich, E. H. (1997). **서양미술사** (*The story of art*). (백승길, 이종승 공역). 서울: 예경. (원저는 1995년에 출판).

Goode, G. B. (1889). The museum of the future. *Annual Report of the Smithsonian Institution*. Washington, DC: Government Ptg. Office.

Goodenough, F. L. (1926). *Measurement of intelligence by drawings*. New York: World Book.

Goodman, N. (1968). *Languages of art: An approach to a theory of symbols*. IN: Hackett Publishing Company.

Goodman, N. (1978). *Languages of art* (2nd ed.). IN: Hackett.

Graham, G. (2006). Value in art. In D. M. Borchert (Ed.), *Encyclopedia of philosophy* (2nd ed.), 1, Macmillan Reference (p. 34).

Greene, M. (1969). The arts in a global village. *Educational Leadership*, *26*(5), 439-446.

Greeson, L. E., & Zigarmi, D. (1985). Piaget, learning theory, and mental imagery: Toward a curriculum of visual thinking. *The Journal of Humanistic Education and Development*, *24*(1), 40-49.

Gross, J. J. (1998). The emerging field of emotion regulation: An integrative review. *Review of General Psychology*, *2*, 271-299.

Guattari, P. F. (2003). **세 가지 생태학** [*(Les)trois ́ecologies*]. (윤수종 역). 서울: 동문선. (원저는 1989년에 출판).

Guilford, J. P. (1950). Creativity. *American Psychologist*, *5*, 444-454.

Harris, D. B. (1963). *Children's drawings as measurement of intellectual maturity: A revision and extension of the Goodenough Draw-a-Man Test*. New York: Harcourt, Brace and World.

Hart, L. M. (1991). Aesthetic pluralism and multicultural art education. *Studies in Art Education*, *32*(3), 145-159.

Haynes, J. S. (1993). Historical perspectives and antecedent theory of multicultural art education: 1954-1980. *Visual Arts Research*, *19*(2), 24-34.

Hegel, H. G. (1996). **헤겔의 미학강의 1: 예술미의 이념 또는 이상** (*Vorlesungen über die Ästhetik*). (두행숙 역). 서울: 은행나무. (원저는 1823년에 출판).

Heidegger, M. (1936). *The origin of the work of art*. New York: Harper & Row. (A. Hofstadter Trans. 1971).

Hein, G. E. (1998). *Learning in the museum*. London: Routledge.

Heinich, R., Molenda, M., & Russell, J. D. (1982). *Instructional media and the new technologies of instruction*. New York: John Wiley & Sons.

Helguera, P. (2013). **사회참여 예술이란 무엇인가** (*Education for socially engaged art*). (고기탁 역). 경기: 열린책들. (원저는 2011년에 출판).

Hersey, B. (1998). *Van Gogh's House: A pop-up experience*. London: Bellew Publishing Company Limited.

Hood, M. G. (1983). Staying away: Why people choose not to visit museums. *Museum News*, *April*, 50-57.

Housen, A. (1983). *The eye of the beholder: Measuring aesthetic development*. Ph.D. Dissertation: Harvard University.

Housen, A. (1997). *Eye of the beholder: Research, theory and practice*. Conference paper of 'Aesthetic and Art Education: A transdisciplinary approach', Sept. 27-29, 1999, Lisbon, Portugal.

Hurwitz, A. (1983). *The gifted and talented in art: A guide to program planning*. Worcester, MA: Davis Publications.

Hurwitz, A., & Day, M. (1991). *Children and their art: Methods for the elementary school* (5th ed.). San Diego, CA: Harcourt, Brace and Jovanovich.

Hurwitz, A., & Day, M. (2007). *Children and their art: Methods for the elementary school* (8th ed.). Australia; Belmont, CA: Thomson Wadsworth Publishing.

Izard, C. E. (1982). *Measuring emotions in infants and children*. New York: Cambridge University Press.

Jagodzinsky, J. (1982). Art education as ethnography: Deceptive democracy or a new panacea? *Studies in Art Education*, *23*(3), 5-9.

Jeffers, C. S. (1990). Child-centered and DBAE-Meterpors and Meanings. *Art Education*, N.A.E.A. 3.

Kalb, P. R. (2020). **1980년 이후 현대미술: 동시대 미술의 지도 그리기** (*Art since 1980: Charting the contemporary*). (배혜정 역). 서울: 미진사. (원저는 2013년에 출판).

Kant, I. (1790). *The critique of judgement*. Indianapolis, IN: Hackett Publishing Company (Werner S. Pluhar. Trans., 1987).

Katz, L., & Chard, S. (2000). *Engaging children's minds: The project approach* (2nd ed.). CT: Praeger.

Keifer-Boyd, K., & Maitland-Gholson, J. (2010). **시각 문화와 미술 교육** (*Engaging visual culture*). (서울교대 박물관, 미술관 교육 연구소, 류재만, 손지현, 박미진, 정윤의 공역). 경기: 교육과학사. (원저는 2007년에 출판).

Keller, G. (2022). Eine Entdeckungsreise im 21. Jahrhundert, Projekt 2. Klasse, https://e-learningwaldorf.de/courses/291732/lessons/formenzeichnen (2023. 4. 1. 검색)

Kellogg, R. (1969). *Analysing children's art*. CA: Palo Alto.

Kennedy, J. M., & Juricevic, I. (2006). Blind man draws using diminution in three dimensions. *Psychonomic Bulletin and Review*, *13*(3), 506-509.

Kerschensteiner, G. (1905). *Die Entwicklung der zeichnerischen Begabung*. Münche.: Carl gerber.

Kleinbauer, W. E. (1971). *Modern perspectives in art history: An anthology of 20th century writings on the visual arts*. New York: Holt, Rinehart and Winston.

Koestler, A. (1990). *The act of creation*. New York: Penguin Books.

Kohlberg, L. (1958). *The development of modes of moral thinking and choice in the years*

10-16. Doctoral Dissertation, University of Chicago, Chicago.

Kolers, P. A. (1972). *Aspects of motion perception: International series of monographs in experimental psychology*. New York: Pergamon.

Kramer, E. (2000). *Art as therapy*. London: Jessica Kingsley Publishers Ltd.

Lankford, E. L. (1992). *Aesthetics: Issues and inquiry*. New York: Basic Books.

Lave, J., & Wenger, E. (1991). *Situated learning: Legitimate peripheral participation*. Cambridge: Cambridge University Press.

Lee, J. (1992). *The implication of discipline-based art education (DBAE) for studio-art instruction in Korean higher education*. PhD dissertation. Lincoln, NE: The University of Nebraska-Lincoln.

Leont'ev, A. N. (1981). The problem of activity in psychology. In J. V. Wertsch (Ed.), *The concept of activity in Soviet psychology* (pp. 37-71). Armonk, NY: Wiley.

Lewis, H. P., & Livson, N. (1980). Cognitive development, personality and drawing: Their interrelationships in a replicated longitudinal study. *Studies in Art Education*, *22*(1), 8-11.

Lowenfeld, V. (1947). *Creative and mental growth: A textbook on art education*. New York: Macmillan Co.

Lowenfeld, V. (1951). Psycho-aesthetic implications of the art of the blind. *Journal of Aesthetics and Art Criticism*, *10*(1), 1-9.

Lowenfeld, V. (1957). *Creative and mental growth* (3rd ed., pp. 430-503). New York: The Macmillan Company.

Lowenfeld, V., & Brittain, W. L. (1964), *Creative and mental growth* (4th ed.). New York: Macmillan

Lowenfeld, V., & Brittain, W. L. (1987). *Creation and mental growth* (8th ed.). Contributors: Brittain, W. L. New York: Macmillan Publishing Co.

Lowenfeld, V., & Brittain, W. L. (2004). **인간을 위한 미술교육** (*Creative and mental growth*). (서울교대미술교육연구회 역). 서울: 미진사. (원저는 1969년에 출판).

Luka, M., & Kent, R. (1968). *Art education: Strategies of teaching*. NJ: Prentice-Hall Inc.

Luquet, G. H. (1913). *Les dessins d' un enfant*. Paris: Alcan.

Lusseyran, J. (1999). *Against the pollution of the I*. New York: Parabola Books.

Machotka, P. (1966). Aesthetic criteria in childhood: Justifications of preference. *Child Development*, *37*(4), 877-885.

Malchiodi, C. A. (2001). **미술치료사를 위한 아동미술심리 이해** (*Understanding children's drawings*). (김동연, 이재연, 홍은주 공역). 서울: 학지사. (원저는 1998년에 출판).

Marshall, P. L. (1992). *Toward a theoretical framework for the design of multicultural education in teach education programs.* Paper presented at the Annual Meeting of the National Council for the Social Studies (72nd, Detroit, MI, November 20). Retrieved from files. eric.ed.gov/fultext/ED353246.pdf.

Maslow, A. H. (1954). *Motivation and personality.* New York: Harper.

Marzio, P. C. (1991). Minorities and fine-arts museums in the United States. In I. Karp & S. D. Lavine (Eds.), *Exhibiting cultures: The poetics and politics of museum display* (pp. 121-127). Washington, DC: Smithsonian Institution Press.

McFee, J. K. (1970). *Preparation for art.* Belmont, CA: Wadsworth Publishing Company.

McFee, J. K. (1986). Cross-cultural inquiry into the social meaning of art: Implications for art education. *Journal of Multi-cultural and Cross-cultural Research in Art Education, 4*(1), 6-16.

McFee, J. K., & Degge, R. M. (1977). *Art, culture, and environment: A catalyst for teaching.* Belmont, CA: Wadsworth Publishing.

Messaris, P. (2017). **비주얼 리터러시(이미지, 정신, 현실)** (*Visual literacy: Image, mind, and reality*). (이승언 역). 경기: 한울아카데미. (원저는 1994년에 출판).

Michael, J. A. (1981). Viktor Lowenfeld: Pioneer in art education therapy. *Studies in Art Education, 22*(2), 7-19.

Milbrath, C. (1998). *Pattern of artistic development in children: Comparative studies of talent.* New York: Cambridge University Press.

Milbrath, C., McPherson, G. E., & Osborne, M. S. (2015). Artistic Development. In L. S. Liben & U. Müller (Eds.), *Child psychology and developmental science* (p. 920). Hoboken, NJ: Wiley & Sons, Inc.

Milgram, P., & Kishino, F. (1994). A taxonomy of mixed reality visual displays. *IEICE Transactions on Information and Systems, E77-D*, 1321-1329.

Nelson, S. (2003). "A Professional Artist and Curator Who is Blind." Art beyond sight: A resource guide to art, creativity, and visual impairment. *AFB Press*, 28-31.

Newsom, B. Y., & Silver, A. Z. (Eds.). (1978). *The art museum as educator: A collection of studies as guides to practice and policy.* CA: University of California Press.

Nochlin, L. (1971). Why are there no great women artists?. In V. Gornick & B. Moran (Eds.), *Woman in sexist society: Studies in power and powerlessness.* New York: Basic Books.

Nochlin, L. (1997). **페미니즘 미술사** (*Women, art, and power: And other essays*). (오진경 역). 서울: 예경. (원저는 1989년에 출판).

Nochlin, L. (2021). 왜 위대한 여성 미술가는 없었는가? (*Why have there been no great women artists?*). (이주은 역). 경기: 아트북스. (원저는 1971년에 출판).

OECD (2019). *(OECD Future of Education and Skills 2030) (Conceptual Learning framework) Learning Compass 2030*. Retrieved from June 20, 20223 https://www.oecd.org/education/2030-project/teaching-and-learning/learning/learning-compass-2030/OECD_Learning_Compass_2030_concept_note.pdf

Pariser, D. (1997). Conceptions of children's artistic giftedness from modern and postmodern perspectives. *Journal of Aesthetic Education*, *31*(4), 35-47.

Parsons, M. (1987). *How we understand art: A cognitive developmental account of aesthetic experience*. Cambridge: Cambridge University Press.

Parsons, M. (1992). Cognition as interpretation in art education. In B. Reimer & R. A. Smith (Eds.), *The arts, education and aesthetic knowing: Ninety-first yearbook of the national society for the study of education, Part II* (pp. 70-91). Chicago, IL: University of Chicago Press.

Parsons, M. F., & Blocker, H. J. (1998). 미학과 예술교육 (*Aesthetic and education*). (김광명 역). 서울: 현대미학사. (원저는 1993년에 출판).

Pestalozzi, J. H. (2012). *How Gertrude teaches her children*. (Holland, L. E., & Turner, F. C. Trans). New York: Forgotten Books. (Orignal work published 1898).

Perdreau, F., & Cavanagh, P. (2015). Drawing experts have better visual memory while drawing. *Journal of Vision*, *15*(5), 1-10.

Pettersson, R. (1994). Visual literacy und infologie. B. Weidenmann (Hrsg.), *Wissenserwerb mit Bildern Instruktionale Bilder in Printmedien, Film · Video und Computerprogrammen*. Göttingen, Toronto, Seattle: Verlag Hans Huber in Bern.

Piaget, J. (1954). *The construction of reality in the child*. New York: Basic Books.

Piaget, J. (1963). *The origins of intelligence in children* (M. Cook, Trans.). New York: Norton. (Original work published 1952).

Piaget, J., & Inhelder, B. (1971). *Mental imagery in the child*. (P. A. Chilton, Trans.). New York: Basic Books.

Pichowski, M. M. (1991). Emotional development and emotional giftedness. In N. Colangelo & G. A. Davis (Eds.), *Handbook of gifted education* (pp. 285-306). Boston, MA: Allyn & Bacon.

Randhawa, B. S. (1978). Visual trinity An overview. B. S. Randhawa & W. E. Coffman (Hrsg.), *Visual learning, thinking, and communication*. New York: Academic Press.

Read, H. (1959). 평화를 위한 교육 (*Education for Peace*). (안동민 역). 서울: 을유문화사. (원

저는 1950년에 출판).

Read, H. (1981). 현대미술의 원리: 현대회화와 조각에 대한 이론서 (*Art now: An introduction to the theory of modern painting and sculpture*). (김윤수 역). 서울: 열화당.

Read, H. (1992). 예술의 의미 (*The meaning of art*). (박용숙 역). 서울: 문예출판사. (원저는 1931년에 출판).

Read, H. (2007). 예술을 통한 교육 (*Education through art*). (황향숙, 김성숙, 김지균 공역). 서울: 학지사. (원저는 1943년에 출판).

Rees, A. L., & Borzello, F. (1998). 신미술사학 (*The new art history*). (양정무 역). 서울: 시공사. (원저는 1988년에 출판).

Rice, D. (1993). The cross-cultural mediator. *Museum News, Jan/Feb.*

Ricoeur, P. (1981). The metaphorical process as cognition, imagination, and feeling. In M. Johnson (Ed.), *Philosophical perspectives on metaphor* (pp. 228-247). Minneapolis, MN: University of Minnesota Press.

Ringwood Waldorfschool, https://ringwoodwaldorfschool.org.uk/category/newsletter (2023. 4. 1. 검색)

Robert, W. (2016). *Children's perception of beauty: Exploring aesthetic experience through photography*. Doctoral thesis, University of Roehamption, London.

Robinson, K. (1999). *Culture, creativity and the young: Developing public policy*. Belgium: Council of Europe Publishing.

Rochat, P., & Striano, T. (2000). Perceived self in infancy. *Infant Behavior & Development, 23*(3-4), 513-530.

Röll, F. J. (1998). *Mythen und Symbole in populären Medien*. Frankfurt am Main: Gemeinschaftswerk der Evangelischen Publizistik, Abt. Verlag.

Root-Bernstein, R. (2003). The art of innovation: Polymath and university of the creative process. In L. V. Sharvina (Ed.), *The international handbook of innovation* (pp. 267-278). Danvers, MA: Elsevier.

Rubin, J. A. (2006). 미술치료학 개론 (*Art therapy: An introduction*). (김진숙 역). 서울: 학지사. (원저는 1999년에 출판).

Schiller, F. (1997). 인간의 미적 교육에 관한 서한 (*Über die ästhetische Erziehung des Menschen in einer Reihe von Briefen*). (최익희 역). 서울: 이진출판사. (원저는 1795년에 출판).

Schiller, F. (2012). 미학 편지: 인간의 미적 교육에 관한 실러의 미학 이론 (*Brief über ästhetische Erziehung*). (안인희 역). 서울: 휴머니스트 출판 그룹. (원저는 1795년에 출판).

Schmidt, S. J. (1996). *Die Welten der Medien-Grundlagen und Perspektiven der*

Medienbeobachtung, Braunschweig. Wiesbaden: Friedr. Vieweg & Sohn Verlagsgesellschaft mbH.

Schuberth, E. (2022). Anregungen für das Formenzeichnen und die Freihandgeometrie in der 4. Klasse, https://www.ernstschuberth.de/formenzeichnen.html (2023. 4. 1. 검색)

Seels, B. A. (1994). Visual literacy. D. M. Moore & F. M. Dwyer (Hrsg.), *Visual literacy: A spectrum of visual learning*. NJ: Educational Technology Publications Englewood Clifs.

Simon, N. (2010). *The participatory museum*. Museum 2.0.

Singh, K. (2018). Catharsis in Aristotle's poetics. *Journal of Emerging Technologies and Innovative Research*, *5*(5), 788-791.

Sleeter, C., & Grant, C. (1987). An analysis of multicultural research in the United States. *Harvard Educational Review*, *57*(4), 421-445.

Smith, J. K. (2014). *The museum effect: How museums, libraries, and cultural institutions educate and civilize society* (pp. 73-74). Lanham, MD: Rowman & Littlefield

Smith, R. A. (1983). Forms of multi-cultural education in the arts. *Journal of Multicultural and Cross-Cultural Research in Art Education*, *1*(1), 23-32.

Stankiewicz, M. A. (2011). **현대 미술교육의 뿌리** (*Roots of art education practice*). (안혜리 역). 서울: 미진사. (원저는 2001년에 출판).

Steiner, R. (1979). *Anthroposophische Menschenkunde und Päedagogik* (pp. 93-118). Dornach: Rudolf Steiner Verlag.

Steiner, R. (2006). **발도르프학교와 그 정신** (*Idee und Praxis der Waldorfschule: neun Vortrage, eine Besprechung und Fragebeantwortungen zwischen dem 24*). (최혜경 역). 서울: 밝은누리. (원저는 1919년에 출판).

Stenberg, R. J. (2004). *Definitions and conceptions of giftedness*. CA: Corwin Press.

Sternberg, R. J. (2005). **인지심리학(3판)** [*Cognitive psychology* (3rd ed.)]. (김민식, 손영숙, 안서원 공역). 서울: 박학사. (원저는 2003년에 출판).

Sternberg, R. J. (2006). Introduction. In J. C. Kaufman & R. J. Sternberg (Eds.), *The international handbook of creativity* (pp. 1-10). Cambridge: Cambridge University Press.

Sternberg, R, J., & Sternberg, K. (2012). *Cognitive psychology* (6th ed.). Belmont, CA: Cengage Learning.

Stiegler, B. (1996). *La Technique et Temps Tome 2*. Galilée.

Stuhr, P. L. (1994). Multicultural art education and social reconstruction. *Studies in Art Education*, *35*(3), 171-178.

Tatarkiewicz, W. (1999). 미학의 기본 개념사 (*A history of six ideas: An essay in aesthetics*). (손효주 역). 서울: 미술문화. (원저는 1956년에 출판).

The Merriam-Webster Dictionary (1913). Merriam-Webster Inc.

Thompson, R. A. (1994). Emotion regulation: A theme in search of definition. *Monographs of the Society for Research in Child Development*, *59*(2), 25-52.

Tomlinson, C. A. (2002). Different learners different lessons. *Instructor*, *112*(2), 21-25.

Torrance, E. P. (1966). Independent study as an instructional tool. *Theory Into Practice*, *5*, 217-221.

Vallance, E. (1995). The public curriculum of orderly images. *Educational Researcher, 24*(2), 4-13.

Veblen, T. (1934). *The theory of the leisure class: An economic study of institutions*. New York: Modern Library.

Vygotsky, L. S. (1978). *Mind in society: The development of higher psychological processes*. Cambridge, MA: Harvard University Press.

Wadeson, H. S. (1980). *Art psychotherapy*. New York: John Wiley & Sons.

Walker, J. A., & Chaplin, S. (2004). 비주얼 컬처: 이미지 시대의 이해 비너스에서 VR까지 (*Visual culture*). (임산 역). 서울: 루비박스. (원저는 1997년에 출판). www.naea-reston.org (2023. 4. 20. 검색)

Wasson, R. R., Stuhr, P. L., & Petrovich-Mwaniki, I. (1990). Teaching art in the multicultural classroom: Six position statements. *Studies in Art Education, 31*(4), 234-246.

Wikidal, E. (2020). *Die Jugendkunstklasse des Franz Čižek-Freude am schöpferischen Gestalten, Wien Museum Magazin*. https://magazin.wienmuseum.at/die-jugendkunstklasse-des-franz-cizek (2023. 4. 10. 검색)

Wilson, B., & Wilson, M. (1982). *Teaching children to draw: A guide for teachers and parents*. Englewood Cliffs, NJ: Prentice-Hall.

Yenawine, P. (1991). *How to look at modern art*. New York: Harry N. Abrams.

Yukata, M. (2015). 인공지능과 딥러닝: 인공지능이 불러올 산업 구조의 변화와 혁신 (人工知能は人間を超えるか ディープラーニングの先にあるもの). (박기원 역). 서울: 동아M&B. (원저는 2015년에 출판).

Zeller, T. (1989). The historical and philosophical foundations of art museum education in America. In S. Mayer & N. Berry (Eds.), *Museum education: History, theory, and practice*. Reston, VA: The National Art Education Association.

미군정기 교육, 덕포진 교육박물관. http://ydpjin2.79.ypage.kr/bbs/board.php?bo_

table=yp_hall02_4&wr_id=1

한국학중앙연구원(연도 불명). https://encykorea.aks.ac.kr/Article/E0027543에서 검색

Franz Čižek, Wien Geschichte Wiki, https://www.geschichtewiki.wien.gv.at/Franz_%C4%8Ci%C5%BEek (2023. 4. 10. 검색)

Joseph Beuys: The Art of Arboriculture(2019). https://www.awatrees.com/2019/12/06/joseph-beuys-the-art-of-arboriculture에서 검색

Werkstatt (2015. 10. 21.). 독일 대안교육의 선두주자, 발도르프교육(Waldorfpädagogik)과 발도르프 학교(Waldorfschule), https://m.blog.naver.com/PostView.naver?isHttpsRedirect=true&blogId=werkstatt&logNo=220515210834 (2023. 4. 1. 검색)

https://arko.or.kr/artcenter/board/view/506?bid=266&cid=710810

https://candychang.com/work/before-i-die-in-nola

https://collections.louvre.fr/en/ark:/53355/cl010062239

https://collections.louvre.fr/en/ark:/53355/cl010065872

https://en.wikipedia.org/wiki/Charles_Eliot_Norton

https://kunstmuseumbasel.ch/en/collection/masterpieces#&gid=1&pid=17

https://m.hankookilbo.com/News/Read/201801292145887977

https://sema.seoul.go.kr/kr/whatson/exhibition/detail

https://vtshome.org

https://www.artic.edu/artworks/27992/a-sunday-on-la-grande-jatte-1884

https://www.awatrees.com/2019/12/06/joseph-beuys-the-art-of-arboriculture

https://www.brooklynmuseum.org/exhibitions/dinner_party

https://www.collinsdictionary.com/ko/dictionary/english-thesaurus/science

https://www.facebook.com/LincolnCenterEducation

https://www.hmoka.org/diary/albums/view.do?st_cd=480&seq=132&page=1

https://www.kunstsammlung.de/en/exhibitions/lygia-pape-the-skin-of-all-en

https://www.merriam-webster.com/dictionary/art

https://www.mmca.go.kr/exhibitions/exhibitionsDetail.do?exhFlag=3

https://www.moma.org/collection/works/178202?

https://www.moma.org/collection/works/2851

https://www.musee-orsay.fr/fr/oeuvres/bal-du-moulin-de-la-galette-497

https://www.nationalgallery.org.uk/exhibitions/past/take-one-picture-2023/explore-the-2023-exhibition

https://www.nationalgallery.org.uk/learning/take-one-picture

https://www.nationalgallery.org.uk/paintings/jan-van-eyck-the-arnolfini-portrait

https://www.vangoghmuseum.nl/nl/collectie/s0047V1962

https://www.waldorf-ideen-pool.de/Schule/faecher/malen/Aquarellmalen/Die-Nass-in-Nass-Technik

https://www.wikiart.org/en/georges-seurat/the-eiffel-tower-1889

https://www.wikiart.org/en/vincent-van-gogh/the-starry-night-1889

찾아보기

인명

내용

저자 소개

이주연(Lee, Jooyon)
미국 네브래스카 주립대학교 대학원 미술교육 전공(철학박사)
현 경인교육대학교 미술교육과 교수

〈주요 저서〉

『현대미술교육의 동향』(공저, 교육과학사, 2018)

『미술교육으로 삶 · 사회 가로지르기: 사회참여 미술교육』(공저, 교육과학사, 2019)

『미술교육과 문화』(4판, 공저, 학지사, 2020) 外 다수

강병직(Kang, Byoungjik)
서울대학교 대학원 미술교육 전공(교육학박사)
현 청주교육대학교 미술교육과 교수

〈주요 저서 및 역서〉

『미술영재교육학』(공저, 학지사, 2011)

『미술교육학』(4판, 공저, 교육과학사, 2019)

『에도시대의 일본미술(Art Library 15)』(역, 예경, 2004) 外 다수

류지영(Ryu, Jiyeong)
일본 국립동경학예대학교 미술교육 전공(교육학박사)
현 춘천교육대학교 미술교육과 교수

〈주요 저서 및 역서〉

『미술감상: 중층적 네트워크와 커뮤니케이션의 구축』(교육과학사, 2018)

『미래교육 미술교육: 미래, 세계, 디지털, 인공지능, 가상현실, 메타버스, NFT, 예술, 교육』(공저, 교육과학사, 2024)

『미술 수업설계 다시보기: 학습자 중심의 교수학습을 위한 미술 교육과정 설계』(역, 교육과학사, 2020) 外 다수

안금희(Ahn, Keumhee)

미국 오하이오 주립대학교 대학원 미술교육 전공(철학박사)

현 경인교육대학교 미술교육과 교수

〈주요 저서 및 역서〉

『놀이를 활용한 신나는 교실 수업』(공저, 학지사, 2006)

『현대미술교육의 동향』(공저, 교육과학사, 2018)

『박물관 교육론』(공역, 학지사, 2015) 外 다수

황연주(Hoang, Younju)

독일 베를린 자유대학교 미술교육 전공(철학박사)

현 청주교육대학교 미술교육과 교수

〈주요 저서〉

『미술교육의 기초』(공저, 교육과학사, 2016)

『우리미술의 감상과 교육』(공저, 교육과학사, 2017)

『미술교육과 문화』(4판, 공저, 학지사, 2020) 外 다수

미술교육론
Art Education

2024년 4월 10일 1판 1쇄 인쇄
2024년 4월 20일 1판 1쇄 발행

지은이 • 이주연 · 강병직 · 류지영 · 안금희 · 황연주
펴낸이 • 김진환
펴낸곳 • ㈜ 학지사
04031 서울특별시 마포구 양화로 15길 20 마인드월드빌딩
대표전화 • 02-330-5114 팩스 • 02-324-2345
등록번호 • 제313-2006-000265호

홈페이지 • http://www.hakjisa.co.kr
인스타그램 • https://www.instagram.com/hakjisabook

ISBN 978-89-997-3097-9 93370

정가 27,000원